城镇社区更新规划设计

Urban Community Renewal Planning and Design

主　编　奚雪松
副主编　吕　宁　郑昌辉　韩兆辉

中国建筑工业出版社

图书在版编目（CIP）数据

城镇社区更新规划设计 = Urban Community Renewal Planning and Design / 奚雪松主编；吕宁，郑昌辉，韩兆辉副主编. -- 北京：中国建筑工业出版社，2024.9. -- ISBN 978-7-112-30239-0

Ⅰ. D669.3

中国国家版本馆 CIP 数据核字第 2024ZC6308 号

责任编辑：毕凤鸣
文字编辑：王艺彬
责任校对：张惠雯

城镇社区更新规划设计
Urban Community Renewal Planning and Design
主　编　奚雪松
副主编　吕　宁　郑昌辉　韩兆辉

*

中国建筑工业出版社出版、发行（北京海淀三里河路 9 号）
各地新华书店、建筑书店经销
北京红光制版公司制版
北京圣夫亚美印刷有限公司印刷

*

开本：787 毫米 ×1092 毫米　1/16　印张：17¼　字数：426 千字
2024 年 11 月第一版　　2024 年 11 月第一次印刷
定价：58.00 元
ISBN 978-7-112-30239-0
（43586）

版权所有　翻印必究
如有内容及印装质量问题，请与本社读者服务中心联系
电话：（010）58337283　　QQ：2885381756
（地址：北京海淀三里河路 9 号中国建筑工业出版社 604 室　邮政编码：100037）

前 言

我国的城镇发展正全面步入"由大规模增量建设转为存量提质改造和增量结构调整并重"和"从'有没有'转向'好不好'"的城市更新时代。据统计，在全国 2000 年之前建成（时间超过 20 年）的城镇老旧小区数量超过 30 万个，涉及居民 7000 余万户、住宅建筑面积约 60 亿 m^2，已经形成了数量庞大的更新需求；2000 年之后建成的住宅，每年更是以 10 亿～20 亿 m^2 的增长速度陆续成为老旧社区。"城镇社区更新"已成为一项影响到大约 4 亿人的居住生活品质，关系到千家万户的获得感、幸福感和安全感，得到党和政府高度重视、受到广大城镇居民拥护和支持的一项非常有意义的民生工程。自 2020 年 7 月国务院办公厅印发《国务院办公厅关于全面推进城镇老旧小区改造工作的指导意见》以及在"十四五"规划中明确了"实施城市更新行动，推动城市空间结构优化和品质提升"以来，全国各地纷纷出台和推进了围绕城镇社区更新的相关政策和行动计划。"城镇社区更新"已经成为中国城镇化进入下半场的一个常态化的重大时代命题，对于实现"惠民生、拉投资、促消费"；提升城市品质，促进城市发展转型；提升城市基层社会治理能力，形成共建共治共享的社会治理体系等目标具有重要的实践意义。

但在实际工作中发现，在这些已建成 20～30 年的城镇社区中，"空间—空间、人—空间、人—人"之间的矛盾复杂交织，正面临"空间问题多而资源相对少、需求不断增长而空间日益老旧、居民参与意愿强烈而参与渠道相对有限"等方面日益凸显的问题。传统增量扩张时代面向住区的、以"物质空间"为主体的规划设计理论方法，显然已经难以全面解决存量更新时代社区所面对的"空间、社会、经济、管理"等方面多元复合的问题和矛盾。面向"城镇社区更新"这一常态化的时代命题，总结出一套符合这个时代要求的城镇社区更新规划设计理论方法迫在眉睫。尤其对于城乡规划、建筑学、风景园林、环境艺术设计等人居环境科学相关领域的学科专业教育而言，时代的需求最终呼唤的是人才的需求，按存量优化时代的要求构建出一套相应的理论方法、知识体系和课程教学方案，培养出一大批能开展并完成城镇社区更新规划设计的专业技术人才已成为当务之急。这也是本书编撰的根本出发点和落脚点，以期为相关学科教师课程教学的开展以及学生的系统性学习提供基本参考和方向指引，弥补当前各学科的规划设计教学课程体系中《城镇社区更新规划设计》教材缺失和教学内容针对性不强的缺憾。

本书共分为七章。第一章为"绪论"，讲述城镇社区更新的时代背景、实践意义、相关基本概念辨析、发展历程、规划转型和相关理论；第二章为"国外城镇社区更新的实践探索与经验借鉴"，讲述了新加坡、美国、英国、韩国和日本五个发达国家城镇社区更新的发展历程、主要策略及其对我国的经验借鉴；第三章为"国内城镇社区更新的实践行动与优秀案例"，讲述了社区规划师与参与式规划、"社区生活圈"规划、"完整居住社区"建设、"未来社区"建设规划、多元参与式社区治理五个类型的国内社区更新实践行动与优秀案例；第四章为"城镇社区更新规划设计的主要内容和技术要点"，讲述了城镇社区更新规划编制的整体框架、前期调研的主要内容与技术要点、内容识别与策略选择的主要内容与技术要点、总体改造布局规划方案编制的主要内容与技术要点、专项改造规划设计方案编制的主要内容与技术要点；第五章为"城镇社区治理体系构建要点"，讲述了我国城镇社区治理的发展历程与发展趋势、存在的问题、治理体系和模式创新的动因以及城镇社区治理体系构成，并对城镇社区治理体系中的主体职责、内容、结构、技术、方法和机制六项内容进行了详解；第六章为"城镇社区更新的项目运作模式"，讲述了项目运作模式、资金性质分析和资金平衡方式三方面内容；第七章为"城镇社区更新的实施保障机制"，讲述了工作组织、改造实施、社会参与、推进效率、存量利用、资金来源、金融支持、后期运维、有序推广九个层面的实施保障机制。

本书的特点在于："横向扩展融合、纵向深入浅出、讲述时代优案、图解要点精义"。作者认为：

（1）存量优化时代的城镇社区更新不仅仅需要从空间层面入手，对社区的建筑和景观等物质空间进行提升改造，更需要对社会层面的社区治理、经济层面的项目运作以及机制层面的实施保障进行全面的认知。一个体系完整、可操作实施的城镇社区更新规划设计需要将"空间、社会、经济、机制"四个层面的理论方法一体化整合。因此，本书从广度上将各领域的知识要点"横向扩展融合"，形成了全新的知识体系；同时，在深度上"纵向深入浅出"，用清晰的体系架构和精炼的语言，阐述了各领域复杂的知识要点。

（2）"他山之石，可以攻玉"。书中遴选了大量国内外的优秀案例，配合每个知识点进行讲述，让读者能通过案例式学习更加透彻准确地理解理论方法或知识要点；并且，从文献的角度，大多取自近10年内的期刊或论著，以确保知识要点及其对应案例具有时代性特征；同时，对很多知识要点和精义进行了图示，做到图文并茂，便于读者的阅读和理解。

本书是一部指导本科或研究生入门学习并引导其开展深入应用研究的教材，适用于城乡规划、建筑学、风景园林、环境艺术设计等人居环境科学相关领域学科专业的规划设计类课程教学使用；同时亦可作为规划设计机构、社会服务机构、管理机构开展城镇社区更新相关工作的工具书和参考书。

书中提出的很多思考来自于作者团队自2020年以来担任北京市责任规划师期间在天通苑地区的社区更新实地工作，部分教学内容已在中国农业大学研究生的城乡规划设计课程中得以实战应用。本书的编写得到了中国农业大学研究生院教材建设项目（JC202211）、教学改革项目（JG202125）、中华农业科教基金课程教材建设研究项目（NKJ202102040）等的经费支持；写作和出版过程得到了中国农业大学水利与土木工程学院院长李云开教授、副院长肖若富教授、王朝元教授、牛俊教授以及研究生院李代艳老师等的支持帮助，得到了中国农业大学博士研究生王雯、硕士研究生姜煦武、宋润辰、马静柯、邓泽宽、刘青、宫欣悦、安星润、路畅、梁诗繁、王琳、李安坦、乔婧辉、孙壹然、刘振国、李一贤、邓子萱等在读或已毕业学生，中国中建设计研究院有限公司张檬、任晓红、杨晓凤、谢雅婷等工程师的全力配合。特此致谢！

诚然，书稿虽历经两年潜心编撰，已有40余万字，但思路和内容都还远未达完善。愿抛砖引玉，与各位师友共同探索，在教学和实践过程中不断迭代更新。

目　　录

第一章　绪论 ··· 1
【本章导读】 ··· 1
【教学目标】 ··· 1
第一节　城镇社区更新的时代背景 ·· 2
　　一、中国城镇化发展进入新阶段 ·· 2
　　二、城市更新时代背景下的城镇社区 ······································ 3
第二节　城镇社区更新的实践意义 ·· 6
第三节　城镇社区更新及其相关基本概念辨析 ······························ 6
　　一、城镇住区与城镇住区规划设计 ··· 6
　　二、城镇老旧小区与城镇老旧小区改造规划设计 ······················ 7
　　三、城镇社区、城镇社区治理、城镇社区微改造与微更新以及城镇社区更新规划设计 ··· 8
　　四、相关概念对比与总结 ··· 12
第四节　城市（镇）社区更新的发展历程 ····································· 13
　　一、城市（镇）住区更新 ··· 13
　　二、城市（镇）社区治理 ··· 14
第五节　城镇社区更新的规划转型 ·· 15
　　一、传统城镇住区规划存在的主要问题 ··································· 15
　　二、城镇社区更新的规划转型 ··· 16
第六节　城镇社区更新的相关理论 ·· 17
　　一、有机更新理论（Organic Renewal Theory） ······················· 17
　　二、沟通式规划理论（Communicative Planning） ··················· 18
　　三、协作式规划理论（Collaborative Planning） ······················ 20
　　四、空间生产理论（Spatial Production） ······························· 21
　　五、空间正义理论（Space Justice Theory） ···························· 23
　　六、城市触媒理论（Urban Catalyst Theory） ························· 24
　　七、行动者网络理论（Actor-Network Theory） ······················· 26
　　八、情景规划理论（Scenario Planning） ······························· 27
　　九、社区治理理论（Governance） ·· 29
【思考与练习题】 ·· 31
【参考文献】 ··· 32

第二章　国外城镇社区更新的实践探索与经验借鉴 ······················· 34
【本章导读】 ··· 34

【教学目标】……………………………………………………………………………… 34
第一节　新加坡城镇社区更新的实践探索与经验借鉴 ………………………………… 35
　　　一、新加坡城镇社区更新的发展历程 …………………………………………… 35
　　　二、新加坡城镇社区更新的主要策略 …………………………………………… 35
　　　三、新加坡城镇社区更新的经验借鉴 …………………………………………… 44
第二节　美国城镇社区更新的实践探索与经验借鉴 …………………………………… 45
　　　一、美国城镇社区更新的发展历程 ……………………………………………… 45
　　　二、美国城镇社区更新的主要策略 ……………………………………………… 45
　　　三、美国城镇社区更新的经验借鉴 ……………………………………………… 48
第三节　英国城镇社区更新的实践探索与经验借鉴 …………………………………… 49
　　　一、英国城镇社区更新的发展历程 ……………………………………………… 49
　　　二、英国城镇社区更新的主要策略 ……………………………………………… 49
　　　三、英国城镇社区更新的经验借鉴 ……………………………………………… 52
第四节　韩国城镇社区更新的实践探索与经验借鉴 …………………………………… 53
　　　一、韩国城镇社区更新的发展历程 ……………………………………………… 53
　　　二、韩国城镇社区更新的主要策略 ……………………………………………… 53
　　　三、韩国城镇社区更新的经验借鉴 ……………………………………………… 56
第五节　日本城镇社区更新的实践探索与经验借鉴 …………………………………… 57
　　　一、日本城镇社区更新的发展历程 ……………………………………………… 57
　　　二、日本城镇社区更新的主要策略 ……………………………………………… 59
　　　三、日本城镇社区更新的经验借鉴 ……………………………………………… 65
【思考与练习题】……………………………………………………………………………… 67
【参考文献】………………………………………………………………………………… 68

第三章　国内城镇社区更新的实践行动与优秀案例 ……………………………………… 69
【本章导读】………………………………………………………………………………… 69
【教学目标】………………………………………………………………………………… 69
第一节　社区规划师与参与式规划 ……………………………………………………… 70
　　　一、行动开展背景 ………………………………………………………………… 70
　　　二、工作模式与特点 ……………………………………………………………… 70
　　　三、工作机制 ……………………………………………………………………… 72
　　　四、优秀案例 ……………………………………………………………………… 74
第二节　"社区生活圈"规划 …………………………………………………………… 74
　　　一、行动开展背景 ………………………………………………………………… 74
　　　二、规划模式与特征 ……………………………………………………………… 75
　　　三、优秀案例 ……………………………………………………………………… 78
第三节　"完整居住社区"建设 ………………………………………………………… 78
　　　一、行动开展背景 ………………………………………………………………… 78
　　　二、完整居住社区的概念、基本要求与主要建设内容 ………………………… 79

　　　　三、优秀案例 ··· 82
第四节　"未来社区"建设规划 ··· 83
　　　　一、未来社区的建设理念 ··· 83
　　　　二、未来社区的规划模式 ··· 83
　　　　三、优秀案例 ··· 95
第五节　多元参与式社区治理 ··· 96
　　　　一、社区党建引领治理 ·· 96
　　　　二、社会组织融入的社区治理 ·· 96
　　　　三、社会资本介入的社区治理 ·· 97
　　　　四、社区居民自组织的社区治理 ······································· 97
　　　　五、智慧化赋能的社区治理 ··· 98
【思考与练习题】 ·· 98
【参考文献】 ··· 98

第四章　城镇社区更新规划设计的主要内容和技术要点 ············· 100
【本章导读】 ··· 100
【教学目标】 ··· 100
第一节　城镇社区更新规划编制的整体框架 ································· 101
第二节　前期调研的主要内容与技术要点 ···································· 102
　　　　一、调研目的 ··· 102
　　　　二、调研内容 ··· 102
　　　　三、问题汇总 ··· 104
第三节　内容识别与策略选择的主要内容与技术要点 ···················· 104
　　　　一、内容识别 ··· 104
　　　　二、策略选择 ··· 107
第四节　总体改造布局规划方案编制的主要内容与技术要点 ·········· 108
　　　　一、建筑改造 ··· 108
　　　　二、道路系统改造 ·· 108
　　　　三、配套设施改造 ·· 109
　　　　四、绿地景观系统改造 ·· 111
第五节　专项改造规划设计方案编制的主要内容与技术要点 ·········· 112
　　　　一、建筑改造 ··· 112
　　　　二、道路交通设施改造 ·· 121
　　　　三、基本公共服务设施改造规划与设计 ···························· 131
　　　　四、便民商业服务设施改造 ··· 137
　　　　五、市政配套设施改造 ·· 139
　　　　六、公共活动空间改造 ·· 146
　　　　七、物业管理 ··· 169
　　　　八、管理机制 ··· 172

【思考与练习题】·········173
【参考文献】·········173

第五章　城镇社区治理体系构建要点·········174
【本章导读】·········174
【教学目标】·········174

第一节　我国城镇社区治理的发展历程与发展趋势·········175
一、社区治理的基层化·········175
二、社区治理的组织化·········175
三、社区治理的精细化·········175
四、社区治理的人本化·········176
五、社区治理的社会化·········176
六、社区治理的专业化·········176
七、社区治理的智慧化·········176
八、社区治理的法治化·········177

第二节　我国城镇社区治理存在的问题·········177
一、社区治理的参与主体权责未明确·········177
二、社区管理及组织过度行政化·········177
三、相关法律法规及政策尚未健全·········177
四、资金运转及收益分配机制尚未完善·········178

第三节　我国城镇社区治理体系和模式创新的动因·········178
一、外界刺激：社区赋权创造外部环境·········178
二、内在驱动：社会主体参与愿望凸显·········179
三、技术支撑：信息技术成为有效工具·········179

第四节　城镇社区治理体系构成·········180

第五节　明晰治理主体职责·········180
一、基层政府·········180
二、社区服务（工作）站·········180
三、社区党组织·········181
四、社区居委会·········181
五、社区居民和业主·········182
六、社区业主委员会·········182
七、社区社会组织·········182
八、社区社会工作者·········183
九、社区物业服务企业·········183

第六节　扩展治理内容·········183
一、社区党建·········183
二、社区服务·········185
三、社区文化·········187

　　　　四、社区教育 ························· 189
　　　　五、社区环境 ························· 191
　　　　六、社区养老与照护 ····················· 192
　　　　七、社区冲突 ························· 194
　　　　八、社区治安 ························· 197
　　　　九、社区应急管理 ······················ 199
　　第七节　完善治理结构 ······················· 201
　　　　一、我国的典型社区治理模式 ················ 201
　　　　二、行政主导型社区治理模式与治理结构 ·········· 202
　　　　三、自治主导型社区治理模式与治理结构 ·········· 203
　　　　四、行政—自治协同型社区治理模式与治理结构 ······ 203
　　　　五、"三社联动"的社区治理创新模式 ············ 204
　　第八节　创新治理技术 ······················· 207
　　　　一、智慧社区的关键技术 ··················· 208
　　　　二、智慧社区的总体架构 ··················· 210
　　　　三、智慧社区的运营模式 ··················· 212
　　第九节　优化社区治理方法 ···················· 212
　　　　一、社区协商 ························· 212
　　　　二、社区网格化管理 ····················· 217
　　第十节　健全治理机制 ······················· 219
　　　　一、以人民为中心的价值判断机制 ·············· 219
　　　　二、以党建为引领的整合机制 ················ 220
　　　　三、以协商为基础的沟通机制 ················ 220
　　　　四、以合作为纽带的协同机制 ················ 220
　　　　五、以质量为核心的评价机制 ················ 221
　　　　六、以科技为赋能的支撑机制 ················ 221
　　　　七、以人才为导向的培养机制 ················ 222
　　【思考与练习题】 ·························· 222
　　【参考文献】 ···························· 222
第六章　城镇社区更新的项目运作模式 ················ 224
　　【本章导读】 ···························· 224
　　【教学目标】 ···························· 224
　　第一节　项目运作模式 ······················· 225
　　　　一、明确实施主体职责 ···················· 225
　　　　二、资金保障方式 ······················ 226
　　　　三、项目实施模式 ······················ 227
　　第二节　资金性质分析 ······················· 229
　　　　一、政府投资 ························· 229

　　　　二、专项债券 ··· 230
　　　　三、政策性金融 ·· 234
　　　　四、居民合理出资 ·· 235
　　　　五、专营单位投入 ·· 237
　　　　六、城市更新基金 ·· 237
　　第三节　资金平衡方式 ·· 239
　　　　一、自平衡模式：社区内（或街道内）闲置/低效经营性资源 ····· 239
　　　　二、大片区统筹模式：边角/低效土地再开发作为项目经营性资源 ····· 239
　　　　三、跨片区统筹模式："跨区域/跨行政区划"作为项目经营性资源 ····· 240
　　　　四、城市更新单元模式 ··· 240
　【思考与练习题】··· 240
　【参考文献】··· 241

第七章　城镇社区更新的实施保障机制 ······································ 242
　【本章导读】··· 242
　【教学目标】··· 242
　　第一节　工作组织：统筹协调机制 ··· 243
　　　　一、建立工作领导小组，统筹协调 ··································· 243
　　　　二、明确部门责任分工，建立评估和考核机制 ···················· 244
　　第二节　改造实施：项目生成机制 ··· 245
　　　　一、做好摸底储备工作 ··· 245
　　　　二、明确改造对象范围 ··· 245
　　　　三、编制改造规划和年度计划 ··· 245
　　　　四、建立激励先进机制 ··· 245
　　第三节　社会参与：共同缔造机制 ··· 246
　　　　一、引入社会力量参与 ··· 246
　　　　二、动员群众共建共治 ··· 247
　　　　三、推动专业力量进社区 ·· 247
　　第四节　推进效率：审批优化机制 ··· 248
　　　　一、联合审查改造方案 ··· 248
　　　　二、简化立项用地规划许可审批 ······································ 249
　　　　三、精简工程建设许可和施工许可 ··································· 249
　　　　四、实行联合竣工验收 ··· 250
　　　　五、优化审批服务 ··· 250
　　　　六、加强底线管控 ··· 250
　　第五节　存量利用：整合利用机制 ··· 251
　　　　一、存量资源整合利用联动协调 ······································ 251
　　　　二、存量土地再利用机制 ·· 251
　　　　三、存量建筑再利用机制 ·· 252

第六节 资金来源：多元融资机制 ·· 253
　　一、完善资金分摊规则 ·· 253
　　二、落实居民出资责任规则 ·· 253
　　三、政府给予资金补助支持城镇老旧小区改造 ···························· 253
　　四、引导管线专营企业出资参与改造 ···································· 253
　　五、探索以政府债券方式融资 ·· 254

第七节 金融支持：持续支持机制 ·· 254
　　一、明确项目实施运营主体 ·· 254
　　二、探索引入金融支持 ·· 254

第八节 后期运维：长效管理机制 ·· 254
　　一、落实小区管理责任对应 ·· 254
　　二、建立多主体参与的小区管理机制 ···································· 256
　　三、建立健全老旧小区房屋管理各项收费管理机制 ······················ 259

第九节 有序推广：宣传引导机制 ·· 260
　　一、成立专职专班 ·· 260
　　二、制定专项方案 ·· 260
　　三、抓好宣传培训 ·· 260
　　四、走好群众路线 ·· 261
　　五、用活社会力量 ·· 261
　　六、创新宣传方式 ·· 261

【思考与练习题】 ·· 262
【参考文献】 ·· 262

第一章 绪 论

【本章导读】

本章为绪论,共分为六个小节。分别从城镇社区更新的时代背景、实践意义、相关基本概念辨析、发展历程、规划转型、相关理论等六个层面进行讲述。

第一节"城镇社区更新的时代背景"中,阐述了"中国城镇化发展进入新阶段、城市更新时代背景下的城镇社区"两个当前所处的时代背景。

第二节"城镇社区更新的实践意义"中,归纳了当前城镇社区从粗放型外延式发展转向集约型内涵式发展的实践意义。

第三节"城镇社区更新及其相关基本概念辨析"中,对"城镇住区与城市住区规划设计,城镇老旧小区与城镇老旧小区改造规划设计,城镇社区、城镇社区治理、城镇社区微改造与微更新、城镇社区更新规划设计"三组同类相关的基本概念进行了辨析与总结。

第四节"城市(镇)社区更新的发展历程"中,从"城市(镇)住区更新"和"城市(镇)社区治理"两个层面讲述了各自的发展历程。

第五节"城镇社区更新的规划转型"中,总结了传统城镇住区规划存在的主要问题,阐述了新时代城镇社区更新规划在"角色、范式、领域、机制"方面的四大转型。

第六节"城镇社区更新的相关理论"中,详释了"有机更新、沟通式规划、协作式规划、空间生产、空间正义、城市触媒、行动者网络、情景规划、社区治理"九项理论及其与城镇社区更新相结合的应用途径和实践案例。

【教学目标】

(1) 了解城镇社区更新的时代背景、实践意义和相关研究进展;

(2) 熟悉城镇社区更新的基本概念、发展历程、规划转型的原因和方向;

(3) 掌握城镇社区更新的相关理论,结合相关的案例学习,做到融会贯通。

第一节　城镇社区更新的时代背景

一、中国城镇化发展进入新阶段

(一) 中国城镇化发展取得的历史性成就

自 1978 年改革开放以来，我国经历了世界历史上规模最大、速度最快的城镇化进程，仅用了四十余年的时间就走完了发达国家近三百年的城镇化道路，创造了世界城市发展史上的奇迹。城市发展质量显著提升，城市功能不断完善，人民的获得感、幸福感和安全感明显增强，城市建设取得了举世瞩目的新成就。

1. 城镇化快速发展，城市（镇）数量和规模大幅增加

(1) 城镇化率快速提升。1978 年，我国常住人口城镇化率仅为 17.9%；2023 年末，我国常住人口城镇化率已达 66.16%，比 1978 年提高了 48.2%，每年以 0.8%~1.5%的速率增长。

(2) 城市（镇）数量大幅增加。1978 年，全国城市数量有 193 个，建制镇有 2176 个❶；2021 年末，全国城市数量达 691 个，建制镇数量达 21322 个❷。分别比 1978 年增加了 498 个和 19146 个。

(3) 城市（镇）规模显著扩大❸。1981 年，全国城区人口 1.44 亿人，城市建成区面积 7438km^2，城市建设用地面积 6720km^2；至 2020 年，全国城市人口密度 2778 人/km^2，城市建成区面积 60721.3km^2；至 2018 年，城市建设用地面积 56075.9km^2。

2. 住房问题已得到基本解决

(1) 中高收入群体以购买商业地产为主。1998 年以来，符合城市规划要求的、土地利用集约化的、公共设施配套成系统的、成街坊成片区的住宅开发成为新建住房主流。2019 年，城镇居民人均住房面积达 39.8m^2；2020 年央行数据显示❹，我国城镇居民家庭住房自有率达 96%，拥有 2 套房的达 31%，拥有 3 套房的达 10.5%，户均拥有住房 1.5 套。住房问题已得到基本解决。

(2) 中低收入群体通过保障性住房基本覆盖。部分城镇中低收入家庭通过购买经济适用房等配售型保障性住房改善居住条件。截至 2018 年底，通过购买经济适用房等配售型保障性住房，5000 多万买不起商品房、又有一定支付能力的城镇中低收入群众拥有了住房。"十三五"期间全国棚改累计开工超过 2300 万套，帮助 5000 多万居民搬出棚户区住进楼房。截至 2019 年底，3800 多万困难群众住进公租房，累计 2200 万困难群众领取了租赁补贴，低保、低收入住房困难家庭基本实现应保尽保，中等偏下收入家庭住房条件有效改善。各省市

---

❶ 中华人民共和国中央人民政府. 城镇化水平不断提升 城市发展阔步前进：新中国成立 70 周年经济社会发展成就系列报告之十七 [EB/OL]. [2019-8-15]. https://www.gov.cn/xinwen/2019-08/15/content_5421382.htm.

❷ 国家统计局. 新型城镇化建设扎实推进 城市发展质量稳步提升：党的十八大以来经济社会发展成就系列报告之十二 [EB/OL]. [2022-9-29]. https://www.stats.gov.cn/sj/sjjd/202302/t20230202_1896688.html.

❸ 国家统计局. 国家数据 [EB/OL]. https://www.data.stats.gov.cn/easyquery.htm?cn=C01. 查询日期截至 2022 年末，城市建设用地面积数据仅公布至 2018 年，城市建成区面积数据公布至 2020 年，之后尚未公布。

❹ 央行 2020 年城镇居民家庭资产负债情况调查报告（转引自张佳丽，2021）

大力发展小户型、低租金的保障性租赁住房,加快解决新市民的住房问题。国家通过大规模实施保障性安居工程,累计帮助约2亿困难群众改善了住房条件(张佳丽,2021)。

(二)中国城镇化发展进入城市更新阶段

党的十八大以来,我国经济进入"新常态",GDP增长速度由高速转为中高速,经济发展转向结构优化升级,消费渐成主力,比例不断攀升,经济发展动力由要素和投资驱动转为创新驱动。社会结构、生产生活方式和治理体系正在随之发生着重大变化,与之相应的是城镇化的发展,至2022年末我国常住人口城镇化率达64.7%,已进入城镇化率发展增速趋缓的中后期,标志着我国城镇化发展全面进入城市更新阶段。主要有两个重要特征(张佳丽,2021):

(1)城市发展由大规模增量建设转为存量提质改造和增量结构调整并重。当前我国的住房问题已从总量短缺转为结构性供给不足,从粗放满足面积的数量要求转向对高质量和好环境的要求。大规模的住房消费需求也出现转向,主要集中在新市民租赁住房和老旧小区改造等方面。

(2)从"有没有"转向"好不好"。随着我国当前社会的主要矛盾已经转变为"人民日益增长的美好生活需要和不平衡不充分的发展之间的矛盾"。人民群众对更好的居住条件、更优美的生活环境、更完善的公共服务等充满期待,迫切需要推进城市更新,提升城镇质量,增强人民群众的获得感、幸福感和安全感。

二、城市更新时代背景下的城镇社区

(一)存量时代我国城市更新的方向指引

2010年以来,国家对城市更新提出了一系列方向指引(表1-1)。主要包括推进国家治理体系和治理能力现代化、"严控增量、盘活存量"、高质量发展、构建"双循环"新发展格局、实施城市更新行动、不搞大拆大建等。这意味着在新的时代背景下,城市更新强调运用综合性、整体性、公平性的观念和行动来解决城市的存量发展问题。从过去主要关注物质形态改造,转向以人为本的综合与可持续更新,并注重思考背后的政治、经济、社会等动力机制(唐燕,2023)。

城市更新的方向指引　　　　　　　　　　　　　　　表1-1

政策指引	提出时间	行动方向
国家治理体系与治理能力现代化	2013年11月(党的十八届三中全会)	将推进"国家治理体系和治理能力现代化"作为全面深化改革的总目标。城市建设须担负起推动和优化社会治理的相关责任,通过城市更新实践促进城市精细化治理
严控增量、盘活存量	2013年12月(中央城镇化工作会议)	"严控增量,盘活存量,优化结构,提升效率""由扩张性规划逐步转向限定城市边界、优化空间结构的规划"
高质量发展	2017年10月(中国共产党第十九次全国代表大会)	应注重"量"的合理增长与"质"的稳步提升,着力解决城市区域发展不平衡、不充分等问题,补足短板并提质增效
"双循环"新发展格局	2020年5月(中共中央政治局常务委员会会议)	在全球化经济总体下行和新冠肺炎疫情影响下,推进国内"双循环"相互促进的新发展格局。通过城市更新实现空间品质提升的同时激发经济发展动力

续表

政策指引	提出时间	行动方向
实施城市更新行动	2020年10月（党的十九届五中全会）	对城市建设工作进行战略部署和方向指引；明确城镇化过程中要解决的城市发展问题；制定实施相应政策措施和行动计划；提出集约型内涵式发展的具体举措。行动任务和目标包括：推进城市生态修复、功能完善工程，统筹城市规划、建设、管理，合理定城市规模、人口密度、空间结构，促进大、中、小城市和小城镇协调发展等；同时，强化历史文化保护、塑造城市风貌、加强城镇老旧小区改造和社区建设、促进房地产市场平衡健康发展、强化基本公共服务保障等
不搞大拆大建	2021年8月（住房和城乡建设部关于在实施城市更新行动中防止大拆大建问题的通知）	明确实施城市更新行动要顺应城市发展规律，坚持"留改拆"并举、以保留利用提升为主，加强修缮改造。明确要严格控制大规模拆除、大规模增建、大规模搬迁，确保住房租赁市场供需平稳；保留利用既有建筑，保持老城格局尺度，延续城市特色风貌；加强统筹谋划，探索可持续更新模式，加快补足功能短板，提高城市安全韧性等要求

来源：唐燕，2023

(二) 建成 20～30 年以上的老旧小区形成了数量庞大的更新需求

我国建成 20～30 年以上的住宅数量巨大。据国家统计局公布的国内房屋竣工数据，1981—2017 年，竣工房屋总面积约 730 亿 m^2，其中住宅的竣工面积约 470 亿 m^2；在住宅中，商品房竣工面积约 100 亿 m^2。基于竣工面积的统计，1990 年之前建成（即建成超过 30 年）的住宅面积约 120 亿 m^2，2000 年之前建成的（即建成超过 20 年）的住宅面积约 230 亿 m^2。这些小区受限于当时的经济投入不足和对未来生活水平快速提升的估计不足，普遍存在结构安全隐患、节能性能落后和设施设备老化严重等状况，普遍面临着更新的需求。2000 年之后建成的年均 10 亿～20 亿 m^2 的住宅，随着时间的推移也将陆续成为老旧小区。住宅建筑约占城镇建筑规模的一半，可以说，广大的中国城镇未来将持续面对常态化的规模巨大的老旧小区更新需求（黄鹤，2021）。

(三) 当前中国城镇社区更新的主要问题

1. 住宅建筑本体
(1) 建筑结构、抗震、消防等建筑安全方面的问题。
(2) 建筑外墙、门窗、屋顶等围护结构的建筑能耗方面的问题。
(3) 加装电梯、无障碍通道、坡道、扶手等适老化设施方面的问题。

2. 道路交通系统
(1) 机动车和非机动车停车位严重不足产生乱停乱放现象等停车系统的问题。
(2) 交通组织混乱、道路破损、宽度不足、消防通道不明等车行系统的问题。
(3) 步行和自行车等慢行交通空间被侵占、安全性受影响等慢行系统的问题。

3. 绿地与开放空间系统
(1) 一层私家院落等私人空间侵占了公共绿地与开放空间等权属方面的问题。
(2) 社区绿地与开放空间数量不足、分布零散，满足各类人群使用需求的休闲游憩设施和体育活动设施较少等景观品质方面的问题。
(3) 社区绿地对雨水调蓄、空气净化等生态系统服务功能体现不足的问题。

4. 公共服务设施系统

(1) 十五分钟生活圈居住区、十分钟生活圈居住区、五分钟生活圈居住区相应的中小学、托幼、体育场馆、文体活动、卫生服务、养老助残、商业服务等与居住人口规模相配套的社区服务设施的数量、类型和服务半径等不足的问题。

(2) 居住街坊所对应的物业管理、便利店、活动场地、生活垃圾收集站、快递柜等便民服务设施的数量、类型和服务半径等不足的问题。

5. 基础配套设施系统

(1) 排水、供水、供电、燃气、供热等管网系统出现老化或破损等问题。

(2) 智能门禁、智能安防、智能停车、疫情防控等智能化数字平台应用的问题。

6. 项目运作与资金平衡机制

(1) 老旧小区改造营利模式不清晰，社会资本介入老旧小区改造的项目较少，改造资金主要来源于政府财政投入，资金来源相对单一。小区居民虽然是改造的直接受益方，但并没有实质性的资金投入或出资很少。

(2) 各地多采取市级筹划指导、区县统筹负责、街道社区具体实施的项目推进机制。牵涉部门多、统筹协调难度大，街道（社区）承担工作多、责任过重，尚未形成持续、高效的项目推进机制。

7. 项目组织与实施保障机制

(1) 居民的改造意愿强烈与否是进行改造的前提条件，而多数居民对更新改造持观望态度，尤其是涉及自身利益时（拆除违建、拆除防盗窗、加装电梯等）有抵触情绪，尚未形成合理、有效的公众参与机制。

(2) 我国尚未出台专门针对改造类项目的法律法规和标准规范体系，目前相关法律法规、标准规范体系、工程建设项目审批制度等主要适用于新建项目，对老旧社区改造而言尚存较多不适宜之处。

(3) 在推进老旧小区改造过程中"重建设、轻管理"的现象比较突出，缺少长效维护管理机制。面向老旧小区物业服务的市场化机制尚未建立，部分物业服务水平较低或完全失管，使得改造后的效果不能长期保持。

（四）党和政府对城镇社区更新的高度重视

为全面推进城镇老旧小区改造工作，2020年7月，国务院办公厅印发《国务院办公厅关于全面推进城镇老旧小区改造工作的指导意见》（国办发〔2020〕23号）❶，明确了城镇老旧小区改造任务、组织实施机制、资金合理共担机制和配套政策等内容，标志着城镇老旧小区改造工作正式上升到国家层面，开启了中国城镇化下半场以高质量发展为核心的城市更新新篇章。2020年8月，住房和城乡建设部、教育部、工业和信息化部等13部门联合发布《住房和城乡建设部等部门关于开展城市居住社区建设补短板行动的意见》，要求到2025年，基本补齐既有居住社区设施短板，新建居住社区同步配建各类设施，城市居住社区环境明显改善，共建共治共享机制不断健全，全国地级及以上城市完整居住社区覆盖率显著提升。2020年10月，国家"十四五"规划明确提出实施城市更新行动，加强

---

❶ 国务院办公厅. 国务院办公厅关于全面推进城镇老旧小区改造工作的指导意见：国办发〔2020〕23号［EB/OL］. [2020-07-20]. https://www.gov.cn/zhengce/content/2020-07/20/content_5528320.htm?10000skip=true.

城镇老旧小区改造和社区建设。在城市更新背景下全面推进老旧小区改造,是整个"十四五"规划期间的重要民生工程(张佳丽,2021)。

第二节　城镇社区更新的实践意义

城镇老旧小区改造,是目前城市存量中矛盾最突出、居民反映最集中的问题。全国有超过 30 万个城镇老旧小区,涉及居民 7000 余万户、住宅建筑面积约 60 亿 m^2。党中央、国务院作出的大力提升城镇老旧小区改造的重要决定和部署,是关系到大约 4 亿人居住生活品质提升,直接关系到千家万户的获得感、幸福感、安全感,是广大城镇居民拥护和支持的一项非常有意义的民生工程。并以此为切入点,深化供给侧结构性改革,推动过度房地产化的城镇开发建设方式转型,从大规模、高速度的增量建设为主转向存量提质改造与满足结构性需求的增量建设并重,从粗放型外延式发展转向集约型内涵式发展(张佳丽,2021)。

更新改造的意义主要体现在三个方面:①能够实现"惠民生、拉投资、促消费"的目标;②提升城镇品质,促进城镇发展转型;③提升城镇基层社会治理能力,形成共建共治共享的社会治理体系(中国城市规划设计研究院城市更新研究所,2022)。

第三节　城镇社区更新及其相关基本概念辨析

一、城镇住区与城镇住区规划设计

(一)城镇住区

城镇住区是城市(镇)居住区、城市(镇)住宅区等同类相关概念的统称。《城市居住区规划设计标准》(GB 50180—2018)❶ 指出:"城市居住区(Urban Residential Area)是指由城市各级道路或用地边界线围合、与一定的人口规模或用地规模相对应、城市住宅建筑相对集中布局、配套设施相对齐全的地区"。按照居民在合理的步行距离满足基本生活需求的原则,可分为"十五分钟生活圈居住区、十分钟生活圈居住区、五分钟生活圈居住区、居住街坊"四级(表1-2)。

居住区分级控制规模　　　　　　　　　表 1-2

距离与规模	十五分钟生活圈居住区	十分钟生活圈居住区	五分钟生活圈居住区	居住街坊
步行距离(m)	800~1000	500	300	—
居住人口(人)	50000~100000	15000~25000	5000~12000	1000~3000
住宅数量(套)	17000~32000	5000~8000	1500~4000	300~1000

资料来源:《城市居住区规划设计标准》(GB 50180—2018)。

(二)城镇住区规划设计

城镇住区规划设计是在城镇总体规划的基础上,根据计划任务和城市现状条件,对城

---

❶ 中华人民共和国住房和城乡建设部. 城市居住区规划设计标准[EB/OL]. [2018-11-30]. https://www.mohurd.gov.cn/gongkai/zhengce/zhengcefilelib/201811/20181130_238590.html.

镇居住用地内的布局结构、住宅群体布置、道路交通、生活服务设施、各种绿地和游憩场地、市政公用设施和市政管网等各个系统进行的具体安排和综合性设计工作。涉及使用、卫生、经济、安全、施工、美观等几方面的要求，是城市详细规划的组成部分，综合解决其之间的矛盾，为居民创造适用、经济、美观的生活居住用地条件❶。

二、城镇老旧小区与城镇老旧小区改造规划设计

（一）城镇老旧小区

国务院（2020年）：城镇老旧小区是指城市或县城（城关镇）建成年代较早、失养失修失管、市政配套设施不完善、社区服务设施不健全、居民改造意愿强烈的住宅小区（含单栋住宅楼）。各地要结合实际，合理界定本地区改造对象范围，重点改造2000年底前建成的老旧小区（国办发〔2020〕23号）。

北京市（2021年）：老旧小区指建成年代较早、建设标准较低、基础设施老化、配套设施不完善、未建立长效管理机制的住宅小区（含单栋住宅楼）。本市现阶段，老旧小区建成年代较早是指2000年底以前建成❷。

需改造的城镇老旧小区产权构成较复杂，涉及公房（含房改房）、商品房、拆迁安置房、单位集资房、保障性住房等。具有以下几个特征（张佳丽，2021）：

（1）建成时间比较早。目前各地多数以2000年以前建成作为划分时间点。

（2）市政基础设施不齐全或老化严重。供水、污水管网老化严重，影响供水质量与排污能力；电力线路有安全隐患，消防设施不齐全，消防通道被占用。

（3）房屋本体损坏严重。房屋存在外墙脱落、保温效果差、墙面污损、楼道等公用区域被住户堆放杂物等。

（4）6层及以下的多层住宅楼普遍没有安装电梯。

（5）普遍缺少停车场地和设施。

（6）环境杂乱，违章建筑情况众多。

（7）配套服务设施品类缺乏，数量不足，可达性较差。

（二）城镇老旧小区改造规划设计

城镇老旧小区改造内容可分为基础类、完善类和提升类三类（国办发〔2020〕23号）。城镇老旧小区改造规划设计即是按三个类别不同的改造内容要求开展的一项整体性的安排部署和综合性的设计工作。

1. 基础类

为满足居民安全需要和基本生活需求的内容，主要是市政配套基础设施的改造提升以及小区内建筑物屋面、外墙、楼梯等公共部位的维修等。其中，改造提升市政配套基础设施包括改造提升小区内部及与小区相关联的供水、排水、供电、弱电、道路、供气、供热、消防、安防、生活垃圾分类、移动通信等基础设施，以及光纤入户、架空线规整（入地）等。

---

❶ 科普中国——科学百科（词条）．居住区规划［EB/OL］．［2021-12-31］．https：//www.kepuchina.cn/article/articleinfo? business_type=100&classify=0&ar_id=345618.

❷ 北京市住房和城乡建设委员会 北京市规划和自然资源委员会《北京市老旧小区综合整治标准与技术导则》［R］．2021-08-19.

2. 完善类

为满足居民生活便利需要和改善型生活需求的内容，主要是环境及配套设施的改造建设、小区内建筑节能改造、有条件的楼栋加装电梯等。其中，改造建设环境及配套设施包括拆除违法建筑，整治小区及周边绿化、照明等环境，改造或建设小区及周边适老设施、无障碍设施、停车库（场）、电动自行车及汽车充电设施、智能快件箱、智能信报箱、文化休闲设施、体育健身设施、物业用房等配套设施。

3. 提升类

为丰富社区服务供给、提升居民生活品质、立足小区及周边实际条件积极推进的内容，主要是公共服务设施配套建设及其智慧化改造，包括改造或建设小区及周边的社区综合服务设施、卫生服务站等公共卫生设施、幼儿园等教育设施、周界防护等智能感知设施，以及养老、托育、助餐、家政保洁、便民市场、便利店、邮政快递末端综合服务站等社区专项服务设施。

三、城镇社区、城镇社区治理、城镇社区微改造与微更新以及城镇社区更新规划设计

（一）城镇社区

"社区"（Community）一词，最早源于拉丁语，在《韦氏新国际英语大词典》中有多种释义，其含义包括共同的东西和亲密的合作关系。1887年，德国社会学家斐迪南·滕尼斯（Ferdinand Tönnies）首次将"Community"一词作为专有名词提出，并阐述为：通过血缘、朋友关系建立起的，具有相同价值观念的人所组成的关系密切、守望相助、富有人情味的社会组织团体。不同的学科会基于其研究目的对"社区"进行定义，如从社会学角度看，社区指生活在一定地域内的社会共同体；从建筑和规划学科的角度看，可将社区的定义归纳为"一定规模的人口遵从社会的法律规范，通过设计的组织方式定居所形成的日常生活意义上心理归属的范围"。我国的政府部门亦会从管理的角度对其进行定义，如2000年11月《中共中央办公厅、国务院办公厅关于转发〈民政部关于在全国推进城市社区建设的意见〉的通知》[1]中明确指出："社区是指聚居在一定地域范围内的人们所组成的社会生活共同体。目前城市社区的范围，一般是指经过社区体制改革后作了规模调整的居民委员会辖区"。

可以看出，这些定义的出发点与侧重点有所不同，中西方因体制的不同其定义也有较大差异。对于我国的社区而言，多数定义均认同社区的四个基本特性（蒋廷令，2021；洪亮平等，2016）：

（1）地域性。即社区具有一定的地理区域范围和一定数量的人口，是居住过程中产生的具有特定性质的空间场域，由住宅、公服设施、基础设施、绿地等物质空间环境组成。

（2）共同性。是生活于其间的居民的心理认知空间，社区内的居民具有共同的利益、意识、认同感和归属感。

（3）互动性。即社区内的居民会经常交往发生互动。

---

[1] 中共中央办公厅、国务院办公厅．《中共中央办公厅、国务院办公厅关于转发〈民政部关于在全国推进城市社区建设的意见〉的通知》[EB/OL]．[2000-11-19]．https://zfgb.fujian.gov.cn/7527．

(4) 组织性。是政府行政管理末端的基层治理单元，由居民委员会牵头、物业管理委员会和业主委员会协同组织管理。

社区作为一种场所，具有三种价值属性（王承慧等，2021）：

(1) 社区作为地域共同体。基于地域邻近性，实现各类社会福祉的获取；通过环境宜居性，实现生活质量的保障。

(2) 社区作为生活共同体。在互动交往、情感维系和身份认同中起重要作用。

(3) 社区作为治理共同体。是国家和社会、个体间的联结桥梁，承载着国家意志，由地方福祉与社会多元主体交织而成的利益网络。既是基层管理单元，也是地方寻求共同发展的单元。

三种价值属性同时共存，相互作用。基于良好规划设计的地域共同体，通过提供多样化、高品质的公共空间和公共生活，促进邻里交往和场所认同，成为紧密团结的生活共同体。在互动互助的过程中，相关主体间构建起高效的伙伴关系和参与机制，成为良序共治的治理共同体。

（二）城镇社区治理

社区治理是在一定区域范围内，不同的公私行为主体（包括个人、组织、私人机构、权力机关、非权力机构、社会、市场等），依据正式的强制性法规，以及非正式的、人们愿意遵从的规范约定，通过协商谈判、资源交换、协调互动，共同对涉及社区居民利益的公共事务进行有效管理，推动社区持续发展的活动。以增强社区凝聚力、增加社区成员福利，通过共治与善治实现社区的和谐、智慧、人文、平安、美丽与活力的发展愿景（陆军，2019；谭日辉，2018）。

社区治理是西方治理理论在我国基层社会的运用，在治理主体、过程和结构方面显著区别于我国过去的社会管理，主要体现在以下三个方面（谭日辉，2018）：

(1) 治理主体不同，治理的特征由单一走向多元。过去，我国基层管理主体是单一的政府组织，而在当前的社区治理中，主体除政府以外，还包括社区居民、驻区单位、社区内自治组织、社会服务组织等。因此，社区事务的管理是在多个主体的参与和决策下，社区和基层政府的关系从原来的控制向合作治理转型，目标是实现社区善治，最终达到帕累托最优（Pareto Optimality）的社会公共利益。

(2) 治理过程不同，社区治理强调居民参与。我国的基层社会管理模式是从单位制到街道制，行政色彩强烈，基层政府与社区内部各组织之间、组织与成员之间都是命令与服从的行政隶属关系，城市政府、街道办事处和居委会严格按照行政命令方式执行；而社区治理则强调居民参与，各主体之间不再是依附关系，而是一种平等、互惠和合作共赢的关系，社区发展以及具体实施的规划、社区建设任务和社区事务都体现在社区居民的共同意愿上，是社区居民共同意愿的真实体现。

(3) 治理结构不同，治理结构改变了过去纵向的科层制管理结构，变为平行的网络状互动结构。原来的单位制管理结构是典型的自上而下的层级管理关系，街居制管理结构也是类似的层级管理关系；而在社区治理结构中，这种纵向关系虽然存在，但横向关系被大大加强，基层政府、社区内自治组织、社会服务组织以及驻区单位被一个共同目标联系在一起，社区建设由政府唱独角戏的时代已一去不复返。特别是社区社会组织的发展壮大，为社区治理注入了新鲜血液，成为推动社区走向善治的力量源泉。

(三）城镇社区微改造与微更新

2012年，住房和城乡建设部副部长仇保兴指出：中国城镇化发展已进入中后期，不应再"大拆大建"。在秉承"有机更新"理论基础上提出了城市"重建微循环"理论❶，以小规模、精准性、渐进式为特征的"微更新"概念开始进入城市更新领域。

2015年，广州市人民政府发布《广州市城市更新办法》，首次提出城市更新要采取"微改造"的全新方式；同年，上海市人民政府印发《上海市城市更新实施办法》，提出公众参与的城市微治理办法和途径。2016年，上海市规划和国土资源管理局主持开展了"行走上海2016——社区空间微更新计划"的实践活动。"微改造""微更新""微治理"等学术理念正式成为地方政府实践，并影响和延续至今。

微改造的主旨是：在维持现状建设格局基本不变的前提下，通过建筑局部拆建、建筑物功能置换、保留修缮，以及整治改善、保护、活化和完善基础设施等办法实施的更新方式。主要适用于城市中对整体格局影响不大，但现状用地功能与周边发展存在矛盾、用地效率低、人居环境差的地块❷。微改造的目标和任务在于：通过城市修补开展老旧小区的微改造，改善居住空间环境，完善社区功能，补齐配套短板；同时融合现代生活理念，注入新的生活元素，满足现代人的需求，留住稳定居住人口；传承历史文脉，延续岁月传承的邻里情感，加强社区建设，创造良好人文环境与邻里关系，增强居民的责任感与归属感，重塑街区活力，实现"干净、整洁、平安、有序"的小区居住环境，建立老旧小区有机更新常态机制❸。

社区微更新是一种以人为本的"空间重构"和"社区激活"的方式（章丹音，2019）。是从现状问题出发，以群众需求为导向，利用低成本的方法，对社区内微型公共空间和老旧建筑等进行改造提升，从而创造归属感的社区空间，推动社区空间的活化利用与品质提升的更新手段。其目的不仅是物质空间层面的品质提升，还包括制度层面的社区共建共享，涉及社区微更新的运行及保障机制、项目的落实与实施、各参与者要素在其中所具有的权利与义务，以及项目成果的长久维护等（顾大治等，2020）。可从四个方面总结其特征和发展趋势（白雪燕等，2020）：

（1）它是一种极具现实性的工作策略与方法。以社区中广泛的、小型的、可调整和可优化的实际项目，具体提升城市环境与居民日常生活品质。与前一阶段普遍推行的跨越式扩张相比，更加能够顺应城市发展的自身规律与要求。

（2）它是宏观规划具体介入社会经济运行的实质性领域，也是应对当前城市更新工作中资金短缺、收储困难等困境的一种现实性选择。具有更低的实践门槛、更广泛的社会参与及更多元化的合作形式，是对于宏观政策、发展趋势以及社会需求的现实回应，是针对城市经济发展动力机制转变的反应。

（3）它是衔接城市治理与市民参与的最基本层面。作为一种城市精细化治理的有效手段，主要是以温和、低冲击的方式，由表及里地探索城市更新与环境保护的路径。探讨如何通过社会各领域、各方面的通力合作与协调创新，实现当地居民的共同经验价值和城镇

---

❶ 十微：微降解、微能源、微冲击、微更新、微交通、微创业、微绿地、微医疗、微农村、微调控。
❷ 广州市人民政府. 广州市城市更新办法［R］，2016.
❸ 广州市城市更新局.《广州市城市更新局关于印发〈广州市老旧小区微改造实施方案〉的通知》［R］，2016.

空间资源的共建共享。

（4）它是新技术背景下城镇治理发展的新趋向。一方面，"互联网+"时代下的微商、微信、微博等新媒体技术正在改写城市建设的工作语境；另一方面，新技术工具的引入也相应地为城镇环境的整合提升带来了更多可能性。因此，城市微更新应当在传统的"社会—空间"维度中增加对"技术—社会"关系的探讨，以能够使用技术手段创造性地、综合性地解决城市中的复杂问题。

（四）城镇社区更新规划设计

社区更新是在社区由于历史、自然、社会的原因在物质空间、经济发展和社会结构等方面出现落后、衰败或失调等问题的情况下，相关主体依据一定的制度或机制，意图解决问题而采取的综合性和整合性的社区发展策略和行动，旨在推进社区在物质空间、经济发展和社会结构等方面的长期健康发展（王承慧等，2021）。

因此，城镇社区更新规划设计面向的是在"存量优化"时代背景下，城镇中已建成、正面对复杂的人与空间关系和诸多需要提升改造问题的社区。与"增量扩展"时代以新建为目标的住区规划设计不同，这类社区既需要尊重历史和现实，又要面向未来；既要立足于问题产生根源的复杂性和现状空间的有限性，也要反映居民日益增长的意愿和不断变化的诉求。与单纯进行物质空间改造为主体的城镇老旧小区改造规划设计亦不同，是建构在社区各利益主体协同参与机制的基础上，开展的物质空间改造和非物质空间要素提升，是一个立足于"长期主义"的连续渐进式社区治理行动。

1. 社区更新的物质空间要素

社区更新的物质空间要素包括：住房、公共设施、公共空间、绿地、道路交通设施、市政基础设施等和人们居住日常生活密切相关的功能用地和建（构）筑物。

2. 社区更新的非物质空间要素

社区更新的非物质空间要素包括：空间的权属，如产权、使用权、处置权、收益权等；空间的文化属性，如非物质文化遗产、历史文化价值与特色等；空间的管理属性，如公营、民营、公办民营等；空间的运营属性，如物业管理模式等。

3. 社区更新的多元利益主体

目前，我国城镇社区治理主要有6个参与主体（图1-1）（边防等，2019）：

（1）政府机构。政府机构在社区治理过程中处于行政主体地位，是社区治理中权力的核心，是社区管理的主导者。目前，政府机构是社区治理和发展的主要推动者，制定社区治理发展规划、管理制度和统筹建设资金，并且通过各部门协调的方式分配社会保障、社会福利和社会服务等。

（2）社区党组织。社区党组织是基于我国城市基层社会的居民自治，并且在中国共产党领导下的组织。社区党组织一方面可以贯彻和落实党的群众路线，另一方面，通过党组织对社区治理

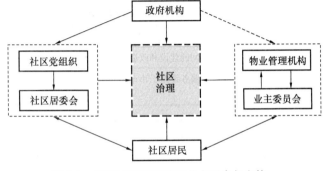

图1-1 我国城镇社区治理的主要参与主体

来源：边防等，2019

进行动员和引导,以及通过党组织的方式进行社会整合,在我国社区治理中具有较强的作用和较强的政治导向功能。

(3) 社区居委会。社区居委会是我国特色的基层社会群体自治组织,对社区治理起着主导作用,同时也是居民参与社区治理的重要载体。社区内部实施行政管理,对政府具有较强的依附性。

(4) 物业管理机构。物业管理机构主要是用于服务社区内部,接受业主委托,进行有偿服务组织,负责社区绿化管理、卫生保洁、垃圾处理和社区安全等事务。

(5) 业主委员会。业主委员会是通过业主选举,对业主的财产和利益进行保护和协调的民间性组织,对物业管理机构具有较强的制约性。

(6) 社区居民。社区居民是社区的主要使用者,通过社区居委会和业主委员会等方式实现对社区治理的参与,是社区治理中的重要组成单元。

当前,中国社区治理的参与主体逐渐从单一化向多元化转变,更多的非营利组织(NPO)等市民组织逐渐发展起来,开始参与国内社区治理。

4. 社区更新的启动主体、实施主体和参与主体

(1) 社区更新的启动主体。可能是各级政府、市场或居民自组织,也可能是多元主体协商形成的新主体。目前国内以区级及以上政府启动的情况较为多见。

(2) 社区更新的实施主体。可能是各级政府、市场、居民自组织以及各种合作型组织。由于实施需要资金投入,一般都需要与市场紧密合作。

(3) 社区更新的参与主体。主要涉及社区内外各利益相关方的参与。

四、相关概念对比与总结

综上所述,城镇住区规划设计是社区规划在物质、空间层次上的表现形式,城镇老旧小区改造规划设计针对的是建成年代较早、失养失修失管、市政配套设施不完善、社区服务设施不健全、居民改造意愿强烈的住宅小区,两者都是社区规划过程中的一个阶段。而城镇社区更新规划设计则是住区规划的依托与归宿(徐一大等,2002),其中的物质空间改造需要兼顾社区经济、社会、生态、建成环境的现状和多利益主体的需求之间相互交错、复杂多元的相互关系,规划领域从单纯的物质空间规划走向综合的社区发展规划(钱征寒等,2007)。三者虽作用于同一个主体,但在规划范畴、核心内容、规划目标和价值导向等方面,都有很大的差异(表1-3)。

住区规划(城镇老旧小区改造规划)和社区更新规划的差异　　表1-3

	住区规划(城镇老旧小区改造规划)	社区更新规划
规划范畴	注重物质空间的建设和改造	兼顾人的社会性与物质空间的品质和地域性构建
核心内容	住宅、公共服务设施、市政基础设施和绿地景观空间环境	满足社区成员的需求、增强社区成员的共同意识与社区归属感
规划目标	满足日常物质和文化生活需要的安全、卫生、舒适、优美的居住环境,目标相对确定	社会平等、公平正义、经济持续、生态宜居,实现经济、社会和生态效益综合平衡。目标具有不确定性
价值导向	实用主义美学	人与社会的可持续发展,各类人群的社区文化认同

续表

	住区规划（城镇老旧小区改造规划）	社区更新规划
工作周期	整个建造过程，工作周期明确	以社区的建造、改造、后续长期维护过程为工作周期，工作周期不明确
团队构成	以建筑师、规划师、景观师等工程技术专业为核心的规划团队	以社区居民为核心，由街道、居民委员会、物业管理机构、多学科团队共同参与组织
工作方式	相对封闭的工程规划、设计和实施过程	须与社区的多利益主体有开放式的沟通
组织方式	以设计图纸为媒介进行建造组织	民主讨论与协商
参与方式	居民参与度较小或基本不参与	涉及多利益主体的广泛公众参与
技术标准	各时期和各地的居住区规划设计规范以及规划管理部门的控制性规划要求	仅在更新改造的工程技术层面有明确的技术标准

资料来源：依据徐一大等（2002）和奚雪松等（2022）综合整理。

第四节 城市（镇）社区更新的发展历程

一、城市（镇）住区更新

中国城市（镇）住区更新的发展历程可分为四个时期。（胡毅等，2015）

（一）计划经济时期的城市（镇）住区更新（1949—1978年）

从1953年起开始了大规模的工业化建设。城市建设贯彻"重生产、轻消费，先生产、后生活"的思想，以"围绕工业化有重点地建设城市"作为总方针。大多数住房归国家所有，土地无偿划拨，在社会主义计划经济体制下实施"统一管理、统一分配、以租养房"的公有住房实物分配制度。住房建设和维护成本几乎全部由国家和各单位负担，形成了"单位制"社会。被当作是"消费品"的住宅建筑，仅仅是保证居民最基本的生存空间，这一历史时期受国家财力影响，除了为满足生产要求新建的"简易楼"和"工人新村"等属于"零打碎敲""见缝插针"式的物质型更新外，住区更新的主要内容是产权更新。私人性质的住房在社会主义改造后大量变为公房，使得很多城市内城核心区域由单位房、房改房以及房管局的公房组成。在20世纪90年代末全面实施城市住房改革之前，75%家庭都住在公房之内。

（二）改革开放初期的城市（镇）住区更新（1978—1998年）

改革开放初期，福利分房制度导致住房供给不足矛盾非常突出。1986年成立了国务院住房制度改革领导小组，在全国推行分批分期的住房制度改革。1994年7月发布的《国务院关于深化城镇住房制度改革的决定》，在全国范围内确立了住房社会化、商品化的改革方向：①全面推行住房公积金制度；②推进租金改革，提高租金；③向职工出售公房，公租房私有化。同期也进行了土地制度改革，使城市土地变为了可经营的生产资料，住房制度改革与土地制度改革的结合，共同推动了住区空间的商品化进程。城市住区更新的进程与住区商品化进程相伴相生，自1984年《城市规划条例》首次明确提出"加强维护、合理利用、适当调整、逐步改造"的旧城改造方案开始，城市住区更新也被真正纳入城市建设规划当中；并且随着住房制度和土地制度的深化改革，旧城改造在一些住房市场化试验地区也逐步向私人投资开放。

(三) 增量发展时期的城市（镇）住区更新（1998—2010年）

1998年《国务院关于进一步深化城镇住房制度改革加快住房建设的通知》，在制度上正式建立了市场化的住房体制。房地产业被认为是国民经济的新增长点，由此促进了住房分配的货币化改革。住房改革主要内容包括：①停止住房实物分配，实行住房分配货币化；②出售公租房；③住房金融体制建立，商业银行在所有城镇均可发放个人住房贷款；④供应体制改革，对不同收入家庭实行廉租房、经济适用房和商品房的供给制度。住房被国家从集中化和垄断化的体制中释放，在属性上从过去的"国家和单位所有"转变成为个人所有。在新体制下，住房成为具有交换价值的商品，用市场化和社会化方式供人们自由选择，通过市场调节，增加住房供给量来满足人们不断增长的居住需求。

1949年以来修建的工人新村日益破败，工业化和城镇化带来大量的进城务工人员聚集的城中村环境日益恶化，住房建设初期"见缝插针"导致老城区功能衰败和用地混杂等问题，为市场化改革之后住区大规模更新创造了基本需求。私人（民营）资本、国有资本、外资等各类资本纷纷介入，住区更新的结果也不再仅对住宅功能和空间进行改造，更多与城市消费、产业与居住体验紧密联系，城镇空间的功能不断趋于高级化、高端化。

(四) 存量优化时期的城市（镇）住区更新（2010年至今）

全国的住房制度改革在使我国的城镇住房逐步实现货币化、商品化的同时，还建立了市场化商品房与保障性住房的双重体系。以解决在上一阶段发展过程中出现的房价攀升过快，投机性需求膨胀，住房供给结构性失衡等住房市场失灵现象。2010年至今的城镇住区更新，开始走向兼顾效率与公平的新均衡。

二、城市（镇）社区治理

从城市（镇）社区治理的发展历程看，随着社会的发展，城市（镇）社区治理范式也在不断演变，主要有政府主导型、合作型和多元型3个类型。据此划分方式，可将演进历程划分为三个阶段（表1-4）（李佳佳等，2021）。

(一) 城市（镇）社区行政管理范式阶段（1949—1990年）

城市（镇）社区行政管理范式主要是指以政府为主导的社区行政化管理方式，具有较强的强制性和控制意识。中华人民共和国成立初期，为构建城市基层组织体系、形成稳定的社会秩序和满足人们的生产生活需求，全国各地开展了广泛的城市社区建设，也凸显了城市（镇）社区在城市发展中的重要地位。同时，国家制定和颁布了相关的基层社区管理政策法规，进一步明确了街道办事处和居民委员会的地位，建立了"区—街—居"三级社区行政管理组织体系，形成了以单位制为主、以街居制为辅的城市（镇）社区治理模式。

(二) 城市（镇）社区政社互动型治理范式阶段（1991—2011年）

城市（镇）社区政社互动型治理范式主要是指政府与社区协同治理的社区治理方式，这一阶段社区内部开始具备自治能力。自20世纪90年代起，随着市场化水平的不断提升，国家全面推进社区建设，城市（镇）社区由"街居制"向"社区制"转型，"社区建设"的概念被明确提出。随后，国家陆续出台了城市社区服务、物业管理等方面的政策法规，鼓励、支持政社互动。在此过程中，政府的职能逐渐转变，更加强调社区的服务职能，使社区建设与社区服务相辅相成，推动了城市（镇）社区管理向社区治理的范式转变。这一转变一方面体现了城市社区的治理主体已从政府主导向政社协作及居民自治转变，治理主体逐步多元化；另一方面，体现了城市（镇）社区治理方式的转变，社区管理更强调带有政府强制性的管理范式，而社区治理强化了社区的职能，更关注政府与社区的协作互动。

（三）城市（镇）社区多元治理范式（2012年至今）

城市（镇）社区多元治理范式主要是指治理主体多元化、治理过程互动化、治理结构扁平化的社区治理方式，这一阶段的城市（镇）社区治理更多的是关注多元主体的利益诉求。党的十八大将"社区治理"纳入党的纲领性文件中，凸显了社区治理的重要意义，形成了符合我国城市发展需求的社区治理体系。主要体现在：一是，社区治理作为城市治理的基本单元，其地位逐步提高；二是，社区治理主体逐步多元化，形成了政府、居民、企业和社会组织等多元治理主体共同参与的治理方式；三是，社区治理内容逐步拓展，更强调社区的服务职能，以提升城市居民的生活质量为导向，不断丰富社区治理的内容；四是，社区治理关注多元利益的平衡，党和国家高度重视人民的利益诉求，在社区治理中强调建立多方协同的治理体系，保障多元利益主体的权利及社会的公平与效率。在国家治理现代化背景下，社区治理正向现代化方向迈进。

城市（镇）社区治理范式演进历程　　　　　　　　　　　　　　表1-4

对比项	社区行政管理范式 （1949—1990年）	社区政社互动型治理范式 （1991—2011年）	社区多元治理范式 （2012年至今）
治理主体	政府、单位、街道办事处	政府、居民委员会、自治组织	各利益相关者
治理客体	居民	居民、社区服务	公共事务
治理目标	统一管理	社区全面建设	共建共享
治理特点	行政强制型的社区管理	新政服务型的社区治理	党政协调型的社区治理
治理策略	纵向治理	以纵向治理为主，横向治理拓展	网络化治理
治理机制	政府主导	政府主导、社区组织、居民自治	党建引领、政府协调、公众参与

资料来源：李佳佳等，2021

第五节　城镇社区更新的规划转型

一、传统城镇住区规划存在的主要问题

（一）规划过程中缺乏居民的公众参与

增量时代传统城镇住区规划的编制过程基本上以开发为主，进行相对封闭的"工程性"规划设计，大多面对的规划对象是完成拆迁和"七通一平"之后的土地。因此，无论在前期的调查分析、中期的规划设计还是后期的实施阶段，都往往局限在物质空间层面，

规划过程中并不会听取居民的意见,很少或也无从涉及居民的需求及与其相关的复杂社会经济问题,对相关法律、道德、资源等约束标准及拆迁安置所带来的社会成本认识浅薄。以建成的"终极状态"为最终目标,缺乏针对居民的使用后评估和完善等措施(洪亮平等,2016;周志清等,2007)。

(二) 规划内容中缺少对社会治理和发展动态的关注

增量时代传统城镇住区规划的编制内容以物质空间层面为主,在对住宅、公共服务设施、市政基础设施、绿地景观环境等进行系统的规划设计和报批之后,配合施工方完成规划设计方案的落地实施。不涉及居住区的社会功能、居民的生活空间组织以及居住区的组织等社会治理层面的内容,更缺乏对社会、经济、人口等动态发展要素的考虑(洪亮平等,2016;周志清等,2007)。

(三) 规划方法中缺少弹性思维和多学科方法的融合

增量时代传统城镇住区规划属于相对"刚性"的修建性详细规划,主要由设计院的设计师和工程师合作完成。对其规划目标的检验在前期主要是看规划设计方案和施工图成果是否达到委托方的要求和规划主管部门的技术审批标准,在落地后期主要看其实施成效。因此,在工作方法上以工程的"刚性"思维为主体,并未能形成可以协调多样化人群需求、面向多目标公共服务的"弹性"思维方式,未能构建出存量优化时代多学科融合的社区规划方法(洪亮平等,2016)。

(四) 规划保障中缺乏多利益主体的参与机制

增量时代传统城镇住区规划管理往往由政府或开发商"自上而下"部署开展,在落地实施之后由街道委派成立社区居民委员会,由开发商自设或居委会指定的物业公司进行日常管理。单线程封闭式的管理和决策机制、良莠不齐的执行能力、后期维护资金的缺位以及缺失的监督机制,使得社区建成后多利益主体的问题和诉求得不到有效协调和落实,各种利益冲突和矛盾不断出现(洪亮平等,2016)。

二、城镇社区更新的规划转型

(一) 角色转型——从刚性管理转向公共服务

在我国经济体制市场化转型过程中,政府职能定位从原来的指令性管理转换为对市场主体的服务,其角色定位亦由"经济建设型"转变为"公共服务型"[1]。在这一背景下,社区更新规划应体现出"公共服务"与"公共政策"的双重角色,为城镇老旧社区中涉及的相关利益主体提供一个博弈的平台和公共政策的运作平台,对更新过程中的各相关利益主体行为提供引导与控制,从而在保障社会公平的基础上提高经济效益(洪亮平等,2016)。

(二) 范式转型——从重视技术转向综合方法

自20世纪90年代以来,中国城市规划形成了"为增长而规划"的独特逻辑和范式(Wu Fulong等,2015)。在"增长主义"终结以后,紧缺的资源与严格管制的约束将使城市空间发展方式转向集约型内涵式为主,控制增量、盘活存量成为城市空间发展方式的

---

[1] 韩旭. 深化"放管服"改革,建设人民满意的公共服务型政府[EB/OL]. https://www.gov.cn/zhengce/2018-07/31/content_5310865.htm.

主要形式，从而要求规划在编制体系、方法手段、技术指标、实施管理等方面实现从粗放扩张型到集约紧凑型范式的转型（张京祥等，2013）。顺应这一转型，社区更新规划范式应从重视技术转向综合方法，以围绕人的活动和社会关系为价值基础，关注社会和环境内容；采用能促进经济、社会、环境效益协调发展的综合性方法，实现提供公共物品和帮助弱势群体的价值目标（洪亮平等，2016）。

（三）领域转型——从物质空间走向社区发展

存量优化时代背景下，社区更新规划中物质空间的更新改造需要兼顾社区经济、社会、生态、建成环境的现状和多利益主体的需求之间相互交错、复杂多元的相互关系，规划领域从单纯的物质空间走向了综合的社区发展规划（钱征寒等，2007）。

（四）机制转型——从单一封闭转向多元开放

我国正处于"创新社会治理"的转型期，大多数社区治理以"两级政府、三级管理"为主要模式，具有较强的自上而下管理和组织方式。应从单一封闭转向多元开放，通过多方扶植和培育社会组织，保障有效的公众参与，形成政府、开发商和社会三者互相牵制的均衡力，实现城市和谐发展（洪亮平等，2016）。

第六节 城镇社区更新的相关理论

一、有机更新理论（Organic Renewal Theory）

有机更新理论由两院院士、清华大学吴良镛教授于20世纪80年代结合北京菊儿胡同住宅改造工程提出。该理论把城市看作是一个协调统一的有机体（Living Organism），认为构成其本身组织的细胞总是不断地代谢，应当顺应其内部规律，去除不利于自身发展的内容，生长出传承原有组织优点、符合新时代要求的内容。

作为城市细胞的住宅与居住区，其形态肌理本身就是旧城建筑环境体系的组成部分，不应采用"大拆大建"的方式，而应采取经常的、持续的"有机更新"整治战略。采用适当规模、合适尺度的方式，依据改造的内容与要求，妥善处理目前与将来的关系——不断提高规划设计质量，使每一片的发展达到相对的完善性，集无数相对完整之和，即能促进整体环境得到改善，从而达到有机更新的目的。不仅包括实体环境的有机更新，还包括经济社会结构的有机更新，进而通过持续的"有机更新"引导走向新的"有机秩序"（吴良镛，1994）。

该理论对于全国实施城市更新行动中覆盖面最广的老旧小区而言有重要的意义。老旧小区作为城市的基本细胞，无论从空间与环境层面，还是社会与治理层面，都是城市存量更新的主要载体。然而，传统政府主导、自上而下的大拆大建、环境整治的旧改模式虽然有效改善了物质环境，但在如何持续地提升社区品质、促进社会发展、助力城市整体目标实现等方面难以作为，以致在经济和治理层面日益陷入困境。因此，老旧小区改造需要转变思路，从"旧改模式"转向"有机更新"，通过小规模、常态化的更新活动，满足人民群众不断提升的生活需要，并与城市整体更新战略相结合，促进城市经济社会可持续发展（梅耀林等，2022）。

> **专栏一：引导老旧小区有机更新的技术指南**
>
> 江苏省在《江苏老旧小区改造（宜居住区创建）技术指南》（2020年）的编制中，强调了有机更新语境下的老旧小区改造应关注4个关键环节：一是，尊重民意，因地制宜合理生成改造项目；二是，面向未来，改造中融入多目标要求；三是，整合小区内外资源，多层级联动促进区域整体提升；四是，建立长效机制，保障老旧小区可持续改善提升。构建了由"10（大项）—3（层次）—X（技术指引）"组成的改造菜单体系，引导老旧小区改造从以往的短期工程走向有机更新。

> **案例一：有机更新理论在城镇社区更新中的应用案例**（详细内容扫码观看）
> 来源：叶怡君，张一兵. 城市中心区毗邻隔离住区整合与更新研究：基于有机更新理论 [J]. 城市规划，2019，43(10)：80-85.

二、沟通式规划理论（Communicative Planning）

自20世纪60年代以来，随着简·雅各布斯（Jane Jacobs）等对城市规划主体的批判性反思，传统的"经验理性"和"工具理性"规划方法开始遭受质疑，西方城市规划理论逐渐转向对"价值理性"和"沟通理性"的思考。一方面，城市规划理论研究开始关注规划程序，出现了交互式规划（Trans-active Planning）和协商式规划（Negotiate Planning）等理论；另一方面，逐渐开始关注规划的社会公正和公众参与，"沟通式规划理论"逐渐成为西方城市规划理论的主流。产生了诸如规划的公众参与阶梯理论（A Ladder of Citizen Participation）、辩护式规划理论（Advocacy Planning）等等。至20世纪90年代，沟通式规划成为这一时期最新发展方向的代表。提倡在多元主义思想下，将规划看作一个为建立共识而促进社会合作的过程，寻求规划决策的过程中政府、规划师、开发商、公众等的多方沟通，在理性辩论的基础上达成共识并形成关于规划的共同策略。

沟通式规划的方法建立在交往理性的基础上，尤尔根·哈贝马斯（Jürgen Habermas）的"沟通行动理论"为之提供了理论思想源泉。约翰·福里斯特（John Forester）等学者将这一理论引入了规划领域。该理论认为：沟通行为是指两个或以上的主体通过语言的协调互动而达成相互理解和一致的行动；只要维持推理过程中充满活力的批判，那么通过"生活世界"（Life World）与"结构世界"（System World）之间的交互和协作管治就能够达成共识并达到利益均衡和利益最大化（王丰龙等，2012）。

该理论的主要特征在于（姜梅等，2008）：①强调规划的动态性、过程性与阶段性，通过"渐进调适""部分承诺"和"迭代行进"，将直线型的终极规划改进为螺旋型上升的过程规划；②强调主体的多元化和过程的开放性，使规划不再被少数精英把持，通过相关涉益方的公众参与，将权威理性转化为集体理性；③强调规划的"制度转向"，将规划演变为一种整体框架的形式，提出政策指导原则，辅以非量化的结构图示。强化社会动员、舞台建构和制度创新。

沟通式规划的构成要素主要有（胥明明，2017）：

（1）规划参与者（Participants）。规划参与者是沟通式规划的主体，通常包括决策者、规划师、专家、开发商、利益相关者以及公众。规划参与者之间的关系微妙而复杂，他们常常因为相同的目标而形成利益集团,也常常因分歧而相互对立,他们在协调中相互学习、加深理解。规划师组织并促进其之间的互动,规划参与者的数量及相关程度,在很大程度上决定了规划的过程及成果质量。

(2) 沟通环境和方式 (Environment and Manners)。公开、平等、自由的沟通环境和方式是一个沟通式规划成功的基础。

(3) 规划权力 (Power)。规划权力从一开始就贯穿于所有规划之中,沟通式规划必须通过有效的机制对权力进行重新分配及相互制衡。

(4) 规划信息 (Information)。规划信息的流动是沟通式规划的灵魂,沟通过程中信息的交换增加了达成共识的机会。

(5) 价值观 (Values)。促进不同规划参与者的价值聚向和利益诉求相互交换,求同存异,从而最大限度地达成共识。

对沟通式规划过程的评价主要有七条原则(胥明明,2017):①沟通议题中的重要利益相关方代表必须全部到场;②每一个利益相关者都应被充分、平等地告知并能够代表其利益;③沟通参与者必须被赋予平等的讨论权力,沟通场合以外的权力差异不能决定谁来发言而谁只能听取;④必须以向好的理由持续开展讨论,以使良好的论辩成为重要的动力元素;⑤讨论中所有的主张和假设必须允许被质疑,所有的制约因素应能够被检验;⑥沟通过程必须使参与者尽可能地在以下四个方面评估发言者的主张——首先发言者的演说必须真诚并且真实,其次所言其事必须在合法的范畴之内,再次必须有足够凭据或经历以支撑其观点,最后必须保持其演说的通俗性及可理解性;⑦沟通团队应该最终寻求共识。对规划参与者沟通参与程度的评价,参见表1-5:

公众参与谱系 表1-5

方式	通知	征询	参与	合作	授权
公众影响力程度递增					
公众参与目标	协助公众充分理解问题而提供客观实际的信息	在决策或可替代方案问题上,为公众提供信息并获得反馈	在决策过程中与公众一同工作,确保公众在此过程中能充分关注、理解并发挥作用	在决策及整个方案制定过程中将公众视为合作伙伴,协作完成解决方案	将决策权交到公众手上
对公众的承诺	将务必通知到公众	通知到公众;公众有关决议提出的反馈将被认真聆听、记录并高度重视	将会与公众一同努力,公众提供的意见将对决策及可替代方案产生直接影响	向公众征求意见并融合公众意见,将其最大限度地采纳到决策及可替代方案中去	将贯彻、实施公众的决定
途径列举	实况报道;网站;开放参观	大众评论;相关群体聚焦;调查;公众集会	讲座;商议;投票	公众咨询委员会;构建共识;参与决策制定	市民参议团;票选;下达决定

来源:胥明明,2017

> **案例二:沟通式规划理论在城镇社区更新中的应用案例**(详细内容扫码观看)
> 来源:张立文,杨文捃. 沟通式规划在义乌社区提升规划中的实践[J]. 规划师,2017,33(8):118-122.

三、协作式规划理论（Collaborative Planning）

协作式规划一般被认为是沟通式规划的后续发展模式。其理论源于20世纪80年代，帕齐·希利（Patsy Healey）是支持该理论的主要代表人物。主要观点是：受制于政府管制和政策环境的影响，城市规划缺乏对社会、经济、环境和政治之间的关系研究，在规划实施过程中没有保障除政府权力部门以外的利益，而采用协作式规划方式能够适应市场经济多变、多元的投资环境，并能解决相关矛盾。

协作式规划除了强调多方参与、协调利益外，更注重场所营造和制度建设。协作式规划的发展经历了从民主政治平等的"沟通行为与沟通理性"，发展到与"网络社会"等西方社会科学新概念相融合，强调权威主体应主动促进不同利益主体之间的合作，各主体之间通过平等的交流达成共识，在实现共同利益最大化的同时保证规划决策的针对性和有效性。

协作式规划是一个邀请相关利益方进入规划程序，共同体验、学习、变化和建立公共分享意义的过程，要求利益相关者采用辩证（Argumentation）、分析（Analysis）与评定（Assessment）（即AAA）的方法，通过合作达成共同目标。

协作式规划包含以下五个部分：参与主体（Participants）、场所和制度（Space & Institution）、规划目标（Target）、规划权力（Power）和规划信息（Information）。参与主体包括决策者、规划师、专家、开发商、利益相关者以及公众等（图1-2）。目前在社区规划中最常见的矛盾调解方法是构建沟通协作平台，由各参与主体共同参与，通过谈判和知识共享等方式达成共识。社区规划的协作式转型对各方社会力量提出了不同的挑战，越来越多的社区建设在应对多元主体参与的复杂局面时，都以公平化、透明化、科技化为目标不断展开探索（袁媛等，2021，2018）。

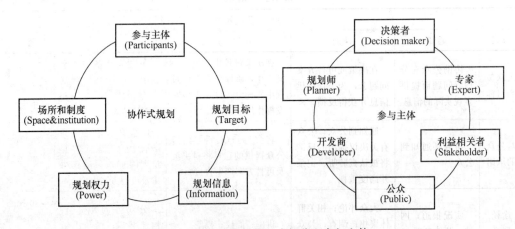

图1-2 协作式规划的组成部分和参与主体
来源：袁媛，2021

寻求共识是一个复杂的过程。朱迪斯·E·印尼斯（Judith E. Innes）和戴维·E·布赫尔（David E. Booher）将过程中需要实现的效益进行了分解，指出协作式规划过程应该有三个层面的效益。第一个层面的效益包括社会资本（在过程中建立的信任和互动关系）、智力资本（包括相互的理解、共享的问题、基于数据达成共识）、政治能力（建立在体制中共同工作达成协议的能力）、高质量的协议和创新的战略。第二个层面的效益是新的合作关系、合作方案、协议的实施、实践中的改变和参与者认知感受的变化。第三个层面的效益包括新的协作、更多的共同进步、更少的破坏性矛盾、城市区域和资源服务的现实变化结果、建立了新的机制、新的法规和启发以及新的对话（刘刚等，2009）。同时建立了两组评价指标，分别针对过程和成果。

（一）过程评价指标

（1）是否包括了各个相关的重要利益团体的代表。

（2）是否明确了现实的目标和任务，并且参与者都认可认同。

（3）是否自主组织，允许参与者决定基本原则，自发形成工作团队讨论题目。

（4）是否保持了参与者较高的参与度，愿意参与讨论，保持对讨论的兴趣。

（5）参与者是否通过深入的讨论和期间非正式的互动，学习相互的经验和知识。

（6）是否对现状进行反思，促进了创造性的思考。

（7）是否整合了各种形式的高质量信息，确保形成的共识有意义。

（8）在充分讨论各种关注点和利益点之后，是否寻求参与者之间的共识，是否对各种不同的关注点和利益点都有考虑和回应。

（二）成果评价指标

（1）是否形成了高质量的共识。

（2）是否和其他的规划方法相比具有更好的成本和效益。

（3）是否产生了有创造性的建议。

（4）是否存在相互学习，是否带来了团队内部和外部的变化。

（5）是否创造了社会资本和政治资本。

（6）是否创造了利益相关者能够理解和接受的信息。

（7）是否形成了态度、行为、合作关系到新的机制的梯度变化。

（8）机制和时间是否有灵活性，允许社区能够更加有创造性地应对挑战和矛盾。

> **案例三：协作式规划理论在城镇社区更新中的应用案例**（详细内容扫码观看）
> 来源：谭俊杰，廖绮晶，袁媛，等. 居委会主导的老旧小区改造协作模式研究：以广州市仰忠社区为例[J]. 上海城市规划，2021，160(5)：16-22.

四、空间生产理论（Spatial Production）

20世纪60年代后期以来，资本主义世界发生了一系列社会、政治和经济危机以及严重的种族、社会阶层分化，导致了城市空间分化和隔离问题，既有的"区位理论"以及"实证主义地理学"失去了对于现实世界的解释力。于是，以深刻地批判、分析和揭示资本主义政治经济制度实质见长的马克思主义理论进入了地理学家和城市研究者的视野。亨利·列斐伏尔（Henri Lefebvre）、大卫·哈维（David Harvey）、尼尔·史密斯（Neil Smith）、米歇尔·福柯（Michel Foucault）等代表学者在空间转向总体视角下拓展马克思主义理论的空间研究领域，构建了以"社会空间的生产"为分析框架的"空间生产"理论族系，在城市空间生产的研究领域中逐渐形成了新马克思主义城市学派（巩潇然，2022；赵珂，2022；张京祥等，2012；叶超等，2011）。

列斐伏尔认为：空间是人类社会活动的产物。由自然的物质空间形态、作为资本主义生产方式商品的空间和作为城市社会关系总和的空间构成。社会空间是人类直观感受的感知空间（Perceived Space）、政治规划中的构想空间（Conceived Space）和日常生活空间（Lived Space）的复合体。空间的社会生产过程由空间实践、空间表征和表征性空间三个方面构成。

（1）空间实践（Spatial Practice）指空间的社会生产和再生产过程。城市空间实质上是一种总体性的固定资本总和。其本身已被整合进了市场发育与资本积累的机体之中，成为资本生产循环的一个重要因素或媒介。

（2）空间表征（Representation of Space）指在社会空间生产过程中不断变化的城市社会关系及其承载的生产关系、规划等政治性关系对于社会空间的反作用形成的概念化空间。是受科学家、规划者、社会工程师等的知识和意识形态所支配的空间；是城市社会经济关系的空间表达。

（3）表征性空间（Representational Space）是"居民"和"使用者"的日常生活空间，它处于被支配和消极地体验的地位。隐藏于日常生活中的生产关系再生产是资本主义生产方式再生产的主要原因。在此背景下，老旧社区经年累月积淀下的社会关系所富有的"日常生活空间"成为最主要的城市资源，"空间生产"式的老旧社区空间再生产力增强就成为城市可持续发展的关键。

在新马克思主义空间生产理论视角下，城市住区更新打破了以物质空间更新为主的限制，即使物质空间结构不发生变化，住房产权更替、内部人群更替等社会生产关系的改变亦是一种住区更新方式（图1-3）。有五方面特征（胡毅等，2015）：

（1）住区更新是一种具有生产能力并可以生产新的空间和社会关系的空间生产力。

（2）住区空间是一种消费品，具有交换和消费的特征；更新是一种工具。

（3）住区更新不再简单地为了提供住区或更好的条件来维持劳动力再生产，而成为服务于国家和权力的政治工具。

（4）住区更新后的空间会被充斥着象征符号的更为高级的商业或住区空间取代，这些象征符号"超载"了本身或原有空间的意义，产生一种高级化的意识形态，诸如中产阶级口味、权力意识下的表现，抑或是用某种空间认同意识来表达对其他人群的隔离。

（5）住区更新还包含了正义空间生产的潜在性。在住区更新的生产过程中，会有个体不断地抗争来宣告"差异的空间需求"存在，为下一次住区更新提供彰显正义的可能。

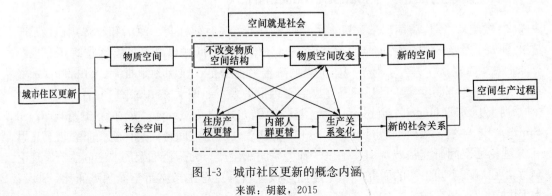

图1-3　城市社区更新的概念内涵

来源：胡毅，2015

> **案例四：空间生产理论在城镇社区更新中的应用案例**（详细内容扫码观看）
> 来源：赵珂，杨越，李洁莲. 赋权增能：老旧社区更新的"共享"规划路径：以成都市新都区新桂东社区为例[J]. 城市规划，2022, 46(8)：51-57.

五、空间正义理论（Space Justice Theory）

20世纪80年代以来，随着经济重构、经济全球化、信息化浪潮以及全球化的新自由主义发展，西方特别是美国的城市出现了社会—经济不平等和空间不公平的问题。空间两极分化日益凸显——越来越多的空间隔离，日益严重的"空间失配"，空间的不平衡发展，公共空间的私人化，资源的空间分配不公等。空间不公正激发或增强了人们尤其是那些被剥削、被统治和被"边缘化"的人，消除空间不公正和寻求空间正义的意识。在亨利·列斐伏尔（Henri Lefebvre）、大卫·哈维（David Harvey）、戈登·H·皮里（Gordon H. Pirie）、爱德华·W·索亚（Edward W. Soja）等人的推进下，空间正义概念应运而生，并得到了跨学科的研究和发展。

亨利·列斐伏尔（Henri Lefebvre）提出了"城市权利"（The Right to The City）理念。认为城市的权利建立在城市的居住者身份上，来源于城市空间中日常生活和工作的一系列实践，需要建立一个新的城市结构和空间关系来寻求正义、民主和公民权利的平等。并进而论述了实现"城市权利"的两个方面，即参与的权利和占有的权利。参与的权利针对国家权力掌握空间生产的情况提出对空间生产权进行重构，使城市居民获得参与空间生产的权力并使居民意志能够完整体现在空间重塑的结果上；占有的权利是指居民不仅可以进入空间，还可以通过对空间的使用和占有实现对空间的再生产，以形成具有多样性和差异化的满足居民需求的空间。也就是说，"城市权利"的目标不仅是公民进入城市空间的权利，更重要的是进入空间的生产过程，使得城市及其空间的变革和重塑能够反映公民的意见和要求。

大卫·哈维（David Harvey）提出了"领地再分配式正义"理念。认为社会资源以正义的方式实现公正的地理分配，不仅关注分配的结果，而且强调公正的地理分配的过程。对社会正义原则应该怎样体现在城市空间规划中的问题进行了探讨，明确了社会正义与地理空间和城市生活相关的城市和公共政策制定中的价值取向。同时还用马克思主义辩证法探讨了如何处理正义普遍性与社会差异性矛盾的问题，认为不能使抽象的正义普遍性压制差异性，而应为二者找寻理解途径和普遍相似性去寻求作为一个整体的社会正义。

戈登·H·皮里（Gordon H. Pirie）1983年在《论空间正义》一文中正式定义了空间正义的概念。认为空间正义的最终旨归是将空间作为一种媒介和载体，通过分析那些显现和蕴藏在空间之中的各种非正义问题，来透析正义在意识形态话语作用下的空间表征。

爱德华·W·索亚（Edward W. Soja）认为空间正义是地理和资源、服务获得公平的分配以及空间可接近性的基本人权，包含了社会正义、参与式民主和市民权利与责任三方面要素。

穆斯塔法·迪克奇（Mustafa Dikec）开始关注空间的社会生产，并把空间化看作是导致不正义的主要结构因素，提出了被广泛提及的空间正义辩证法——正义的空间性与空间性的正义。

可见，空间正义是社会正义理念在空间维度上的体现，是探求如何在重构空间的配置中实现平等和公正的途径。要求公平地保障每个公民的城市空间权益，包容多样的异质文化，平等分配公共资源和保留公众参与的权利。作为一种符合伦理精神的空间形态与空间关系理论，不应被理解为绝对的理想状态，而是以其独特的逻辑魅力和批评精神，通过正义的空间维度，来观察、分析和辨别表现在空间不正义的现象，以实现"不同的社会主体能够相对平等、动态地享有空间权利，相对自由进行空间生产和空间消费"。空间正义对于住区更新有重要的理论与应用价值（刘辰阳等，2019）：

（1）具有价值的社会资源在空间的分配是公正的。社区中的社会资源既包括良好的景观，也包含各类公共服务设施以及获取这些设施与服务的机会。"正义"在住区公共空间更新中最为直观的表现方式为住区绿地、公共设施等为住区不同群体的居民提供的均好服务。空间更新方案体现出"结果正义"。

（2）保障公民和群体参与空间生产和分配的权利，并给予其平等的表达机会和有效的表达途径。年代久远的老旧住区追求绝对意义上的空间均好性和更新结果的"绝对正义"，住区更新应更关注公共空间再生产的"程序正义"，即通过居民广泛、平等地参与更新方案的机制的公正性。

（3）削弱政治组织和制度安排在空间上带来的非正义，保证城市资源分配正义的可持续性。在我国现实条件下，全民参与式民主有巨大的交易成本，在住区更新中的权力组织（如居委会）承担着居中协调和居民意见代理的复杂角色，其行使权力的方式会在很大程度上影响居民对"程序正义"的评价。因此，住区权力组织构成及其权力行使方式改良是保护"正义"可持续性的源头。

（4）尊重城市中各个群体的差异性，关注弱势群体需求，避免空间歧视和空间均质化。在追求以"正义"为目标的机制设计中，应特别考虑对弱势群体和少数群体的需求，寻求一种能将普遍正义与社会差异相融合的"和合之道"。

> **案例五：空间正义理论在城镇社区更新中的应用案例**（详细内容扫码观看）
> 来源：李昊. 公共性的旁落与唤醒：基于空间正义的内城街道社区更新治理价值范式 [J]. 规划师，2018, 34 (2)：25-30.

六、城市触媒理论（Urban Catalyst Theory）

"触媒"（Catalyst）是化学中的一个概念，又称催化剂，在化学反应里能改变化学反应速率而不改变化学平衡，同时本身并不被消耗。由此概念加以延伸应用于城市设计领域，美国建筑师韦恩·奥图（Wayne Attoe）和唐·洛干（Donn Logan）最早于《美国都市建筑——城市设计的触媒》（*American Urban Architecture——Catalysts in the Design of Cities*）一书中提出了"城市触媒"的理论概念。该理论认为，通过引入一些新的元素作为催化剂，影响其他城市现存元素，可以引起一系列的连锁反应，从而把催化剂中具有的优秀价值推广到更广泛的区域（崔柳等，2020）。

城市触媒包括物质与非物质部分，文化活动、重要事件等非物质性的触媒能通过无形的思想影响行为，产生共振和辐射。通过多方反馈对更新过程与成果进行检测与维护，从而动态地对地块进行整体提升与激活。触媒所携带的社会、文化等综合价值，增强了居民的归属感和认同感,成为可持续发展的精神动力。共同的社区历史记忆作为非物质要素的触媒之一,可对社区空间、社区经济、社区外部区域、社区公众等产生一系列的催化作用(赵逸靖等,2021)。

城市触媒的工作原理类似于化学反应过程,每个城市元素都可被视为化学反应中的反应物,触媒元素最初作用于邻近城市元素,通过改变现有元素的内在属性或外在条件,使城市元素间相互作用力的能量进行传递,原始触媒点与新元素联合成更大范围的触媒点,层层递进引起"链式反应",逐步由区域的激活到促进城市整体空间的持续更新(图1-4)。在参与城市空间塑造的过程中,城市触媒以一种自我功能的释放性重新塑造自己,并参与新城市空间的形成过程,它不是一个结果,而是一个持续渐进式发展的过程。一开始,通过小规模的改造或植入新元素,重塑环境品质;紧接着环境中的人流、物流、信息流不断交互影响,引起该地区环境的动态联动反应,激活环境活力;远期,被影响的地区和触媒元素结合成一个更大的核心,并继续影响着更广泛的城市范围(申丽娟等,2022)。

城市触媒的核心是要在场地巨变的过程中,寻找到引导该变化的控制点,该点可能存在于物质空间(绿地、广场、建筑和基础设施等),也可能是非物质空间(政策、投资、社交和活动等)。这些多样因素在相互作用下彼此形成复杂的空间网络,最终以物理空间的方式影响城市空间的形成(崔柳等,2020)。

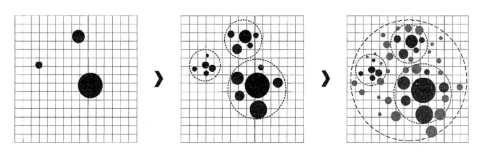

图1-4 城市触媒作用过程示意
来源:崔柳等,2020

触媒在街区更新中呈现以下特征(申丽娟等,2022):

(1)触媒应当具有一定的辨识度,这是引发触媒的前提。比如保留、强化具有典型意义的历史要素或者积极融入创意文化,这样既可以作为城市标识进行视觉引导,也可以给平庸的街区空间注入文化内涵。

(2)触媒应具有复合的功能属性,这是触媒的价值核心。触媒与街道原有的元素交织,对其进行改良和修正,并通过承担一定的街巷空间结构功能,比如文化功能、经济功能、社会功能等,从而赋予街道空间多维价值,重塑街道空间环境的品质。

(3)触媒必须对邻近元素具有敏感性,这是触媒联动形成的基础。由于触媒的敏感性,使之易于与邻近元素彼此影响、相互关联,因而触媒能够捕捉环境中社会、物质、经济和信息等方面变革的正面能量,形成有利于区域环境成长更新的合力。

总之,触媒不仅要具备综合的使用功能,还要能促进新旧元素的交织融合,并且能丰富街区文化内涵,使城市街区具有独特的个性和深度。触媒式更新是以少量的投入带来高效的运行,是不对社区进行重大的、触及本质改变的情况下进行的活化提升,这与微改造的"小规模、少投入、新方法、低冲击"的特点相协调。在触媒效应下的社区微改造，具有以社区公众为本、动态的信息反馈、及时的规划调整、循序渐进的更新过程、作用力可持续性强的特征。在触媒的连接与激活下，社区公众、社区空间环境、社区经济和社区外部四者之间也会产生相互作用，形成动态的、良性的更新机制（赵逸靖等，2021）。

　　触媒理论的学科要义也体现于此，该理论可以精确地捕捉到上述城市微空间与城市系统协同发展过程中所呈现出的"自下而上"的空间特质。通过持续的微空间更新，以弹性空间发展的方式容纳各类社会活动的发生与发展，从而衔接周边形成网络，并衔接变化，自下而上地达到更为宏观的空间尺度城市公共空间的构建，推陈出新，形成城市建设的良性发展（崔柳等，2020）。

> **案例六：城市触媒理论在城镇社区更新中的应用案例**（详细内容扫码观看）
> 来源：常玮，郑开雄，伊丽致热·居来提，等. 活·络·场：基于城市触媒理论的厦门营平社区生活圈构建研究［J］. 城市发展研究，2020，27(8)：117-124.

七、行动者网络理论（Actor-Network Theory）

　　行动者网络理论最早由米歇尔·卡龙（Michel Callon）和约翰·劳（John Law）等人于20世纪80年代中后期提出。该理论强调广义对称性原则（General Symmetry Principle），指出应对称地看待自然和社会对科学知识的解释功能，并通过经验研究，将科学知识视为异质型行动者网络借助转译机制进行建构的产物。这一理论在哲学意义上消解了传统的主体与客体、自然和社会的二分法，将宏观结构与微观行动相结合，为揭示知识和社会的复杂联系提供了一种新的方法和理论平台。

　　行动者网络理论以3个概念为核心，即行动者（Actor）、异质性网络（Heterogeneous Network）和转译（Translation）。行动者既可以指人类，也可以指非人类的存在和力量；任何行动者都是转译者而不是中介者，不同的行动者在利益取向、行为方式等方面是异质的；网络的稳定性取决于各个行动者利益的不断转译，网络内部也可能因异议而出现偏离网络的力量。

　　转译过程是行动者网络研究的核心内容，包括问题呈现、利益赋予、征召和动员四个基本环节。"问题呈现"是指核心行动者通过指出其他行动者利益的实现途径，使不同行动者关注的对象问题化，从而结成网络联盟，同时使核心行动者的问题成为实现其他行动者目标的"强制通行点"（Obligatory Points of Passage）；"利益赋予"通过各种装置和策略强化问题呈现环节中对行动者角色的界定，其结果是行动者被"征召"而成为联盟成员；"动员"即建议者上升为整个网络联盟的代言人，并对其他联盟者行使权力，以维护网络的稳定运行，在此过程中可能出现异议需要克服（芮光晔，2019；刘宣等，2013）（图1-5）。

　　人类因素和非人类因素的行动者通过转译过程的展开，互相嵌入、共同建构或演进成一个异质性网络，并通过不断地互相解释，界定各自在网络中的角色，将来自社会和自然两个方面的一切因素纳入到统一的解释框架。行动者网络理论正是通过关注行动者和网络之间的并置和相互作用的过程，来揭示网络构建的动力与模式，分析网络的稳定性与可能发展（刘宣等，2013）。

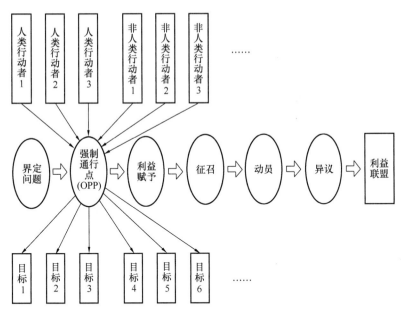

图 1-5　行动者网络理论转译过程

来源：芮光晔，2019

> **案例七：行动者网络理论在城镇社区更新中的应用案例**（详细内容扫码观看）
> 来源：芮光晔. 基于行动者的社区参与式规划"转译"模式探讨：以广州市泮塘五约微改造为例[J]. 城市规划，2019，43(12)：88-96.

八、情景规划理论（Scenario Planning）

"情景规划"是西方战略研究领域应对未来不确定性和复杂性提出的一种规划方法和理念（宋博等，2013；林文棋等，2013）。它不是一味地寻求"最佳的方案"，而是设计并推动"适合的战略及规划流程"，其研究的对象是复杂巨系统的发展，这个系统具有人为、开放和复杂的特征。"人为"是指系统未来的发展与行为主体者的意图和策略密切相关；"开放"是指系统与其内外部环境关系紧密，发展不仅受政治、经济技术和各种社会因素等外部环境的影响，而且也与其内部条件有关；"复杂"是指系统的发展受到复杂因素的影响，这些影响呈现不确定性，因而使系统的发展也具有不确定性（林文棋等，2013）。而这些特征也正是一个作为"社会共同体"的城市社区所具有的典型特征。

1. 情景规划建立在三个原则之上（Fink，2004）

（1）系统思考（System Thinking）。传统的管理方法侧重于对单一个体的分析，忽略对系统整体的认识常导致失败，因此必须加强对复杂系统的整体性分析。

（2）开放式未来思考（Future—Open Thinking）。未来不可能只有一种结局，应该把多种可能的结局考虑进来。

（3）战略性思考（Strategic Thinking）。传统规划只考虑可控因素的变动性，而随着"连续性年代终结"，规划应不只注重眼前，而应更多考虑长远利益。

2. 情景规划有五个特点（林文棋等，2013）

（1）挖掘未来发展的多种可能。未来是多样的，有多种可能发展的趋势。因此，构筑的未来情景就应是多重的、动态的。情景规划通过对构成系统未来发展的诸关键因素（关键事件）及其对系统发展的影响程度进行识别和分析，展示系统未来发展的多重可能性和发展过程中可能发生的变化。

未来状态具有不确定性，现有的状态和未来的状态之间并不存在线性因果的逻辑结构，各种突发事件构成了状态演化过程中非线性的分叉点。因此，并不用一味追求对未来状态预测的精确性，反而应该承认未来状态的不确定性。情景规划强调全面地鉴别和设想未来的各种可能性，设定现有状态经非线性交叉点进入新的可能的演化轨道时，决策者能够感受到状态演化后可能产生的各种真实情景，及时地做出正确的战略响应，以适应新的环境（林文棋等，2013）。

（2）强调人在过程中的主观能动性。社会系统有"人为"的特征，人在未来发展中具有"能动作用"，因此，其策略和意图必然会对系统的未来发展产生重要影响。情景规划将分析未来发展中决策者的群体意图和愿望，作为情景分析中的一个重要方面。从系统形成的初始状态开始，通过追溯的方式找到各历史阶段中系统状态形成的原因和演化规律，通过情景设定的方式预测可能的未来状态；将"过去—现在—未来"系统演化的客观性与决策者的主观能动性有机结合，从而可以更加真实、客观、能动、交互地为决策者提供可供选择的未来图景（林文棋等，2013）。

（3）强调系统化的思考。系统当中的物质要素和涉益主体具有多样性，彼此之间又呈现相互交织、镶嵌并且相互作用和影响的特征。因此，必须强调系统化的思考，让各物质要素、多涉益主体及其彼此之间达成协调一致的相互关系，才能让未来图景的制定和实施过程顺利地开展。情景规划通过对物质要素的状态、涉益人群的需求以及"人—物"之间相互关系的系统性分析，用多目标的情景构建搭接了"分析问题—解决问题"的桥梁，为应对不确定性奠定了良好基础。

（4）定量与定性的结合。情景规划是一种融定性与定量分析于一体的规划方法。将专家的知识与各行为主体的实际统计数据资料、各种信息与计算机技术、各种现代管理技术和决策者的经验智慧等都有机结合起来，克服了传统规划中以工程技术标准和经验为主而科学性不足的缺陷，也克服了单纯靠数学模型分析处理实际社会问题时可靠性不足的问题，体现了研究未来的科学性和先进性，是当前有效研究复杂系统未来发展的新方法（林文棋等，2013）。

（5）具有跨学科研究性质。系统及其所面对问题的复杂性决定了解决问题的途径也一定是多元复合的。情景规划所采用的方法和技术手段并非仅来自于传统的工程技术学科，而具有跨行业、跨学科多元交叉的特点。

3. 情景规划与社区规划结合的必要性（奚雪松等，2022）

（1）情景规划的开放式思维可以为社区发展挖掘出多重可能性。

社区作为城乡空间的基本单元，社区居民对于高品质空间的多样化诉求以及社区空间涉益主体的多元复合特征使得社区的发展必然具有多种的可能性。同时，未来状态具有不确定性，现有的状态和未来的状态之间并不存在线性因果的逻辑结构，各种突发事件构成了状态演化过程中非线性的分叉点。因此，构筑社区未来发展的情景就应是多重的、动态的。

情景规划通过识别和分析对社区未来产生影响的各关键因素及其影响程度，展示出社区未来可能发生的各种变化，从而为社区发展挖掘出多重可能性。对于社区规划而言，既然难以做到对未来发展状态的精确预测，就反而应该承认社区未来发展具有不确定性。情景规划强调全面地鉴别和设想未来的各种可能性，设定现有状态经非线性交叉点进入新的可能的演化轨道时，决策者能够感受到状态演化后可能产生的各种真实情景，及时地做出正确的战略响应，以适应新的环境。用"多重可能性"面对"不确定性"。

（2）情景规划的系统性思维可以应对社区空间与社会的复杂矛盾。

社区中的物质空间要素和社会系统具有多样性，彼此之间相互交织、镶嵌并且相互作用和影响。社会系统的"人为"特征以及人在未来发展中的"能动作用"必然会对社区未来发展产生重要的影响。因此，必须强调系统化的思考，让各物质空间要素、多涉益主体及其彼此之间达成协调一致的相互关系，才能让社区未来图景的制定和实施过程顺利地开展。

情景规划从社区空间和社会系统形成的初始状态开始，通过追溯的方式对物质空间要素的状态、涉益人群的需求以及"人—物"之间相互关系进行系统性分析，找到系统当前状态形成的原因和演化规律，用多目标导向的情景设定搭接"分析问题—解决问题"之间的逻辑纽带，最终通过直观的未来图景和定量的数据支撑呈现社区未来发展的多种可能状态，真实、客观、能动、交互地为各涉益主体提供"多解"的情景规划方案，以应对不确定性。

（3）情景规划的战略性思维可以促进社区规划治理体系的建构。

与传统规划相比，情景规划不是为决策提供终极蓝图方案，而是为决策提供了动态规划机制，使方案可随发展条件和背景变化而适时调整，增强了方案的适应性和应变能力；也为决策提供了让多涉益主体共同参与、相互沟通的平台，使其利益诉求和观点能充分表达，促进民主协商机制的形成。体现了决策的可操作性和民主化，其整体性、全局性的思维模式增加了社区未来发展决策所需要的科学性和先进性，促进了存量优化时代城市社区规划治理体系的建构。

4. 情景规划方法论框架可分为"三阶段，六步骤"（奚雪松等，2022）

（1）"三阶段"指：① 问题辨析；② 情景构建；③ 情景评估与决策。

（2）"六步骤"指：① 表述模型：社区物质空间调查；② 过程模型：社区"人—空间"的使用观察；③ 评价模型：社区人群的评价和与问题总结；④ 改变模型：情景设定与"多解"规划方案提出；⑤ 影响模型：面向多涉益主体参与的情景规划设计方案评估；⑥ 决策模型：最终规划方案的动态决策。

其中：① "问题辨析"阶段对应"表述模型—过程模型—评价模型"；② "情景构建"阶段对应"改变模型"；③ "情景评估与决策"阶段对应"影响模型—决策模型"（图1-6）。

> **案例八：情景规划理论在城镇社区更新中的应用案例**（详细内容扫码观看）
> 来源：奚雪松，宫欣悦，王琳，等. 存量优化转型背景下城市社区更新的情景规划途径：以北京"回天地区"TE社区开放空间更新为例[J]. 城市发展研究，2022，29（11）：73-82.

九、社区治理理论（Governance）

中国社会经历了从"单位制"到"街居制"再到"社区制"的历史变迁，中国人也经

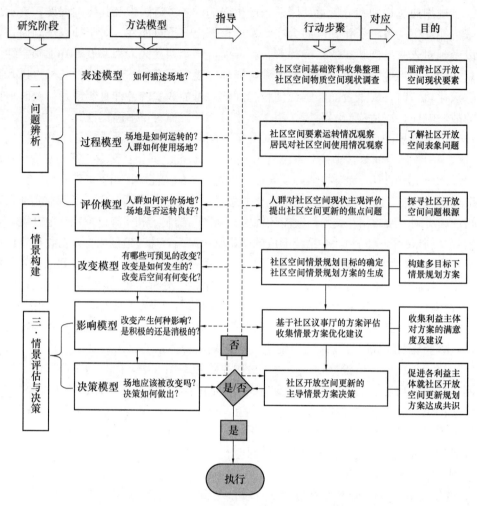

图 1-6 城市社区更新情景规划的法论框架
来源：奚雪松等，2022

受了从"单位人""公社人"到"社区人"的转变，社区也正经历从"建设"到"管理"再到"治理"的跃升。随着党的十八届三中全会把社会管理提升到社会治理，并把推进国家治理体系和治理能力现代化作为全面深化改革的总目标，社区治理成为当代中国推进国家治理和社会治理现代化的关键点和突破口。主要有以下几个理论视角（王木森，2017；陈潭等，2010）。

（一）"治理—善治"理论

"治理—善治"理论是社区治理的理论基础和知识之源，是社区治理生成的理论基础和依据。治理是多主体的公共管理组织在一个既定的范围内运用公共权威维持秩序，并运用权力去引导、控制和规范公民的各种活动，以最大限度地增进公共利益，满足公众需要的活动。社区治理就是把治理理念引入并运用于社区建设、发展和管理创新实践的产物。是社区内的政府组织、民营组织、社会组织和居民自治组织以及个人构成的网络体系，应对社区内的公共问题，实现社区社会事务管理和公共服务的过程。治理作为多元主体在互惠合作基础上运用公共权力对公共事务进行的管理，其目标是"善治"，而善治是在治基础上以国家与社会的良性互动来实现公共利益最大化的过程。

（二）"国家—社会"理论

"国家—社会"理论既是研究社区治理的主要视角，也是划分社区治理模式的主要依据。人类社会的演进主要是在国家与社会的二元互动中向前发展的。社会整体背景的变迁必然会对社区及其运行产生各种影响，中国社区的发展与中国社会的转型紧密相连，中国社区的发展本身就是国家与社会关系变革的结果。国家自上而下的控制管治和社会自下而上的基层自治之间的互动，就形成了一个社区治理的耦合系统。

该理论坚持政治国家与公民社会两分法，强调公民社会与政治国家相对立。根据国家与社会关系，即社区中国家力量和社会力量在社区建设和服务中的地位、作用的不同，将传统的社区治理划分为：行政型治理模式、合作型治理模式和自治型治理模式三种类型。随着当前社区治理的推进，国家与社会力量两者互动、互构、互嵌，实现了社区多治理主体的合作协商式治理，从而形成了更多的符合不同社区实际和具有各自特色的社区治理模式。

（三）"社会资本"理论

社会资本理论是揭示社区成员实现互信合作、普遍共识、集体认同、集体归属和集体行动，以及自我组织、自我管理的良好社区治理状态的最佳理论。社会资本与社区存在着十分密切的关系，社区是培养社会信任和公民精神的重要场所，作为一个生活共同体，蕴含着社区成员之间的相互信任和支持；而社会资本是在长期的共同生活中积累而成的习惯和制度，是一种"公共物品"，作为一个人情关系社会，在中国的城市基层毫无疑问蕴藏着十分丰富的"社会资本"资源和能量。社区是培育基本的社会信任甚至是培养公民精神的重要场所，社会资本的创造，也就是社区发育的真正内涵；社区治理和建设是培育和重建社会资本的重要路径，通过社区去重塑信任关系、重建社会共识以及重构市民网络，是促进社区发展的必然。

（四）"新公共管理"理论

新公共管理理论是20世纪70年代西方在重塑政府运动改革中形成的一种新的公共管理模式，为社区治理提供了网络化管理机制的操作化指南。该理论提倡从以生产者为中心的政府治理转向以消费者为中心，即实行以公民为中心的治理。

强调公共服务的供给多元化，政府只是公共服务供给多主体之一，而非唯一供给主体。同时，多元供给主体以市场化方式参与到公共服务供给量和供给效率的提高过程中。

强调的"顾客"导向、引入市场机制、倡导提高绩效、政府授权或分权等要求和其公共性、公平性、合法性、效能性、适应性、回应性等特点促进了社区治理的网络化管理机制进一步的具体化、操作化和实践化。

【思考与练习题】

1. 城镇社区更新为什么是中国当前城乡规划工作的重要领域？
2. 中国的城镇社区更新当前正普遍面临什么样的突出问题？
3. 辨析城镇住区、城镇老旧小区、城镇社区等概念的异同。
4. 辨析住区规划、老旧小区改造、社区更新与社区治理等概念的异同。
5. 传统城镇住区规划存在哪些问题？城镇社区更新为什么需要规划转型？
6. 城镇社区更新的相关理论有哪些？各相关理论的要点和特点是什么？

【参考文献】

[1] 张佳丽. 城镇老旧小区改造实用指导手册[M]. 北京：中国建筑工业出版社，2021.

[2] 唐燕，张璐，殷小勇. 城市更新制度与北京探索：主体—资金—空间—运维[M]. 北京：中国城市出版社，2023.

[3] 黄鹤，钱嘉宏，刘欣葵，等. 北京老旧小区更新研究[M]. 北京：中国建筑工业出版社，2021.

[4] 中国城市规划设计研究院城市更新研究所. 城镇老旧小区：改造实践与创新[M]. 北京：中国建筑工业出版社，2022.

[5] 蒋廷令. 未来社区建设指南：理念与实践[M]. 北京：中国经济出版社，2021.

[6] 洪亮平，赵茜. 从物质更新走向社区发展：旧城社区更新中城市规划方法创新[M]. 北京：中国建筑工业出版社，2016.

[7] 陆军. 营建新型共同体：中国城市社区治理研究[M]. 北京：北京大学出版社，2019.

[8] 谭日辉. 北京社区治理机制研究[M]. 北京：中国社会科学出版社，2018.

[9] 章丹音. 社区微更新：创新基层社会治理的有效尝试[J]. 人民论坛，2019(29)：76-77.

[10] 顾大治，瞿嘉琳. 基于多元共治平台的社区微更新机制优化探索[J]. 现代城市研究，2020(2)：2-8.

[11] 白雪燕，童明. 城市微更新：从网络到节点，从节点到网络[J]. 建筑学报，2020(10)：8-14.

[12] 王承慧，王兴平，陶韬，等. 南京城市社区更新理论与实践[M]. 北京：中国城市出版社，中国建筑工业出版社，2021.

[13] 边防，吕斌. 转型期中国城市多元参与式社区治理模式研究[J]. 城市规划，2019，43(11)：81-89.

[14] 徐一大，吴明伟. 从住区规划到社区规划[J]. 城市规划汇刊，2002(4)：54-55，59-80.

[15] 钱征寒，牛慧恩. 社区规划：理论、实践及其在我国的推广建议[J]. 城市规划学刊，2007(4)：74-78.

[16] 胡毅，张京祥. 中国城市住区更新的解读与重构：走向空间正义的空间生长[M]. 北京：中国建筑工业出版社，2015.

[17] 李佳佳，耿虹. 《新城市议程》视角下城市社区治理的范式转变及启示[J]. 规划师，2021，37(7)：21-27.

[18] 周志清，倪晔. 社区规划的理论思考与对策研究[J]. 上海城市规划，2007(4)：9-11.

[19] Wu Fulong. Planning for Growth：Urban and Regional Planning in China[M]. RTPI，2015.

[20] 张京祥，赵丹，陈浩. 增长主义的终结与中国城市规划的转型[J]. 城市规划，2013，37(1)：45-50+55.

[21] 吴良镛. 北京旧城与菊儿胡同[M]. 北京：中国建筑工业出版社，1994.

[22] 梅耀林，王承华，李琳琳. 走向有机更新的老旧小区改造：江苏老旧小区改造技术指南编制研究[J]. 城市规划，2022，46(2)：108-118.

[23] 叶怡君，张一兵. 城市中心区毗邻隔离住区整合与更新研究：基于有机更新理论[J]. 城市规划，2019，43(10)：80-85.

[24] 王丰龙，陈倩敏，许艳艳，等. 沟通式规划理论的简介，批判与借鉴[J]. 国际城市规划，2012，27(6)：82-90.

[25] 姜梅，姜涛. "规划中的沟通"与"作为沟通的规划"：当代西方沟通规划理论概述[J]. 城市规划学刊，2008(2)：31-38.

[26] 胥明明. 沟通式规划研究综述及其在中国的适应性思考[J]. 国际城市规划，2017，32(3)：100-105.

[27] 张立文,杨文艳.沟通式规划在义乌社区提升规划中的实践[J].规划师,2017,33(8):118-122.

[28] 袁媛.广州城市社区更新理论与实践[M].北京:中国城市出版社,中国建筑工业出版社,2021.

[29] 袁媛,刘懿莹,蒋珊红.第三方组织参与社区规划的协作机制研究[J].规划师,2018,34(2):11-17.

[30] 刘刚,王兰.协作式规划评价指标及芝加哥大都市区框架规划评析[J].国际城市规划,2009,24(6):34-39.

[31] 谭俊杰,何灏宇,陈哲,等.居委会主导的老旧小区改造协作模式研究:以广州市仰忠社区为例[J].上海城市规划,2021,160(5):16-22.

[32] 巩潇然.新马克思主义城市学派的"空间生产理论":比较与借鉴[J].上海对外经贸大学学报,2022,29(6):109-122.

[33] 赵珂,杨越,李洁莲.赋权增能:老旧社区更新的"共享"规划路径:以成都市新都区新桂东社区为例[J].城市规划,2022,46(8):51-57.

[34] 张京祥,陈浩.基于空间再生产视角的西方城市空间更新解析[J].人文地理,2012,27(2):1-5.

[35] 叶超,柴彦威,张小林."空间的生产"理论、研究进展及其对中国城市研究的启示[J].经济地理,2011,31(3):409-413.

[36] 刘辰阳,田宝江,刘忆瑶."空间正义"视角下老旧住区公共空间更新实施机制优化研究[J].现代城市研究,2019(12):33-39.

[37] 李昊.公共性的旁落与唤醒:基于空间正义的内城街道社区更新治理价值范式[J].规划师,2018,34(2):25-30.

[38] 崔柳,赵宇婷,李东宸.城市微空间更新与城市触媒效应关联性设计实验研究:奉贤南桥镇口袋公园更新设计国际竞赛实录[J].中国园林,2020,36(8):47-51.

[39] 赵逸靖,余灏深.多时代历史记忆为触媒的老旧社区微改造实践:以广州市番禺区先锋社区为例[J].城市规划,2021,45(9):103-110.

[40] 申丽娟,何明,陈伟志.基于城市触媒策略的旧街区微更新模式探讨[J].建设科技,2022(12):66-69,73.

[41] 常玮,郑开雄,伊丽孜热·居来提,等.活·络·场:基于城市触媒理论的厦门营平社区生活圈构建研究[J].城市发展研究,2020,27(8):117-124.

[42] 刘宣,王小依.行动者网络理论在人文地理领域应用研究述评[J].地理科学进展,2013,32(7):1139-1147.

[43] 芮光晔.基于行动者的社区参与式规划"转译"模式探讨:以广州市泮塘五约微改造为例[J].城市规划,2019,43(12):88-96.

[44] 宋博,陈晨.情景规划方法的理论探源、行动框架及其应用意义:探索超越"工具理性"的战略规划决策平台[J].城市规划学刊,2013(5):69-79.

[45] 林文棋,武廷海.变化 规划 情景:变化背景中的空间规划思维与方法[M].北京:清华大学出版社,2013.

[46] 奚雪松,宫欣悦,王琳,等.存量优化转型背景下城市社区更新的情景规划途径:以北京"回天地区"TE社区开放空间更新为例[J].城市发展研究,2022,29(11):73-82.

[47] 王木森.社区治理:理论渊源、发展特征与创新走向:基于我国社区治理研究文献的分析[J].理论月刊,2017(9):151-157.

[48] 陈潭,史海威.社区治理的理论范式与实践逻辑[J].求索,2010(8):82-83,144.

第二章 国外城镇社区更新的实践探索与经验借鉴

【本章导读】

很多发达国家的城市更新和社区改造开始于 20 世纪 60 年代，经过 60 余年的探索，形成了相对稳定的改造逻辑和较为完善的工作框架。学习和借鉴国外城镇社区更新的经验，结合本地特色，形成全新的更新理念和完善的工作框架非常必要。因此本章着重讲述国外城镇社区更新的实践探索与经验借鉴。

本章共分为五个小节。分别梳理了新加坡、美国、英国、韩国和日本五个发达国家的城镇社区更新发展历程、主要策略和对我国的经验借鉴。

【教学目标】

（1）了解各国城镇社区更新的发展背景与历程；
（2）熟悉各国城镇社区更新的实践探索与主要策略；
（3）掌握各国城镇社区更新的主要经验及其对中国社区更新的启示。

第一节　新加坡城镇社区更新的实践探索与经验借鉴

一、新加坡城镇社区更新的发展历程

新加坡的社区更新可分为三个阶段：①保障国民生存：清除贫民窟与大规模重建（20世纪60—80年代）；②更新住区环境：社区物理环境提升（20世纪90年代—21世纪）；③营造社区家园："自上而下"与"自下而上"相结合的社区综合复兴（2000年至今）（张威等，2022）。

二、新加坡城镇社区更新的主要策略

（一）第一阶段主要策略

1. "居者有其屋"计划

新加坡于1959年脱离英国殖民政府统治时，住房短缺问题十分严重，大部分人口居住在中心区拥挤的贫民窟中。新加坡建屋发展局（HDB：Housing & Development Board）于1960年2月成立，1964年开始在全国范围内"自上而下"推行清除贫民窟和公共住宅建设的"居者有其屋"计划，以为国民提供数量足够并且经济上可负担的公共住宅为首要目标（张威等，2022）。

新加坡的典型住区模式主要是在邻里单位（Neighbourhood Unit）理念的影响下，通过新镇建设实践形成的。在这一阶段具体分为"新镇—邻里"结构模式和"新镇—邻里—组团"结构模式两种类型。

（1）"新镇—邻里"结构模式

在20世纪70年代初HDB主导的新镇规划中，形成了"新镇—邻里"（Town-Neighbourhood）两级结构的空间布局模式（图2-1和图2-2）。镇中心设置在新镇中央，服务周边800～1000m半径范围内的邻里居民；邻里平均分布于镇中心周围，每个邻里的占地面积为4hm²，可容纳4000～6000户居民。每个邻里中央规划一个邻里中心，以商业和居住

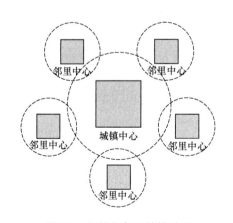 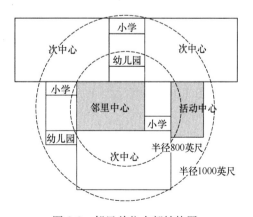

图2-1　新镇与邻里结构关系　　　　图2-2　邻里单位内部结构图

来源：李琳琳等，2008

功能为主,此外还配置小学和社区活动点,这些服务场所均以最大 400m 的舒适步行距离为服务半径。对于居住在距离邻里中心约 240m 以上的居民,通过设置包括若干店铺或餐厅的邻里副中心作为补充。规划中邻里层级的设置,尝试营造完整的生活环境,让居民基于步行即可享受便利生活。总体而言,邻里规划以便利优先为原则,尚未考虑有关社区共同体构建的问题(张威等,2019)。

(2)"新镇—邻里—组团"结构模式

经过一段时期新镇规划建设的经验总结和问题反思,HDB 发现邻里单元无论是面积还是人群规模都偏大,不利于居民之间形成紧密关系和共同体意识。基于一系列社会学研究,一个更小的空间层级"组团"(Precinct)的概念逐步形成。这一尺度的组团的占地面积为 2.5~3.5hm^2,可容纳 700~1000 户居民,不但有助于通过空间共享激发居民交往,促进邻里融合,培育各组团内部的归属感,而且多样化的户型能容纳不同社会经济阶层的居民,避免贫民区的产生。

20 世纪 70 年代末,由"新镇—邻里—组团"组成的三级新镇结构模式形成(图 2-3)。核心理念包括 3 个方面:整合的交通和土地利用,优化的土地利用,有凝聚力的社区生活。新镇由城市快速路围合,新镇中央设置镇中心,与轨道交通站点结合布置;邻里由城市主干道围合,邻里中央设置邻里中心,每个邻里规划 6000 户家庭,并均匀布局中学、小学和邻里公园;组团占地面积为 2~4hm^2,每个组团一般由 4~8 栋住宅楼围合而成,内部中央位置设置儿童游乐场及花园等设施。通常在组团住宅的一楼转角处设置咖啡厅和小型商业店铺,居民下楼即可享受便捷的日常生活服务。高层高密的住宅区与低层低密的商业空间、学校及绿地等混合布局,减少高层组屋带来的压抑感,形成了宜人的居住环境(张威等,2019)。

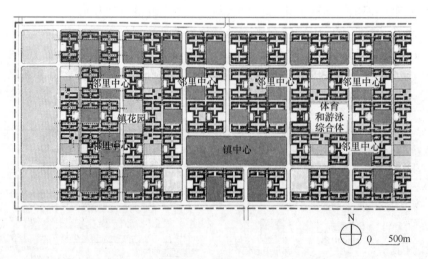

图 2-3 "新镇—邻里—组团"结构关系图

来源:张威等,2019

采用"新镇中心—邻里中心—组团中心"三级体系,见表 2-1。

"新镇—邻里—组团"的社区服务设施层级划分　　　表 2-1

空间层级	设施层级	个数	服务户数（万户）	服务人口（万人）	服务半径（m）	类别与项目
新镇	新镇中心	1	2.5～5.0	12.5～25.0	1000～2000	① 教育：专科院校； ② 医疗：综合诊疗所； ③ 文化：图书馆； ④ 体育：游泳池、运动场； ⑤ 政务：市镇委员会、民众俱乐部； ⑥ 商业：小贩中心、杂货店、理发店、菜市场、服装店、家装店、金融设施等； ⑦ 绿地：新镇绿地
邻里	邻里中心	5～6	0.4～0.6	2.0～3.0	500～600	① 教育：中学、小学； ② 医疗：诊所； ③ 文化：联络所； ④ 体育：小型运动场； ⑤ 商业：小贩中心、杂货店、理发店、菜市场、服装店、家装店、金融设施等； ⑥ 绿地：邻里绿地
组团	组团中心	6～7	0.05～0.10	0.25～0.50	150～250	① 教育：幼儿园； ② 体育：儿童游乐场； ③ 政务：居委会； ④ 商业：咖啡店、杂货店； ⑤ 志愿服务：青少年发展、家庭服务； ⑥ 养老：老年人日间活动及照护中心； ⑦ 绿地：组团绿地

来源：张威等，2019

（二）第二阶段主要策略

在基本解决了房屋短缺问题之后，民众又对居住环境的提升产生强烈诉求。至 1990 年，新加坡已建成公共住宅中，建于 20 世纪 60—70 年代的老旧公共住宅占比达 54.3%。建筑的老化、过时和单调的住宅设计（如老式的电梯、户型）、停车位等公共设施短缺，加上住房面积等不足，已难以满足现代家庭的需求。老年居民比例的不断增加也带来了需求转型的挑战，比如住宅区商业服务设施如何更好地满足年长者的需求，开放活动空间和户内设施如何通过无障碍设计方便年长者的活动等。为应对这些挑战，政府在全国范围内主导开展针对社区物理环境的"自上而下"的升级改造。

发布于 1995 年的"住宅区更新策略"指对老旧公共住宅区进行翻新和改造，使之符合新的公共住宅区居住标准的一系列措施，包括"主要翻新计划""中期翻新计划""电梯翻新计划""中期翻新延伸计划""家居改进计划""邻里更新计划""选择性整体重建计划"，以及"自愿提早重建计划"等（张威等，2022）。

1. 主要翻新计划

"主要翻新计划"主要面向 1975 年前建成的住宅，对住宅区、建筑单体和住户单元三个层面进行翻新改造。

住宅区内的改造措施包括：增加有顶的步行连廊、小区出入口的机动车上下客廊道、重修步道、室外楼梯和硬地球场，增设慢跑步道、健身角、绿地、凉亭等新的休闲活动场地，以及用多层停车楼取代地面停车场等。建筑单体的改造措施主要是升级住宅楼的电梯设备。住户单元的改造措施包括："标准配套方案"与"升级配套方案"，前者包括所有需更换的设施，如户内的老旧电线和排水管道系统；后者可以增加一个新房间（面积通常为 $6m^2$），用作阳台、厨房、卧室或书房等。

翻新工作开展之前，HDB会组织投票宣传会以取得居民的支持。"标准配套方案"和"升级配套方案"都需要得到独立楼栋75%以上居民家庭的同意才可执行。由居民、政府官员和设计顾问组成的居民委员会，专门负责监督整个工作进程，并通过收集对设计方案的反馈和建议，促进居民与HDB之间的沟通。该计划的大部分开支由HDB承担，第一次享受此项计划的新加坡公民只需支付7%~45%的更新费用。1990—2007年间，共有13.1万套住宅被纳入该计划。

2. 中期翻新计划

HDB的"中期翻新计划"主要针对1976—1983年间建造的公共住宅的升级改良需求。该计划主要包括住宅区环境和建筑外立面的改造，如粉刷建筑立面、增设电梯大堂、儿童游乐场、有顶的步行连廊和学习角等，不涉及住宅内部的更新。"中期翻新计划"由市镇理事会实施，开支全部由政府承担，75%以上居民家庭同意后，翻新工作才能进行。1993—2001年间，超过15万户家庭从该计划中获益。

3. 电梯翻新计划

为了使居民尽快享受到便捷的电梯服务，HDB于2001年出台了单独的"电梯翻新计划"。该计划采用无设备房的电梯和简便的轻质涂层以降低安装成本，通过无梯井设计避免遮挡住户的视线，并推进标准化设计和改进工作流程，保证电梯的大批量生产并缩短其安装时间，将电梯翻新的费用和施工时间减少了20%。"电梯翻新计划"经费主要来自市镇理事会的储备基金，政府为新加坡公民提供补助，每户家庭负担最高3000新币的费用，55周岁及以上居民和贫困家庭还可申领特殊的高额补贴。

4. 中期翻新延伸计划

"中期翻新延伸计划"的翻新对象是建于1981—1986年间的公共住宅区，包含了"中期翻新计划"和"电梯翻新计划"两个项目，使之可以同时开展，不仅节约了时间和工程造价，还将工程对居民的不利影响降至最低。"中期翻新延伸计划"中，涉及"中期翻新计划"的项目花费全部由政府承担，工程实施无需征得居民投票通过，政府按照每户4000新币的标准给当地市镇理事会拨款。项目由各市镇理事会监管，HDB提供资金并扮演顾问的角色，负责任命工程顾问，确保翻新工程的开展符合相关政策、法规和设计规范。"电梯翻新计划"的相关制度、费用安排与原来保持一致。

5. 家居改进计划

2007年，HDB推出了更为灵活的"家居改进计划"，以此来代替"主要翻新计划"和"中期翻新延伸计划"中的室内改进项目。该计划针对1986年之前建成的尚未接受过主要翻新计划改造的高龄公共住宅，解决常见的维护问题。

计划具体包括三部分：基本工程、选择工程和"乐龄易计划"（Enhancement for Active Seniors）。基本工程指必须执行的翻新项目，包括维修剥落的混凝土和结构裂缝，更换污水管，拆除户外晾衣管口并代之以新型晾衣架，提升电力负载功率等，相关费用全部由政府负担。选择工程指居民可以通过支付小笔费用，选择性翻新厕所和冲凉房，以及更换装饰性木制大门、金属格栅大门和垃圾槽盖等。为了支持快速老龄化时代老年人居家养老，"乐龄易计划"被列入"家居改进计划"，成为一项可选择的更新项目。该计划包括在卫生间安装扶手和做地砖防滑处理，在住户主入口处和室内有高差处安装坡道等。自2013年起，未列入"家居改进计划"的公共住宅区家庭如有超过65岁的家庭成员，或60~64岁的日常活动需要协助的家庭成员，也可申请该计划，并享受政府补贴。自2012年推出该计划以来，共17.6万户家庭从中受惠。

"家居改进计划"需要75%符合条件的居民家庭投票通过才能实施，通常以组团（一般8~10个楼栋）为单位进行。各组团分别成立工作委员会，负责监督项目进程，成员主要包括居民、基层领导人、HDB官员和市镇理事会官员。自2007年8月推出至2019年10月，政府共花费29亿新币，超过17万套住宅受惠于此计划，还有超过13万套住宅正在升级改造中。未来，这一计划改造范围将扩展至1987—1997年间建设的公共住宅，涉及住宅约23万户。

6. 邻里更新计划

"邻里更新计划"主要针对1995年之前建成的尚未接受"主要翻新计划""中期翻新计划"和"中期翻新延伸计划"的公共住宅区，对其住宅区室外环境和建筑单体进行更新改造。住宅区室外环境层面的改造项目包括：增设机动车上下客廊道、有顶的步行连廊、游乐场、人行道（慢跑步道）、健身角、街头足球场、社区凉亭、景观绿化等；建筑单体层面包括更换信箱、居民角、架空层休息区、首层电梯大堂铺装等。相关费用全部由政府承担，市镇理事会监管执行，居民可以通过参与市镇理事会组织的小型展览、调研、访谈、单元集会或市政厅会议，为计划献计献策。

"邻里更新计划"可以覆盖两个或更多的连续组团，在更大尺度上进行，如大巴窑旧公共住宅区综合游泳池和体育馆的升级翻新，有助于集中资源建设更高品质、综合性的配套服务设施，提升公共设施使用效率，避免重复建设。

7. 选择性整体重建计划

"选择性整体重建计划"于1995年开始实施，主要是拆除符合条件的旧公共住宅区，重建质量更好、密度和容积率更高的新住宅区。入选地块通常为周边有空地和有重建潜能的低密度公共住宅区。HDB选定地块后，政府依据《土地征用法》，按照市场价征收旧屋，先在周边空地上建设新住宅区，待原居民迁入后，再拆除旧区，作为未来发展的备用地。原居民迁入新住宅后，可以继续生活在熟悉的邻里环境中；通过重建住房与增添新型社区服务设施，还能吸引年轻家庭，为当地注入新的活力。

居民在购买重建住宅时，原住户拥有优先购买权和20%的购房折扣。此外，原住民还享有与家庭成员或老邻居联合选房、相邻而居的优先权，从而保障家庭纽带和邻里网络得以继续维系。2003年，一项针对已通过"选择性整体重建计划"入住新居的居民调查显示，约90%的居民支持重建计划，80%的居民认为该计划帮助他们维系了社区生活。

8. 自愿提早重建计划

为了使更多的老旧公共住宅区在必要时得以重建，政府2018年宣布"自愿提早重建计划"。该计划拟在2038年后对一些屋龄在70年以上的公共住宅区进行重建。是否重建将取决于居民的投票，居民如果同意，将获得一笔补偿，用于购买新住宅；反之，公共住宅区将在产权到期后重建。

(三)第三阶段主要策略

21世纪初期,伴随新加坡经济步入低增长时代,以及老龄化加剧、劳动力萎缩和源源不断的新移民到来,边缘化人口和移民的社会排斥进一步加剧社会冲突,这些都给过去国家主导的城市发展与更新模式带来挑战。与此同时,更多的民众和利益相关者表达出希望参与城市建设和更新进程的愿望。在人本主义、社区赋权和空间正义等思潮的推动下,公民社会理念开始兴起,以社区为基础的城市发展与更新开始在新加坡实践。HDB开始探索通过上下结合的住宅更新模式激发民众的社区归属感,针对凸显的社会问题采取了一系列家园总体营造策略。

在城市生态学、生命科学、智能技术等发展的推动下,这一阶段的公共住宅区更新朝着更加多元的方向发展。2007年启动的"再创我们的家园"计划,将绿色、智慧、老龄友好等纳入改造目标。此项计划将住区更新置于城市更新的层面进行统筹与推进,例如将一些较新的市镇也纳入改造升级的关注范围,旨在为所有居民创造符合现代生活方式、更有活力与更可持续的家园环境;以新镇或某个较大区域作为升级改造单元,采用住户单元(Flat)—建筑单体(Block)—组团(Precinct)—邻里(Neighbourhood)—市镇(Town)五个层面的多层级联合更新,便于整合碎片化的存量空间,发挥升级改造的最大效益。

同时,为了增强各个市镇在参与式更新改造过程中的独特性,HDB自2018年开始制定"市镇设计指南",计划通过五年时间,为24个市镇制定各自特色化的设计指南。区别于之前各更新改造计划聚焦个别公共住宅区的单独项目,"市镇设计指南"强调从整个新镇更新发展的全生命周期视角,更加宏观、统筹地部署更新改造与发展项目。一方面,强化每个市镇的历史文化和地域特色,加深居民对所居住市镇和公共住宅区的归属感;另一方面,有助于协调统一相关参与方的理念和项目设计风格,为推进持续性的更新改造提供城市设计导则。

1. "再创我们的家园"计划

"再创我们的家园"计划除了整合"住宅区更新策略"的各类翻新计划外,还采取了一些全新的更新改造理念和手段。

(1)绿色社区

为了应对气候变化带来的不利影响,HDB积极探索可持续的住宅区建设路径,于2011年为组屋制定可持续发展框架,将环境、社会与经济并列作为可持续发展框架的三大维度,关注减少碳排放、优化资源利用、实施水资源和废弃物管理等有效的策略。

"再创我们的家园"计划中专门提出绿色社区策略,并颁布《绿化指南》(*Greenery Provision Guidelines*)指导实施。指南中规定公共住宅区绿色容积率❶(Green Plot Ratio)不得低于4.5,绿色覆盖率应达到45%~60%。绿色容积率不仅考虑了植物的种类和数量,还将诸如树冠大小、叶片面积和种植紧密程度等因素考虑在内,有利于在设计中对场地的绿化定额进行更加灵活地调配。2020年,面向公共住宅区的新的"绿色家园计划"(Green Towns Programme)出台,以减少能源消耗、实现雨水循环利用和市镇降温为重点关注领域。

---

❶ 根据《绿化指南》规定,绿色容积率的定义为"绿化景观中单面叶面积总和与地块面积的比率"。

(2) 智慧社区

为响应新加坡 2014 年提出的"智慧国家"（Smart Nation）目标，2014 年 9 月政府推出"HDB 智慧市镇框架"（Smart HDB Town Framework），应用资讯与通信技术，将智慧元素引入组屋。框架下的五个关键领域包括：智慧规划、智慧环境、智慧地产、智慧生活和智慧社区。其中，智慧社区项目包括嵌入式的家居智能系统和户外智能系统两大部分。

此外，HDB 大力推进智能规划工具与方法的应用。例如通过风光热环境模拟进行更好的楼宇规划，以达到舒适的居住体验和节能目的，以及通过放置在公共空间的行动感知器收集居民日常活动数据，结合居民行为调查问卷优化社交场所的选址和设计。HDB 还与科技公司合作建立了开放数据共享平台，通过挖掘和分析居民购物、服务预约等行为数据，协助社区组织促进居民联系的社区活动。

(3) 居民参与

2013 年的"你好邻居"项目中，HDB 和新加坡国立大学尝试了创造性的参与工具和方法，旨在探索居民参与社区改造的框架与机制，鼓励居民的主人翁意识，并在社区成员之间建立更牢固的联系。通过实地调研、居民和利益相关者访谈，以及互动信息板、弹出事件、专题研讨会、设计工作坊等参与式活动的开展，历经一年共 1000 余名居民参与了"社区孵化器"（Neighbourhood Incubator）和"社交连廊"（Social Linkway）两个公共场地的设计和实施。以社交连廊中的"学习互联空间"（Learning Link）为例，通过增加咖啡角和读书角，完善了公共住宅底层架空层的功能，改造后由社区志愿者进行空间维护与运营。原本只有个别居民白天停留歇脚的空间，如今平均每天吸引超过 50 位居民前来，平均每人停留 20 分钟与邻居进行交流互动。此外，居民还自发地在此组织聚餐、烹饪课等活动，越来越多的居民参与到新公共空间的使用和自主维护过程中。

(4) 多层级联合更新

"再创我们的家园"计划还将改造范围扩展至邻里、新镇层面，并关注住宅区在整个镇域范围内的连通性与可达性问题，形成了住户单元—建筑单体—组团—邻里—市镇的多层级联合更新体系。目的在于通过住宅区与邻里中心、市镇中心、公园、慢行体系等公共活动空间的系统更新策略，创建公民易达的社区交往空间与休闲廊道，激发社区活力与凝聚力。

2. 市镇设计指南

"市镇设计指南"分别从市镇、邻里和组团三个尺度，对设计项目的主题概念、设计原则和策略等提出了指导意见。在市镇层面，以首份出台的《兀兰市镇设计指南》为例，兀兰作为一个新旧社区混合的市镇，指南中强调要延续该镇建立之初的"树木繁茂"主题，以反映其历史及其平缓起伏的地形特征。这一特色设计要求被应用于镇域范围内几条主要的社交走廊，在其关键节点设计中强调了丰富植物种类、分层种植等。在邻里层面，与市镇主题相承接，根据各个区域的社会和自然特征，分别确定城市、探索、自然、社区和健康五个子主题，指导其中的公共空间、景观、楼宇立面、屋顶和色彩设计，以增强各区域的标识性。在组团层面，服务设施、游乐场、座椅、雕塑等设计也被要求与整体市镇主题和邻里子主题保持一致。

(四) 主要策略综合总结

新加坡面向老旧公共住宅区更新改造的主要策略在于（张威等，2022）：

1. 与时俱进的更新策略应对多样化生活需求

（1）改造对象涉及面广。通过逐步有序地将不同年代的公共住宅纳入各更新项目，保证每个公共住宅单位在产权期间都有机会接受合理的更新改造。每套公共住宅在99年屋契到期前，有两次接受政府翻新的机会，屋龄分别在20～30年以及60～70年之间。目前，室内更新改造计划与室外更新改造计划已经分别覆盖到1986年之前和1995年之前建设的所有公共住宅。

（2）改造内容覆盖面广。既有满足基本生活需求的标配项目，也有品质化、人性化提升的选配项目。通过不同的更新计划、标配与选配项目的组合，可以灵活应对不同住户、楼栋的差异化更新需求，全面推进住宅区整体人居环境品质的提升，形成独特的地域性风貌和社区归属感。

（3）改造视野不断扩展。涵盖室内、楼栋、组团、邻里、市镇等各个空间尺度，从早期聚焦相对独立的住宅、楼栋的改造，逐步转向关注社区整体环境和配套设施的提升。近年来尤其关注公共空间优化和设施配置，包括住宅区内的邮箱、花园、步行廊道、凉亭、活动场地、照明设施、社区活动中心，以及多个住宅区共用的大型综合性设施，为老旧社区带来了充满生机与活力的现代生活方式。

（4）改造方案和推进技术不断升级。例如，面向生活水平的提升，在"主要翻新计划"中为三房式户型提供增加房间的升级方案；应对老龄化社会的到来，通过"乐龄易计划"进行户内适老化改造，以满足居家养老的需求；伴随技术和生活方式革新，更新项目中全面融入绿色、智慧、参与式改造等新理念和新技术。

（5）社区参与的内容和程度不断提升。随着改造范围从室内到室外，从住宅单元到公共空间，社区参与的内容从各户表决是否支持改造，扩展到改造前期的参与式设计，再到改造后的共同维护，调动居民积极性，完成了从被动接受改造到主动参与更新的角色转换。

2. 采取政府主导、多方参与、民主决策的更新机制

采取政府主导、多方主体参与和社区民主决策相结合的更新机制，较好地保障了更新计划的可持续推进（表2-2）。更新资金的投入采取政府为主、居民少量负担的分担机制。例如，住宅区公共空间的更新改造费用全部由政府承担；涉及家居或电梯改造的项目，政府承担大部分费用，业主负担5%～14%的费用；年龄在55周岁及以上居民和贫困家庭还可申请额外的政府补贴。政府资金来源于HDB和各市镇理事会，HDB每年预留专项资金用于当年的更新改造计划，这些资金部分来自HDB的自身收入，其他全部来自国家的财政补贴；各市镇理事会储备金来源于居民每月缴纳的服务养护费，其中至少14%用于电梯翻新计划，其余用于环卫清洁、除蚊、公共维修、建筑立面粉刷、屋顶重修、园林绿化和电梯救援等项目，由此确保每个市镇有独立的资金，可灵活用于本市镇公共住宅区的养护与更新，营造持续良好的社区环境。

新加坡公共住宅区更新改造计划的实施机制   表2-2

改造计划	资金来源	主职部门	决策机制
主要翻新计划	HDB承担大部分费用，居民承担小部分	HDB监管执行，居委会监督与反馈	75%公民家庭投票制

续表

改造计划	资金来源	主职部门	决策机制
中期翻新计划	HDB承担全部费用	HDB为顾问，市镇理事会监管执行	75%公民家庭投票制
电梯翻新计划	市镇理事会储备金承担大部分，居民承担小部分	HDB为顾问，市镇理事会监管执行	75%公民家庭投票制
中期翻新延伸计划	参照"中期翻新计划"和"电梯翻新计划"的资金投入模式	HDB为顾问，市镇理事会监管执行	75%公民家庭投票制
家居改进计划	基本工程HDB承担全部费用；其他HDB承担大部分，居民小部分	HDB监管执行	基本工程HDB决定，其他工程居民自主决定
邻里更新计划	HDB承担全部费用	HDB为顾问，市镇理事会监管执行	75%公民家庭投票制
选择性整体重建计划	HDB按市场价收购旧屋并给予新房购买额外补偿	HDB监管执行	HDB选择翻新地块、决定方案，居民参与调研
再创我们的家园计划	住宅区更新策略部分参照相关更新计划；其他涉及公共空间的更新改造由HDB承担全部费用	HDB监管执行	自下而上的居民参与

注：自愿提早重建计划因尚未执行，资金来源、部门职能、决策机制未明确，故未列入。
来源：张威等，2022

3. 持续性的科学研究与技术支持推进更新实践

新加坡社区更新改造的顺利推进与不断创新还得益于持续性的科学研究与技术支持。HDB每五年开展一次社区调研，并针对各更新改造项目进行满意度调查，通过收集意见和评估反馈不断推进更新改造工作的优化。HDB还积极与高校合作谋求创新发展，如居民参与式改造、绿色容积率、绿化屋顶等理念均源于与新加坡国立大学合作的研究成果，该合作过程既将科研领域多年的成果付诸实践，促进了居民参与和社区品质提升，又助力科研落地，推动了教学与科研的发展。在技术领域，新技术的应用有助于缩短工期与节约成本，提高居民对更新项目的接受程度。例如通过使用预制技术，增设电梯采用无设备用房等最新技术，不但大幅降低了更新成本，而且提高了施工效率，降低了施工干扰。

4. 注重全面可持续的社区发展

社区更新任务从20世纪70年代作为"为舒适生活提供基本福利设施"的住房提供者，到20世纪90年代转为"更高品质的住房"和"品质化的生活环境"的提供者，满足了"一个富足社会的期望"，体现了其更富远见和雄心的使命。

在老旧公共住宅区的更新改造中更加注重交往场所和社区氛围的营造。不断鼓励增加新的公共空间，包括增加组团凉亭，在多层停车楼中纳入社会服务设施和带操场、健身场地的屋顶花园，以及建设近年大力推广的社区综合体等。通过关注无形的社会和品质层面的问题，以应对转型中的家庭构成、生活方式、社会需求和期望。例如"选择性整体重建计划"让居民可以在不搬出原有社区的前提下改善居住条件，保留紧密的邻里关系；电梯报警器和照明条件等设施的改善，使犯罪、破坏等社会问题有所减少，家庭与社区的归属感也有所增强。从人性关怀的角度，考虑到翻新项目进行过程中居民不外迁，尽可能减小施工对居民的干扰，措施包括提供临时停车设施、指示和警告标志，使用较安静的打桩系统和技术等。又如通过室内外环境的适老化营造，确保老年人在熟悉和安全的社区环境中能体面和有尊严地生活，积极践行"在地养老"理念，强化代际家庭纽带。

三、新加坡城镇社区更新的经验借鉴

（一）推进老旧小区改造与城市整体发展战略、更新策略相结合

住区更新应成为提升城市竞争力和可持续发展能力的重要路径。通过持续多样化的更新改造阻止老旧社区的衰败，特别是留住中青年家庭，有助于维系原有紧密的邻里、家庭代际联系和提升社区活力，避免集中出现贫困等社会空间衰败现象；此外，通过营造多样化、差异化的社区环境，转变公共住区长期以来仅关注改造规模数量和标准化形象的定位，突出住区品质和特色，有助于培育居民的自豪感和归属感，提升住房价值，实现让人们共享发展红利的政策目标。

（二）针对不同住区制定差异化更新策略和支持政策

老旧小区范围广、规模大，在建成年代、建筑质量、区位、产权、居民构成、物管条件、居民改造意愿等方面存在很大差异，需要更加系统化、精细化的评估和实施机制，将技术性评估、项目可行的操作性评估、多元参与的社会性评估相结合，明确住区改造的优先权，加强更新策略和支持政策的区分度和针对性。

（三）完善多方参与的决策、共建和监督机制

老旧小区改造涉及多部门、多流程和多主体，带来其实施过程中高度的复杂性和不确定性，不仅需要政府全力引导，搭建多方协商平台和协作机制，更需要建立多方参与的民主决策和监督评估机制。具体包括：设立差异化的协同决策机制，政府、居民和社会力量的资金分担、增益分配机制，以及成立由居民、相关部门、专业人员等利益相关者共同组成的工作委员会，负责监督项目进程、收集反馈建议、保障信息沟通，激发居民和社会力量参与改造的积极性和主体意识。

（四）推进连片更新、层级联动

多个社区资源整合、大型项目改造共用、多层级联动更新，推进社区、街区、城区层面的统筹谋划和连片更新，从单一建筑空间提升转向完整社区营造，从单一住房质量提升转向应对当代生活方式和特定需求，强化对公共空间和服务品质、人性化尺度和场景营造等生活体验方面的关注，实现资源整合。

（五）尊重和挖掘地方特色，营造多样化、在地化的社区景观并获得文化认同

保留原居民以及充分尊重和再营造地域特色文化和景观：在市、区、街区层面制定老旧小区的更新改造导则，纳入城市整体风貌规划；在社区层面倡导政府引导、社区参与、专业人员支持的参与式更新实践，重视基于日常生活体验和认同，而非精英主导、外来植入的场景营造，彰显社区地域文化（张威等，2022）。

第二节　美国城镇社区更新的实践探索与经验借鉴

一、美国城镇社区更新的发展历程

美国城镇社区更新大致可分为四个阶段：①大拆大建清理贫民窟的社区消亡期（20世纪50—60年代）；②鼓励公众激发内生力的社区转型期（20世纪60—70年代）；③多方合作关注人文的社区复兴期（20世纪70—90年代）；④综合治理促进可持续的社区提升期（1993年至今）。

二、美国城镇社区更新的主要策略

（一）"社区行动计划"

1963年发起的"向贫困开战"（War on Poverty）行动，旨在调动一切资源解决贫困问题、激发社会和社区变革，成为美国社区更新运动的发端。作为"向贫困开战"的核心内容，最具代表意义的是1964年在《经济机会法》中推出了"社区行动计划"（CAP：Community Action Program）。鉴于总结此前城镇和社区更新计划失败的主要原因之一是希以单一物质手段振兴城市经济，因此CAP一开始便涉及更加广泛的目标，包括以循序渐进方式促进经济增长、更新社区物质形态、提供社会服务等，注重对社区结构脉络的保护复兴。并成立了便于居民参与的"社区发展公司"（Community Development Corporations，CDCs），在具体操作层面绕过州和地方政治建制而建立了联邦和地方社区的直接联系。CDCs结合物质环境与社区建设，在促进社区组织和居民"最切实可行参与"基础上动员社区资源展开广泛更新发展活动，让受助对象直接参与项目开发和管理。作为以社区为本的规划和建设性非营利机构，CDCs主要受益于州、地方政府以及国家非营利中介的支持，逐渐成为协调多元主体、联动多方资源，主导、推动和支持社区更新和发展的重要行动者。

位于新泽西州纽瓦克市中心的新社区公司（NCCS：New Community Corporation）是20世纪60年代社会行动主义时期成立的第一批CDCs，目前已发展成为全美最大最全面的CDCs之一。在参与城镇社区更新过程中，NCC强调采取自我决定（Self-determination）的能力来建设安全可靠的社区，即在获得政府支持、筹措各方资金、集结社会力量、号召社区居民、发挥社区潜力等方面积极发挥社区资本作用，是美国城镇社区更新公私合作模式的典型代表。

NCC在社区更新各阶段都拥有人力、社会（经济）与政治资本的强力支持，其成员大部分由社区居民组成，通过充分发挥这些非裔、老年人等公民选民的政治影响力来撬动政府权威，要求其考虑居民需求与利益并提供资金。而与居民的紧密联系和更新成果的可见性促使了公共、私人和慈善机构等广泛而长效的资金支持，与私人公司或郊区盟友以成立基金会、发展社区商业等多种形式的合作也进一步丰富了资金来源，强化了NCC更新工作的能动性。同时，NCC也在过程中积极培育社区居民的领导能力，鼓励其通过参与社区组织来加入更新工作的规划与管理，以熟悉社区各类工作、保持对社区发展的决策权（图2-4）。

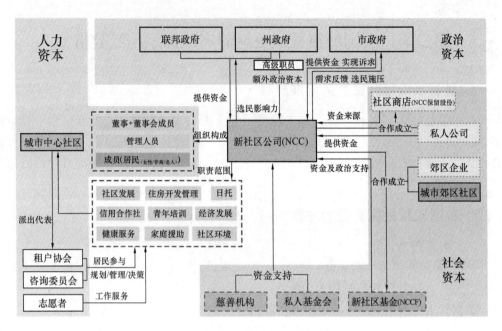

图 2-4 纽瓦克新社区公司（NCC）的社区更新公私合作模式
来源：骆骏杭等，2023

通过明确组织使命、创造共同利益与承诺感、动员社区居民参与决策并与其他组织机构形成合作网络、培育强化自我组织能力、发挥政治资本构建多样化且稳定的筹资基础，NCC从最初的社区活动倡导者扩展至住房开发、社会服务、教育培训、经济发展、社区环境等多种内容，为提高内城居民生活质量、促进社区可持续贡献了巨大力量（骆骏杭等，2023）。

（二）"希望六号"计划

"希望六号"计划（HOPE VI）肇始于"全国严重衰败公共住房工作委员会"在1992年提交的一份报告，该报告指出，全国130万套公共住房单元中约有8.6万套处于严重衰败状态而亟待改造，并提出了一个总额为75亿美元、为期10年的城镇复兴示范计划，随后该方案获批实施并更名为"希望六号"计划。

"希望六号"计划提出的目标包括：①通过拆除、修复、重新配置或替换衰败的公共住房（或部分住房），改善居民生活条件；②改进公共住房邻里环境，改善周围社区环境；③提供住房的同时避免或减少贫困家庭集中；④建设可持续发展的社区。可见，"希望六号"计划不是一个单一的公共住房物质环境更新政策。它区别于以往的"城市更新"政策，首次以综合的方式实施公共住房更新，具有环境改善、社会改良、社区发展、城市复兴等多重内涵。

为实现上述目标，采取了包括提倡混合居住、提高设计与建造标准、提供社区支持服务、混合融资开发模式等一系列实施措施（表2-3）。

"希望六号"计划主要实施措施　　　　表2-3

名称	主要特征
提倡混合居住	将公共住房区改造为混合收入社区，减少公共住房中低收入群体过度集聚的现状，促进居住融合，缓解社会矛盾

续表

名称	主要特征
提高设计与建造标准	遵循新城市主义设计原则，引入"可防卫空间"概念，以增强社区居住品质，吸引高收入群体入住
提供社区支持服务	旨在帮助公共住房居民克服贫困、失业、犯罪和缺乏教育的现状，包括建立计算机学习中心、图书馆、课后班、提供日常护理、就业培训、工作机会等
混合融资开发模式	允许开发商通过私人部门融资、其他联邦拨款、地方资金和慈善资金启用"希望六号"资金，缓解联邦政府资金投入压力

来源：吴伟等，2010。

"希望六号"计划强调用高质量的设计来完成其社会建设目标，设计原则包括（吴伟等，2010）：①多样性——住房种类和价格的多样性，把不同年龄段和不同种族、不同收入的居民纳入日常交往中，加强居民之间的联系，建立和谐社区；②安全性和市民参与——建筑物和街道的关系应建立在安全邻里的基础之上，提供"街道之眼"，并鼓励社区互动和提高人们对社区的认同感；③邻里——邻里应紧凑，在步行距离之内应有日常生活所需的商店、学校、公园和其他公共设施；④地方建筑特色——新开发的建筑其形象和建筑特色应继承该地区最优秀的建筑传统；⑤街道和公共开放空间——邻里应建立街道和公共开放空间的互联网络系统，为居民活动提供休闲、娱乐的场所。

（三）"选择性邻里"计划

奥巴马政府于2009年提出了"选择性邻里"计划，其目的是在贫困分散的同时解决社区中相互交织的各种问题，通过与交通、教育、司法、民政部门等其他联邦机构合作，应对住房衰退、犯罪、缺乏教育前景和经济联系等让家庭和社区处于严重困苦之中的相互关联的挑战。提出了三个核心目标（杨昌鸣等，2015）：

（1）住房。将衰败的公共住房或资助住房更新为高能效的混合收入住房。

（2）居民。为居住在衰败住房及周边社区中的居民带来明显的更新效果，尤其关注居民的健康、安全、就业与教育。

（3）社区。将贫困社区改变为可持续发展的混合收入社区，使其具有良好的服务、高质量的教育机构，改善公共资产与公共交通状况，提高就业率。

"选择性邻里"计划针对不同社区情况采取分类资助的策略，授予两种形式的"选择性邻里"计划拨款，即规划类拨款和实施类拨款。规划类拨款帮助那些还不具备条件的社区提高其实施更新的能力；实施类拨款用来资助已提出计划并开始推进的社区更新项目。为申请实施类拨款，社区必须制定综合更新规划，进一步深化落实上述3个核心目标，对于其更新规划，"选择性邻里"计划提出了详细的要求，住房、居民与社区更新的核心目标被进一步分解为11项具体内容（表2-4）。

"选择性邻里"计划实施类拨款更新规划具体要求　　表2-4

对象	具体内容
住房	1）通过修复、保护和（或）拆除及替换等方式将严重衰败的住宅项目更新为体现节能设计原理的住宅 2）除经特殊许可，所有被拆除或转换用途的公共住房或资助住房都需符合"一对一"置换规则（"one-for-one" replacement rule） 3）满足经济适用住房和住房可达性要求

续表

对象	具体内容
居民	1) 更新规划制定与实施中的公众参与 2) 提高更新后住宅及周边邻里居民的经济自给自足能力 3) 对每一符合条件的居民应满足其还迁意愿 4) 项目实施期间直至完全入住，跟踪迁移居民的情况 5) 对因更新而搬迁的居民适当地提供支持服务、迁移咨询与住房搜寻帮助
社区	1) 与当地教育工作者合作，参与当地社区规划，结合有效的社区服务系统、家庭支持与综合性的教育改革，改善社区儿童与青少年的教育与生活状况 2) 确保建立在经济、教育和环境基础上的社区长期生存能力 3) 通过保护可支付住宅或采取其他必要行动，确保原住户共享社区更新成果

来源：杨昌鸣等，2015。

三、美国城镇社区更新的经验借鉴

（一）避免城市更新中产生新的居住隔离，倡导混合居住，促进社会和谐发展

为缓解种族与阶层居住隔离带来的严重社会问题，"希望六号"计划与"选择性邻里"计划都将混合居住作为其主要的政策目标之一。目前我国虽未形成严重的居住隔离，但在许多大中城市出现的"门禁社区"等居住分异现象已现端倪，如何在城市更新中避免居住分异进一步加剧的课题已不容忽视。应充分发挥城市规划的控制与引导作用，提倡混合居住模式，建设与城镇融合的社区，促进社会和谐发展。尤其随着新一轮以改善民生为目的的大规模保障性住房建设拉开序幕，将保障性住房建设与城镇居住区更新结合起来，出台类似"一对一"置换规则等政策工具，对于建设混合收入型住区，确保居民回迁率，缓解社会矛盾，避免住区绅士化有现实意义。

（二）从住宅改造到住区整体更新，扩大更新规划范围，统一规划、分别实施

"选择性邻里"计划提出了社区整体更新的目标，从项目申请阶段开始就以详尽的规定保证这一目标的实现，如要求申请项目必须提出社区综合更新的方案，留出社区支持性服务的专项资金并明确具体用途等。我国的城镇居住区更新，无论在国家还是各地方政府层面，都缺乏类似的政策或规定，由此使得住区更新实践中容易只关注局部问题而忽视了社区整体发展的需要。因此，在国家与地方政府住房更新政策中纳入整体更新的目标与具体规定，可以有效约束和引导土地与城市规划的制定，从而有助于在城镇居住区更新中统筹考虑住区布局、功能调整、经济发展与社会融合等问题，扩大更新规划范围，就相对完整的地块范围做出统一规划，协调各住宅组群间的关系，在此基础上进一步划分更新实施单元，合理安排、分阶段有序实施。

（三）整合各种资源与更新项目，形成城镇居住区更新的长效机制

"选择性邻里"计划从联邦政策到社区更新项目均提出明确规定，强调各部门密切协作，整合各种基于社区的资源，借助良好合作的组合效应，提高联邦投资成功的机会。我国的城镇居住区更新一般采取以某一部门牵头，成立包括各相关部门参加的临时机构——综合改造指挥部的方式统一实施运作，这一政府主导的实施机制能够在短期内使不同行业部门在思想和行动上形成高度的一致性，在规定时间内完成既定任务，但城镇居住区更新

需要长期持续不懈地努力，具体项目执行中的效率固然必不可少，但更重要的是建立长效机制，进一步完善相关政策并充分发挥政策的引导与协调作用，避免临时决策的盲目性与重复投资，合理、高效使用各种有限的资源。

（四）推进社区公众参与，倡导多方合作的城镇居住区更新方式

"选择性邻里"突出了地方社区主导的公共住房更新的重要作用，体现出以多方合作的伙伴关系为取向的、更加注重社区参与和社会公平的管治机制，成为城市更新政策的主要趋势。我国城镇居住区更新以政府主导型与企业主导型更新方式为主，两种更新方式都使得社区的主人——居民的地位被边缘化，在更新决策和实施过程中成为被动的接受者。因此，进一步推进居住区更新中的社区与公众参与，倡导基于政府、开发商、社区居民的多目标、多方合作的城镇居住区综合更新方式，是维护低收入群体利益、实现住区可持续发展的有效途径（杨昌鸣等，2015）。

第三节 英国城镇社区更新的实践探索与经验借鉴

一、英国城镇社区更新的发展历程

英国城市社区更新大致可分为两个阶段：①中央政府权力制约下的"实验性"合作方式更新探寻阶段（20世纪60年代—21世纪）；②可持续伙伴关系模式下的多元主体共同参与的社区可持续更新阶段（2010年至今）。

二、英国城镇社区更新的主要策略

（一）建立新型合作关系模式的"城市挑战"计划

1991年，英国政府出台了新的城市更新政策——"城市挑战"（City Challenge）计划。该计划试图建立以中央及地方政府部门、私营企业、地方社区等多元主体组成的"公—私—社区"新型合作关系模式，以改变低收入社区被社区更新项目排斥或边缘化的状况。将物质更新与环境改善、社会服务、住房计划及社区重建等更宽泛的社区更新议题结合（李宇宏等，2021），并通过竞标的方式分配城市更新资金，竞标的主体须由"公—私—社区"三者构成的合作伙伴组成。

1993年，英国环境部提出将20个分散的更新基金整合为"综合更新预算"（SRB：Single Regeneration Budget），并于1994年开始了第一轮的SRB投标。SRB的投标总共进行了6轮，资助了1000多个城市更新计划。SRB提出7个明确的更新目标：①改善当地的就业前景，提高当地居民的受教育水平，强化其职业技能，并促进机会的平等化；②增强地方经济的竞争力，支持地方行业的发展；③保护环境，完善基础设施，提高设计水平；④维护并改善住区环境，提高管理水平，提供多样化的住房选择，优化住房条件；⑤关注少数民族的利益；⑥打击犯罪，加强社会安全性；⑦提高生活品质，促进医疗、文化和体育事业的发展。

20世纪90年代英国的城市更新政策实现了重要转型，"城市挑战"计划和SRB均采用竞价投标的方式分配更新资金并要求"公—私—社区"三方合作参与，同时不断强化社区参与的作用。城市更新的内涵也从单一的物质更新向多元综合的经济、社会和环境更新转变，强化对社区能力建设的关注，并对衰落地区给予越来越多的重视（严雅琦等，2016）。

（二）"社区新政"计划

英国开展了多轮的城市更新，但仍存在 4000 多个贫困社区受到多方面且不同程度的剥夺。1998 年，工党政府提出了"社区新政"，并于 2001 年正式出台《社区新政计划》，旨在帮助贫困社区扭转发展命运，缩小它们与其他社区之间的差距，充分体现工党政府对地方更新需求和社会排斥问题的重视。

"社区新政"计划基于全市复合剥夺（Multiple Deprivation）指数[1]评估结论，在此基础上划定机遇发展地区、强化发展地区等，并制定相应的空间政策，体现了社会公平导向的城市复兴策略。优先重点解决社区多重贫困与社会排斥等结构性衰退问题，并延续采用单一更新预算计划，基于竞标方式分配资金的方式，以改善贫困社区住房条件、公共空间环境，加强社区安全，提升社区健康、教育及就业水平为实施目标，将社区参与作为社区新政竞标计划资金支持的重要考核因素，显著提高了地方社区参与能力。

"社区新政"计划所设的目标主要关注 5 类问题的解决，包括惨淡的就业前景、高企的犯罪率、萧条的环境、劣质的社区管理和缺位的公共服务，同时基于不同目标设定针对性的更新政策。在实施过程中，各个中标的合作伙伴组织均可获得将近 5000 万英镑的更新基金来改善贫困社区的住房、受教育、就业等方面的条件。"社区新政"计划的更新资金与城市挑战基金、SRB 挑战基金一样，作为撬动私人投资的基石，实施期限长达 10 年，让衰落地区有更充分的更新机会（严雅琦等，2016）。

（三）地方主义背景下的邻里规划

2010 年，英国联合政府上台后的一项重要新政举措是确立地方层面的邻里规划（The Neighbourhood Planning），赋权邻里组织参与地方发展。2011 年的《地方主义法案》（*Localism Act*）引入邻里规划制度安排，规定社区、第三方组织等在地方和社区公共服务与开发建设方面拥有一定的自主决策权，包括：①社区建设挑战权。社区组织、地方政府职员、第三方机构等，如果认为自己具备提供更好服务的能力，可通过竞标获得全部或部分地方政府服务职能。②邻里规划权。允许各社区共同决定街区布局。③社区建设权。允许社区提出地点具体的、小规模的、由社区主导的建设项目。④社区土地再开发权。允许社区自行开发那些利用不充分或未被利用的公共土地。

邻里规划的编制是自愿自发的，依据编制深度不同可分为三种：①邻里发展规划，具体确定新建住房和办公建筑的具体位置和风格等；②邻里发展条例，对于满足相关条例的新开发项目授予规划许可，不用再向地方规划当局申请规划许可；③社区建设权条例，主要是针对具体地点的小规模自主建设。为确保邻里规划与地方政府规划的发展战略意图相一致，地方政府对邻里规划的编制组织提供信息、资金和简单的指引，检查其是否符合 2012 年颁布的《国家规划政策框架》（*The National Planning Policy Framework*）及其他相关的基本规定，负责组织对社区更新规划进行公民投票，以确保社区的相关发展要求在规划中生效。与此同时，为鼓励各社区自主编制邻里更新规划，《地方主义法案》在社

---

[1] 复合剥夺指数是衡量一个地区受剥夺程度的标准，具体指标包括失业率、居住满意度、居民健康程度和夜间出行安全性等多个方面。

区更新中引入基础设施税，规定已编制邻里规划的社区居民可从新的开发中获得25%的社区基础设施税，未编制邻里规划的则只能获得15%（刘晓逸等，2018）。

《地方主义法案》下的社区更新意味着从政府全权管控、封闭运作的传统更新模式，转向地方社区自主发展主导的模式。同时，国家亦可通过其他各种方式将其管治权利渗透到社区个人的诸多方面。放松管治、权力下放体现了产权，尤其是物权是保障社区更新受益、公共参与、竞争参与更新的有效途径，也体现了更新法治化对更新实施的重要性（刘晓逸等，2018）。

1. 编制主体

邻里规划往往由镇议会、教区议会或社区成员组建的邻里论坛作为主导者来推动其编制和实施，并不是强制性的规划，而是由社区自主选择是否进行编制实施。邻里论坛的建立可以由社区内的组织、企业或团体来推动，并满足以下基本要求：①为提升改善地区的社会、经济和环境条件而设立；②以体现该地区总体特征为宗旨；③论坛须向居住或工作在该地区的人开放；④论坛成员应尽可能地涵盖社区中不同区域和不同类别的人群；⑤论坛成员规模应在21人以上。由此可以看出，邻里规划决策主体的构成应尽可能地多元化，吸纳更多的个人与组织的参与，同时也要考虑平衡不同群体的利益和观点立场。

2. 编制程序

可分为规划启动—规划编制—规划审批—规划实施与评估4个阶段。

（1）规划启动阶段。需要明确是否要制定邻里规划，并向地方政府规划部门、社区关键行动者进行咨询；划定明确的空间范围，上报地方政府规划部门并获得批准；组建邻里规划论坛，并向地方政府规划部门提交论坛组织提案。

（2）规划编制阶段。需要进行公共参与方案的策划，开展第一阶段的公众参与活动，探讨社区的共同愿景与发展目标，然后进行规划草案的拟定；同时开展一系列的公众参与活动，深入探讨相关议题，并在方案提交之前进行专业咨询和修订。

（3）规划审批阶段。首先需要将邻里规划文件提交至地方政府规划部门，进行第三方独立审查，并进行至少6周的规划方案公开意见征询。审查通过之后由地方政府规划部门进行审议，举行公民投票，若赞成人数过半则方案最终生效。

（4）规划实施与评估阶段。社区主体直接参与规划建设项目，并通过社区伙伴关系推动经济、服务、文化等方面行动的落实，对规划实施持续跟踪监测与评估。

3. 主要内容

邻里规划主要包括邻里计划和邻里开发决议两个部分（沈毓颖，2021）。

（1）邻里计划。一般包括以下几个部分：①社区愿景和目标；②基础资料和数据，即该区域的社会经济环境基础数据、相关规划和政策文件等；③社区参与报告，即规划制定过程中的社区参与活动开展情况；④社区专题规划报告和政策指引，即从社区住房供给、公共服务、基础设施、生态和绿色空间、历史保护和风貌控制等方面提出具有实操性的发展计划和实施建议。

（2）邻里开发决议。是邻里规划的主体在某些特定区域批准某些特定类型开发建设的一种手段，可以直接为社区居民所需求和期望的开发建设项目"开绿灯"。如在服务设施欠缺的区域增建社区中心或基础设施，在历史区域通过扩建、改建修复缺失的历史特征等。在邻里开发决议中详细界定这些项目的开发条件，明确划定空间范围，生效之后，地方政府规划部门便可简化相关规划许可的审批程序，直接批准这些项目的开发建设，以便更加迅速、精准地响应社区的需求。

三、英国城镇社区更新的经验借鉴

（一）从政府或市场主导的模式向"公—私—社区"三方合作模式转型

城镇更新导向的转变需配合相应的管治模式改革。多元更新目标单靠政府或市场的单一主导，或是公私合作、市场主导的模式均难以实现，需要"公—私—社区"三方共同合作，并重视政府的调控和保证社区参与的落实（严雅琦等，2016）。

1. 加强政府调控，避免市场失灵

市场主导下的城市更新只追求房地产市场带来的短期利益，如果政府不能进行有效调控，会导致再开发漠视城市整体和长远的经济与社会利益，引发空间失序、社区解体和社会不公等现象。英国政府在 SRB 和社区新政中加强政府调控，通过引导资金流向衰落地区，并投资公共设施的建设，避免市场失灵。

2. 鼓励社区参与，扩大广度深度

我国现阶段城市更新在社区参与的广度和深度上均不足，大多并未在更新方案和行动计划制定上为社区提供共同讨论的平台。英国自 20 世纪 90 年代以来的城市更新则从竞标要求上明确规定要将社区纳入更新区域划定、计划制定和项目管理等各个环节中，体现了社区参与的深度，更好地维护公众利益。

（二）从物质性更新规划向综合的政策体系设计转型

1. 设置更新基金，撬动私人资本

城市更新的土地整治与拆迁安置等环节涉及庞大的投资，仅靠市区两级政府的资金难以支撑。我国可适当参照英国经验，设立相应的更新基金，采取竞标的方式，一方面撬动私人投资进入，减轻政府财政负担；另一方面，降低市场进入的门槛，并通过竞争有效提高更新方案的质量。

2. 借鉴剥夺评估，促进社会公平

在房地产导向的更新模式下，我国的城市更新项目主要集中在区位条件好，土地价值高的地区，会加剧社会不公的问题。英国在 20 世纪 90 年代中后期以剥夺指数评价为基础确定城市更新的候选地块，适度强化了政府的调控作用，有效地避免因市场资本的趋利性而导致的市场失灵问题，从而达致社会公平的目标。

3. 完善监督机制，保障实施成效

目前，我国的城市更新对更新实施的有效监督不足，实施监管环境相对薄弱，使得实施效果大打折扣。英国在更新实施中定期对更新成效进行定量考察，并对"公—私—社区"三方合作过程进行定性考察，该做法值得我国参考学习，可有效监督更新方案的落实，并保证社区参与的质量。

（三）从房地产开发导向的更新向社会、经济、环境的综合更新转型

从我国目前城市更新的实践来看，绝大部分更新项目采取政府引导、市场主导的模式，房地产开发导向的更新模式往往以追求短期的经济利益和利润最大化为目标，忽视了城乡整体和长期发展的利益。英国明确提出社会、经济、环境等综合更新的价值理念和定量化的实施目标，让城市更新不仅作为推动经济增长的工具，还成为解决社会、环境问题

的助推器，由此实现"复兴"（Regeneration）而非单纯的物质更新（Physical Renewal）。

第四节 韩国城镇社区更新的实践探索与经验借鉴

一、韩国城镇社区更新的发展历程

20世纪90年代以前，韩国大城市内部的基础设施及建筑老化问题十分突出，为此政府在编制相应的城市规划政策的同时，积极推进实施了改建、拆迁等大规模城镇再开发项目。然而，这些项目不仅破坏了城镇原有的自然景观、历史文化资源和道路体系等物质环境，还导致了在开发过程中出现因房价上涨而引发的地区原居民回迁率较低、地方人文环境破坏严重等问题。针对这些教训，韩国于20世纪90年代中期开始引入"社区营造"理念，这一理念对韩国社区建设及广泛居民参与的兴起产生了相当大的影响。这一时期的项目多由市民团体及社区居民组织主导，内容上围绕营建社区共同体、打造安全的上学路、组织居民教育、举办庆典等展开。推行的"社区营造"虽然一开始主要侧重于恢复地方共同体的活力，但该理念逐渐演变成为一种整顿及管理城镇空间的重要综合手段。

"社区营造"与传统实施的城市规划的差别在于：如果说后者是一种为改善地区物质环境而实施的城镇开发，那么"社区营造"则是一种以保护和管理为核心的城市设计方式。传统城市规划项目主要由自治团体、民间企业及专家等精英团体进行规划设计，而"社区营造"则是由市民及非营利组织（NPO）主导实施的包括地域再生、激活社区和志愿服务活动在内的共同体运动。"社区营造"倡导的城市设计方式于2000年之后在韩国政府的支持下正式成为城市政策的重要组成内容，并被广泛运用到城镇环境的各种改善活动中。由韩国中央政府发起的"想生活的城市／社区营造项目（2007年）""营建生活美好的社区项目（2009年）""首尔人类城（2010年）"等项目，是促使"社区营造"在韩国迅速扩散开来的重要"诱发剂"。这些由政府推出的以小规模城镇整顿等为主要内容的开发方式，助推着居民积极参与城镇建设，城市政策据此也逐渐调整为"居民主导、政府支援"等新规划开发模式。由此，韩国从城市规划到建设实施的整个过程都有效实现了真正意义上的居民参与。

2012年，韩国《城市及居住环境整顿法》修订版颁布，此法在修订中新设了"居住环境管理项目"，为居住区再生提供了实质上的法制依据。首次提出的"居民参与型城市再生"概念自此替代"社区营造"登上历史舞台，弥补了原来城市整顿过程中的种种不足，发展和演进了韩国城市再生的新范式，得到韩国社会各界的认可，开启了一个全新的发展阶段（魏寒宾等，2016）。

二、韩国城镇社区更新的主要策略

（一）社区营造

社区营造在韩国萌芽于20世纪90年代，大致经历了居民自主改善居住环境的萌芽阶段（1990—1994年）、居民主导环境改善运动的兴盛阶段（1995—1999年）、地方自治团体及政府支持的扩散阶段（2000—2012年）三个主要发展阶段。它取代了韩国过去由国家及政府主导的常规性城市规划方法，让社区居民主动关心自己生活的空间，积极发现需要改善的各种社区问题,并利用地区固有的特色和资源直接参与到环境改造活动中。社区营造侧重于人文关怀和居民调动,它既是解决当前韩国经济下滑、城市景观被破坏和大规模开发踯躅不前的重要对策,又是提高地区生活品质、增进地区社会团体相互交流的有效途径。

社区营造除了要创造"物质"维度的生活环境,还需要涵盖优化共享生活环境的社区居民网、社区共同体和村庄文化等内容。这里所说的社区共同体是指尊重居民个人自由和权利,依仗平等互助关系,由居民决定和推进社区事务的居民自治体。社区营造在整治社区物质环境的基础上,还要对社区财政、自治组织、市民意识和历史传统等软件进行长期的优化与提升,在邻里之间建立起诚挚的往来关系,形成社区共同体,帮助社区居民组建健康融洽的邻里生活。

社区营造的主要目标是发掘资源、创建关系和改善生活环境:①发掘资源是要深入探寻社区的历史文化资本,借助教育行动开发社区人力资源;②创建关系是要通过居民、行政部门及专家学者等各主体间的协作,改善社区环境和调动地区居民对社区的关注,在了解多数人需求的前提下建立共同的社区目标及远景;③改善生活环境是指实现居住、配套设施、就业及人际关系等多层面的社区可持续发展。

社区营造的参与者主要由居民、政府和专家等构成。其中,居民主要包括当地住户、民间组织及各种团体,他们由于在交流和建立相互间关系网的过程中实现了信息共享,因而能实现一体化的整合。政府指中央、地区等多级行政主管部门,主要提供社区营造所需的政策、财政等各项行政支援。专家主要由各领域专业人士和学者构成,负责营造项目的技术支援和监督,通过开展"居民教育"使居民成为社区营造的主导力量。在整个过程中,居民及居民自治组织是主角,专家和行政部门扮演着协助支援的角色,这样可以提高居民的公共意识和借助政民合力来创造社区共同体。

依照当前韩国推行的社区营造项目的规划要素和内容构成,社区营造可划分为5类,早期项目更加关注物质环境的改善,后期项目对气候变化、经济萧条等社会变化趋势进行了回应,着力解决社会、经济及环保等综合性问题:①历史文化保护类,侧重对那些承载了历史生活、文化传统的空间进行保护;②落后居住环境改善类,重在改善山地社区及其他落后地区的居住生活环境;③社区保护类,是保护并形成生产生活共同体的营造项目;④绿色节能类,主要是应对气候变化,营造绿色环境和实现人们的绿色生活方式;⑤工作岗位及收入支援类,是针对韩国社会低出生率、老龄化及经济萧条等社会问题提出的福利支援方式。

2011年首尔市的"恢复社区共同体"建设项目在行政机构、支援组织、居民和民间团体等联系网络的支撑下运行。首尔市对行政组织架构进行了重组,制定和发布了一系列相关条例,并创设相应的委员会和支援中心来负责有关事务。由居民、专家、公务员和市议员构成的"首尔市社区共同体委员会"每月都会召开讨论会,对社区共同体的政策进行讨论,并分享所有项目的经验(民间合作团体也会参与其中)。2012年,正式成立中间支援组织——"首尔市社区共同体支援中心",它是政府与居民合作、发掘与支援居民主导的社区共同体活动的重要机构和平台,其主要任务是支持地区成长和居民参与,支持大小社区共同体的活动,并强化社区内人力及物力资源的连接。

首尔市政府制定和颁布了《首尔特别市社区共同体基本规划》,提出育成社区"种子

（居民集会）"，通过多路径深化社区营造的 5 年中长期规划，核心内容包括：①支持居民主导的社区规划。居民可自发寻找自己社区内日常生活中需要改善的各种项目，如侧重教育的共同育儿项目、侧重经济的小吃街改善项目、侧重生态的社区节能项目及侧重福利的邻里间相互照顾项目等，并自主开展相应的社区规划，政府会提供规划所需的咨询及其他费用的资助；②培养引领共同体项目的社区活动家。社区活动家是与居民一起工作，引导并帮助社区活动顺利开展的人员，主要由青少年、女性和退休居民等构成；③构建 10 分钟路程的居民交流空间。这类空间包括咖啡店、社区艺术作坊、绿地空间、小型图书馆和公共设施等，原则上由居民自发经营，必要时可向综合支援中心申请帮助，相关部门在现场调查之后给予其在运营费等方面的补助；④居民主导的交流活动。对小的社区共同体组织的活动予以支援，如对居民自发解决育儿问题、提出新的育儿方式和强化社区认同感等活动提供政府帮助；⑤支援社区经济活动。对 5 人以上出资合作的社区共同体企业进行支援（魏寒宾等，2015）。

（二）居民参与型城市再生

"居民参与型城市再生"项目是一种社区规划项目，主要针对独立式住宅、多户住宅、多世代住宅、联立住宅等密集小区，在反映居民要求的基础上改善生活环境、增建基础设施、支援住宅改建等，解决社区存在的物质环境及社会问题（魏寒宾等，2016）。

2013 年，首尔发行的《居民参与型城市再生项目手册》将"居民参与型城市再生"定义为：让居民成为主体，自发地参与到社区物质、社会、文化、经济环境等综合性改善活动之中，从而营建适宜社区居民长久生活的社区再生项目，需要依据《城市及居住环境整顿法》实施居住环境升级管理。项目主要目的是：形成居民共识平台、培育地域专家、构建支援体系、整顿相关制度体系及分阶段促进项目实施。项目的远景目标是：居民主导的社区、保障居民生活权利的社区、可以放心生活的社区、具有特色的社区和想永久生活的社区（表 2-5）。

居民参与型城市再生的远景目标与内容　　　　表 2-5

	主要目标	具体内容
1	居民主导的社区	项目主要以居民、场所、过程为中心，摆脱原来集中收集居民意见的方式，在居民自由参与的基础上，通过有效连接社区资源，激活居民共同体，启动居民主导型社区再生项目
2	保障居民生活权利的社区	通过营建诸多类型的住宅、提供住宅福利、构建基础设施等，在改善地区居住环境的同时为其提供可以负担得起的住宅
3	可以放心生活的社区	通过对地质灾害、火灾、犯罪的防范，改建、修缮老化的住宅及公共设施，恢复社区共同体，营建可以放心生活的社区
4	具有特色的社区	通过强化地区原来所具有的历史文化特征、构建社区人与人之间的关系网等方法，营建具有特色的社区
5	想永久生活的社区	通过构建人际关系网来激活地区共同体，并通过改善社会、经济、文化和自然等的综合环境，为社区居民提供工作岗位以及激活社区的商业活动，从而实现社区的经济再生

来源：魏寒宾等，2016

"居民参与型城市再生"项目按照居民的意见及社区的自身条件,划分为4类:①住宅环境管理项目,是通过整顿基础设施、建设公共设施及居民自主改善住宅环境来实现对低层住宅的保护、整顿和改善;②道路住宅整顿项目,是通过完善建筑标准及简化项目程序来实现维持原有道路的小规模整顿;③激活改建项目,是通过指定改建区域和完善建筑标准来激活市区;④营建居民共同体项目,是通过营建居民主导的共同体,以及取得行政/财政的支援来恢复及激活居民共同体的凝聚力。

在"居民参与型城市再生"项目的推进过程中,主要原则是以社区居民为中心,由行政部门、专家、非营利民间团体进行支援及协助。其中,居民作为社区的主人主导规划的编制及项目的推进,是社区管理及运营的实质性主体;专家及非营利民间团体作为居民助手,协助相关项目的顺利推进及协调各主体间的意见;行政部门的角色是对项目运营及管理所需要的行政服务、经费和制度进行支援。整个项目促进过程分为事先企划、居民组织、构建社区、编制构思方案、编制规划、项目执行和激活共同体七大阶段。

《居民参与型城市再生项目手册》指出,将事先企划、居民组织、编制构思方案等视为规划制定的准备阶段。主要通过居民信访、与专家或非营利民间团体的合作、征集学生作品等方式提出社区规划方案构想,政府官员对规划方案进行评估并遴选出项目所在地,编制与其相符的规划以指引方向。同时,居民、专家、行政部门、相关公司组成"居民参与型城市再生"项目的监督委员会。

在编制规划方案阶段,编制小组要通过居民研讨会收集居民意见,进行实地考察,了解地区内存在的问题,专家在此基础上须归纳居民提出的建议,总结其中相对比较重要的问题,决定共同体运营和改善居住环境的大致方案。依据《城市及居住环境整顿法》编制完成具体的规划方案之后,编制小组通过居民说明会、公告等方式向居民公开规划的具体内容,收集居民意见并在居民意见的基础上修改规划方案,最后向行政部门申请项目区域的指定。从规划编制到区域指定,需要专家和行政部门的帮助与引导。

在项目执行阶段,为了使社区共同体可持续运营,需要正式组建以居民为中心的居民共同体运营协商小组。此外,为了管理社区整体的物质环境及社区运营,还须编制所有居民都应遵守的"居民协议(案)"及"共同体管理规章"。行政部门要组织制定关于基础设施、居民公共设施设置等由公共部门负责和履行的相关规划,以及支援原有建筑的改建,推动社会经济的再生。

在激活共同体阶段,原则上是在项目竣工后,由社区居民直接对社区进行运营及管理。居民共同体运营协商小组和居民应推行与社区实际情况相符的"居民协议(案)"及"共同体管理规章"。同时,在制度上构建专家支援、居民商谈以及信息支援、行政/财政支援、居住环境改善、社区共同体激活的支援体系,尤其是通过成立和运营社会企业及社区企业给予居民创收的机会来激活共同体。

三、韩国城镇社区更新的经验借鉴

(一)社区建设从政府、开发商主导转向政府引导及政民合作

韩国社区营造的兴盛与政府提供的支持和引导、政民之间的密切合作有着重要的关联性。借助政府力量调动公众参与、培育社区共同体及推行社区小规模改善活动,这些都是韩国社区营造获得成功的关键。"居民参与型城市再生"项目构建了"居民主导、政府财

政及行政支援、专家及市民团体协作"的多主体参与模式，通过居民参与提高了其"主人翁"意识。这种方式既有利于在规划编制之前通过主体间充分的交流来减少在规划编制过程中出现的利益冲突，又有助于编制满足居民真正需求和符合地区条件的规划。我国当前的城市建设活动总体还处在由政府或开发商主导的特殊阶段，居民对社区建设的参与和贡献微乎其微。从长远看，在政府的引导和帮助下，推进由居民主导的社区改造将成为未来城市实现健康、稳定及可持续发展的重要途径（魏寒宾等，2015，2016）。

（二）政府通过政策支持促进居民参与和推进市民社会的形成与发展

市民社会的建设、居民参与的程度往往与政府在行政、制度和资金上的支持力度密不可分。政府需要正确判断和制定适宜的社区营造制度与政策，以此作为地区自主发展的依据和准则，引导地区居民的行动并保证其利益。我国大多数城市规划项目缺乏与地区居民的互动，未来亟须创建可供居民与政府、专家等进行信息交流和共同规划的制度平台。激发居民的主人翁精神，使其认识到人及共同体在繁忙社会生活中的重要作用，也将是我国市民社会建设的重要内容。

政府财政援助、公开招募、方案制定及教育学习等途径是鼓励居民开展社区营造的重要手段。居民对所在地区物理及社会环境价值的正确认识非常重要，因此政府及专家需要对各地区开展调查研究等实践行动来发掘地区优势、发现地区居民所需，并在地区内举办针对性讲座或发布公告来宣传地区亮点，为地区居民提供重新认识城市的机会，增强居民的自豪感和对社区的热爱（魏寒宾等，2015，2016）。

第五节　日本城镇社区更新的实践探索与经验借鉴

一、日本城镇社区更新的发展历程

（一）"诉求与对抗"时期（20世纪60—70年代）

二战结束后的日本在发展经济和向现代化迈进的过程中，一些社会问题和负面现象亦随之产生。地方大量年轻劳动力向大城市迁移，地方人口日益稀少，中小城镇和农村日渐衰落，以牺牲环境为代价的经济增长带来了公害问题，严重损害了市民的生活环境和身体健康。在1972年"日本列岛改造计划"影响下，各地开展了大规模的开发，大批新兴产业城市诞生；与此同时，不少历史建筑物、历史街区被拆毁或濒临拆毁，一些城镇和社区出现了个性缺失和地区文化独特性丧失的现象（胡澎，2013）。

日本的历史城镇和传统街区主要有古村落、宿场町、港町、商家町、产业町、武家町、门前町和城下町等。这些地区保存着具有较高历史价值的建筑物，保留着独具特色的历史文化传统、风俗习惯、节日祭祀以及颇具当地特色的手工艺品和美食，是地区独特历史文化风情、风俗习惯的象征和综合反映。针对大规模的开发浪潮，各地市民团体应运而生，掀起了轰轰烈烈的"历史街区保护运动"。

这一时期的社区营造，以历史城镇和传统街区保护为重点，也称"街区保全性社区营造"。该运动大部分通过对历史建筑的保护、改造、利用和对地方文化的重新挖掘实现，以岐阜县的高山、长野县的"妻笼宿"为开端，迅速扩展到各地。在"历史街区保护运动"中，市民团体发挥了积极作用。如镰仓自然保护会（1962年）、高山上三之町街区保存分（1966年）、伊势河崎历史与文化培育会（1979年）等10余个民间团体。这些由当地有责任心的居民组成的民间团体，针对市政规划积极提出建议，参与社区改造和城市建设。1974年，以热爱妻笼会、金井町保存会、有松社区营造会为中心成立了"街区保存联盟"。

在各地市民团体的努力和推进之下，日本政府不断出台各种法律和措施保护历史文化街区，制定了《关于古都内历史风土保存的特别措施法》（1966年），1975年对《文化财产保护法》进行修订，增设"传统建造物群"为新一类文化财产，设立了"传统建造物群保存地区制度"。各地方政府也纷纷制定以自然保护、历史街区保护为中心的条例。有日本学者将20世纪60—70年代中期称之为环境保护型条例的时代，出台的地方环境保护条例有《京都市风景地区条例》《金泽市传统环境保存条例》《仓敷市传统美观保存条例》《京都市市街地景观保存条例》等。社区营造开始由"诉求与对抗"向"市民参与"过渡。

（二）"市民参与"时期（20世纪80—90年代中期）

20世纪80年代，越来越多的市民开始对地区发展模式以及自身生活方式进行反思。20世纪90年代初期，"以循序渐进方式稳步推进城市建设"的观念逐渐被广泛接受，社区营造开始走向以"历史""文化"和"自然"为目标的良性循环阶段。不少市民认同保存历史建筑物不仅为了街区美观，还要突出街区的个性，有些建筑物虽艺术性不够高超，却凝聚了历史沧桑，让居民感到亲切，这些建筑物也有保存价值。各地在开发和建设过程中出现了诸多新问题，仅依靠《建筑标准法》《城市计划法》等很难得到有效解决。于是，一些地方相继出台了社区营造条例，如德岛县小松岛市的《小松岛市社区营造条例》（1982年）、埼玉县的《川口市社区营造条例》（1988年）。各地社区营造条例的制定，标志着日本的社区营造向纵深发展。

1995年的阪神大地震是日本社区营造的转折期。日本政府认识到了非营利组织、市民团体和普通市民的积极作用，开始在制定城市建设和发展计划时吸收市民的意见。例如，福冈市政府在出台《福冈市都市景观条例》时，为争取市民的充分理解和支持，先出台草案征询市民的意见，然后再将修订案广为宣传。这一时期，社区营造从单纯的保护，过渡到在传统文化基础上创造时尚、现代的环境，追求传统与现代的融合。社区营造不再以大规模的抵制或对抗的方式出现，而表现为市民团体以更为平和、理性的手段与政府对话，目标也更为具体、更加贴近生活。政府的行政行为也因为有市民的参与和支持而逐渐转化为市民的自觉行为。

（三）"市民主体"时期（20世纪90年代中期以来）

20世纪90年代以来，日本社区普遍面临老年人的养老、残障人士的护理、幼儿保育、垃圾、社区居民交往减少等问题。经济结构和人口动态变化导致地方城市空洞化现象不断恶化，一些曾经繁华的商店街有不少店铺闲置或倒闭。如何应对不断衰退的地方经济，如何吸引人才、留住人才，这些都是社区营造亟须应对和解决的。另外，这一时期非营利组织的大量涌现，为社区营造的发展打下了坚实的社会基础。1998年《特定非营利活动促进法》出台，该法通过赋予从事特定非营利活动的团体以法人资格，来促进以义务活动为代表的、市民自主开展的、以贡献社会为目的的非营利组织健全发展。该法实施后，取得法人资格的社区营造非营利组织数量激增，社区营造迈入由市民参与到以市民为主体的新阶段。

这一时期，伴随着日本政治、经济、行政制度的改革不断推进，还有一些法律的制定或修订对社区营造活动产生深远影响。例如，《河川法》《地方分权一览法》《护理保险法》《信息公开法》《城市计划法》等。这些法律不仅使社区营造制度环境大为改善，也促使了市民参与。进入21世纪初期，日本社区营造法制化取得了突出的成绩，2008年公布《维护及改善地区历史风貌的相关法律》（通称"历史社区营造法"），其目的是通过对历史建筑物、当地传统节日庆典活动等进行保护，使地区保留历史文化传统，维护和改善历史风貌。

二、日本城镇社区更新的主要策略

（一）社区营造

1. 资本逻辑驱动下的社区发展

在日本社会转型发展的过程中，资本运作促使社会的生产方式、生产结构发生了转变，从而引起社区的物质建成空间、社会网络关系也随之发生改变。在日本经济高速增长的时期，市场作用驱动之下资本大量投资在工业化的商品生产，大量人口向城镇转移，从而引发环境公害等城市问题。为了缓解过度生产及劳动力的剩余等资本过度积累所产生的问题，资本投资逐步转向城市物质建成环境，为次级循环创造资本积累的空间，一系列的民众抗议运动及政策支持为资本融入社区进行空间改造提供了途径。资本的运行使社区物质空间、社会结构发生变化，城乡空间发展上的不平衡致使许多历史街区及乡村出现衰败现象，日本社区营造的重心逐渐转向中心市街区再生、传统街区保护及社区资源活化利用等空间再生产的议题。多元主体开始共同参与至社区营造中，但利益的诉求依旧未能协调，市民对社区品质及服务水平的诉求愈发强烈，致使资本投资逐渐转入面向社区居民住房、教育、医疗、就业等社会消费资源的投入，不断通过空间关系的生产和再生产解决资本积累的矛盾（图2-5）（范建红等，2020）。

日本社区营造发展历程受经济与社会制度改革的影响，公民社会崛起与政府向社会主动分权是社区治理模式由政府主导型转向混合治理型的重要原因。公共空间资源的治理问题是社区治理必须解决的难题，仅靠政府或市场的管理并不能抑制社会资本消失的趋势，社会资本反映了政府、企业界及民间社会三方合作的程度。日本社区营造正是通过政策引领、社会资本积累及公民意识提升，使之成为独具特色的社区治理机制，通过多方组织帮扶以提升社区内社群的社会资本。

社区作为社会功能的载体，可承担政府难以提供且市场不能提供的社会性功能，社区营造有助于发挥三者的协调作用。日本社区治理的转型遵循"准自治"的权力逻辑，以社区赋权为自治形式，以社会共同体为自治群体，以宪法决策的权力边界为自治核心，这种由政府主导的治理机制转向政府、市场、社会混合型的社区治理机制有利于多元化治理主体的合作共治及各主体积极性的调动，以共同整治权力博弈下的空间乱象。

日本社区自治是法制化的治理过程，政府向社会分权实现了社区及社区居民自主管理社区公共事务的愿景，促使了町内会从服从政府完成基层行政任务到辅助行政职能并主动服务社区共同体的转变，在"准自治"的原则下实行自主管理和自主监督，政府起主要监督作用。社区治理的关键是重建社会资本，在社区层面，根据社区社会资本拥有主体的差异可分为个人、组织及群体三类，三个层次社会资本的存在形式相互交织，形成地域共同体的本质或内核，属于"集体社会资本"。相互信任、共识理念、社会网络

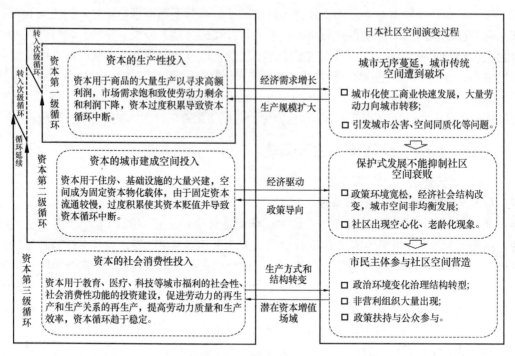

图 2-5　资本三级循环结构与日本社区空间的关系
来源：范建红等，2020

是社会资本的核心要素，社会资本是社区自治能力的重要指标，也是促进社区善治的关键。在"准自治"的权力逻辑下，日本社区治理通过多方主体的共同协商，营造互惠合作、互相信任的关系，共同维持可持续的集体行动并促进社区"造血"（图2-6）（范建红等，2020）。

2. 历史人文视野下的环境营造

随着20世纪60年代《古都历史性风土保存特别措施法》（1966年）、《金泽市传统环境保存条例》（1968年）、《仓敷市传统美观保存条例》（1968年）、《文化财产保护法更正》（1975年）等的历史景观保护法律和条例的出台，历史景观保护与开发成为都市社区环境营造关注的热点。例如，仓敷市以沿仓敷川运河形成的传统聚落，保存了江户时代以来具有重要历史价值的"土藏造"特色民居。以历史环境整体保护为基础制定"仓敷川畔美观地区计划"，在完整保存传统聚落历史风貌的基础上，围绕聚落周边改造兴建纪念馆、广场、美术馆、国际酒店等文化和商业设施。为城镇发展注入新鲜血液，达到历史景观保护与开发的平衡，成为当时地方复兴的表率；除此之外，"风土与建筑"一直是都市思考的重要话题。20世纪80年代，环境营造针对街区和乡村文脉的"地缘景"，关注都市的文化与生活背景，强调尊重常住居民的生活以营造环境魅力（许懋彦等，2019）。

3. 社会文脉视野下的社区营造

1981年，《关于神户市地区计划和社区营造协定的条例》探索了住民主导型社区营造的新方向，它是结合日本初期的住民运动，在板宿、丸山、真野地区，通过"协议会"和"社区营造提案"的方式，直接反映住民意向的提案。在这样的背景下，注重人与人网络关系的住民主导下的网络型社区营造成为20世纪80年代的关注点，强调住民组织建设和

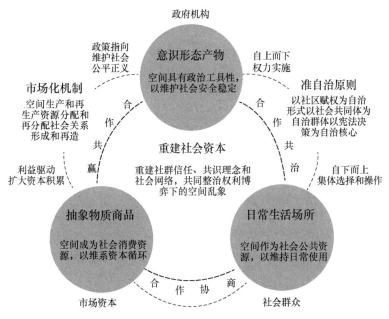

图 2-6 权利博弈下多主体参与社区空间治理的关系
来源：范建红等，2020

具体设施建设一样重要。各类社区营造项目以提升包含人和物的周边环境关系为目标，在住民自主参与和管理的基础上，实现反映个人关切、协调群体内部关系的过程主导型的公共空间营造（许懋彦等，2019）。

（二）社区设计

20世纪90年代中期，地方开始以住民自身的角度，制定更加精确的控制性条例来指导都市建设。地方社区事务从国家到地方、从官到民的转变，逐渐形成了"地域事务地域处置"的状况。从2000年《地方分权一览法》的实行到"地域自治区制度"的出台，再到地方分权改革委员会的成立，开启了地方分权改革的序幕。地域成为社区核心的关注领域（许懋彦等，2019）。

1. "均权"思想下的共有社区

社区的发展从"私人场所的提供"转变到"丰富地域社会的营造"。从住民的角度，出现了从"私权""公权"到"共权"的关注。民间力量从中找到了自己的共权属性，以此与政府性质的公权和住民性质的私权相结合，在"均权"思想下的三权共生是社区设计的核心。

在被称为"共有社区"的研究中，有更为开放和细致的视角。塚本由晴的"普通性"思想是以普通场所的载体来体现共权的诉求。他认为社区中，不光是要处理好住民与公共空间的关系，也需要大量的共有场所来保持社区的可持续活力。这种在日常生活中大量存在而又被人忽视的场所，是公私过渡的"无主之地"，具有无限的潜力，能够给予社区自我组织和自由发展的权利。其无限制、"半成品"的特性，具有保障住民自由参与的重要性。

2. "关联"构建下的协动社区

2009年，日本总务省《关于新兴社区研究会报告书》，提倡多元参与主体的"地域协动体"。地方政府的社区政策、自治体社区营造条例等围绕"地域力"的创造而出台。地域力的概念，超越了以往对社区人文、历史、社会等的社区资源调查的单一视点，以多维的空间容纳了环境、福祉、人力、文化、产业等虚实载体的整合。同时，它还强调更加动态和多元的主体关联，形成一个具有内在逻辑联系的复合体。地域力作为一个社区目标的整体概念，在"协动社区"中，是一个通过开放性新关系构建，而具有自我完善和发展功能的社区的核心价值所在。这也是现今日本社区设计的新视点。

3. 协动型社区设计的多维度探索

（1）发掘——社区资源体系的重组。地域力由"地域资源的蓄积力、地域住民的自治力和地域问题的关心力"三部分构成。主动认识自身问题，在自律和协动下，有效解决问题并创造新价值的能力，成为社区设计的新目标。需要进行地域资源的再认识和再组织，让以往零散的资源重新具备推动社区发展的动力。

（2）协调——社区新关系的构建。"关系设计"是社区设计的核心。从以往行政上的"共助"观念，到"强制主体性"的住民参与，社区设计更加关注的是具备自我调整与完善的关系设计。这种关系被称为"第三类联系"，即保证社区各要素之间关系的自由性与可塑性。这是一个动态的概念，在既有社区环境中，协调个体之间以及个体与环境之间的关系变化，根据不同的情况而满足新的诉求。

此外，社区要素关系的再修复也是社区设计中关注的重点。社区多重关系需要对应都市变化的复杂性，社区关系之间需要相互扶助、竞争和替换，在"社会＝空间"的构造变迁中达到新的平衡状态。

（3）操作——社区参与模式的创新。随着20世纪90年代非营利组织的发展，包括政府、开发商、非营利组织、市民团体和个人在内的参与者都参与进来。非营利组织在整个过程中对各方的组织作用越发突出，形成了契合社区设计的组织体系建设和组织方式创新。以住民参与为基础的社区设计，最重要的是与当地民众的交流。在推进中，如何对话、与谁对话以及对话的内容都需要认真筹划。不以主观的态度得出自我结论，收集分散的意见，推动议题的讨论进程，同时帮助公众表达自己的潜意识，并通过大量的事例佐证促成市民决策，成为社区设计推动的必要途径。这种被称为"建导技术"的方法，目的是利用网络、工作坊等新的手段，解决以往"集体无责任""合意浅薄化""决策碎片化"等问题。

（4）运营——社区可持续性的支援。长效机制的建立是社区健康发展的保障。发现并解决社区复杂问题，需要具有综合的专业素养，建立针对社区中各主体的培训体系成为社区设计的重点。山本理显、妹岛和世等著名建筑师建立的Y-GSA都市环境教育体系就是旨在建立建筑师结合社区的思考方式。用特定活动的形式，达到对社区理念的宣传教育、社区建设的组织和意识培养的目的。同时，针对社区长期发展的机构体系和支援体系建设，也是社区可持续发展的重要支撑。在体系建设上，民间组织在社区设计的机构建设中也扮演了积极的角色。

（三）团地再生

"团地"一词本意为"集团住宅地"，通常指由日本政府指定法人机构统一建设管理的住宅区。日本的城镇住宅建设始于二战后住房供应体系的完善，并经历了大规模建设、规划调整、供给优化以及"都市再生"四个主要阶段。早期的住宅公团制度注重面向中低收入阶层供应新住宅，而随着20世纪80年代住房短缺问题逐步解决，粗放城市建设时期结束，而后更加重视提升租赁住房品质与更新改造。20世纪90年代，住宅区的人居环境恶化、公共服务缺失、人口老龄化以及独居老龄人口的贫困问题凸显，以团地为中心的更大区域范围内失去了发展活力。为了扭转这一局面，日本开启了对老旧住宅区的全面改造，由此产生了改造老旧住区并推动整体地域综合更新的团地再生构想。具体分为"公寓区再生"和"'一户建'住区再生"两部分（张朝辉，2022）。

1. 公寓区再生的模式与实践

日本的公寓大体上可分为两种：高级公寓和普通公寓❶。为了解决资金缺乏和管理等问题，日本政府以动态优化的政策制度配合民间力量，丰富改造主体，优化住区用地方式。在改造项目主体方面，现阶段近50%的完工项目都是在都市计划与支援制度下同民间主体协商合作进行的，其中地区公共组织、土地调整协会和私人企业各约占项目主体的1/3；在1 km²及以上的大型团地改造区域中，约60%是民间建设主体，强调尊重业主权利和居民需求。在改造方式上，大量项目引入"敷地分割制度"，即在原公寓区内，在部分建筑存置、整修的同时，对另一部分进行改建、出售的灵活再生机制。通过分割用地区域、缩减原住区规模、适量提高公寓建筑高度、降低密度、废止部分低效设施等措施，减少业主们的经济负担，促进被改造住区用地效率的大幅度提升。

> **案例一：公寓区再生改造案例——"町田山崎住宅区"改造与"石澄住宅"改造**
> （详细内容扫码观看）
> 来源：张朝辉. 日本老旧住区综合更新的发展进程与实践思路研究 [J]. 国际城市规划，2022，37(2): 63-73.

2. "一户建"住区再生的模式与实践

"一户建"型住宅区（即连片的独栋式住宅区）是日本住宅团地的主要构成类型。普遍存在人口老龄化、生活便利性不足、交通机能低下、社区活力弱化、空房空地增多等问题。因此，更新目标更加注重适老化和激发区域活力。构建了以制度设计为保障，以精细规划为依靠，以多方合作为手段的完整的团地再生事业体系（图2-7）。注重用地优化与区域活力提升的综合建设。

团地再生事业除常规改建、重建之外，还结合民营化社区改造、适老改造的新服务形式，主要体现为从"内陆孤岛"到"人类社区"，以交流会、互助会、自治会等为载体，围绕既有的公共设施（公园、交通线等）建设绿色的、以人为本的"新式人类社区"，举办地区性活动，发展具有社区特色的迷你型经济等，谋求自我发展与自我和谐。

> **案例二："一户建"住区再生改造案例——兵库县三木市"绿之丘·青山"团地改造**
> （详细内容扫码观看）
> 来源：张朝辉. 日本老旧住区综合更新的发展进程与实践思路研究 [J]. 国际城市规划，2022，37(2): 63-73.

---

❶ 高级公寓（Mansion）指具有重型钢铁架构、钢筋混凝土或者其他坚固结构，并且高度在3层以上的住宅楼，设施较为完备，安全性能较高，主要是中等收入人群购买或租住。普通公寓（Apartment）通常指木造或轻型钢铁架构的两层板房，主要是面向低收入人群的廉租房。

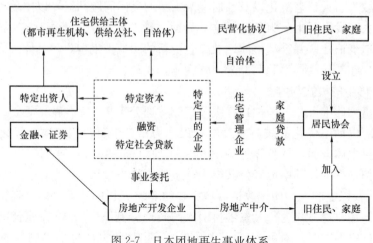

图 2-7 日本团地再生事业体系
来源：张朝辉，2022

3. "都市再生"促进住宅区配套完善与城市综合更新

新千年以来，日本通过加强立法、政策跟进的形式，整合了城市整体的更新资源。随着《都市再生特别措施法》（2002年）的实施与2004年都市再生机构改组完毕，日本的都市再生建设正式拉开帷幕。近20年来，日本的都市再生总体上经历了从先导性的改造实践，到政府机构支持下的民间投资项目落地，再到城市综合活力激发这三个阶段。伴随着各项配套支援政策的出台与实践落实，日本城市更新总体进程正快速推进。一方面，发展资源进一步向大都市汇聚，促进大都市从"大规模"向"多功能化"转变；另一方面，地方城市面对经济不景气，以都市再生计划为契机，竭力打造价格与宜居优势，积极发展优质住区，逐步实现从"商业、店铺中心"向"住宅中心"转变。

此外，近年来都市再生机构的重心已从住宅区建设、租赁领域逐渐转向城镇基础设施、公共空间、生态环境、商业等方面。都市再生逐渐为团地再生在道路、设施、绿色等方面提供丰富的配套支持，使改造对象从住宅、住栋向住宅区、周边地域乃至城镇扩展，也使改造主体发生了深刻变化，从政府主导向政府、民间企业、公共团体多方主导过渡，逐步形成了体系化、联系密切的活性再生整体。

除了政府主导的以完善基础为主要目标的区域整备项目外，日本还积极通过官民合作的再生项目促进全国城市更新，这些项目往往围绕都市中心和住宅区进行。截至2020年初，已有1058个市镇、3115个地区完成了都市再生整备计划；截至2019年末，以各市政府、各都市再生协议会以及政府指定的60个都市再生法人团体为主体，有125项政府认定的民间都市再生事业项目和49项民间都市再生整备项目获得政府金融、财政、税收支援，主要包括公园、大厦、医院、商业街等多类对象。

总体看来，日本都市再生计划旨在通过系列政策制度与支援手段诱导民间力量自发进行全方位的城镇建设。不仅围绕城市中心进行设施整修与综合更新，强化城市功能，也注重通过完善配套强化住宅区功能，优化人居环境，使居住功能同其他城市功能相融合，并通过建设可持续的本地公共服务网络，促进紧凑型城市的建成。具体来看，一个城市的都市再生除了围绕都市核心区进行道路整备、街区改造、设施改造等强化城市功能的项目展开外，还注重对住宅区进行老旧改造与适老化更新，并完善公共场所、绿地公园、防灾设施等，促使住宅区综合功能进一步优化，最后通过建设本地交通网络与综合公共服务体系拉近城市与郊区的距离，促使城市紧凑化（张朝辉，2022）。

三、日本城镇社区更新的经验借鉴

(一) 赋能社会组织

1. 社会组织法制建设：形成社会组织参与社区治理的制度保障

制度建设是破解社会组织的结构性缺位、促进社会组织健康发展的首要环节。在日本社区营造实践中，其非营利组织的迅猛发展得益于在1998年出台的《特定非营利活动促进法》和2008年颁布的三个关于公益法人改革的法律文件。这些法律的制定为民间组织发展提供了基本的制度框架，而新公益法人制度的确立进一步促进了资助型非营利组织——社区基金会的迅速发展。为促进我国社会组织管理的完善，首先，尽快出台社会组织登记管理相关条例；其次，及时制定出台《社会组织法》，它是介于宪法与行政法规之间的更有实质意义的位阶法律，对社会组织的性质、地位、权利义务及管理规范等做出明确的规定；再次，根据社会现实的发展变化及时修订完善我国社会组织的其他法规，如《中华人民共和国工会法》《中华人民共和国红十字会法》《中华人民共和国公益事业捐赠法》等。健全我国社会发展领域法规体系，实现政府对社会组织依法分类管理。

2. 政府购买社会组织服务：形成社会组织参与社区治理的资源保障

社会组织发展的持续性资金缺乏是社会组织参与社区治理能力不足的重要原因，具体表现为社会组织活动开展所需经费与其所能筹集到的资源之间存在较大缺口。日本政府为增强非营利组织参与社区营造的能力，在社区治理中通过购买服务的方式为非营利组织提供可持续性资金扶持。2010年，日本政府为了确保"新公共"发展的资金基础与社会环境，决定在全国范围内实施"新公共支援事业"专门支援非营利组织，仅在2011年预算拨款就达98亿日元。因此，我国政府需要综合运用多种政策工具为社会组织赋能，当前最具有现实可操作性的举措就是政府购买社会组织服务。近几年，在我国各地推行的"三社联动"以及在此基础上衍生的"五社联动"新型社区治理模式，是推动我国社区治理现代化实现的重要路径；而推动其有效运转的动力则主要源于政府购买服务，为社会组织发展找到了资金保障。社区公益创投是实现"三社联动"的一种较优制度选择，具有三方面的特点与优势，即"大量、持续的投资更有利于非营利组织的能力提升；出资方主动参与非营利组织的管理，通过战略管理保障其成功的可持续性；通过建立新的社会投资回报测量指标，强化绩效评估"，从而超越技术治理的既有逻辑，在使社会组织获取相应发展资源的同时，增强社会组织的公共性。

3. 社区基金会发展：形成社会组织参与社区治理的组织保障

通过社区基金会培育社会组织是实现社会组织可持续发展、提升其参与社区治理能力与有效在场的重要举措，这也是日本社区营造得以成功的重要原因。1991年日本参照美国的理念与模式，首次设立了社区基金会——大阪社区基金会。伴随2008年日本"公益法人改革三法"的实施，于2009年成立了第一家市民社区基金会，其后引发了社区基金会发展的高潮。市民社区基金会的资金来源主要是市民捐赠、市民投资等，其"以资源中介者的身份，通过各种方式将其提供给以'解决地域问题为使命、以市民为行动主体的市民活动'的社会组织",在培育日本非营利组织发展方面发挥了重要作用。2008年,我国首个社区基金会成立。2014年,深圳市民政局最早出台鼓励社区基金会发展的政策,在全国开创了政府倡导社区基金会发展的先河。2017年,《中共中央 国务院关于加强和完善城乡社区治理的意见》中指出,鼓励社区基金会成立,引导社会资金投入社区治理领域。社区基金会明确写入中央文件标志着发展社区基金会已不再限于地方性探索实践,而是已经得到党和国家制度方面的支持,这使得我国社区基金会数量有了大幅增长。截至2019年底,全国社区基金会已达126家,社区基金会已成为推动我国社区治理创新的一种新的制度设置(高红等,2023)。

(二)制度化模式的形成

自1998年日本政府制定《特定非营利活动促进法》,确定了社会组织在参与社区治理的合法身份之后,日本的社区治理进入成熟期,更多的社会力量开始介入社区营造。其中,NGO(非政府组织)和NPO(非营利组织)发挥了极大的促进作用,并且逐步形成"NGO主内,NPO主外"的参与合作模式,即NPO以市民为主体,以"职业化"的形式参与社区营造,主要针对社区环境、社区服务和社区文化等方面的改善和提高,并且在资金和技术上得到政府和财团的支持。NGO则在组织市民、动员社会力量、扶贫环保、开发援助等方面提供技术和资金支持,发挥了政府和企业均无法发挥的特殊作用。基本形成了"市民参与为主体,政府行政为辅助"的治理模式(图2-8)。日本社区治理具有较强的"自下而上"特征,居民具有较强的参与意识和责任感。因此,在引入日本社区治理模式时,需要考虑我国当地社区居民自治发展阶段。一方面,政府需要转变社区管理理念,适当将工作重心下移至社区,赋予社区居委会更多自主性和独立性,通过制定政策和完善法规来推动社区居民自治水平的发展;另一方面,社区强化自身治理队伍建设,可通过强化和明确社区居委会职能、与当地高校建立合作关系、成立社区居民工作小组等方式提升居民参与意识、提高社区居民归属感和认同感,从而培育和发展社区居民自治水平(边防等,2018)。

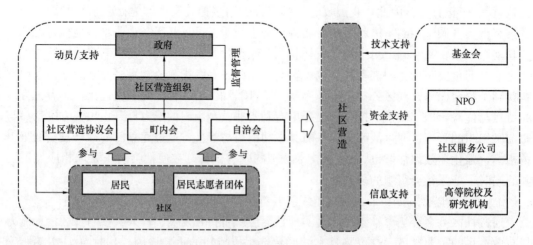

图2-8　日本城市社区治理(社区营造)模式
来源:边防等,2018

(三)社区营造的协同转变

进入21世纪以来,日本的都市结构快速变化,逐渐提升了社区在都市中的定位。在都市收缩和地方复兴时代背景下，社区设计成为时代主题。在地域分权和协动的基础上，社区设计更加深入地参与到地域力的资源整合与挖掘中，并在多重主体的扩充与变革中，更加细致地探讨社区"新关系设计"；公众参与也以更加系统的方法，对程序、技术、组织做了灵活探索；同时，对社区的全周期关切也拓展到社会各个环节，努力构建一套有力的可持续支撑体系。社区设计探讨着社区自我修复和发展的能力，推动着社区研究继续向前发展，也深刻影响着建筑师和规划师的思考和行动方式。对于我国的社区更新而言，日本成功经验的启示在于四大方面的转变。

1. 从"硬件"到"软件"建设的转变

我国的城镇建设开始从量到质转变，大规模的硬件建设逐渐减少，对于既存的设施环境提升逐渐增多。在这个过程中，对于既有城区的公共空间、绿化空间等的营造成为最直接的关注领域，但是单纯的硬件建设容易陷入粗放式发展的怪圈，而在解决社区问题和需求方面则缺少适应性和灵活性。按日本的经验，良好的社区建设应"软硬兼顾"。在软件建设方面，良好的社区组织建设，丰富的活动策划及社区问题调查、发现、解决机制等都对硬件建设提供了有力的保障与辅助，两者结合才能更好地发挥社区建设的最大功效。

2. 从被动运营到主动运营的转变

居民的主动参与、操作、管理是日本当今社区发展的主流，是一种高效率、低成本推进的有效模式。我国正在陆续进行旧有社区的翻新改造，在此过程中，作为社区主人的居民却处在相对被动的状态。社区主体的深度参与，是促进社区发展多元化的必然途径。一方面，调动居民的积极性能促使社区建设渠道多样化，减少政府单向主导的财政压力；另一方面，居民的主动性会为社区建设提供长期的人力和智力投入，有助于社区的长效运营。

3. 从精英到大众参与的转变

我国已经陆续出台了各类社区政策指导社区建设的有序开展。从顶层的制度设计到具体的社区规划，不光是政府、居委会、大学机构和设计团体，民间组织也开始活跃起来。民间组织的深度参与，是社区管理从精英向大众转变的标志。自下而上的视角是对当前中国社区建设的重要补充。大众参与在一定程度上实现了社区问题关注的在地性，能够充分满足居民需求；同时，大众的视角避免了社区决策的模糊化，能精确地反映每个居民的实际诉求，实现社会公平的目标。

4. 从专项事业到复合操作的转变

在中国的传统社区建设概念中，社区规划、社区设计是相对专项的事业。社区建设缺少统合的推进。通过日本的经验，可以看到复合交叉的社区设计事业，其核心是保证社区发展的原动力发掘，以及社区可持续发展的综合建设。这种全生命周期的社区设计，包含了设计、管理、组织、教育、规划、产业、福利等一系列的内容。复合的建设内容，需要在各个环节搭建体系，设计的内涵超越了狭义的物质或艺术设计，也是一种涵盖多重考量和多维职能的设计。包括组织设计、制度设计、活动设计、建设设计、景观设计、产业设计等，这些都是营造一个成功社区需要深入开展的工作（许懋彦等，2019）。

【思考与练习题】

1. 论述新加坡城镇社区更新的主要策略及其对中国的启示。

2. 论述美国城镇社区更新的主要策略及其对中国的启示。
3. 论述英国城镇社区更新的主要策略及其对中国的启示。
4. 论述韩国城镇社区更新的主要策略及其对中国的启示。
5. 论述日本城镇社区更新的主要策略及其对中国的启示。
6. 对比五个国家的城镇社区更新历程和主要策略，论述其共性和差异性。

【参考文献】

[1] 张威，刘佳燕，王才强. 新加坡公共住宅区更新改造的政策体系、主要策略与经验启示[J]. 国际城市规划，2022，37(6)：76-87.

[2] 张威，刘佳燕，王才强. 新加坡社区服务设施体系规划的演进历程、特征及启示[J]. 规划师，2019，35(3)：18-25.

[3] 李琳琳，李江. 新加坡组屋区规划结构的演变及对我国的启示[J]. 国际城市规划，2008(2)：109-112.

[4] 骆骏杭，黄瓴. 1949年以来美国城市社区更新：基于"制度—角色—行动"的整体分析[J/OL]. 国际城市规划：1-19[2024-03-06]. https：//doi.org/10.19830/j.upi.2022.453.

[5] 杨昌鸣，张祥智，李湘桔. 从"希望六号"到"选择性邻里"：美国近期公共住房更新政策的演变及其启示[J]. 国际城市规划，2015，30(6)：41-49.

[6] 吴伟，林磊. 从"希望六"计划解读美国公共住房政策[J]. 国际城市规划，2010，25(3)：70-75.

[7] 李宇宏，刘翠翠. 从"政府权力制约"到"伙伴关系模式"：英国城市社区可持续更新的实施策略发展研究[J]. 装饰，2021(11)：12-19.

[8] 严雅琦，田莉. 1990年以来英国的城市更新实施政策演进及其对我国的启示[J]. 上海城市规划，2016(5)：54-59.

[9] 刘晓逸，运迎霞，等. 2010年以来英国城市更新政策革新与实践[J]. 国际城市规划，2018，33(2)：104-110.

[10] 沈毓颖. 英国邻里规划的实践路径及其启示[J]. 城市建筑，2021，18(15)：45-47.

[11] 魏寒宾，沈昡男，等. 韩国首尔"居民参与型城市再生"项目演进解析[J]. 规划师，2016，32(8)：141-147.

[12] 魏寒宾，唐燕，金世镛. 基于政府引导与政民合作的韩国社区营造[J]. 规划师，2015，31(5)：145-150.

[13] 胡澎. 日本"社区营造"论：从"市民参与"到"市民主体"[J]. 日本学刊，2013(3)：119-134，159-160.

[14] 范建红，梁肇宏，赵亚博，等. 资本、权利与空间：日本社区营造的经验与启示[J]. 城市发展研究，2020，27(1)：102-109，124.

[15] 许懋彦，弋念祖. 从社区营造到社区设计：都市观视野下的日本社区设计发展观察[J]. 时代建筑，2019(1)：152-159.

[16] 张朝辉. 日本老旧住区综合更新的发展进程与实践思路研究[J]. 国际城市规划，2022，37(2)：63-73.

[17] 高红，王翔. 赋能社会组织：日本社区营造的实践逻辑及经验启示[J]. 长白学刊，2023(3)：121-130.

[18] 边防，吕斌. 基于比较视角的美国、英国及日本城市社区治理模式研究[J]. 国际城市规划，2018，33(4)：93-102.

第三章　国内城镇社区更新的实践行动与优秀案例

【本章导读】

本章共分为五个小节。分别对：社区规划师与参与式规划、社区生活圈规划、完整居住社区建设、未来社区建设规划、多元参与式社区治理五个类型的国内社区更新实践行动与优秀案例进行讲述。

第一节"社区规划师与参与式规划"中，阐述了中国社区规划师的行动开展背景、工作模式与特点、工作机制，详细讲解了清华大学的"新清河实验"、同济大学的"共治的景观"两个优秀案例。

第二节"'社区生活圈'规划"中，阐述了社区生活圈规划的行动开展背景、规划模式与特征，详细讲解了上海周家桥街道和曹杨新村两个社区生活圈规划优秀案例。

第三节"'完整居住社区'建设"中，阐述了完整居住社区的行动开展背景，基本概念，基本要求与主要建设内容，详细讲解了北京劲松北社区建设优秀案例。

第四节"'未来社区'建设规划"中，阐述了未来社区的建设理念、规划模式，详细讲解了台州市椒江区心海社区"绿廊上的和合未来生活样板"、杭州上城始版桥社区"'三生融合'发展之路"两个优秀案例。

第五节"多元参与式社区治理"中，分别对"社区党建引领治理、社会组织融入的社区治理、社会资本介入的社区治理、社区居民自组织的社区治理、智慧化赋能的社区治理"五类治理模式的基本概念和优秀案例进行了阐述。

【教学目标】

（1）了解国内各类社区更新行动开展的背景；

（2）熟悉并掌握国内各类社区更新行动的工作模式、特点与基本内容等，并结合相关的案例学习，做到融会贯通。

第一节 社区规划师与参与式规划

一、行动开展背景

"社区规划师"(Community Planner)概念起源于20世纪60年代,随着美国等西方发达国家民权与社区建设运动的兴起而涌现。基于"多元共治"的基层规划已经成为诸多发达国家规划实践的重要领域。我国近年来随着公众意识的觉醒与提升以及规划模式的不断转型,越来越多的规划师深入社区,通过与居民建立紧密的合作关系共同推进地方建设。这些基层规划师在政府部门与社区、居民等之间建立起沟通的纽带,成为推动社会参与和基层共治的重要行动者(唐燕等,2023)。

2012年,深圳市启动《社区规划师制度实施方案》,是国内较早开始尝试社区规划师制度的城市。2015年7月,上海市静安区启动"美丽家园"社区更新项目,较早地发挥了社区规划师在老旧社区更新工作开展中的责任。之后,上海市浦东新区推出"缤纷社区规划导师 + 规划师三年行动计划",杨浦、徐汇、虹口等区各自发布了《社区规划师制度实施办法(试行)》,围绕社区生活圈规划、社区微更新开展社区规划师团队工作。2017年,成都在全国率先成立城乡社区发展治理委员会,以"城乡社区总体营造"为纲领开展社区规划师实践。2019年,北京配合新版城市总规和分区规划实施,结合街道管理体制改革,在全市各区全面实施责任规划师制度。长沙、珠海等地也聚焦儿童友好城市和社区建设,开展参与式社区规划活动。

二、工作模式与特点

(一)角色转型

社区规划师的角色从技术专家逐步转向"社会活动家"。可以走近社区和居民,积极推进各类群体的意志表达和协商,强调不同利益主体的平等和公正,重视过程性的沟通和调停,注重公民的规划赋权与赋能(唐燕等,2023)。对此,北京市规划和自然资源委员会总结责任规划师应具有:"宣传、咨询、纽带"3个作用与"首都规划的宣传者、落实规划的督促者、居民意见的倾听者、社区问题的发现者、多方诉求的沟通者、公众参与的组织者"6重身份。

一方面,不断深入基层开展调研,收集居民的相关意见,对历史文化保护、老旧小区改造、背街小巷治理、公共空间优化等进行现状分析与问题研判,积极向街道反映诉求并帮助其确定街区更新的工作重点;另一方面,作为首都规划的宣传者和推动者,承担了规划对接、项目审查、监督实施等职责。此外,还可以充分利用"街乡吹哨、部门报到"的条块统筹机制,推动不同部门之间的协同与对接,对街乡规划工作中的困难与问题作出反馈。更为重要的是,扮演好"社会活动家"角色,在基层发动共商共治,为社区、居民、技术团队、社会组织、市场等各方的充分表达和协商创造机会。

(二)基层规划治理体系的重构

作为社会经济转型期不应被忽视的基层权力介入力量,责任规划师正在以新的机制和方式影响着基层规划治理权力的分配与运行,并与上层权力发生着互动。传统基层规划治理从多层级的"垂直"管理特征走向了多元的角色参与和均衡、多向的关系互动特征（图3-1）。责任规划师通过发起公众参与、推行开放式决策等途径，将社区、居民等不同角色引入规划治理过程，并由此影响和改变城市基层空间建设中的权力分配格局，改变了传统基层社区更新的工作方式与方法（图3-2）。

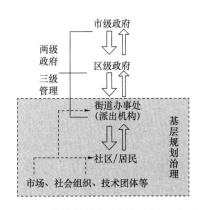

图3-1 传统的垂直基层规划治理体系
来源：唐燕等，2023

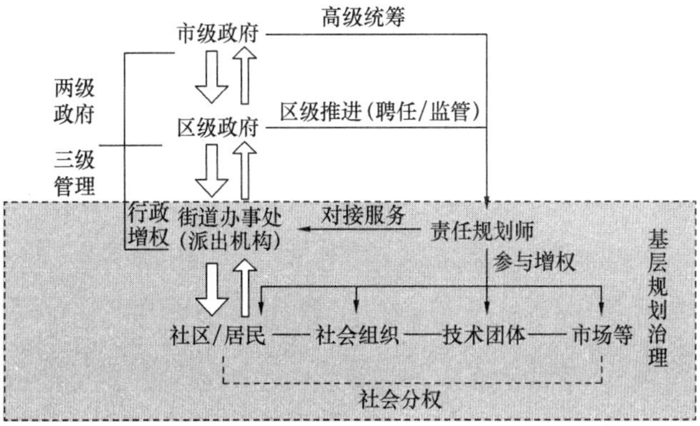

图3-2 责任规划师介入下单多向基层规划治理体系
来源：唐燕等，2023

（三）规划作用面的场域扩展

社区规划师制度充分发挥能动性和行动力来实现制度目标，推动社区规划工作嵌入基层规划建设和治理结构中，其作用面主要在于行政、社会和生活三大场域得以实现（图3-3）（刘佳燕等，2021）。

1. 行政场域：依托权力和信任资本，搭建跨域沟通平台

权力资本保障了强大的统筹协调力，以及较高的资源投放水平和空间改造效率，为责任规划师赋予了更强的行动力。信任资本使责任规划师工作的正式性和公正性较易得到社区认可，从而降低了进入基层的门槛。责任规划师通过建立跨域沟通平台和对话机制，增进规划专业技术人员、行政部门与社会大众之间的互动与交流。一方面，强化规划引领，使基层干部、辖区机构和居民更好地理解和实施相关规划，促进基层规划技术与规划治理的衔接；另一方面，提倡在传统工具理性的规划工作中增添更多的烟火气和人情味，打破空间治理中的专业壁垒和行政壁垒。

2. 社会场域：聚焦社区公共领域议题，促进公民意识和社会共识

各责任规划师团队聚焦社区公共领域找到有吸引力的参与议题，激发各方参与意愿并开展协商，推进从聚焦个体利益和个性化诉求向关注公共利益和形成社会共识的转变。介入社会场域的行动包含物质性和社会性公共领域两个维度，既是规划的主要对象，也是提升基层治理能力和空间治理效能、促进公民意识和社区认同感的重要抓手。

3. 生活场域：秉承人本关怀理念，提升社区社会资本和空间价值

在生活场域，责任规划师带着来自行政场域的权力资本和信任资本以及来自社会场域的公共议题进入社区，在自上而下的发展策略、工具理性的专业术语与细碎而多元的在地化生活诉求之间，用人本关怀的价值导向搭建桥梁——议题的选择来自真实的需求挖掘，注重社会公正和为弱势群体发声；议题的表述尊重地方性知识和生活性话语，注重特色文

化的传承；议题的实施来自社区为主体的共同推动，注重社区主体性的培育，最终实现社区社会资本和空间价值的全面提升。

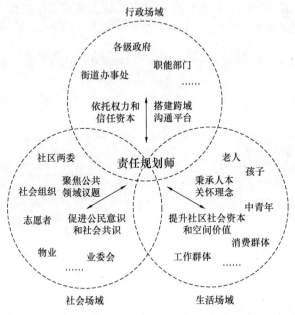

图 3-3　责任规划师在基层三大场域中的行动策略
来源：刘佳燕等，2021

（四）工作模式

依托制度设计，社区规划师的工作不再是碎片化或临时性的，而是以明确、持续的任务"嵌入"基层规划建设和治理工作中。根据其主要职责和介入形式的不同，有以下四种主要模式（刘佳燕等，2021）：

（1）规划统筹型。此种模式下，责任规划师主要在区县与街镇层级开展工作，关注地方建设与上位规划的协调对接，提升基层规划与发展的整体性和战略性，对基层重大项目发挥专业把关、实施推进和监督等职能。

（2）社区协动型。此类责任规划师主要在街镇与社区层级开展工作，推动社区公共事务的协商和开展，收集社区需求，发现问题，研提计划，组织项目监督和评估，是社区参与的重要动员者和组织者。

（3）项目介入型。从规划项目入手，区别于单个项目委托的形式，通过引入高水平专业团队持续承担地方项目，深入了解地方需求并挖掘特色，保障项目之间的良好呼应，同步推进地方品质提升和社区赋能。

（4）事件参与型。以公共活动为触媒，搭建参与平台，吸引社会力量关注社区问题并投身地方发展，进而将其培育成为社区规划师。鼓励专业团队和地方的双向选择，避免行政指派可能带来的合作不适。

三、工作机制

以北京责任规划师制度为例，在"两级政府，三级管理"行政模式的基础上形成了

"市级统筹，区级推进，街乡落实"的工作格局（唐燕等，2023）。

市级统筹方面，北京市规划和自然资源委员会成立"责任规划师工作专班"，负责统筹全市责任规划师制度的推进，北京城市规划学会对应成立"街区治理与责任规划师工作专委会"，为责任规划师制度的运行建言献策。市级工作专班主要发挥三大作用：一是，增强责任规划师团队的综合素养，通过提供多领域的培训丰富责任规划师的知识技能，举办论坛、学术对话等促进责任规划师之间的经验分享与问题交流；二是，面向责任规划师提供服务与工具支撑，通过搭建信息化平台来推进知识课堂、数据信息、智能工具、动态感知等在责任规划师工作中的交互使用；三是，总体把控责任规划师的工作执行情况，总结经验、发现问题，形成调研报告并进行评估表彰。

区级推进方面，区政府（规划分局）负责推进各区责任规划师制度的具体开展。各区在市级规定的基础上，从本地实际情况出发出台独具特色的责任规划师工作方案，并为街道、乡镇等选聘一一对应的责任规划师或团队。责任规划师在各区被赋予"西师""海师""葵花籽""小蜜丰"等特色昵称，并形成了诸如"1＋1＋N"（海淀区）、"1＋24＋N"（丰台区）、"中方＋外方"（朝阳区）等多层级或多角色的团队结构。不同地区责任规划师的具体工作实践侧重点各异，形成了按需供给的多元化格局：东城区和西城区工作重点围绕老城保护与旧城更新展开，着力推进街巷空间整治、胡同院落改造、居民参与设计等；海淀区和朝阳区工作主要围绕公共空间改造、街道与片区环境提升、老旧小区更新等行动展开，强调存量空间提质与城市风貌优化；大兴区配置"乡村责任规划师"开展精准服务，工作重心偏向土地利用监管、规划编制与落实、特色乡村建设等。

街乡落实方面，责任规划师是支持北京各街道（乡镇）推进街区更新的重要力量。2020年1月《北京市街道办事处条例》正式实施，规定街道办事处要"配合规划自然资源部门实施街区更新方案和城市设计导则，组织责任规划师、社会公众参与街区更新"，街道由此被赋予更多的基层规划职责。街道（乡镇）通过申请专项公共资金、组织更新项目申报和实施、动员公众参与等，来实现城市更新行动在基层的落实。各街道（乡镇）因地制宜，在责任规划师的协助下完成了诸多特色鲜明的街区更新实践，包括公园绿地提升、工业遗产保护利用、历史街区改造、老旧小区更新、小微空间行动、街道空间整治等。

2024年3月，北京市规划和自然资源委员会正式印发《北京市责任规划师制度实施办法》，明确了责任规划师服务基层的职责定位。指出：责任规划师是为责任单元内的规划建设和管理提供陪伴式专业咨询和技术服务的独立第三方，协助基层推进规划实施、多方协商与共建共治，服务城市精细化治理。明确责任规划师的工作职责为：加强调查研究、广泛联系群众、提供专业意见、开展宣教培训、促进多方共治、实施监督反馈等六个方面，贯穿城乡规划建设和管理全生命周期。同时，实施办法中还细化完善了责任规划师多方协同的工作机制，提出了响应不同发展圈层和区域差异化建设需求，明确了管理流程和实施保障机制等。

四、优秀案例

案例一：**清华大学：新清河实验**（详细内容扫码观看）
来源：刘佳燕，沈毓颖. 社区规划：参与式社会空间再造实践［J］. 世界建筑，2020.
案例二：**同济大学：共治的景观**（详细内容扫码观看）
来源：刘悦来，谢宛芸. 共治的景观：基于上海市浦东新区东明街道参与式社区治理实践［J］. 园林，2022.

第二节 "社区生活圈"规划

一、行动开展背景

"15分钟社区生活圈"规划理念发源于上海，2014年于上海首届世界城市日论坛首次提出。2016年，上海发布全国首个社区生活圈规划技术文件《上海市15分钟社区生活圈规划导则（试行）》，启动实施"共享社区、创新园区、魅力风貌、休闲网络"四大城市更新行动计划。随后全面推进实施社区生活圈行动。2017年，国务院批复《上海市城市总体规划（2017—2035）》，明确了构建15分钟社区生活圈空间单元的规划要求。2020年，自然资源部发布《市级国土空间总体规划编制指南（试行）》，明确以"社区生活圈"为基本单元构建城市"健康安全单元"。2021年，自然资源部发布《社区生活圈规划技术指南》（TD/T 1062—2021），成为指导全国社区生活圈规划工作的行业标准。同年，自然资源部与上海市政府联合52个城市签署发布《"15分钟社区生活圈"行动·上海倡议》，为全球城市可持续发展和人民高品质生活贡献了中国方案（图3-4）（熊健，2022）。

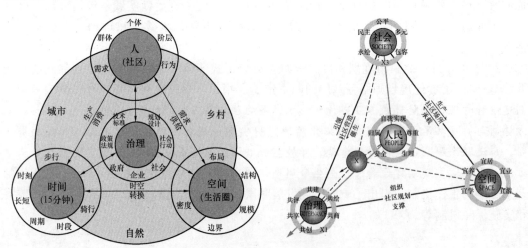

图3-4 理想社区模型
来源：熊健，2022

二、规划模式与特征

"15分钟社区生活圈"指的是以人民为中心,根据居民15分钟日常生活的时空活动范围构建的社会交往、资源配置和城市治理基本单元(图3-5)。主要包括四个维度的核心内涵(熊健,2022)。

1. 人的维度

社区是由不同类型的个体、群体、阶层所构成的社会单元,人是社区活动的行为主体,也是社区生活圈的服务对象。

2. 时间维度

以人的15分钟步行时间为基准划定空间范围,既能满足不同人群24小时的生活需求,同时也能满足全年龄段人群的多元需求。

3. 空间维度

社区生活圈是根据各类不同人群的生活需求合理布局公共服务,通过人的日常生活出行和交往活动,所形成的特定的生活空间。以居民需求为导向,体现宜居、宜业、宜游、宜学和宜养的特征。按照15分钟步行可达的空间范围,城镇社区结合街道等基层管理需求划定,平均规模3~5km^2,服务常住人口5万~10万人。

4. 治理维度

社区生活圈是以居民为主体,政府、市场、社会等多方参与,贯穿规划、建设和管理全过程的治理平台,形成共建共治共享的治理新格局。从居住、就业、出行、服务、休闲五方面提出了建设指引(程蓉,2018):

(1)多样化的舒适住宅。重点关注住宅类型和布局两方面。①在类型上,重点增加中小套型住房,形成合理的住房套型结构;针对不同人群需求提供差异化的公共租赁房;增加开发商自持的租赁房比重,保证租房市场的稳定性;②在布局上,以"大分散、小集中"为原则,在一般社区内点状嵌入布局保障性住房,促进社会融合;倡导将独幢老年公寓布设在一般社区中,方便家庭成员的照顾。

(2)更多的就近就业机会。关注在步行范围内提供更多的就业机会,尤其是对于以年轻人居多的创意创业社区。①提供更多的就近就业空间,构建合理的社区用地比例结构,并鼓励以公共交通站点或公共活动中心为核心,在其周边集中布局就业岗位;②传承历史文脉的创新空间,鼓励将社区内的闲置建筑发展为嵌入式创新空间,为小微企业提供低成本的办公场所;倡导依托大学院校、研究机构,在邻近地区提供科技创新空间;依托历史风貌区、旧工业厂房,提供文化创意空间;③提倡建筑复合利用,在同一建筑中综合设置商业、办公与住宅等多种功能,提供便利的就业和生活环境。

(3)低碳安全的出行。重点强调营造安全通达、舒适连通的出行环境和构建便捷多层的公共交通体系。①由适宜的道路间距、宜人的支路宽度、安全的红线倒角半径构成的高密度道路系统;②构建完整的步行网络,提高步行网络布局的连续性,充分保障弱势群体便捷安全的出行;③TOD导向下开发,提高公共交通站点的覆盖水平,构建便捷、无障碍的公交换乘系统。

(4)类型丰富、便捷可达的社区服务。①构建兼顾保基础和提品质的指标体系。基础保障型为底线型设施,以政府为主导进行托底建设,确保服务的均等化和公平性;品质提升型将新时期下涌现的新型设施类型纳入其中,各社区可根据实际需求进行差异化选择设置,可依托市场力量予以补充建设。②完善新生活趋势引导下的设施类型。具体包括:打造丰富多元的文化服务,鼓励构建文化设施小型化、全覆盖的网络格局,增加文化活动室设施;构建老有颐养的乐龄生活,以"居家养老为基础、社区养老为依托"的养老体系,补充日间照料中心和老年活动室等设施;提供学有所成的终身教育,增设社区学校及养育托管点等涵盖全龄的教育设施;提倡全面管理的健康服务,从病时方就医向实时健康管理的理念转变;营造无处不在的健身空间,鼓励在城市道路、公园绿地设置慢跑道、自行车道,增设健身点设施,达到健身空间无处不在的目的;提供便捷舒适的商业服务,增设社区食堂与生活服务中心等设施,并鼓励商业空间加强艺术感和体验感。③提倡弱势群体和公益设施的服务半径优先原则。优先考虑社区设施使用频率最高的老年人和儿童的需求,倡导"三个优先"。包括:老幼人群优先,即老幼设施优先布局在邻近家的5~10分钟的步行范围内;服务半径优先,即对于使用频率较高的设施,基于便捷可达的角度,其设施规模可进行小微化的调整和适应;区位选址优先,即公益性设施优先布局于环境、区位与交通条件优越的地段。

(5)绿色开放、活力宜人的公共空间。强化两方面的策略:①打造多类型、多层次的公共空间,包括构建公共绿地、广场、绿道、步行街与步行通道等形态多样的城市公共空间;构建类型丰富的城市公共空间,既包括独立占地的公共空间,又包括附属开放空间;构建层次完整的城市公共空间,既包括市级和区级公共绿地,又包括为周边居民服务的小型公共空间。②塑造高效可达、网络化的公共空间布局,小型公共空间5分钟步行可达覆盖率宜达到100%;居住人口密度较大的社区,小型公共空间宜做到步行3分钟可达。

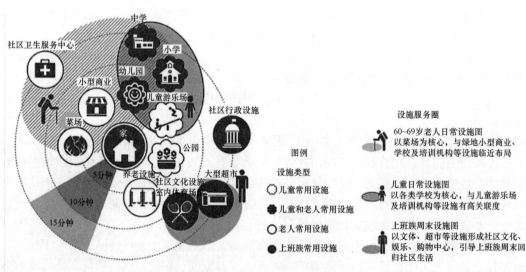

图3-5　15分钟生活圈模式图
来源:上海市规划和国土资源管理局,2016

"15分钟社区生活圈"的治理过程须强调通过上下互动、共同协助的方式来达成,同时须将治理视为一种动态持续的过程,进行全过程的行动策划。主要分为多元治理主体的构成及职责、以实施为目标的行动策划两方面（程蓉，2018）。

1. 多元治理主体

（1）各级政府承担组织统筹和资金落实职能。市级规划管理部门主要承担政策和标准制定的工作，负责编制全市生活圈的规划导则及行动指引，明确规划建设工作的基本导向和要求；区政府及区规划管理部门负责搭建工作队伍，包括管理部门、专业技术人员、社会组织与新闻媒体等，并负责落实重大项目的资金；街道办事处作为最基层的具有资源配置和行政管理权力的政府派出机构，负责组织本行政辖区内的力量，同时落实小微项目的资金；居委会充分发挥对所在地区范围的居民和环境熟悉了解的优势，承担更为具体的居民组织工作。

（2）社区居民负责出谋划策和参与决策。充分发挥居民对社区较为熟悉的优势，在社区规划和建设中重视激发居民的积极性，使其全方位、全过程地参与到工作中并贡献智慧，尤其强调规划编制前期的出谋划策及参与中后期的方案决策。

（3）规划师负责协调与技术落实。社区规划师往往是自上而下委派和自下而上委托两种类型的结合。其中，自上而下委派的，主要为区政府和区规土局挑选的优秀社区规划专家，负责依据全市的规划建设导向，对特定的社区特征进行挖掘和问题判读，同时对规划设计质量进行把关。自下而上委托的，主要是街道或居委会所选取的设计团队，代表社区居民设计规划和建设方案，解决具体问题。

（4）社会组织协助政府发挥统筹协调作用。上海已经开展的生活圈规划建设工作中，有部分项目即是由相关社区基金会承担了资金筹措、规划师委托与社区居民组织等一系列工作，很大程度上分担了基层政府部门的职责。

（5）其他相关的参与主体。增加企业、相关专业人士（艺术家等）、业委会、物业公司和新闻媒体等参与主体，通过适当主体和力量的介入，提升规划建设工作中仍存在的薄弱环节。

2. 以实施为目标的行动策划

"15分钟社区生活圈"的规划和建设对象主要是已建社区，其工作目标在于推动和指导近、中期社区具体项目的实施，因此在规划编制和建设程序上与一般法定规划以审批为目的的流程存在较大差异，更倾向于操作层面的行动策划。从环节构成上，一般分为六个部分，见表3-1：

15分钟社区生活圈行动指引　　　　　　　　　　　　　　　　表3-1

行动阶段	工作目标	主要内容	参与主体
深解读	理解并明确生活圈建设理念	梳理本社区发展关注的重点，研究居民的需求变化趋势，明确生活圈建设的导向和内涵	生活圈项目组织部门
组队伍	构建项目组织架构	自上而下实现整体统筹，自下而上纳入协作式多元主体	市级主管部门、区级条线部门、街道（镇）、设计团队、社区居民、专家学者、社会组织

续表

行动阶段	工作目标	主要内容	参与主体
找短板	奠定基于具体问题的生活圈行动方案基础	通过区域评估，以市民需求为导向，对社区进行综合评估，明确生活圈中"缺什么、补什么"，形成初步短板清单；纳入公众参与，以初步的社区短板清单为讨论基础，听取社区居民、企业、社团等直接利益相关者的意见和诉求，完善短板清单梳理社区可挖潜资源	区级条线部门、街道（镇）居委会、设计团队、社区居民、社会组织
定任务	形成顶层设计	明确生活圈的建设内容，制定发展目标，提出规划策略，明确空间布局方案	区级主管部门、街道（镇）、设计团队
推行动	明确近期工作计划	基于短板清单和布局方案引领，结合居民需求紧迫度、实施主体积极性、实施难易度等因素，明确3~5年的工作任务，形成"分期任务包"	区级主管部门、街道（镇）设计团队、社区居民、社会组织
评成果	提高居民关注度并推广经验	总结工作经验，由点及面，向全市推广通过论坛、展板等多元形式展现更新前后社区公共服务的提升与变化	区级主管部门、街道（镇）、设计团队

来源：何瑛，2018

三、优秀案例

案例三：上海长宁区：周家桥街道（详细内容扫码观看）

来源：吴秋晴，赵宝静. 系统治理与精准更新视角下的社区规划探索：以周家桥街道美好生活圈行动规划为例［J］. 上海城市规划，2022(2).

案例四：上海普陀区：曹杨新村（详细内容扫码观看）

来源：周俭，周海波，张子婴. 上海曹杨新村"15分钟社区生活圈"规划实践［J］. 时代建筑，2022(2).

第三节 "完整居住社区"建设

一、行动开展背景

2010年，吴良镛院士在国内首次提出了"完整社区"的概念。他在出席2010年上海世博会高峰论坛的演讲中提出："社区本身是一个社会学概念，人是城市的核心，社区是人最基本的生活场所，社区规划与建设的出发点是基层居民的切身利益。不仅包括住房问题，还包括服务、治安、卫生、教育、对内对外交通、娱乐、文化公园等多方面因素，既包括硬件又包括软件，内涵非常丰富，应是一个'完整社区'的概念。"同时指出，在"后单位"时代，社区建设和管理由各事业单位的"大院"分头负责逐渐转向由社会负责，因此必须丰富社区的内涵，建设"完整社区"，承担综合功能，解决社会问题。"完整社区"的建设首先是对物质空间匠心独运的创造性设计，以满足现实生活的需求，更是一项系统的社会工程，对社区精神与凝聚力的塑造至关重要（吴良镛，2011；王凯，2022）。

2019年12月，全国住房和城乡建设工作会议强调："着力开展美好环境与幸福生活共同缔造活动，推进''完整社区建设''是住房和城乡建设部2020年的九个重点工作之一"。同时，会议指出要围绕改善城乡人居环境，继续深入开展"共同缔造"活动，使"共同缔造"活动与美丽城市、美丽乡村建设有机融合、统筹推进；试点打造一批"完整社区"，完善社区基础设施和公共服务，创造宜居的社区空间环境，营造体现地方特色的社区文化，推动建立共建共治共享的社区治理体系。

2020年7月，国务院办公厅发布《国务院办公厅关于全面推进城镇老旧小区改造工作的指导意见》，提出了："推动建设安全健康、设施完善、管理有序的完整居住社区"的总体要求。2020年8月，住房和城乡建设部等13部门印发了《住房和城乡建设部等部门关于开展城市居住社区建设补短板行动的意见》❶，提出："以完善居住社区配套设施为着力点，大力开展居住社区建设补短板行动，提升居住社区建设质量、服务水平和管理能力，增强人民群众获得感、幸福感、安全感"。2021年12月，住房和城乡建设部发布《住房和城乡建设部办公厅关于印发完整居住社区建设指南的通知》❷，细化了建设内容和要求，作为开展居住社区建设补短板行动的主要依据。

二、完整居住社区的概念、基本要求与主要建设内容

（一）基本概念

完整居住社区是指在居民适宜步行范围内有完善的基本公共服务设施、健全的便民商业服务设施、完备的市政配套基础设施、充足的公共活动空间、全覆盖的物业管理和健全的社区管理机制，且居民归属感和认同感较强的居住社区（图3-6）。（王凯等，2022）。

1. 完整居住社区是居民生活的基本单元

城市居民大部分时间是在居住社区中度过，尤其是老年人和儿童在社区的时间最长、使用设施最频繁，且步行能力有限，是居住社区建设应优先满足、充分保障的人群。建设完整居住社区，就是从保障社区老年人和儿童的基本生活出发，配套养老、托幼等基本生活服务设施，促进公共服务的均等化，提升人民群众的幸福感和获得感（王凯等，2022）。

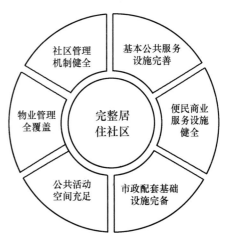

图3-6 完整居住社区概念示意图
来源：王凯等，2022

---

❶ 住房和城乡建设部，等. 关于开展城市居住社区建设补短板行动的意见（建科规〔2020〕7号）[EB/OL].[2020-08-18]. https://www.gov.cn/zhengce/zhengceku/2020-09/05/content_5540862.htm.

❷ 住房和城乡建设部. 住房和城乡建设部办公厅关于印发完整居住社区建设指南的通知（建办科〔2021〕55号）[EB/OL].[2021-12-17] https://www.mohurd.gov.cn/gongkai/zhengce/zhengcefilelib/202201/20220110_764055.html.

2. 完整居住社区是社会治理的基本单元

建设完整居住社区，通过开展"美好环境与幸福生活共同缔造"活动，发动居民决策共谋、发展共建、建设共管、效果共评、成果共享，修复社会关系和邻里关系，营造具有共同精神的社区文化，增强居民对社区的认同感、归属感，打通城市管理和城市治理的"最后一公里"，构建"纵向到底、横向到边、共建共治共享"的城市治理体系（王凯等，2022）。

3. 完整居住社区是城市结构的基本单元

城市是一个有机生命体，由居住社区、城市组团等交织而成。建设完整居住社区，就是通过构建规模适宜、功能完善的基本细胞，优化调整城市结构、完善城市功能、激发城市活力，从根本上解决"城市病"问题，推动城市转型发展。

（二）基本要求

1. 完整居住社区的规模要求

完整居住社区的合理规模应根据儿童、老年人等社区居民的步行能力、基本服务设施的服务能力以及社区综合管理能力等合理确定。以居民步行5～10分钟、步行距离300～500m到达幼儿园、老年服务站等社区基本公共服务设施为原则，以城市道路网、自然地形地貌和现状居住小区等为基础，与社区居民委员会管理和服务范围相对接，因地制宜合理确定居住社区规模，原则上单个居住社区以0.5万～1.2万人口规模为宜。

2. 完整居住社区的功能结构体系

完整居住社区是为群众日常生活提供基本服务和设施的生活单元，也是社区治理的基本单元，更是城市结构和城市建设的基本单元，与5分钟生活圈居住区相对应，应配有完善的基本公共服务设施、健全的便民商业服务设施、完备的市政配套基础设施和充足的公共活动场地，为群众日常生活提供基本服务，满足居民生活的基本需求。

多个居住社区可构建成为15分钟生活圈。15分钟生活圈统筹建设中小学、养老院、社区医院、运动场馆和公园等配套设施，并通过建设社区步行和骑行网络，推进社区绿道建设，串联各个居住社区。15分钟生活圈一般由城市干路或用地边界线所围合，居住人口规模为5万～10万人，服务半径为800～1000m，与街区、街道的管理和服务范围相衔接（图3-7）。

图 3-7 居住社区与15分钟生活圈设施配置示意图
来源：王凯等，2022

（三）主要建设内容

完整居住社区建设有六大目标：基本公共服务设施完善、便民商业服务设施健全、市政配套基础设施完备、公共活动空间充足、物业管理全覆盖、社区管理机制健全。每个目标包含相应的建设内容，共计20项，见表3-2。

完整居住社区建设标准（试行）　　　　　　　　　表3-2

目标	序号	建筑内容	建设要求
基本公共服务设施完善	1	一个社区综合服务站	建筑面积以800m²为宜，设置社区服务大厅、警务室、居委会办公室、居民活动用房、阅览室、党群活动中心等
	2	一个幼儿园	不小于6个班，建筑面积不小于2200m²，用地面积不小于3500m²，为3～6岁幼儿提供普惠性学前教育服务
	3	一个托儿所	建筑面积不小于200m²，为0～3岁婴幼儿提供安全可靠的托育服务。可结合社区综合服务站、卫生服务站、住宅楼、办公楼等建设托儿所等婴幼儿照护服务设施
	4	一个老年服务站	与社区综合服务站统筹建设，为老年人、残疾人提供居家日间生活辅助照料、助餐、保健、文化娱乐等服务。具备条件的居住社区，可以建设1个建筑面积不小于350m²的老年人日间照料中心，为生活不能完全自理的老年人、残疾人提供膳食供应、保健康复、交通接送等日间服务
	5	一个社区卫生服务站	建筑面积不小于120m²，提供预防、医疗、计生、康复、防疫等服务
便民商业服务设施健全	6	一个综合超市	建筑面积不小于300m²，提供蔬菜、水果、生鲜、日常生活用品等销售服务。城镇老旧小区等受场地条件约束的既有居住社区，可以建设2～3个50～100m²的便利店提供相应服务
	7	多个邮件和快件寄递服务设施	建设多组智能信报箱、智能快递箱，提供邮件快件收寄、投递服务，格口数量为社区日均投递量的1～1.3倍。新建居住社区应建设使用面积不小于15m²的邮政快递末端综合服务站。城镇老旧小区等受场地条件约束的既有居住社区，因地制宜建设邮政快递末端综合服务站
	8	其他便民商业网点	建设理发店、洗衣店、药店、维修点、家政服务网点、餐饮店等便民商业网点
市政配套基础设施完备	9	水、电、路、气、热、信等设施	建设供水、排水、供电、道路、供气、供热（集中供热地区）、通信等设施，达到设施完好、运行安全、供给稳定等要求。实现光纤入户和多网融合，推动5G网络进社区。建设社区智能安防设施及系统
	10	停车及充电设施	新建居住社区按照不低于1车位/户配建机动车停车位，100%停车位建设充电设施或者预留建设安装条件。既有居住社区统筹空间资源和管理措施，协调解决停车问题，防止乱停车和占用消防通道现象。建设非机动车停车棚、停放架等设施。具备条件的居住社区，建设电动车集中停放和充电场所，并做好消防安全管理
	11	慢行系统	建设连贯各类配套设施、公共活动空间与住宅的慢行系统，与城市慢行系统相衔接。社区居民步行10分钟可以到达公交站点
	12	无障碍设施	住宅和公共建筑出入口设置轮椅坡道和扶手，公共活动场地、道路等户外环境建设符合无障碍设计要求。具备条件的居住社区，实施加装电梯等适老化改造。对有条件的服务设施，设置低位服务柜台、信息屏幕显示系统、盲文或有声提示标识和无障碍厕所（厕位）

续表

目标	序号	建筑内容	建设要求
市政配套基础设施完备	13	环境卫生设施	实行生活垃圾分类,设置多处垃圾分类收集点,新建居住社区宜建设一个用地面积不小于120m^2的生活垃圾收集站。建设一个建筑面积不小于30m^2的公共厕所,城镇老旧小区等受场地条件约束的既有居住社区,可以采用集成箱体式公共厕所
公共活动空间充足	14	公共活动场地	至少有一片公共活动场地(含室外综合健身场地),用地面积不小于150m^2,配置健身器材、健身步道、休息座椅等设施以及沙坑等儿童娱乐设施。新建居住社区建设一片不小于800m^2的多功能运动场地,配置5人制足球、篮球、排球、乒乓球、门球等球类场地,在紧急情况下可以转换为应急避难场所。既有居住社区要因地制宜改造宅间绿地、空地等,增加公共活动场地
公共活动空间充足	15	公共绿地	至少有一片开放的公共绿地。新建居住社区至少建设一个不小于4000m^2的社区游园,设置10‰~15‰的体育活动场地。既有居住社区应结合边角地、废弃地、闲置地等改造建设"口袋公园""袖珍公园"等。社区公共绿地应配备休憩设施,景观环境优美,体现文化内涵,在紧急情况下可转换为应急避难场所
物业管理全覆盖	16	物业服务	鼓励引入专业化物业服务,暂不具备条件的,通过社区托管、社会组织代管或居民自管等方式,提高物业管理覆盖率。新建居住社区按照不低于物业总建筑面积2‰比例且不低于50m^2配置物业管理用房,既有居住社区因地制宜配置物业管理用房
物业管理全覆盖	17	物业管理服务平台	建立物业管理服务平台,推动物业服务企业发展线上线下社区服务业,实现数字化、智能化、精细化管理和服务
社区管理机制健全	18	管理机制	建立"党委领导、政府组织、业主参与、企业服务"的居住社区管理机制。推动城市管理进社区,将城市综合管理服务平台与物业管理服务平台衔接,提高管理覆盖面
社区管理机制健全	19	综管合理服务	依法依规查处私搭乱建等违法违规行为。组织引导居民参与社区环境整治、生活垃圾分类等活动
社区管理机制健全	20	社区文化	举办文化活动,制定发布社区居民公约,营造富有特色的社区文化

来源:王凯等,2022

三、优秀案例

案例五:北京劲松北社区——党建引领、企业推动的老旧小区改造(详细内容扫码观看)

来源:刘佳燕. 北京城市社区更新理论与实践[M]. 北京:中国城市出版社,中国建筑工业出版社,2022.

第四节 "未来社区"建设规划

一、未来社区的建设理念

2019年3月，浙江省在全国率先提出了"未来社区"理念并全面启动了建设试点工作❶。指出：未来社区是以满足人民对美好生活的需要为中心，聚焦人本化、生态化、数字化三维价值坐标，以未来邻里、教育、健康、创业、建筑、交通、低碳、服务和治理等九大场景创新为重点的集成系统，是具有归属感、舒适感和未来感的新型城市功能单元。确立了未来社区建设"139"的顶层设计（图3-8）。2021年7月，《浙江高质量发展建设共同富裕示范区实施方案（2021—2025年）》❷中提出了"全省域推进城镇未来社区建设"的总要求。说明浙江"未来社区"建设已经从试点先行迈向全域推广，肩负着"共同富裕现代化基本单元""示范区建设标志性工程"的时代使命。

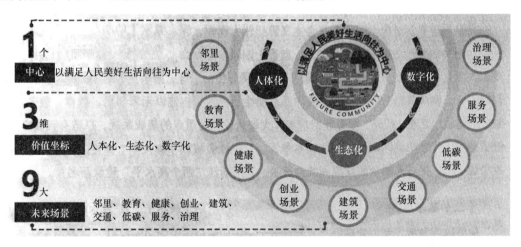

图 3-8 浙江省未来社区建设的"139"顶层设计架构
来源：浙江省发展和改革委员会，2021

二、未来社区的规划模式

（一）未来邻里场景
1. 邻里特色文化

（1）特色文化公园。因地制宜布置集中式或分散式社区特色文化展示与表达空间。包括社区历史展示、社群文化艺术展览，以及休闲娱乐、康体健身、聚会交流、特色节庆与跨社区邻里活动等文化活动复合空间。

（2）特色文化主题。发掘、弘扬优秀传统文化，构建新型的社区文化主题。文化主题宜从社区所在地域文化中提取要素导入，包括建筑遗产、纪念物、历史地名、历史故事、

---

❶ 2019年3月20日，浙江省政府.《浙江省未来社区建设试点工作方案》（浙政发〔2019〕8号）。
❷ 2021年7月19日，浙江省政府.《浙江高质量发展建设共同富裕示范区实施方案（2021—2025年）》。

特色技艺等。

(3) 社区文化设施。包括社区礼堂、社区文化站、文化展廊、社区图书馆、书画室、文化活动室、当地特色文化空间等。文化设施布点采用集中与分散相结合的方式。集中建设的设置在5~10分钟生活圈中相对中心的区域，形成复合功能的社区文化空间；分散建设的应充分研究居民行为模式，利用地上、地下的零星空间，形成合理、实用、便捷、小型的文化设施服务网格。

社区礼堂宜根据5~10分钟生活圈服务半径覆盖的人口规模进行配置。建议最低指标600m²，人均面积12m²/百人，宜结合或靠近绿地、广场设置，与社区服务站、卫生服务站、商业网点等设施集中布局，形成社区综合服务中心。

(4) 社区文化标志。地标需特色鲜明，采用当地居民喜闻乐见的类型；以地区文脉为导向，以"历史可持续性"为价值理念，代际传承集体记忆；凝练地区无形文化遗产，包括历史故事、神话传说，借助公共艺术雕塑等艺术手法有形表达；对建筑遗产开展博物馆化实践，妥善保存历史建筑、历史建筑群或"文物古迹区"的"历史本真性"，满足当地居民对过往历史的情感需求；动态聚集社区居民进行社交活动的公共空间，打造具有身份认同感的集体性活动建构场所精神。

2. 邻里开放共享

(1) "平台+管家"管理单元。未来社区管家是社区居民服务职权的代表者、协调者，负责配置各类服务资源，是传统物业管理方式的组织创新，包括社区专职管家、社区志愿管家及负责社区场景运营的外包团队等。

(2) 邻里共享空间。邻里共享空间可作为邻里互助服务与邻里交往的场所。可分为两种类型：大型邻里共享空间，即社区邻里中心、文化中心等，通常规模较大，10分钟以内可到达；小型邻里共享空间，即在居住区内利用架空层、连廊等公共空间开发的小型居民活动场所，包括且不限于图3-9中所示的五种类型。

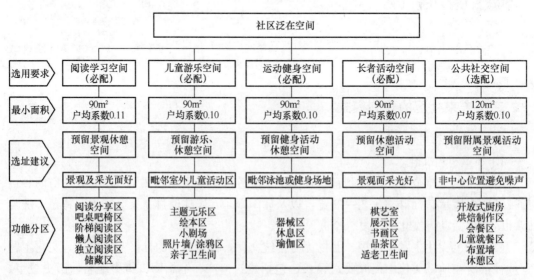

图3-9 邻里共享空间类型及建设要求建议

来源：浙江省发展和改革委员会，2021

3. 邻里互助生活

（1）邻里积分机制。获取途径主要包括社区居民在日常生活中的文明行为学习积累等，居民通过完成社区组织及个人发有的任务和活动获取积分。

（2）邻里公约订立。在社区党委的指导下由业委会具体组织起草并签订。与社会主义核心价值观、当地人文历史、社区特色文化主题相契合，涵盖邻里相亲、邻里守望等社区生活的各个场景。

（3）邻里社团组织。开展三类社区文化活动。包括：①日常休闲类：休闲娱乐、体育健身、影剧演艺等；②交流互动类：讲座、联谊、聚餐、舞会、慈善互助等；③公共服务类：展示展览、节庆仪式、党群活动等。社团组织宜由运营团队发起，由社区达人等热心业主牵头，原则上须不少于5名，有明确的活动章程。

（二）未来教育场景

1. 婴幼托育服务

（1）托育服务场所。①配置要求。结合社区人口规模和人口结构开展规划建设。规划新建和拆除重建类社区宜按不少于4.5个托位/千人的指标要求配置社区托育点，满足0~3岁婴幼儿托育需求。宜通过幼托一体化形式，在新建、改扩建的幼儿园中按一定比例设置托班，也可采取独立型托育点、嵌入式托育点、社区驿站、家庭托育点等配置方式，服务半径宜为300~500m。②选址要求。宜选择地质条件较好、环境适宜、日照充足的宜建地带，养老综合设施场地可独立设置，也可结合邻里中心及社区创业、教育、文化、体育设施设置，但应有独立分区，不应与不利于幼儿身心的场所毗邻。③建筑规模❶。规划新建和拆除重建类社区的独立型社区托育点建筑面积原则上不小于300m²/处；拆改结合类社区的独立型社区托育点建筑面积原则上不低于200m²/处，幼儿人均建筑面积不低于4m²。④班级设置。每个独立设置的托育服务场所收托的婴幼儿不宜超过150人。一般设置乳儿班、小托班、大托班、混合班四种班型。采取幼托一体方式的，幼儿园与托儿所班数比例宜为3:1。⑤安防监控设备。托育服务场所须全面覆盖视频安防监控系统、入侵报警系统、紧急报警等装置，24小时设防，并接入社区智慧服务平台。

（2）托育服务人员。保育人员与婴幼儿的比例应不低于：乳儿班1:3，小托班1:5，大托班1:7，混合班1:6合理配备。必须实名认证，持证上岗。

（3）托育服务内容❷。结合社区人群需求，制定具有针对性的托育服务清单，优先满足普惠性托育服务需求。可通过公建民营等方式，引入公益性、高端性等多层次托育机构，提供全日制、半日制、临时计时托管、喘息服务、夜间保育、家庭"邻托"、特殊儿童康复保育等精准服务，满足不同类别需求。

（4）智慧托育设施。指利用先进的信息技术手段，开发面向家庭、社区、机构的物联网系统平台，提供实时、快捷、高效、物联化、智能化的托育服务。部署母子健康管理系统、托育服务资源管理系统、养育照护服务资源查询系统等。

2. 幼小教育服务

---

❶ 社区托育点的其他要求可参照《托儿所、幼儿园建筑设计规范（2019年版）》（JGJ 39—2016）、《浙江省托育机构设置标准（试行）》等相关技术规范执行。

❷ 托育服务的其他要求参照《浙江省托育机构3岁以下婴幼儿照护指南（试行）》等相关技术规范执行。

（1）教育资源衔接。优先做好与社区周边已有义务教育资源的衔接，在存量资源无法满足需求的情况下，考虑新建或改扩建幼小设施。以跨区合作办学、名校集团化办学、联盟式发展等方式，进一步扩大优质教育资源覆盖面。

（2）教育设施配置❶。满足"幼小就近入学"原则，幼儿园服务半径不宜大于300m，不得跨越城市主干道；小学服务半径不宜大于500m。

（3）小班化教学。幼儿园班级人数应充分参照《幼儿园工作规程》执行。

（4）近远程交互学习。应预留高速且稳定的学校教育端口，满足疫情等特殊时期学校网上授课需求；宜设置智慧教室，促进探索式教学以及远程互动教学。

3. 全龄幸福学堂

（1）幸福学堂建设。① 选址要求。幸福学堂宜布局在社区较为中心的位置，可独立配置，也可依托邻里中心配置，与邻里、创业、健康、服务、治理等其他场景空间设施功能复合、分时共享，方便成年人、老人与儿童跨代际互动。② 建筑规模。规划新建和拆除重建类社区的幸福学堂建筑规模宜不少于1000m²，拆改结合类、整合提升类未来社区的幸福学堂应充分利用各类社区闲置用房、其他场景空间等进行共享设置，规模宜不少于500m²。③ 配置要求。灵活设置公共阅读空间、"人人为师"技能交换站、四点半课堂、优质教育机构、休憩休闲空间、儿童玩乐空间、线上直播空间、排练厅、音乐室、特色文创空间、开放共享式文化客厅等空间模块，满足全龄段需求。

（2）教育内容组织。建立分时段课程制度，结合社区老中青人群特征和需求，制定每周课程活动表，涵盖文艺表演、读书讲座、国学教育、仪式教育、生活技能等内容，依托社区智慧服务平台呈现。

4. 知识共享服务

（1）共享学习平台。依托智慧服务平台打造"知识在身边"板块，设置知识技能共享、优质资源集成、居民学习管理化等教育场景数字化模块。

（2）共享学习机制。依托居民学习管理模块，对学习数据进行学习积分管理，以学习积分、授课积分激发居民参与教育活动的积极性。

（3）社区共享书房。① 选址要求。共享书房宜设置于方便辐射整个社区的中心位置，可与其他场所设施综合设置，也可独立设置。宜与生活服务和商业空间融合或邻近，以解决复合型功能集成需要。② 配置要求。规划新建和拆除重建类社区的共享书房建筑面积原则上不小于200m²处，集全民阅读、文化交流、科普教育、议事协商、社会组织孵化培育等多功能于一体。拆改结合类社区的共享书房建筑面积原则上不小于150m²处，可与幸福学堂综合设置。内部空间可按需设置阅读学习空间、读书交流及小型会议空间、少儿阅读及玩乐区域、地方文化及非遗展示区域、精神文明建设展示区域等。

（三）未来健康场景

1. 运动健身服务

（1）室内健身空间。室内健身空间包括健身场馆、球类场地、室内健身点等场所设施。15分钟生活圈内应配置健身场馆、球类场地；5分钟生活圈内应配置室内健身点；鼓

---

❶ 基础教育设施的其他配置要求应参照《托儿所、幼儿园建筑设计规范（2019年版）》（JGJ 39—2016）、《浙江省义务教育标准化学校基准标准》（浙教办〔2011〕63号）等相关标准执行。

励有条件的社区,每20hm² 社区占地面积,室内健身场地建筑面积不小于1000m²,考虑场地的多功能性使用,为后续开发保留余地和灵活性。

(2) 室外健身场地。① 选址要求。室外的健身场地和设施,宜设于社区公园、绿地、广场、道路旁边等公共区域,便于公众使用。② 配建标准。室外健身运动空间靠近居住建筑设置,5分钟生活圈内宜有不少于100m²的室外健身区,每一处健身场地的面积不宜小于20m²。宜设置乔木、隔墙、构筑物等有声屏障,绿化隔离带等隔声措施,避免噪声扰民。社区宜利用底层架空空间、屋顶空间等建筑的公共空间设置健身区。

(3) 慢跑健身绿道。① 配置要求。社区应配建供居民行走、跑步等的专门道路,根据社区自身条件和特点,单独设置流畅、连贯且循环的健身步道。健身步道宜优化沿途人工景观,合理布置配套设施,不得兼作或挤占人行道和其他健身场地。如果建筑室内设置有健身步道,宜结合商业步行街或共享交通空间设置。鼓励有条件的社区建设智慧健身步道系统。② 配建标准。社区内健身步道的设置宽度应不小于1.5m,每10hm²社区的健身步道长度不小于800m。③ 设施建设。健身步道应采用弹性减振、防滑和环保的地面材料,应设置距离标识牌等健身引导标识。宜在步道两侧设置健康知识提示牌,针对不同人群设置相应的步行时间、心率等自我监测方法和健身指引,传播健康知识。

(4) 游乐活动场地。① 配置要求。应设置儿童游乐场地和老年人活动场地,且不少于50%面积的场地日照条件。场地宜设有一定的遮风、避雨、遮阳设施,如乔木、花架、雨棚等,以提高活动场地的舒适度和利用率。老年人活动场地和儿童游乐场地之间宜相邻设置,既相互独立使用,又可以方便老人兼顾照看孩子。② 配置标准。儿童游乐场地的人均用地面积应不小于0.02m²,每公顷社区的儿童游乐场地应设置不少于3件儿童娱乐设施,显著位置设置功能使用说明和年龄限制告示牌,且设置休息座椅;老年人活动场地的人均用地面积应不小于0.02m²,居住建筑的500m范围内应设置不少于1个50m²的老年人活动场地,每公顷老年人活动场地内应设置不少于5台适合老年人的健身设施。

(5) 健康场景运营。① 社区智慧服务平台设置邻里积分运动模块。日常运动健身活动计入个人积分,制定健身项目清单,与健身中心、健身社群组织等建立合作关系,将累计运动量、累计参与活动次数等与个人机构挂钩。② 依托社区智慧服务平台建立活力运动社群。组织开展各类体育休闲活动,支持居民在线报名、签到、参与活动、分享活动图片和视频,并将运动社群参与度纳入居民积分体系建设。③ 智慧服务平台实现智能化运营管理,以实现设备维护检修管理、场地分时管理、运营主体可视化监管等功能。

2. 健康医疗服务

(1) "升级版"卫生服务中心。构建由市级三级医院牵头、社区卫生服务中心等为成员的城市医联体,空间布局满足15分钟步行圈要求。

(2) "升级版"卫生服务站。建筑面积宜为200~300m² 2处,满足5分钟步行圈要求。配备综合智能医务室、社区药店及AED紧急救援点等,除基础医疗服务外,可增配心理健康咨询、家庭医生指导、康复训练指导、中医保健等服务。

(3) 电子健康档案。居民电子健康档案包括个人基本信息、健康体检、重点人群健康管理记录和其他医疗卫生服务记录,扩展覆盖运动、就医支付记录、家庭物联网设备等数据。为居民提供健康教育科普、家庭医生指导、智能提醒、过程管理、结果监测等数字化健康服务。

(4) 健康管理平台。建设健康管理平台，居民端、医生端应分别实现以下功能：① 居民端，具备健康数据线上查询、预约诊疗、线上咨询、线上诊疗、药品配送、家庭医生数字签约、健康评估报告和建议、疾病风险预测和建议等线上服务；② 医生端，应通过医疗物联网设备，采集、监测健康数据，开展远程医疗、智慧随访服务。鼓励利用AI诊疗辅助决策系统开展辅助诊断。

3. 养老助残服务

(1) 适老化住宅。安置房区块应重点考虑适老化住宅配置问题。在充分调研回迁安置居民的年龄结构、建设意愿的基础上，按需建设适老化住宅。适老化住宅的规划设计、建设施工等须按照现有最新技术规范执行。

(2) 社区养老设施。建设面积不少于300m²，应具有相对独立、固定、专用的场所，符合老年人日间照料中心设施设备的配备要求。社区级居家养老服务设施应为区域内老年人提供膳食供应、个人照顾、午间休息、保健康复、精神文化、休闲娱乐、教育咨询等日间服务。由专业的社会力量承接运营。

(3) 智慧养老服务。利用先进的信息技术手段，开发面向居家老年人、社区、机构的物联网系统平台，提供实时、快捷、高效、物联化、智能化的养老服务。社区内应配置智慧养老所需的设施与服务，智慧康养信息化平台应综合居家护理管理系统、健康档案管理系统、智慧安防管理系统、智慧健康管理系统、分级护理评估管理系统、智能设备监测系统、定位防走失智能穿戴设备等，集成搭建。

4. 时间银行

(1) 开展原则。坚持公益性、互助性、激励性、持续性原则，构建政府主导、通存通兑、社会参与的时间银行运行机制。坚持"时间兑换时间、服务兑换服务"的基础原则，不鼓励以任何形式兑换有价物品或货币。

(2) 服务内容。开展生活服务、健康管理、文化教育、公益集结等服务。

(3) 服务流程。有需求的居民发起申请，社区管家通过社区智慧服务平台对需求汇总后安排志愿者上岗服务，志愿者在平台完成签到签退后可获得"时间币"。"时间币"获取、兑换机制与社区邻里贡献积分机制统筹安排，明确兑换规则。

(四) 未来创业场景

1. 创业空间配套

(1) 规模选择。社区双创空间不小于300m²。规划新建类要突出人才集聚导向，做大双创空间规模。创业空间的选址宜邻近交通TOD枢纽、社区公共服务中心或高校、科研机构等智力中心，根据周边资源条件因地制宜、合理安排。

(2) 组织模式。根据社区用地条件及创业规模等，采用共享型或独立型组织模式。共享型组织模式可非独立占地，与人才住房、邻里中心等其他空间共享的创业场所，适合小型初创团队、居家办公创业者等。独立型组织模式需独立占地的创业场所，适合大型规模企业或多企业联盟，宜在有条件的社区采用。

(3) 场景运营。社区创新创业空间总体采取"专业机构主导＋政府支持、专业化运营＋市场化机制"的运营管理思路。遴选引入优质的专业运营商，通过专业机构运营，整合政府、人才、资金、产业等各类创新产业要素，建立完善的双创空间运营服务制度与平台。

社区双创空间的功能板块和运营模式可以分为两类：①商业型。办公空间、会议室、头脑风暴室、会客会谈空间、咖啡吧台空间、休闲配置空间。②公益型。路演场所、创客学院、办公配套空间、生活配套空间等。

2. 创业平台服务

（1）服务平台。社区应搭建未来社区创业服务中心数字平台，提供创业公共服务、产业联盟、创新对接等业务板块。应搭建产业圈层联动平台板块，包括产业联盟、产学研高校联盟、双创企业联盟，实现资源聚合交换、信息共享等。

（2）服务内容。社区应提供共享办公租赁、物业管理、保安保洁、会议服务等解决企业运转的基础服务。提供人才招募、资源链接、创业指导、企业培训、政务支持、专业中介、大数据中心、知识产权、投融资服务等特色服务。

3. 创业人才安居

（1）人才引进机制。面向片区特色人才，制定专类人才引才政策，构建"创业＋教育＋落户"三大绿色通道，重点设立"青年创业绿色通道"，首要引入人才子女"就学绿色通道"，形成"靶向引才"。

（2）人才住房建设。人才公寓建筑套型面积设计应确保基本的居住性能水准，独立公寓套型面积不宜小于 $22m^2$，半独立公寓套型面积不宜小于 $13m^2$。

（3）人才安居机制。通过增加人才住房供给、制定购（租）房政策、建立"租购同权"制度来实现人才安居。

（五）未来建筑场景

1. 建筑空间开发

（1）空间集约开发。社区选址应靠近现有或规划的公交系统，并具备与轨道交通站点或公交枢纽场站接驳的条件。以 TOD 为导向的社区开发交通空间布局应呈现梯级分布的特点，场地出入口到达公共交通站点的步行距离不超过 300m，或到达轨道交通站点的步行距离不超过 500m。

（2）公共空间建设。社区应基于社区生活圈，合理规划社区公共服务设施，实现社区公共服务的精准化、精细化发展。根据社区居民活动特征、出行规律和生活需求等，综合规划邻里中心、街道、广场、绿地、公园等社区公共空间系统。

（3）地上地下综合开发。社区的公共服务设施宜与交通站点无缝衔接。围绕公交或者轨道交通站点，采用"混合开发"和"垂直城市"理念，实现空间的高效利用和集约开发。保障地上地下空间实现无缝衔接，打造"垂直向上"的多功能、多业态的有机组织。

（4）应急空间与设施。社区应考虑将社区绿地广场等公共空间转化为应急避难绿地和将既有公共建筑改为临时应急处置场所的可能性，提供受灾防疫等特殊情况下的应急疏散和避难空间。

2. 建筑风貌营建

（1）风貌控制

注重读人、读地、读景、读文等调研工作，深度挖掘各创建项目历史文脉、肌理特征，积极利用场地历史建筑、工业遗存、古木古井等特色元素，打造根植在地、辨识度高、文化内涵丰富的特色风貌体系。

(2) 围合式布局

建筑宜采用围合式布局，以形成小街区、密路网，疏密有致、高低错落的城市空间形态。鼓励以多朝向住宅形成围合式街区，通过不同高度、体量建筑的组合，形成错落有致、尺度宜人的城市景观。

(3) 立体式绿化。① 绿地率引导。规划新建类社区绿地率不低于35%，鼓励立体绿化合理计入绿地率。②绿化层次。由地面绿化、屋顶绿化和平台绿化（裙房屋顶、建筑中间的开放公共空间及私有阳台）构成的多层次复合绿化系统。

3. 建造技术创新

(1) 装配式建筑。社区建设应综合应用装配式建筑、工业化装配式装修等新型建造技术，装配式建筑装配率和评价等级不应低于浙江省住房和城乡建设厅《装配式建筑评价标准》(DB33/T 1165—2019) 要求。

(2) 绿色建筑。新建居住建筑力争达到二星级及以上、新建公共建筑达到三星级及以上绿色建筑要求，参照国家现行建筑绿色改造有关标准，对既有建筑应开展绿色化改造，提升既有建筑能效水平。鼓励单体新建建筑绿色建材应用比例不低于70%。采取措施优化主要功能房间的声环境、光环境和室内热湿环境。

(3) 装配式装修。装配式装修设计应与建筑、结构、设备等并行设计，应采用建筑信息模型技术，结合智能化系统技术，制定智能化场景解决方案，并应用于项目全寿命周期。应用管线分离、一体化装修技术，应用整体厨房、整体卫浴等集成化、模块化建筑部品，提倡传统非遗技术在装修领域的应用。

(4) 设计标准化。符合标准化设计、工业化制作、装配化施工、装配式装修、信息化管理和智能化应用等基本特征。

（六）未来交通场景

1. 交通组织方式

(1) 小街区、密路网。应将街区内部的道路、广场、绿地等空间开放，推动形成支路网密度较高、土地功能复合开发、公共服务设施配套集成的街区布局模式。推动社区街道向临近片区商业文化、生态景观、休闲娱乐等功能空间延伸和渗透，社区布设"窄马路、密路网"的街道空间形态，社区人行出入口间距不超过200m。

(2) 开放式街区及安全防护。按照开放式街区理念规划建设社区，将社区组团路和宅间路开放，供慢行系统通行。鼓励有条件的社区按完全开放模式进行规划建设，同时将宅间路对慢行及车行开放。

(3) 人车分流。优化社区支路平面布局设计，社区内部应无断头路。充分利用社区内部支路密路网体系，施行单向交通、转向限制等交通微循环组织模式，优化社区交通流线，形成社区内部交通微循环体系。实行社区机动车和非机动车交通物流硬隔离，完善交通导向标志标线，实现社区内部空间的"人车分流"。

(4) 交通设施衔接。加强社区出入口与周边公共交通站点的衔接设计。对规划新建或拆除重建类社区，宜围绕轨道交通或地面公交站点选址。对拆改结合类社区，应优化慢行主出入口与就近轨道交通或公交站点间的衔接。

(5) 立体联通网络设计。加强社区立体化空间资源开发，条件允许时推动TOD综合体与社区紧密结合，构建社区与综合交通之间的地上、地面和地下多维分层联通体系。提升社区功能单元组团之间通达连接效率。

2. 交通智慧共享

（1）车位资源共享。统筹社区租售及公共车位资源，创新车位共享管理机制。实行分时共享、错峰共享停车模式，结合社区邻里不同停车时间需求，开发社区邻里车位共享管理平台功能，以"自愿参与、统筹管理"为原则，激励社区住户在平台上进行车位资源信息发布和分时共享。鼓励社区与周边写字楼、商场等共享停车位，引导社区内部和外部停车场错时停车，加强外来社会车辆的安全监管。

（2）智慧共享停车平台开发。引入社区第三方共享停车运营企业，开放应用社区智慧共享停车服务平台，提供信息共享、停车诱导、无感停车、自动结算、在线支付、反向寻车等在线服务功能，社区集中停车场5分钟完成取停车次数比例宜达到50%以上。

（3）智慧停车技术设施应用。推广应用AGV等自动辅助停车技术，提升社区取停车效率。利用立体车库等技术，推广最大化利用城市空间的新型停车布局模式，提高车位机械化率、自动化率。

（4）智慧设施配建空间接口预留。结合自动驾驶、无人配送机器人、无人机等社区智慧化交通物流技术应用趋势，配置预留社区连廊、平台、地下管道、净空等提升改造空间。社区街道物理设施预留自动驾驶、智慧交通设施标准化接口。

3. 交通供能设施

（1）充电设施安装标准。规划新建类或者拆除重建类社区须按停车位数量的30%配建充电桩，剩余停车位应全部预留充电设施建设安装条件；拆改结合类社区推进设施基础改造，停车位应全部预留充电设施建设安装条件。

（2）充电设施分类建设。居住建筑停车位以慢充、自用充电设备为主，并根据实际情况设置较低比例的快充设备；公共建筑停车位实行快、慢充设备结合，并根据需求设置专用或公用充电设备。

（3）智慧共享充电管理。依托社区智慧服务平台，支持开发社区智能化共享充电服务功能模块，提供充电预约、在线支付、汽车电池全生命周期管理等集成服务功能。加强停车充电安全防灾设计，充电设施应具备两层主动防护功能。

（4）多元功能服务设施设备。鼓励社区引入移动充电服务运营商，投放经济、安全的社区移动充电装置作为社区车位充电补充方式。配套建设综合供能（加油、加气、充电）服务站。支持太阳能供电、太阳能道路铺装等技术提供充电服务。

4. 交通慢行友好

（1）慢行街道空间营造。鼓励开放公共建筑退界空间，根据不同街道类型和空间特点，统筹慢行交通通行区、设施带和建筑前区，营造功能复合的慢行街道空间。街道断面形式应满足适宜步行及骑行要求，非机动车道宽度不应小于2.5m，人行道宽度不应小于2m。优化慢行交通过街设施，保障骑行及人行交通安全。

（2）连续无障碍功能设计。社区街道充分考虑老人、残疾人，以及携带婴儿推车、大件行李的行人需求，设置无障碍辅助设施、电梯等。

（3）步行环境友好化。根据街道性质、建筑特点和空间规模，将人行空间分类，整合用地，优先安排通行空间，利用设施布置和前区设计提升步行空间品质。

（4）步行空间立体化。整合地面、空中与地下空间，形成立体步行系统网络，实现建筑之间、建筑与轨道车站之间，以及与街道空间内部的便捷联系。

5. 交通物流服务

（1）服务用房。在社区内配置面积合适的物流公共服务用房，纳入社区公共服务用房配套建设标准，优先利用社区地下空间建设物流功能用房设施。

（2）功能配置。合理划定物流用房面积，确保满足快件收发、物品存储、智能终端布置、人员休憩等基本功能要求。条件允许的社区可以扩展配置智能冷库、智能分拣等增值服务功能空间。

（3）智能快递柜❶。按其格口数宜按楼宇内每日平均投递量的1～1.3倍数量配置，条件允许的社区可设计收投件入户管道、无人设备配送通道等功能空间。

（4）物流服务平台。协同社区智慧物流综合服务，扩展社区智慧服务平台。整合快递、应急物流、外卖配送、冷链宅配、包装回收等多种服务资源，提供社区"一站式"物流共享集成服务。

（5）"无人化""零接触"物流配送。加快社区"零接触"快递末端配送体系建设，鼓励应用无人机、自动配送机器人、地下管道物流等新型快递物流模式和技术。构建社区物流配送全过程智能安全管控系统。

（七）未来低碳场景

1. 多元协同供能

（1）总体要求。因地制宜构建社区多元协同低碳能源系统，应建设"光伏建筑一体化+储能"的供电系统，建设"热泵+蓄冷储热"的集中供热（冷）系统。优化社区能源网络布局，实现横向"电热冷气水"多类能源互补、纵向"源网荷储调"多种供应环节的协同互动，大幅提高可再生能源比重和能源利用效率。合理采用太阳能、水源热泵、地源热泵及空气源热泵等可再生能源开发利用技术。

（2）光伏建筑一体化。①社区太阳能利用设施优先应用光伏发电技术。重点采用光伏建筑一体化产品，同时结合储能技术，兼顾太阳能热水、光热发电等应用形式。充分利用屋顶和受阳面较好的立面作为光伏发电的敷设场地，将光伏产品集成到建筑上，兼顾功能性和美观度。②储能。合理配置分布式储能系统，建立社区级储能网❷，有条件的可将社区级储能网与城市级储能网连接。

（3）供热供冷。可以采用区域能源站、超低能耗建筑+补充供热供冷等不同组合。采用高效、环保、低碳的制冷供热设备解决冬季供暖问题❸。供热方面应优先采用工业余热废热、可再生能源进行供热；有适宜的天然地表水资源可供利用时，宜采用地表水源热泵系统；有适宜的浅层地热能资源可供利用时，宜采用地源或地下水源热泵系统。

---

❶ 智能快递柜具体的设置位置、方式、场地与空间要求配套设施等方面参照《智能快件箱设置规范》（YZ/T 0150—2016）执行。

❷ 分布式储能设施建设运营应满足《低压配电设计规范》（GB 50054—2011）、《电化学储能电站设计规范》（GB 51048—2014）、《分布式电源并网运行控制规范》（GB/T 33592—2017）等规范和施工验收规定。

❸ 地表水水源热泵系统和地埋管地源热泵系统设计应满足《地源热泵系统工程技术规范（2009版）》（GB 50366—2005）相关规定；蓄冷蓄热系统设计应满足《蓄冷空调工程技术标准》（JGJ 158—2018）相关规定；分布式燃气冷热电三联供系统设计应满足《燃气冷热电联供工程技术规范》（GB 51131—2016）相关规定。

（4）智慧能源网络。连接社区各种分布式电源、供冷供热系统和用户多种类型负荷的需求，对社区电网内的光伏发电、充电设施等分布式发电、配电及用电进行数据采集、智能分析、智能调控等，实现分布式微网管理。

2. 综合集成节能

（1）社区碳排放量下降率。通过构建气候友好的自然环境、房屋建筑、基础设施、生活方式和管理模式，降低能源资源消耗，实现社区低碳排放。

（2）综合能源资源智慧管理平台。对接社区智慧能源网络，提供社区能源资源的综合监测、智慧调控、智能运维以及缴费、节能指导等相关用户类服务。

3. 资源循环利用

（1）水资源循环利用。①规划新建类、拆除重建类社区应进行海绵社区规划，局部改造类社区应开展社区海绵化改造❶；②从单体建筑、小区、社区三个层面统筹建设中水回用系统。倡导一水多用，分质使用，提高水的重复利用率❷。

（2）生活垃圾分类。生活垃圾分类管理体系覆盖全社区，鼓励社区居民将生活垃圾分类投放。生活垃圾处理按照减量化、资源化和无害化的原则，采用先进成熟的处理技术，提高资源化利用率。

（八）未来服务场景

1. 物业可持续运营

（1）"平台＋管家"服务。采用"1＋N"社区管家团队，"1"是指以"1个管家"为服务轴心和服务桥梁；"N"是指围绕社区居民的全方位生活需求，由管家作为基础型社区服务资源供需对接的中转站，提供"N项服务"。

（2）基本物业居民零付费。包括社区公共区域的保修、保洁、保安、保绿四项服务内容。

（3）基于居民日常生活需求，提供全方位、多层次的增值物业服务内容。可按市场价格收取相应费用，具体包括但不限于商务服务、健康服务、教育服务、餐饮服务、居家服务、清洁服务、装修美居、生活服务、物业租售等。

（4）基本物业服务机制。通过合理明确社区经营用房占比，让渡社区具有商业价值的部分物业的经营权，以"取之社区，用之社区"的方式转移物业服务成本。倡导"基本物业居民零付费"与邻里贡献积分机制挂钩，将居民的日常行为与贡献和物业服务收费挂钩，采用先收后返的激励模式。

（5）"信托制"物业管理模式。鼓励"信托制"物业管理模式在"未来社区"创建中优先实行。设立业主大会为委托人、物业企业为受托人、业主为受益人，将物业费、公共收益等设立为信托基金，归全体业主所有，物业企业则从中提取一定比例作为保障款，主要用于一线员工的补贴及小区维修基金，以此构成业主信任物业企业、物业企业忠诚业主的新型信任体系。

---

❶ 经处理后的雨水回用于绿化，水质应满足《城市污水再生利用　城市杂用水水质》（GB/T 18920—2020）和《建筑与小区雨水控制及利用工程技术规范》（GB 50400—2016）中相关规定，相同指标执行最高标准。

❷ 杂用水应满足《城市污水再生利用　城市杂用水水质》（GB/T 18920—2020）相关规定，景观环境用水应满足《城市污水再生利用　景观环境用水水质》（GB/T 18921—2019）相关规定。

2. 商业高品质供给

(1) 社区商业O2O。依托社区智慧服务平台，进行商品自营或者引进商户入驻，为居民提供特色产品或本地化营利性服务，同时配合物流末端配送体系实现服务或商品快捷送货上门。

(2) 社区商业配比。社区商业服务设施宜分级设置，按"一站式"社区商业综合体——"街巷式"社区商业零售体——"布点式"社区商业集合小站的层级构建社区商业服务设施体系。

(3) 供应商遴选培育。统筹谋划社区商业的市场定位、业态比例、产品组合等，有序开展招商，引入优质生活服务供应商。推进社区超市、农贸市场、便利店等数字化转型，鼓励发展"无现金支付""24小时无人值守"等新型服务方式，开设无人店、快闪店、智慧店等新业态，丰富线上线下相融合的消费体验。

3. 安防智慧化服务

(1) 无盲区安全防护网。通过周界安全防护、公共区域防护、建筑安全防护、家庭安全防护、特殊人群安全防护五重安防体系，构建全方位统一安全防护措施，实时感知人、车、公共设施，提升治理能力，营造安全生活。

(2) 预警预防及应急机制。依托社区智慧服务平台，建立应急预案执行闭环管理，实现突发事件零延时预警，打造社区应急救援体系。全面配置基于人脸识别的人员管理、电子周界防护、高清智能监控、智能车辆管理等智慧安防设施设备，搭建地图定位、一键式求助、联动报警等功能，实现安防事件联动、消防事件联动、故障事件联动。

（九）未来治理场景

1. 党建引领

(1) 社区党委组成。重点从三类群体中推选产生：一是，优先考虑有一定社会影响力的党政机关党组织负责人；二是，重点考虑政府机构派出部门的党组织负责人；三是，从辖区"两代表一委员""两新"组织党员代表中推选。

(2) 社区党委工作机制。定期召开居民议事会，形成党组织领导下民事民议、民事民办、民事民管的多层次基层协商格局，健全党领导下的基层民主协商机制。

2. 政府导治

(1) 社区工作委员会组建。鼓励未来社区组建工作委员会，工作委员会由居委会、业委会、社区代表和专业社工等人员组成。社区代表由社区精神领袖（有声望、邻里积分贡献高的居民）担任，引入专业社工队伍，承担公共服务职责。

(2) 社区工作委员会工作目标。未来社区工作委员会负责未来社区治理和运营管理，统筹社区居委会、社区工作站、业主委员会、社区社会组织以及社区精神领袖等力量，充分调动和发挥辖区单位积极性，广泛集聚民意，培育社区自治力量，构建自上而下与自下而上相结合的社区治理体系。

3. 居民自治

(1) 社区自治机制。①打造以社区自治章程为核心，以社区公约为重点，与各类决策议事规则相配套的制度化、规范化自治制度体系。②构建社区协商机制，凡涉及社区重大决策事项和矛盾纠纷，原则上由社区党组织、基层群众性自治组织牵头，组织居民群众协商解决。③构建与邻里积分贡献制联动的社区代表聘任制。结合积分排名和居民意愿，正式聘任5～10名社区代表行使议事决策职能，定期搜集社区民意形成提案提交审议，并监督提案执行落实情况。④建立由党员、社区代表、志愿者、专业社工组成的社区联合调解队伍，调解居民矛盾、邻里纠纷，实现矛盾不出社区就地化解。

（2）社区自治载体。打造体现浙江特色的未来社区"居民会客厅"，推进居民参与空间落地，建设一批具有参事议事、公益活动等功能的居民会客厅。在社区客厅内设立社区议事厅，承载包括参事议事、公益活动、展示展会等功能，与其他场景活动交替共享。

（3）社区公益组织。持续开展公益创投和政府购买公共服务项目，从社区需求着手，链接社区内外资源，整合各方力量，化解社区问题。培育孵化服务性、公益性、互助性社区社会组织，投身于社区共治、居民自治工作。

（4）社区公益基金会。建立未来社区公益基金会，开展慈善救助、资助社区公益项目、资助公益人才的培育和公益组织发展，为社区社会治理和社会组织发展提供资金、资源、服务保障。未来社区基金会的慈善财产来源于社会捐赠、承接政府购买服务项目的业务收入、基金保值增值收益等❶。未来社区基金会应配备多元、专业的理事会团队和全职、专业的秘书处团队，保证基金会的正常运营。

4. 平台数治

（1）社区智慧服务平台。覆盖社区政务服务、公共服务、商业服务等内容集成九大场景应用，推进居民享受便捷、高效的社区服务。通过APP联结居民，实现"互动式治理"，优化"互联网+政务服务"的政务模式，为社区居民提供基本便民服务。在社区公共空间、小区楼宇、社区综合体、社区服务网点等布设一体化信息服务站、自助公共服务终端，实现500m服务半径全覆盖。

（2）社区数字信息库。运用大数据思维，构建"数据共享、协调联动"的社区综合信息数据库，实现对人口、房屋、企业、社区部件、事件、社情民意、矛盾纠纷、治安事件等信息的实时采集，为社区管理服务平台提供数据支撑。

（3）社区政务集成服务。基于"最多跑一次"改革，通过平台融合各部门业务数据，对社区工作任务进行精细化梳理，借助信息化手段改变传统多表填报的工作方式，通过一张报表智能生成多部门填报清单，使社区工作实现"一表集成办公"。理顺社区与各部门业务流程和反馈机制，标准化设置业务处理程序，实现社区政务服务"一网通办"。

（4）社区全科社工队伍。推行"全科社工+网格行走"服务模式，制定统一的标准体系，形成统一的服务规范，逐步建立一支素质过硬、业务精通的复合型专业化全科社工队伍。

三、优秀案例

案例六：台州市椒江区心海社区：绿廊上的和合未来生活样板（详细内容扫码观看）

案例七：杭州上城始版桥社区："三生融合"发展之路（详细内容扫码观看）

来源：浙江省发展和改革委员会. 未来社区：浙江的理论与实践探索[M]. 浙江：浙江大学出版社，2021.

---

❶ 未来社区基金会按照《中华人民共和国慈善法》和《中华人民共和国信托法》等相关法律法规的规定开展慈善信托业务和慈善活动。

第五节 多元参与式社区治理

一、社区党建引领治理

1. 基本概念

社区党建是以街道党工委为核心，以社区党支部为引领，以共同目标、共同需求和共同利益为纽带，以社区各类基层党组织和全体党员为主体，共同参与的地域性党建工作（原珂，2020）。在巩固党的基层组织、改善活动方式、强化党的领导、密切党社和党群联系、构建社会基础、提高整合能力方面有重要作用。作为一种按地区原则组建党的组织体系的党建模式，承载了实现基层党建创新，永葆党的战斗力的任务，促进了社区民主政治建设和社区居民自治（张晨等，2021）。

2. 优秀案例

> **案例八：北京朝阳安慧里社区：社区党建引领下的"网格化管理、组团式服务"**
> （详细内容扫码观看）
>
> 来源：原珂. 城市社区治理理论与实践[M]. 北京：中国建筑工业出版社，中国城市出版社，2020.
>
> **案例九：福建厦门思明区："近邻社区"，党群关系促进社区共建共治共享**
> （详细内容扫码观看）
>
> 来源：民政部官网. 2022-02-21. https://www.mca.gov.cn/zt/n270/n275/c90393/content.html.

二、社会组织融入的社区治理

1. 基本概念

社区社会组织是指由社区居民、法人和其他组织自愿组成，并在社区范围内开展活动，满足社区居民多元化需求而成立的非营利性公益组织；是社会组织与社区两大范畴的交集。它既有社会组织的特性，是由公众参与的非营利性组织；又具有社区的特性，是在一定地域居民生活共同体范围内建立和发挥作用的组织（原珂，2020）。社会组织参与社区治理的常规模式是：围绕具体的社会服务任务与目标，逐利型企业、非营利性社会组织承接相关项目，与居委会和社区成员自发型社会组织相互配合，并严格按社区规定和居民需求开展工作（陆军，2019）。

2. 优秀案例

> **案例十：成都武侯"项目式"三社联动社区治理模式案例**（详细内容扫码观看）
>
> 来源：原珂. 城市社区治理理论与实践[M]. 北京：中国建筑工业出版社，中国城市出版社，2020.
>
> **案例十一：北京朝阳区："社区成长伙伴计划"，超大城市社区治理创新路径**
> （详细内容扫码观看）
>
> 来源：民政部官网. 2022-02-18. https://www.mca.gov.cn/zt/n270/n275/c90393/content.html.

三、社会资本介入的社区治理

1. 基本概念

社会资本是非正式社会关系及其所产生的资源的总和。任务是在缺少适当社会结构的情况下,配合解决社会的短期投机和非稳定性行为。通常,社会资本水平高的团体,其行动效率越高,组织目标也更容易实现调动多元力量,引入外部社会组织或在社区内部组建社会组织,通过积累社会资本,形成社区的良好互动关系和公共环境,是提高社区治理能力与水平的重要途径(陆军,2019)。

近年来开展的北京城市更新实践中,不同性质(国有、民营)、不同类型(房地产企业、金融公司)、不同规模的企业在资本投入、实施运作、机制反馈等方面均有介入,形成了以"劲松模式(民企)""首开经验(国企)"为代表的实践创新。旨在总结社会资本参与北京城市更新的路径与模式,探索北京城市更新的长效机制,形成城市更新多元参与的可持续路径(唐燕等,2023)。

2. 优秀案例

> **案例十二:劲松模式**(详细内容扫码观看)
>
> **案例十三:首开经验**(详细内容扫码观看)
>
> 来源:唐燕等. 城市更新制度与北京探索:主体—资金—空间—运维 [M]. 北京:中国城市出版社,2023.

四、社区居民自组织的社区治理

1. 基本概念

社区居民自治指社区居民通过一定的组织形式,依法享有和实现自主管理社区事务的权利,通过民主选举、民主决策、民主管理、民主监督,创建社区体制、优化社区资源、完善社区功能,不断提高社区居民物质和精神生活质量的一种自下而上实施的社区治理模式。其核心是民主自治(包括人事自治、财产自治、财务自治、管理自治、教育自治、服务自治、协管自治等),本质是对本社区进行自我教育、自我管理、自我服务、自我约束的一种基层民主治理形式(原珂,2020)。具体包括两层含义:一是,居委会的自治活动。除了受上级政府的领导或指导外,对自己所辖区域内的事务行使一定权力;二是,包括群众自治组织,即社区居民通过群众自治的方式对本区域自治性事务进行管理(孙莉莉等,2019)。

2. 优秀案例

> **案例十四:上海徐汇区梅陇三村社区:"绿主妇"**(详细内容扫码观看)
>
> **案例十五:上海市嘉定区嘉定镇街道:"睦邻点"**(详细内容扫码观看)
>
> **案例十六:上海市新福康里福泰楼社区:"楼组自治"**(详细内容扫码观看)
>
> 来源:天平社邻学院. 社区治理方法论:88个案例告诉你 [M]. 上海:上海三联书店 2019.

五、智慧化赋能的社区治理

1. 基本概念

智慧化赋能的社区治理是指利用物联网、云计算、移动互联网、信息智能终端等新一代信息技术，通过对各类与社区居民生活密切相关信息的自动感知、及时传送、及时发布和信息资源的整合共享，实现对社区居民各类生活要素数字化、网络化、智能化、互动化和协同化的治理方式（张晨等，2021）。

2. 优秀案例

> **案例十七：广东佛山禅城区——"大数据·微服务"构建社区治理服务新模式**
> （详细内容扫码观看）
> 来源：民政部官网. 2022-2-21. https://www.mca.gov.cn/zt/n270/n275/c90400/content.html.

【思考与练习题】

1. 论述社区规划师的工作模式和特点。
2. 论述社区生活圈的规划模式和特点。
3. 论述完整居住社区建设的基本要求。
4. 论述未来社区建设的规划模式和特点。
5. 简述"社区党建引领、社会组织融入、社会资本介入、社区居民自组织、智慧化赋能"社区治理的基本概念，并查找和分析同类相关案例的特色和创新点。

【参考文献】

[1] 唐燕，张璐. 从精英行动走向多元共治：北京责任规划师的制度建设与实践进展[J]. 国际城市规划，2023，38(2)：133-142.

[2] 刘佳燕，邓翔宇. 北京基层空间治理的创新实践：责任规划师制度与社区规划行动策略[J]. 国际城市规划，2021，36(6)：40-47.

[3] 刘佳燕，沈毓颖. 社区规划：参与式社会空间再造实践[J]. 世界建筑，2020(2)：10-15,139.

[4] 刘悦来，谢宛芸. 共治的景观：基于上海市浦东新区东明街道参与式社区治理实践[J]. 园林，2022，39(8)：4-11.

[5] 熊健. 打造人民城市的理想社区 15 分钟社区生活圈理论的源起、演进与展望[J]. 时代建筑，2022(2)：6-13.

[6] 程蓉. 15 分钟社区生活圈的空间治理对策[J]. 规划师，2018，34(5)：115-121.

[7] 何瑛. 上海城市更新背景下的 15 分钟社区生活圈行动路径探索[J]. 上海城市规划，2018(4)：97-103.

[8] 上海市城市规划和国土资源管理局. 上海市 15 分钟社区生活圈规划导则[Z]. 2016.

[9] 吴秋晴，赵宝静. 系统治理与精准更新视角下的社区规划探索：以周家桥街道美好生活圈行动规划为例[J]. 上海城市规划，2022(2)：16-23.

[10] 周俭，周海波，张子婴. 上海曹杨新村"15 分钟社区生活圈"规划实践[J]. 时代建筑，2022(2)：14-21.

[11] 吴良镛. 住房·完整社区·和谐社区：吴良镛致辞[J]. 住区，2011(2)：18-19.

[12] 王凯，刘晓丽，陈振羽，等. 完整居住社区建设指南与实践[M]. 北京：中国建筑工业出版

社，2022．

[13] 住房和城乡建设部．完整居住社区建设指南[R]．2021https：//www.mohurd.gov.cn/gongkai/zhengce/zhengcefilelib/202201/20220110_764055.html．

[14] 刘佳燕．北京城市社区更新理论与实践[M]．北京：中国城市出版社，中国建筑工业出版社，2022．

[15] 浙江省发展和改革委员会，浙江省发展规划研究院．未来社区：浙江的理论与实践探索[M]．浙江：浙江大学出版社，2021．

[16] 唐燕，张璐，殷小勇．城市更新制度与北京探索：主体—资金—空间—运维[M]．北京：中国城市出版社，2023．

[17] 原珂，城市社区治理理论与实践[M]．北京：中国建筑工业出版社，中国城市出版社，2020．

[18] 张晨，何华玲．城乡社区治理新论[M]．苏州：苏州大学出版社，2021．

[19] 陆军．营建新型共同体：中国城市社区治理研究[M]．北京：北京大学出版社，2019．

[20] 孙莉莉，伍嘉冀．城市社区治理中的居民自治：实践探索与演进[M]．上海：上海交通大学出版社，2019．

[21] 天平社邻学院．社区治理方法论：88个案例告诉你[M]．上海：上海三联书店，2019．

第四章　城镇社区更新规划设计的主要内容和技术要点

【本章导读】

本章共分为五个小节。分别对：城镇社区更新规划编制的整体框架、前期调研的主要内容与技术要点、内容识别与策略选择的主要内容与技术要点、总体布局规划方案编制的主要内容与技术要点、专项规划方案编制的主要内容与技术要点等进行讲述。

第一节"城镇社区更新规划编制的整体框架"，介绍了由前期调研、内容识别与策略选择、总体布局规划方案编制、专项规划方案编制四个部分组成的整体框架。

第二节"前期调研的主要内容与技术要点"，介绍了调研目的、"相关规划与政策标准研究、社区周边区域调查、社区空间调查、社区人群需求调查"四项组成的调研内容、调研发现的常见问题汇总三个部分的要点。

第三节"内容识别与策略选择的主要内容与技术要点"，由内容识别和策略选择两部分组成。

第四节"总体改造布局规划方案编制的主要内容与技术要点"，从总体层面介绍了建筑改造、道路系统改造、配套设施改造、绿地景观系统改造四个部分的主要内容与技术要点。

第五节"专项改造规划设计方案编制的主要内容与技术要点"，从专项层面介绍了建筑改造、道路交通设施改造、基本公共服务设施、便民商业服务设施、市政配套设施、公共活动空间、物业管理、管理机制八个部分的主要内容与技术要点。

【教学目标】

（1）了解城镇社区更新规划编制的整体框架；

（2）熟悉并掌握前期调研、内容识别与策略选择、总体布局规划方案编制、专项规划方案编制四个层面的主要内容和技术要点。

第一节 城镇社区更新规划编制的整体框架

城镇社区更新规划的编制由：前期调研、内容识别与策略选择、总体改造布局规划、专项改造规划设计四个部分组成。整体框架见图 4-1。

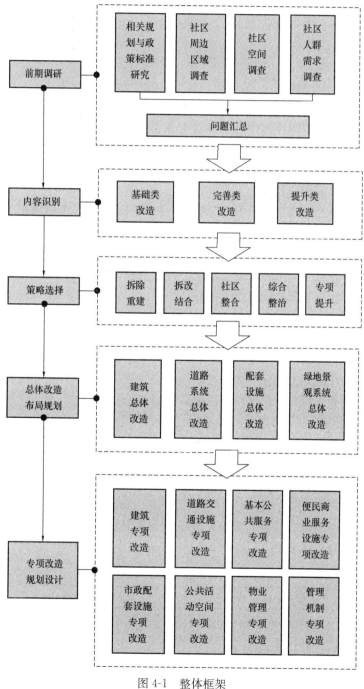

图 4-1 整体框架
来源：作者绘制

第二节　前期调研的主要内容与技术要点

一、调研目的

通过对社区的实地调查、与当地居民深度访谈或问卷调查等方式,了解社区更新面对的客观问题及不同利益主体的主观诉求,为社区更新的内容识别和目标确定提供重要的科学依据。

二、调研内容

(一) 相关规划与政策标准研究

相关规划包括但不限于：国民经济和社会发展五年规划和远景目标纲要（如"十四五"规划）,国土空间规划,历史文化名城保护规划,控制性详细规划等上位规划,以及产业发展、文旅、养老、儿童友好、海绵城市、重大基础设施、慢行系统、公共服务设施、社区生活圈等专项规划。

相关政策标准包括由国家、地市与行业主管部门制定的与城市更新相关的各类政策性文件以及行业标准。

(二) 社区周边区域调查

包括但不限于：社区周边公共服务设施、公共交通设施、商业设施、文化设施、公园绿地、慢行系统、自然与人文资源点等的分布情况。

(三) 社区空间调查

1. 基本情况调查

包括但不限于：小区发展历史、用地情况、居民户数、人口构成、60岁以上老年人数量、居民收入、小区内车辆保有量、现状停车位数量、建筑功能、历史文化资源、小区特色风貌、小区物业管理收费标准、出租率、售房率等。

2. 房屋建筑调查

包括但不限于：房屋数量,建成时间,建筑权属,建筑结构,层数,单元数,房屋质量,违章建筑的位置、面积和使用人,建筑屋面是否漏水、建筑是否需要节能改造、建筑是否需要抗震加固、公共维修资金使用情况等。

3. 设施情况调查

由基本公共服务设施、便民商业服务设施、市政配套基础设施3个大类的19项设施组成。调查内容要点见表4-1。

社区各类设施情况调查内容要点　　　　　　　　　　表4-1

类型	设施名称	调查内容要点
基本公共服务设施	托儿所、幼儿园、小学等教育设施	①位置、数量；②与社区出入口的空间距离；③建筑面积与用地面积；④班级数量；⑤内部环境和设施条件
	老年服务站等养老服务设施	①位置、数量；②与社区出入口的空间距离；③建筑面积与用地面积；④功能布局；⑤内部环境和设施条件
	卫生服务站等卫生服务设施	
	文化活动站等文化服务设施	
	综合服务站等综合服务设施	

续表

类型	设施名称		调查内容要点
便民商业服务设施	综合超市		①位置、数量；②与社区出入口的空间距离；③建筑面积
	便民商业网点		分为餐饮、零售、生活服务、卫生服务4个小类进行调查统计：①位置、数量；②建筑面积
	邮件和快件寄递设施		①位置、数量；②格口数量与日均投递量
市政配套基础设施	基础设施生命线	道路	①等级和宽度；②断面形式；③存在的问题
		给排水系统	①管线位置；②雨污分流情况；③存在的问题
		电力系统	①配电箱位置；②存在的问题
		燃气系统	①管线位置；②存在的问题
		供热系统	①管线位置；②存在的问题
		通信系统	①管线位置；②存在的问题
	环卫设施	垃圾收集点	①位置、数量；②施行垃圾分类制度情况
		公共厕所	①位置、数量；②建筑面积
		再生资源回收点	①位置、数量；②用地面积
	照明设施	路灯	①位置、数量；②平均照度；③路灯覆盖度
	无障碍设施		①建筑出入口是否有轮椅坡道和扶手；②道路、公共活动场地是否有无障碍设计；存在的问题点

来源：作者根据《完整居住社区建设标准（试行）》《国务院办公厅关于全面推进城镇老旧小区改造工作的指导意见》（国办发〔2020〕23号）等综合整理。

4. 环境情况调查

由停车空间、公共活动空间、慢行系统、地下空间、海绵化改造、避灾避险空间6个大类的10项空间组成。调查内容要点见表4-2。

社区环境情况调查内容要点 表4-2

所属类型		调查内容要点
停车空间	机动车停车空间	①内部车辆总数；②划线停车位置数量；③非划线停车位置数量；④最高峰时段停车位置数量
	新能源车充电桩	①位置、数量；②存在的问题
	非机动车停车空间	①位置、数量；②与单元门的空间距离；③存在的问题点
	非机动车充电空间	①位置、数量；②充电桩组间距；③存在的问题点
公共活动空间	活动场地	①位置、数量；②用地面积；③服务半径
	公共绿地	①位置、数量；②用地面积；③环境质量
慢行系统	慢行步道	①位置；②连通性；③存在的问题点
地下空间	地下室使用情况	是否涉及地下室负面清单内容
海绵化改造	排水防涝情况	出现积涝问题的位置、范围
避灾避险空间	避难场所	①位置、数量；②建筑面积和用地面积；③服务半径

来源：作者根据《完整居住社区建设标准（试行）》《国务院办公厅关于全面推进城镇老旧小区改造工作的指导意见》（国办发〔2020〕23号）等综合整理。

5. 管理情况调查

由社区管理和社区整治 2 个大类的 5 项小类组成。调查内容要点见表 4-3。

社区管理情况调查内容要点　　　　　　表 4-3

所属类型		调查内容要点
社区管理	物业管理	①管理用房位置、面积；②物业管理制度的涵盖内容
	智慧化改造	门禁、安防、消防、治理、养老、无障碍、停车等智慧化改造情况
	社区文化	①居民公约制订情况；②社区文化活动举办情况
社区整治	违规建设	侵占公共空间建设的位置、类型、面积与使用者
	群租房	①位置、数量；②存在的问题

来源：作者根据《完整居住社区建设标准（试行）》《国务院办公厅关于全面推进城镇老旧小区改造工作的指导意见》（国办发〔2020〕23 号）等综合整理。

6. 社区人群需求调查

与空间调查所涉及的建筑、设施、环境与管理四个部分的内容相对应，设定社区人群需求调查的内容。通过对居民的访谈或问卷调查，了解其对社区建筑、设施、环境与管理等方面的满意度、需求、意见或建议。

三、问题汇总

将社区空间调查与社区人群需求调查结果进行对比分析，结合实际情况，归纳总结房屋建筑、配套设施、公共环境、社区管理等 4 个方面存在的问题。二者对比中会发现，专业调查结果侧重专业性表述和定量化的分析，居民调查结果侧重于居民使用后的主观感受和满意程度。分别对"空间"与"居民"的两项调查结果进行汇整和对比，可以更好地全面总结社区中存在的问题及其成因。

第三节　内容识别与策略选择的主要内容与技术要点

一、内容识别

2020 年，"国办发 23 号文"将老旧社区改造分为基础类、提升类、完善类三个类型。基于前期调研环节的问题汇总，可以按三个类型识别与明确社区更新改造的内容。

基础类改造是为了满足居民的安全需要和基本生活需求，主要是防灾安全性能提升、市政等配套设施改造、建筑改造与维修等。具体改造内容要点见表 4-4。

基础类改造内容要点　　　　　　表 4-4

改造内容		内容要点
防灾安全性能提升	建筑安全性能评定	①结构安全性鉴定；②建筑抗震鉴定
	房屋加固	砖砌、钢筋混凝土、底框架砖房等的结构加固
	消防性能提升	①可燃物与着火源控制、建筑构件防火性能提升、安全疏散性能提升、平面布局优化；②火灾自动报警系统、防烟与排烟系统、自动灭火系统等消防设施性能提升；③消防车道与救援场地、消防给水与消火栓等灭火救援性能提升；④消防安全管理提升

续表

改造内容		内容要点
建筑改造与维修	建筑屋面维修	①屋面防排水；②屋面防雷系统修缮
	建筑外墙	①楼体防水；②外立面美化
	楼内公共空间	①楼道公共照明；②楼梯间及走廊粉刷；③扶手栏杆修缮；④线缆规整；⑤无障碍坡道和设施完善；⑥地下空间整治
市政等配套设施改造	供水及给水消防系统	给水管道及附属设施排查与改造
	排水系统	雨水、污水管道及附属设施排查与改造
	热力系统	供热管网及附属设施排查与改造
	燃气系统	燃气管网及附属设施排查与改造
	供配电系统	供配电管网及附属设施排查与改造
	智能化系统	①公共安全系统改造；②信息设施系统改造；③弱电管网敷设
	道路及停车	①区内道路疏通改造；②区内道路铺装更新；③机动和非机动车位设置
	垃圾分类收集	①垃圾分类投放；②垃圾收集点设立

来源：作者在张佳丽（2021）基础上修改

完善类改造是为满足居民生活便利需要和改善型生活需求的内容，主要是环境及配套设施改造建设、小区内建筑节能改造、有条件的楼栋加装电梯等。其中，改造建设环境及配套设施包括拆除违法建设，整治小区及周边绿化、照明等环境，改造或建设小区及周边适老设施、无障碍设施、停车库（场）、电动自行车及汽车充电设施、智能快件箱、智能信报箱、文化休闲设施、体育健身设施、物业用房等配套设施。具体改造内容要点见表4-5。

完善类改造内容要点　　　　　　　　　　　　　　　表4-5

改造内容		内容要点
建筑节能	外围护结构节能改造	①节能门窗和建筑遮阳体系；②节能墙体；③节能屋面（种植、蓄水）；④节能地面
	用能系统节能改造	①供热系统节能改造；②通风空调系统节能改造；③照明系统节能改造
	可再生能源利用	①太阳能热水系统；②太阳能供暖和制冷系统；③太阳能光伏发电系统
加装电梯	加装电梯	①利益协调；②资金筹措；③工程实施；④运维管理
道路改造	消防道路	①明确消防空间及消防扑救区域；②管理机制保障
	车行道路	①道路分级与宽度控制；②铺装更新；③排水改造；④车速限速改造
	人行道路	①连续贯通步行系统；②安全性和趣味性
停车场地与设施	机动车停车	①集中地面停车场（库）；②立体停车库；③复合利用；④道路空间挖潜
	非机动车停车	①自行车停车场/棚；②绿色设计
	电动车及汽车充电设施	①电动自行车停车场/棚；②电动汽车充电桩；③绿色设计

续表

改造内容		内容要点
全龄友好及无障碍环境改造	无障碍环境改造	①慢行交通体系改造；②服务设施无障碍改造
	适老化环境改造	绿地空间、活动场地、服务设施、景观小品等适老化改造
	儿童友好环境改造	儿童游乐场地、设施、道路及铺装等儿童友好环境改造
场地功能提升改造	集中式公共空间及绿地	①场地改造；②功能复合；③层次多样；④生境恢复；⑤设施增设
	小区出入口	①人车分流；②智慧设施改造；③景观改造；④服务（防疫）空间增设
	健身场地	①健康步道、绿道；②运动场地；③健身设施
	环卫设施场地	①分类垃圾桶设置；②分类垃圾点环境优化
	便民设施	①智能快件箱与信报箱；②晾衣架等生活便民设施
海绵化改造	海绵化改造	①建筑雨水管断接处理；②铺装材料选择；③海绵设施布局；④雨污分流改造；⑤雨水回用系统设置；⑥绿化要求
建（构）筑物改造	建（构）筑物改造	①拆除违法建设；②物业用房改造
照明环境整治	照明环境整治	①功能照明；②景观照明

来源：作者在张佳丽（2021）基础上修改

提升类改造是为丰富社区服务供给、提升居民生活品质、立足小区及周边实际条件积极推进的内容。主要是公共服务设施配套建设及其智能化改造，养老、托育、助餐、家政保洁、便民市场、便利店、邮政快递末端综合服务站等社区专项服务设施，外部空间环境提升与城市家具改造，安防及智能化改造以及智慧化平台构建等。具体改造内容要点见表4-6。

提升类改造内容要点　　表4-6

改造内容		内容要点
公共服务设施配套建设及其智能化改造	社区综合服务设施	①城市社区公共服务中心、网络片区公益互助中心、居民小区公众活动中心等社区综合服务设施；②居委会办公和居民活动用房；③信息化智能化
	公共卫生设施	①卫生服务中心；②卫生服务站；③信息化智能化
	教育设施	①幼儿园（3岁~6岁幼儿）；②信息化智能化
社区专项服务设施	养老	①老年人日间照料中心；②养老专业化机构等；③信息化智能化
	托育	①托儿所（3岁以下婴幼）；②信息化智能化
	助餐	①社区食堂；②助餐点；③信息化智能化
	家政 保洁	①家政、保洁服务用房；②信息化智能化
	便民市场	①菜市场；②环境提升；③信息化智能化
	便利店	①标准门店；②环境提升；③信息化智能化
	邮政快递末端综合服务站	①末端网点；②智能快件箱；③信息化智能化

续表

改造内容		内容要点
外部空间环境提升与城市家具改造	交通管理设施	交通信号灯杆、交通监控杆、交通标识牌、综合杆、中央分隔带护栏、侧分隔带护栏、人行护栏、绿化防护栏、挡车桩、户外市政箱及装饰罩
	城市照明设施	路灯、高杆或半高杆照明灯、步道灯、草坪灯等
	路面铺装设施	人行道铺装、盲道、路缘石、树箅、各类市政井盖等
	信息服务设施	路铭牌、标识导向牌、智能电子信息牌、公共服务设施指标牌等
	公交服务设施	候车亭、公交站牌、出租车依靠标识牌、非机动车存车架、公共自行车设施、电动车充电桩等
	公共服务设施	公共艺术品、景观小品、座椅、废物箱、直饮水设施、活动式公厕、花箱、市政消火栓、邮筒、报刊亭、公用电话亭等
安防及智能化改造	安全防范系统	①住户认证管理；②出入管理；③单元门禁；④视频监控等
	智能化改造	①数字基础设施；②单元智能化及安防；③物业管理；④社区治理
智慧化平台构建		①智慧安防综合平台；②智慧消防综合平台；③社区综合治理平台；④智慧养老平台；⑤信息无障碍系统等

来源：作者在张佳丽（2021）基础上修改

二、策略选择

1. 拆除重建

部分社区建成年代久远，楼房为砖混结构，居住条件差。经市、区房屋管理部门认定，建筑结构差、年久失修、基础设施损坏缺失、存在重大安全隐患，对不成套公有住房为主的简易住宅楼和经房屋安全专业检测单位鉴定没有加固价值或加固方式严重影响居住安全及生活品质的危旧楼房，可通过拆除重建的方式进行整治❶。

2. 拆改结合

对社区建筑进行综合评估，能改即改、需拆即拆，对建筑评级较差的、没有改造价值的楼栋进行拆除；以社区改造为契机，对楼体外扩和公共空间的私搭乱建全面排查，拆除后腾出公共空间、公共绿地，为公共服务提供场地；根据现场实际以及实际需求配置停车场、日间照料站、托儿所等缺失的公共服务设施。

3. 社区整合

许多社区体量相对较小，各自独立成院，单独改造收效甚微，难以持续。可将相邻小区整合，拆除围墙，打破空间障碍，整理出大块闲置空地；整合后重新梳理社区空间，结

---

❶ 北京市住房和城乡建设委员会等4部门联合发布《关于开展危旧楼房改建试点工作的意见》，2020-07-01。

合整体规划设计、重新布局功能结构；结合"5-10-15 分钟生活圈"，布局相应公共服务设施，重新激活社区活力。

4. 综合整治

综合整治应全面覆盖，应改则改。按基础类、完善类、提升类中涉及市政配套基础设施、节能改造、建筑修缮、公共服务设施配套等方面的各项内容，从地上到地下、从楼内到楼外全方位实施改造。

5. 专项提升

针对某个或多个问题进行专项改造，如排水不畅、内涝严重、车位缺失、局部道路损坏等，在不改变原有社区空间结构的前提下，提升居住环境品质。

第四节 总体改造布局规划方案编制的主要内容与技术要点

一、建筑改造

1. 改造评估

对建筑进行房屋安全性鉴定，根据现行行业标准《危险房屋鉴定标准》（JGJ 125—2016）规定，若检测结果为 A 级、B 级，则建筑主体结构承载力满足正常使用需求；若检测结果为 C 级，一般对建筑进行加固或局部改造；若检测结果为 D 级，则承重结构承载力已不能满足正常使用需求，构成整栋危房，已不具备改造价值，可整体拆除；若建筑为文物保护建筑或历史建筑，一般不进行改造。

2. 结构加固

既有建筑由于建设年代久远，年久失修，建筑结构存在安全隐患。对既有建筑进行性能检测和结构加固，能延长现有建筑的使用寿命，确保建筑具有基本的抗震性能，保障居民的生活安全。

3. 节能改造

既有建筑由于受当时的技术、经济条件限制，建筑构件热工性能差，许多外墙裸露，无保温隔热层，窗户多为单玻单层钢窗。大部分热量通过建筑的外墙、门窗、屋顶等外围护结构散失，使建筑热损耗严重。通过对建筑外墙、屋顶进行外保温改造，增加遮阳篷等做法降低建筑能耗。

4. 设施改造

针对老龄人口的日常生活需求，可通过加装电梯、接力式楼道电梯、适老扶手，建设无障碍设施等来满足老年人的外出活动需求。

二、道路系统改造

1. 车行系统

道路是社区的空间骨架。当前老旧社区道路普遍存在道路破损、宽度不足，存在断头路、消防通道规划不明等问题。

社区内道路应尽可能地连续顺畅，以方便消防、救护、搬家、清运等机动车辆的通达。应根据各地标准规范，对车行道路进行修整，同时在现有道路骨架基础上，根据各地消防需求,划定消防通道。对路面宽度较窄的道路,挖掘道路两侧空间潜力,在符合各地标准规范的基础上扩宽道路面积,扩大转弯半径,以满足消防车等大型车辆行进的需求。主要道路至少应有两个车行出入口连接城市道路,路面宽度不应小于4m;其他附属道路路面宽度不宜小于2.5m。

2. 停车系统

通常老旧社区的机动车停车位配建比都小于0.3,远低于各地居住区的停车规划标准中机动车停车位配建比标准,且缺少地下停车库,导致机动车占用绿化带停车的情况普遍存在。同时,非机动车停车情况也较为严峻,电动车数量大幅提升,乱停乱放、私自拉飞线充电的现象普遍存在,造成管理混乱和安全问题。

为缓解停车压力,对停车空间的挖掘尤为重要。结合车行系统规划,可充分利用周边公共区域以及合适的地下空间规划集中式停车场。有条件的社区,可适当结合宅前绿地、公共绿地等空间改造绿地停车位,还可以建设机械式多层停车位、错层停车位、生态停车位等,提高社区停车位设置效率。探索"停车共享"模式,积极利用周边商圈、道路等的停车位错时停车;推进"居民自治",根据社区实际情况制定停车自治公约,以缓解老旧社区停车难的问题。

3. 出入口管理

出入口是人员与车辆进出社区的"门户"区域,承担着社区形象展现、交通节点、治安防控等作用。大多数老旧社区出入口较少,有较大的安全隐患。

总体布局中应合理设置社区出入口数量,禁止在消防出入口堆放杂物,保证消防出入口满足消防要求。增设智慧安防系统对出入口进行智慧化管理。

4. 慢行系统

步行和自行车交通是社区内占比最大、使用频率最高的交通方式。部分社区在规划建设初期就缺少连续贯通的社区慢行系统设置,后期由于机动车的大量增加以及停车空间的不断挤占,对社区居民的安全出行造成了严重影响。

总体布局中应遵循"安全第一、人车分离、以人为本、连续通达"的原则,改善社区居民出行的空间条件。如果条件允许,将车行系统与慢行系统分隔,开辟单独的慢行步道,并与社区周边的慢行步道连通,打造社区内外连续通达、安全舒适的慢行系统。

5. 标识和标线

老旧社区道路狭窄,人车混行是最常见的道路组织方式。社区内部车行和停车秩序普遍混乱。

在确定道路改造的总体布局时,应同步补充明显的交通标识和地面标线,以便引导社区内部的车辆有序行驶和停放。

三、配套设施改造

大多数老旧居住社区都存在人口老龄化严重,基本公共服务设施、便民服务设施、市政配套设施不足等问题,无法满足居民的日常生活需求。

按《城市居住区规划设计标准》(GB 50180—2018)规定:"配套设施应遵循配套建设、方便使用、统筹开放、兼顾发展的原则进行配置,其布局应遵循集中和分散兼顾、独立和混合使用并重的原则"。

配套设施分为四级，包括15分钟、10分钟、5分钟三个生活圈居住区层级的配套设施和居住街坊层级的配套设施。具体设置要求为：

1.15分钟生活圈居住区配套设施

15分钟生活圈对应的居住人口规模为50000～100000人，应配套满足日常生活需要的完整的服务设施，服务半径不宜大于1000m（表4-7）。

15分钟生活圈居住区配套设施设置规定　　　　　　　　表4-7

类别	应配建项目	宜配建项目
公共管理和公共服务设施	初中、大型多功能运动场地、卫生服务中心（社区医院）、门诊部、养老院、老年养护院、文化活动中心（含青少年、老年活动中心）、社区服务中心（街道级）、司法所	体育馆（场）或全民健身中心、派出所
商业服务业设施	商场、餐饮设施、银行营业网点、电信营业网点、邮政营业场所	健身房
市政公用设施	开闭所	燃料供应站、燃气调压站、供热站或热交换站、通信机房、有线电视基站、垃圾转运站、消防站、市政燃气服务网点和应急抢修站
交通场站	公交车站	轨道交通站、公交首末站、非机动车停车场（库）、机动车停车场（库）

来源：《城市居住区规划设计标准》(GB 50180—2018)

2.10分钟生活圈居住区配套设施

10分钟生活圈对应的居住人口规模为15000～25000人，其配建设施是对15分钟生活圈居住区配套设施的必要补充，服务半径不宜大于500m（表4-8）。

10分钟生活圈居住区配套设施设置规定　　　　　　　　表4-8

类别	应配建项目	宜配建项目
公共管理和公共服务设施	小学、中型多功能运动场地	初中
商业服务业设施	商场、菜市场或生鲜超市、餐饮设施、银行营业网点、电信营业网点	健身房
市政公用设施	—	燃料供应站、燃气调压站、供热站或热交换站、通信机房、有线电视基站、垃圾转运站、市政燃气服务网点和应急抢修站
交通场站	公交车站	轨道交通站、公交首末站、非机动车停车场（库）、机动车停车场（库）

来源：《城市居住区规划设计标准》(GB 50180—2018)

3.5分钟生活圈居住区配套设施

5分钟生活圈对应的居住人口规模为5000～12000人，其配建设施服务半径不宜大于300m（表4-9）。

5分钟生活圈居住区配套设施设置规定　　　　　　　　　　　　　　表 4-9

类别	应配建项目	宜配建项目
社区服务设施	社区服务站（含居委会、治安联防站、残疾人康复室）、文化活动站（含青少年活动站、老年活动站）、小型多功能运动（球类）场地、室外综合健身场地（含老年户外活动场地）、幼儿园、老年人日间照料中心（托老所）、社区商业网点（超市、药店、洗衣店、美发店等）、再生资源回收点、生活垃圾收集站、公共厕所	托儿所、社区卫生服务站、公交车站、非机动车停车场（库）、机动车停车场（库）

来源：《城市居住区规划设计标准》（GB 50180—2018）

4. 居住街坊配套设施

居住街坊一般为 $2hm^2 \sim 4hm^2$，对应居住人口规模为 1000～3000 人，应配套便民日常服务设施，通常为本街坊居民服务（表 4-10）。

居住街坊配套设施设置规定　　　　　　　　　　　　　　　　表 4-10

类别	应配建项目	宜配建项目
便民服务设施	物业管理与服务、儿童和老年人活动场地、室外健身器械、便利店（菜店、日杂等）、邮件和快递送达设施、生活垃圾收集站、居民非机动车停车场（库）、居民机动车停车场（库）	—

老旧社区往往存在用地饱和的情况，空间资源有限，可通过以下三种方式空间挖潜（张佳丽，2021）：

（1）空间置换。整合利用社区办公用房、闲置锅炉房、闲置自行车棚等存量房屋资源，改建公共服务和便民服务设施。鼓励机关事业单位、国企等老旧小区内的闲置房屋，通过置换、移交使用权等方式交由街道、社区统筹。

（2）社区整合。拆除小区间的围墙，打破邻里沟通交流的"物理屏障"，整理闲置空地，按完整社区的标准和原则，配建相应的公共服务设施。

（3）借用周边资源。盘活周边空置或过剩的农贸市场、旧厂房、闲置仓库、商业综合体等公共资产存量空间，优先用于便民服务中心建设。

四、绿地景观系统改造

社区的绿地存在绿地率不达标、分布零散、品质欠佳等问题。应通过利用边角绿地、拆除占绿毁绿违建、打造屋顶绿化等路径，增加绿地空间，串联绿地斑块使其形成有机的绿地系统。公共绿地为居住区配套建设，应集中设置可供居民游憩或开展体育活动的居住区公园绿地。旧改区无法满足公共绿地标准时，可采取多点分布以及立体绿化等方式改善居住环境，但人均公共绿地面积不应低于控制指标的70%，其中包括集中绿地、道路绿地、宅旁绿地及立体景观绿化。

1. 集中绿地景观空间提升

社区内的集中绿地含小游园、广场绿地、节点绿地等，是小区的核心景观区域，应满足儿童、老年、青年不同人群的需求。

（1）小游园绿地景观。老旧社区基础条件好的，有集中的大面积绿地，可改造提升为小游园，满足老人健身、儿童娱乐、青年交流休息、停留观赏等功能需求。整理现有绿化并补种，丰富绿植，营造舒适宜人的活动休闲空间。

（2）节点绿地空间。老旧社区内集中绿地相对较少，多数形成小而精的节点，分散式布局。主要为小区出入口、道路交叉口、车库出入口及分散在宅间、建筑山墙、道路两侧的一些为人们提供健身、娱乐、休息的活动空间。

2. 道路绿地景观空间提升

道路绿地景观提升应兼顾生态、防护、遮阴和景观功能，并根据道路等级进行提升设计。主道路可保留或补植有特色的观赏植物品种，形成特色路网绿化景观；次道路绿化以满足人行舒适度为主，可选用保留小乔木和开花灌木；道路交叉口要保证视线通透，道路铺装及植物布置要考虑连续、完整、生态的整体效果，将宅间绿地、中心绿地、节点景观有机串联整合。

3. 宅旁绿地景观空间提升

宅旁绿地是建筑与道路的缓冲带，应满足居民通风、日照的要求，绿地较宽时可设置游步道，提高居民的景观参与性；入户门前可选择不同的配置方式，增强入户识别性。绿地乔木中心应与建筑保持距离，南面植物要与建筑有足够距离，对楼间绿地局促的小区，乔木以落叶树种为主。

4. 立体景观绿化空间提升

屋顶绿化是增加社区绿地指标、提升小区品质的重要途径；同时可在围墙、构筑物增加攀缘的藤本植物，营造立体化的景观效果。

第五节　专项改造规划设计方案编制的主要内容与技术要点❶

一、建筑改造

（一）建筑维修改造

1. 建筑屋面

建筑屋面的维修改造主要分为：屋面防水改造和屋面防雷系统修缮两部分。

1）屋面防水改造

通过对大量小区现状的详细踏勘，可以分析出大部分小区建筑屋面老化的原因是迎水面、承水面等容易积水的部位长期浸泡而造成的老化、发霉、渗漏等情况，对于存在渗漏或防水材料超过使用年限的建筑屋面，须重做保温层和防水层。条件允许的情况下，可考虑立体绿化、"平改坡"等。

屋面应进行防水改造，防水等级不应低于Ⅱ级（两道防水，合理使用年限15年），防水材料的选择和防水做法应满足《屋面工程技术规范》（GB 50345—2012）的要求。不同的防水材料其性能有所不同，适应屋面类型亦不相同。如针对长期处于潮湿环境的屋面，应选用耐腐蚀、耐霉变、耐穿刺、耐长期水浸等性能的防水材料；需上人的屋面则应选用拉伸强度高且耐霉变的防水材料；对于外露使用的防水层，应选用耐紫外线、耐老化、耐

---

❶ 本部分内容对应《完整居住社区建设标准（试行）》（2020）

候性好的防水材料。对于基层处理剂、胶粘剂和涂料的选择与使用，应符合现行行业标准《建筑防水涂料中有害物质限量》（JC 1066—2008）的有关规定。

老旧社区建筑屋面防水的改造措施有：

（1）如原有建筑屋面为平屋面，可在原平屋面上做保温防水，也可在原有建筑平屋面上加建坡屋面，统称"平改坡"，再在坡屋面上做保温防水；如原有建筑屋面为坡屋面，可直接在坡屋面上做保温防水。

（2）若原屋面防水可靠，且承载能力满足要求时，可直接做倒置式屋面，不破坏原有防水层，把保温层做在防水层之上，或再加一道防水层。

（3）针对原屋面存在渗漏的情况，应铲除原防水层，重新做防水层。

（4）当荷载及条件满足时，也可以采用种植屋面，并按照种植屋面的防水层要求加设防根穿刺的防水材料。

2) 屋面防雷系统修缮

屋面防雷接地设施出现锈蚀、破损等，不满足国家相关技术标准的现象时，应进行修复。

（1）应根据建筑的重要性、使用性质和发生雷电事故的可能性及后果，进行防雷设计，并应符合《建筑物防雷设计规范》（GB 50057—2010）的要求和供电部门规定。

（2）根据所改造的建筑物所处位置，进行预计雷击次数计算，并确定采取相应的防雷措施。

（3）当改造的住宅建筑物较低且相邻有高层建筑时，可测量并估算两建筑高度差、改造的住宅建筑物最远边缘与高层建筑的间距。若两建筑高度差大于该间距时，该改造的住宅建筑处于较高建筑接闪器保护范围内，可不单独设置防雷装置，但需要做可靠接地。

（4）对现有防雷装置，进行接地电阻的测试，当满足规范要求时，可不进行改造；否则须增设接地极。

（5）对于重新铺设保温层的屋面，其防雷设施需修复时，屋面接闪器、屋面金属设备、金属管道及构件的设置应满足现行规范要求。

（6）建筑底层的电气系统设备、进出建筑物的金属管线应做等电位接地联结。

2. 建筑外墙

建筑外墙的维修改造主要包括外墙防水改造与外立面治理两部分。

1) 外墙防水改造

建筑外墙防水应具有阻止雨水、雪水侵入墙体的基本功能，并应具有抗冻融、耐高低温、承受风荷载等性能。建筑外墙整体防水设计包括：外墙防水工程的构造；防水层材料的选择；节点的密封防水构造等内容。应符合下列规定：

（1）外墙的防水层应设置在迎水面。

（2）采用涂料或块材饰面时，防水层宜设在保温层和墙体基层之间，防水层可采用聚合物水泥防水砂浆或普通防水砂浆。

（3）外墙相关构造层之间应粘结牢固，并宜进行界面处理，界面处理材料的种类和做法应根据构造层材料确定。

（4）不同结构材料的交接处应采用每边不少于 150mm 的钢丝网或玻纤网格布作抗裂

增强处理。

(5) 建筑外墙防水材料应根据工程所在地区的气候环境特点选用。

2) 外立面治理

外墙外立面治理是指老旧小区建筑外墙存在安全隐患或影响外观形象时，在现状建筑结构基础上运用工程技术手段解决功能和美观问题，统一小区整体环境风貌。设计流程分为：墙面性能评估、确定修整部位、修缮方案设计、实施修缮四个部分。

老旧小区现状外墙存在三种情况：一是，外墙基本完好，仅存在老旧、脏污现象，考虑采用外墙清洗；二是，外墙涂料、面砖局部脱落，存在安全隐患，须对脱落部位进行局部修补；三是，外墙破损严重或与片区风貌极不协调，应进行外墙整体翻新。翻新采用的材料、色彩应符合区域风貌控制规划，与周边环境相协调。

针对建筑外墙的不同情况，其治理做法各不相同。常见的改造措施有：

(1) 完全翻新。针对建筑年代较早的一批黄泥批荡墙体，采用全部铲除后重新水泥砂浆批荡，重新做外墙防水后面层涂刷（图4-2）。

(2) 局部修补。针对基础条件较好的建筑，如仅出现局部面层破损，每栋建筑破损点在3～5处且每处面积不超过$0.5m^2$，应进行局部修补。局部修补应采用与原外墙相同或相近的材料、色彩。外墙粉刷时先进行防渗处理，再进行饰面修补、粉刷（图4-3）。

图4-2 某老旧小区外墙治理后全景图

图4-3 外墙治理施工做法图

(3) 立面清洗。针对基础条件较好的建筑，面层基本完好，仅由于时间风化造成的老旧现象，考虑外墙清洗。

3. 楼内公共空间

楼内公共空间的维修改造主要包括：楼道公共照明改造、楼梯间及公共走廊改造、扶手栏杆修缮、线缆规整等。

1) 楼道公共照明改造

(1) 应按照符合现行国家标准《建筑照明设计标准》（GB 50034—2013）的有关规定进行设计；照明建议选用节能光源及节能附件，灯具则选用绿色环保材料。

(2) 在门厅、前室、公共走道、楼梯间、地下空间等应设人工照明及节能控制，公共照明应设置便于残疾人使用的照明开关，并应设有标识。

(3) 应急照明采用节能自熄开关时，应采取消防时应急点亮的措施。

(4) 应急照明的回路上不应设置电源插座。

同时，按照现行国家标准《住宅设计规范》（GB 50096—2011）第8.7.5条的规定：公共部位照明应设置人工照明，并采用高效节能的照明装置和节能控制措施。

对于高层住宅，消防应急照明灯具以及消防疏散指示标识的设计应符合现行国家标准《消防安全标志 第1部分：标志》（GB 13495.1—2015）、《消防应急照明和疏散指示系统技术标准》（GB 51309—2018）及《消防应急照明和疏散指示系统》（GB 17945—2010）的要求。

（1）设置消防控制室的场所应选择集中控制型系统并选择A型灯具；

（2）其他场所可选择非集中控制型系统；

（3）设置火灾自动报警系统，但未设置消防控制室的宜选择集中控制型系统；

（4）未设置消防控制室的住宅建筑，疏散走道、楼梯间等场所可选择自带电源B型灯具。

2）楼梯间及公共走廊改造

（1）墙壁面层修补。墙壁面层修补时应满足现行国家标准《建筑设计防火规范》（GB 50016—2014）、《建筑内部装修设计防火规范》（GB 50222—2017）对饰面耐火等级的要求。具体做法为：①清理小广告，铲除墙面脱落破损的原饰面层；②基层清洗；③修补空鼓基层，内墙石膏找补；④涂两遍仿瓷涂料，踢脚刷丙烯酸；⑤卫生清理（图4-4）。

（2）消防设施整修。原有的消防设施应检查修缮，保证其完好有效；未设置消防设施的，按照《建筑设计防火规范》（GB 50016—2014）及相关标准规定，宜增设相应的消防设施。给排水消防设施、防排烟系统不满足现行防火规范的，应进

图4-4 老旧小区楼梯间及走廊粉刷施工
来源：中建设计，2023

行改造。楼梯间和消防电梯前室的正压送风机未达到使用要求的，应进行更换，更换后的风管材料、配件及柔性接头等应满足现行国家标准的有关要求。高层一、二类建筑物公共区域内的火灾自动报警系统及应急照明疏散指示系统应满足现行标准。

3）扶手栏杆修缮

扶手栏杆的修缮须满足现行国家标准《涂覆涂料前钢材表面处理 表面清洁度的目视评定 第1部分：未涂覆过的钢材表面和全面清除原有涂层后的钢材表面的锈蚀等级和处理等级》（GB/T 8923.1—2011）要求。按照破损程度不同分为两种情况：①锈蚀损坏严重的楼梯栏杆、扶手，须全部更新；②栏杆基本完好，部分扶手缺损，栏杆要进行除锈、防锈处理并涂饰面漆，并修复缺损的扶手。

4）线缆规整

老旧小区楼道内随处可见杂乱无章的电缆线，既影响美观，又存在消防隐患。为使楼梯间线路整齐、美观，需对楼梯间内原明敷的通信、有线电视等线路进行规整，采取集中敷设管槽布线的方式。

楼内宜使用暗敷设，当暗敷无法施工安装时，则应采用通信钢管或线槽明敷设。管内穿放同轴电缆、大对数电缆、4芯以上光缆时，管径利用率应为50%～60%。新建垂直竖

向主干管内径宜为50~100mm，新建线槽根据线缆条数确定规格。明敷的各管槽线路应沿屋顶、墙面、墙角等部位敷设，要求管线敷设平直、整齐、美观，与装修风格协调（图4-5）。

图4-5 老旧小区楼道内暗敷、明敷各管槽线路图
来源：中建设计，2023

（二）建筑节能改造

建筑节能改造可以有效降低老旧小区的能耗，提高能源利用效率，让老旧小区变得更环保、更节能、更舒适。涉及外围护结构和用能系统节能改造两部分。

1. 外围护结构节能改造

对围护结构进行节能改造时，不应改变既有建筑主体结构构造。应对阳台、屋面等局部结构承载力进行复核、验算，当局部结构安全不能满足节能改造要求时，应采取加固措施，如在底板增加三角支架，阳台栏板外围增加钢板带抱箍等。

外围护结构节能改造对象为门窗、墙体、屋面。进行节能改造所采用的保温材料和建筑构造的防火性能应符合国家标准《建筑设计防火规范（2018年版）》（GB 50016—2014）和《建筑内部装修设计防火规范》（GB 50222—2017）等的有关规定。根据建筑自身特点，确定采用的构造形式以及相应的改造技术。节能改造应与安全、防火、防水、装饰等改造同时进行。

1）门窗节能改造

更换不能达到节能标准的旧有外窗，外窗性能应满足节能设计标准的要求。主要从减少渗透量、热传量和太阳辐射三个方面进行，方法包括：① 使用密封性能好的材料增加窗户的气密性，以减少渗透量；②使用双重玻璃门，从而避免出入口直接朝外，或者使用红外线自动玻璃门等以减少热量的流失；③利用热反射镀膜中空玻璃、低辐射镀膜玻璃以及设置遮阳设施等削弱太阳的辐射强度；④更换中空玻璃塑钢窗户为节能窗减少热传量。门窗节能改造时需注意：

（1）更换外窗时建议采取外窗框与基层墙体外侧平齐。如受现场条件限制采取原位置更换时，需注意在窗户外侧四周热桥部位采取保温措施。

（2）外窗开启方式建议采用密闭性较好的（复合）平开窗（图4-6）。不具备条件的部位可采用推拉窗，但须采取防坠落措施，并应满足节能标准要求。

2）墙体节能改造

外墙的节能改造分为两种情况：一是，可对旧的建筑物进行改造，外墙面重新装修；

二是，外墙不适宜改动。针对外墙可以装修改造的情况，需要在外墙增加保温隔热材料，使与保温层之间保留一个空气层，既能体现出装饰的效果，又可以保证保温隔热材料干燥，提高墙体的保温隔热效果（图4-7）。

图4-6 老旧小区环保节能门窗样式图
来源：中建设计，2023

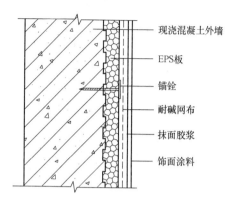

图4-7 外墙保温施工做法图
来源：中建设计，2023

根据墙体材料、构造、厚度、饰面做法及剥蚀程度，确定房屋外墙及热桥部位的保温构造做法，满足《严寒和寒冷地区居住建筑节能设计标准》（JGJ 26—2018）要求。

墙体节能改造时需注意：

（1）保温改造应考虑后期维护的便利，尽量使用自洁性高的、防水高弹墙漆，外保温建议采用双层抗碱玻纤网格布以增强抗裂效果（图4-8）。

（2）由于保温材料较为松软的特殊性，近人部位外墙需采用强度较高的保温材料，并采用面砖或石材等硬度较高的面层，如采用涂料则角部增加金属护角。

（3）在底层每层或隔2～3层设置保温板托件。外墙节能改造设计应做好保温工程的密封和防水构造处理，防止水蒸气及潮湿气体对保温层和基层的侵害。

图4-8 抗碱玻纤网格布图
来源：中建设计，2023

3）节能屋面

屋顶及外墙保温技术措施有：①可通过增加保温板、保温涂料、铺设保温卷材等方式提高保温效果，如采用干铺保温材料；②更换保温材料，选用热导率小的保温材料，增加保温层厚度；③做好防水及排气；④选用憎水型保温材料，采用倒置式屋面；⑤加设坡屋面（平改坡）；⑥采用绿化种植屋面等。

利用屋顶做绿化种植屋面、蓄水屋面或架空屋面，均能起到良好的隔热保温作用，是最为生态的节能改造措施。

（1）种植屋面。分为覆土种植屋面和无土种植屋面两种。覆土种植屋面是在屋顶上覆盖种植土，厚度约200～300mm，有显著的隔热保温效果；无土种植屋面是用水渣、蛭石等代替土壤作为种植层,既降低了负载,又能保温(图4-9)。

图4-9 种植屋面图
来源:中建设计,2023

(2)蓄水屋面。建筑改造中通常采用浅蓄水屋面,一般适用于夏季需要隔热而冬季不需要保温或兼顾保温的地区。一般浅蓄水屋面采用100~200mm水深,可种植水浮莲等水生植物,屋面外表面温度可降低5℃左右。注重屋面防水。

(3)架空屋面。架空屋面是在屋面防水层上采用薄型制品架设一定高度的空间,起到隔热作用的屋面。薄型制品一般采用钢筋混凝土薄板或空心板,支设方法一般采用支墩架设。寒冷地区不宜采用,因为冬天寒冷时会降低屋面温度,反而使室内降温。

2. 用能系统节能改造

用能系统节能改造主要是通风空调系统、供热系统、照明系统三个部分。

1)通风空调系统节能改造

(1)针对既有建筑通风空调系统的改造,可在屋顶加设风帽,利用自然风速实现室内外空气流动。

(2)对小区内的配套服务及公共场所,鼓励采用变频节能式空调设备。组合空调机组、回风机、新风机采用变频方式实现变风量节能运行。

(3)对老旧小区中的厨房、厕所、浴室等,可采用自然通风或机械通风的方式,来实现局部排风或全面排风。

(4)位于寒冷或严寒地区的建筑物,应设置可开启的门窗以便能够定期换气。

2)供热系统节能改造

(1)室外热源。供暖方式上,采取集中供暖(图4-10)。针对小型分散、效率不高的锅炉,可进行连片改造,实行区域供暖,提高供暖效率。热源形式上,根据具体能源现状,充分考虑地热、太阳能等清洁节约型能源。根据供暖现状,优先考虑水泵变频调速控制、大温差小流量等降低输配能耗的节能改造措施。

(2)室内系统。建筑室内系统的节能改造可采用双管系统和带三通阀的单管系统,并进行水力平衡验算,采取措施解决室内供暖系统垂直及水平方向水力失调的问题。应用高效保温管道水力平衡设备温度补偿器及在散热器上安装恒温控制阀等改善建筑的冷热不均。

第四章 城镇社区更新规划设计的主要内容和技术要点

图 4-10 老旧小区采取集中供暖图
来源：中建设计，2023

供暖设备选择采用低温地板辐射供暖，利用低温热水（40～50℃）在埋置于地面下高密度聚乙烯管内循环流动，加热整个地面。

3）照明系统节能改造

（1）选用节能型灯具。目前，国内照明光源 80% 以上是白炽灯和荧光灯，老旧小区公共照明系统改造时建议选用 PL 节能灯（管）（图 4-11）、普通日光灯，少用或不用白炽灯。照明光源也可以选用自然光，采取太阳能路灯，节能环保，安全高效。建筑内公共空间须完善建筑照明节能控制技术，推广采用通挖、自动智能控制方式。

图 4-11 老旧小区安装 PL 节能路灯图
来源：中建设计，2023

（2）充分利用自然采光，可关闭或调节一部分照明设备，从而节约照明用电。但是由于进入大量的自然光，也会增加太阳辐射；因此，在采用自然采光的同时，要采取一定的遮阳措施，以避免过多的阳光进入室内带来过多的太阳辐射。

（三）建筑加装电梯改造

1. 设计要求

（1）增设电梯应结合建筑现状条件和住户需求，因地制宜进行设计，并遵循建筑功能和交通组织合理、结构安全、对环境影响控制到最小的原则。

（2）增设电梯时应避开地下管井。

（3）增设电梯应满足建筑功能的要求，不应减小住宅单元的安全疏散宽度，不应降低原楼梯间的排烟条件，并符合现行国家标准《建筑设计防火规范》（GB 50016—2014）的相关规定。

（4）增设电梯应协调与既有建筑原楼梯、前室、消防电梯等的关系，宜利用阳台、走廊等开敞空间解决前室或合用前室的通风、采光等要求。

（5）电梯井道不应紧邻有噪声控制要求的房间。当受条件限制无法避免时，应采取隔声、减震的构造措施。

2. 工程实施

加装电梯工程相较于新建工程，其面临的主要问题为场地狭小、带户施工、水电气管网挪移等。因此，既要充分对居民诉求进行摸底，也应摸排小区专业管线情况，梳理专业管线改移需求。

施工企业需要在施工前针对具体工程编制专门的施工组织设计和安全管理方案，并对住户人员进行安全管理宣传，采取可靠的安全保障措施以确保工程施工安全。

在施工方案的选择上，最常采用的是钢结构电梯。根据既有建筑布局、户型、场地等条件，可采用贴附式、连廊式或加建阳台等不同方式。加装电梯工程应根据既有建筑实际情况，尽量选择技术先进、集成度高、安装工艺简便的产品和施工工艺，尽可能降低施工对住户的打扰（图4-12）。

图 4-12 老旧小区加装电梯图

来源：中建设计，2023

二、道路交通设施改造

(一) 道路提升改造

道路提升改造主要包括消防道路、车行道路、人行道路三个部分。

1. 消防道路

1) 规范要求

(1) 消防车道的净宽度和净空高度均不应小于 4.0m。

(2) 尽头式消防车道应设置回车道或回车场，回车场的面积不应小于 12m×12m；考虑大型消防车的使用空间不宜小于 18m×18m。

(3) 高层建筑周边应设置环形消防车道，环形消防车道要求至少与其他车道有两处连通。老旧小区空间有限的，可沿高层建筑的两个长边设置消防车道，当建筑的沿街长度超过 150m 或总长度超过 220m 时，应在适中位置设置穿过建筑的消防车道。有封闭内院或天井的高层建筑沿街时，应设置连通街道和内院的人行通道（可利用楼梯间），其距离不宜超过 80m。

(4) 应设置消防扑救场、消防车道、回车场（道）及扑救作业场地，可利用居住区现有交通性道路设置，但必须满足消防空间的空间长度、宽度及高度要求。并且用于消防空间的小区道路及广场铺装应考虑大型消防车荷载需求（图 4-13）。

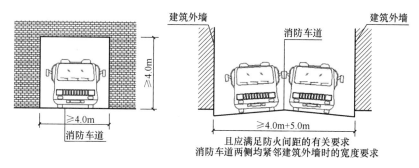

图 4-13 建筑设计防火规范图
来源：中建设计，2023

2) 改造要点

(1) 确定消防空间区域：

① 消防道路宽度不足 4m 时，应对其道路进行拓宽。在拓宽道路时，既要保障消防道路的连贯性，又要考虑道路拓宽对绿地植物的影响。

② 消防扑救场区域的设置宜选择 4m 净空高度内无大树、建（构）筑物或景墙等障碍物，以免影响消防扑救工作的展开。

③ 清退占用消防空间及扑救场地的车辆，不能在消防空间内规划停车区域。

④ 对于消防空间的铺装要求，既要保障满足机动车日常行驶需求，也要考虑大型消防车的荷载需求。除特殊景观需求外，宜使用透水沥青混凝土、透水混凝土等，经济造价低，实用性强，且后期维护成本较低。

(2) 明确标识空间范围：

① 通过消防车道等地面铺装文字、纹样等对消防空间范围进行明确划分提示。

② 通过提示标识，有效提醒居民：消防空间不可非法占用（图 4-14）。

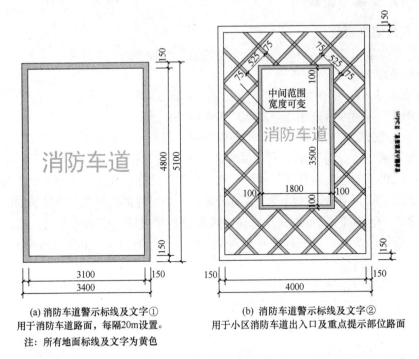

(a) 消防车道警示标线及文字①
用于消防车道路面，每隔20m设置。

(b) 消防车道警示标线及文字②
用于小区消防车道出入口及重点提示部位路面

注：所有地面标线及文字为黄色

图 4-14 消防通道标识线图
来源：中建设计，2023

2. 车行道路

1) 规范要求

(1) 居住区内部车行道路的设计应满足消防、救护、搬家等车辆的通达要求。居住区主要附属道路与城市道路的车行出入口不得少于两个，且连接性道路宽度不应小于 4m；其他居住区内部道路根据行车、行人或停车需求确定道路宽度，且不宜小于 2.5m。

(2) 应控制机动车对外出入口的数量，出入口之间的间距≥150m。

(3) 车行道路的道路断面应符合规范要求。居住区内道路一般采用双幅路或单幅路的道路断面。双幅路一般用于小区两条机动车道以上；单幅路适用于机动车交通量较小的次级道路或支路。机动车道纵坡控制原则如下：一般地区，最大纵坡＜8.0%，最小纵坡≥0.3%；积雪或冰冻地区，最大纵坡＜6.0%，最小纵坡≥0.3%。

2) 改造要点

(1) 交通动线组织：

① 小区主车行道路串联整个小区，形成交通大环线，次级车行道路穿梭于小区内各个重要节点，形成交通小环线，小交通环线汇入大交通环线，使得小区道路主次分明，交通通达顺畅。且应尽量减少车行道与人行道的交叉，减小车辆对人的活动影响。

② 根据居民对小区内不同区域的交通安全实际需求的程度不同，对于车行道路的车速限制要求各不相同。主要是住宅建筑出入口以及学校（幼儿园、小学）等人群聚集的区域，优先保护居民活动出行，尽量避免车行驶入。居住区内人行的主要活动通道允许机动车通过，可以通过增设减速带，减缓车速，保障人行区域的安全。其他公共活动场地的集

散出入口，须限制机动车车速和流量。

（2）铺装设计：车行道路铺装应满足行车的荷载需求，并满足消防、救护等特殊车辆的荷载需求。面层材料一般建议使用沥青混凝土、透水混凝土、露骨料混凝土。

（3）排水修缮：

① 在进行路面改造时应仔细摸排现状，对堵塞的雨水管道进行疏通，破损严重的部分及时进行更换。

② 当竖向设计已经无法调整时，且雨水口间隔较远，可以在最低点处设雨水口，保障路面不存在积水现象。

（二）机动车停车设施改造

1. 建设要求

完整居住社区要提供安全便捷的停车及充电设施，满足居民停车需求，并制定规范有序的社区停车管理措施。新建居住社区按照不低于每户1个车位配建机动车停车位，100%停车位建设充电设施或预留建设安装条件❶。既有居住社区统筹空间资源和管理措施，协调解决停车问题，防止乱停车和占用消防通道现象。

2. 建设原则

社区停车和充电设施的建设应贯彻资源节约、环境友好、社会公平、安全便捷、可持续发展的原则，根据当地机动车化发展水平、居住社区所处区位、用地条件、居民需求等因素综合确定停车和充电设施的供给方案。

机动车停车位（场）设置合理，停车管理规范有序，不占用、堵塞消防通道；停车困难的社区，可以利用楼边、路边等边角地以及改造既有平面停车设施等，增加停车位；推行错时停车，鼓励与周边商业办公类建筑共享利用停车泊位；有条件的社区，配置智能停车管理系统；居住社区停车场和车库按照不少于总停车位0.5%的比例，设置无障碍机动车停车位，如停车场规模较小应设置不少于1个无障碍机动车停车位（图4-15）。

3. 设计要点

1）基本设计要求

（1）停车场的出入口数量及宽度要求：当机动车停车场车位容量大于50个时，出入口应不少于2个，出入口之间的净距宜大于7m；若场地狭小，可设置一个出入口，但其进出通道宽度宜采用9~10m。

（2）地面停车场内主要通道宽度≥6m。

（3）停车场通道形式要求：一般分为直线型和曲线型，直线型通道的最大坡≤15%，曲线型通道的最大坡度≤12%。

（4）严格按用地属性进行场地选择，不得占用附属绿地。

（5）集中停车场选址应尽量靠近社区的交通主要动线，确定停车场内外的交通流线组织、通道的布置，方便车辆进出和交通动线之间的衔接。

（6）结合小区空间条件，因地制宜采用集中和分散、地面和立体相结合的方式布置机动车停车位。

---

❶ 《国务院办公厅关于加快电动汽车充电基础设施建设的指导意见》（国办发〔2015〕73号）指出：新建住宅配建停车位应100%建设充电设施或预留建设安装条件，每2000辆电动汽车至少配建一座公共充电站。

(a) 增设立体停车设施

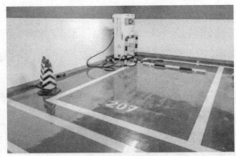
(b) 机动车充电设施

(c) 设置集中式停车场

(d) 利用边角地改建集中式停车场

图 4-15　机动车停车与充电设施
来源：住房和城乡建设部，2021；中建设计，2023

（7）设置机械式或高于地面的停车设施时，可采用机械式停车架或建设坡道式停车楼。选址和设施高度需考虑停车设施对周边居住建筑的噪声和采光影响。

（8）地面停车位数量不宜超过住宅总套数的 10%；应设置无障碍机动车位，并应为老年人、残疾人专用车等新型交通工具留有必要发展余地。

（9）结合小区道路沿线空间，采用垂直、斜列或平行式布置停车位，见表 4-11。

小型车最小停车位、通（停）车道宽度　　　　　表 4-11

停车方式		垂直通车方向最小停车位宽度 (m)		平行通车道的最小停车位宽度 (m)	通（停）车道最小宽度 (m)
		We1	We2		
平行式	后退停车	2.4	2.1	6.0	3.8
斜列式	30° 前进（后退）停车	4.8	3.6	4.8	3.8
	45° 前进（后退）停车	5.5	4.6	3.4	3.8
	60° 前进停车	5.8	5.0	2.8	4.5
	60° 后退停车	5.8	5.0	2.8	4.2
垂直式	前进停车	5.3	5.1	2.4	9.0
	后退停车	5.3	5.1	2.4	5.5

注：We1 为停车位毗邻墙体或连续分隔物时，垂直于通（停）车道的停车位尺寸；We2 为停车位毗邻时，垂直于通（停）车道的停车位尺寸。
来源：《车库建筑设计规范》（JGJ 100—2015）

2）生态化设计要求

在地面停车场中以绿化隔离带进行车位区域划分，将停车空间与景观绿化空间有机结合，形成林荫停车场。优点在于：增加植物的垂直投影区域，提高了绿化覆盖率和景观品质；可为车辆遮阴，减少能源消耗；减少地表雨水径流量。

（1）宜选用透水沥青路面，坚固耐用并且透水排水。

（2）可采用植草砖、植草格或透水性强的铺装材料。

（3）绿化种植应以不影响车辆正常通行为原则。乔木类植物选用深根性、分枝点高、树冠大的树种；寒冷地区选用落叶树种。乔木分枝点高度应满足停车位净高要求，一般小型车为2.5m；树池宽度宜为1.5m左右，加设树池箅子，株距宜为5～6m；灌木以绿篱或观叶灌木为主。

3）停车设施智能化管理要求

包括自动道闸、感应卡读感器、感应卡、语音提示等。一般设置在小区出入口，与行人出入口相分离。车辆采用视频车牌识别，车辆进入小区，道闸自动开启，快捷通畅。

4）标识设计要求

标识类别主要分为两大类：停车标识和警示性标识。须按照相关的规范要求，设计此类特殊标识的用色、字体和字号。停车标识一般宜选用蓝色加白色系，大写"P"；警示性标识宜选用主色为红，辅色为蓝色和白色。

标识内容包括文字、图案、专用符号和色彩。这些元素可相互组合，充分体现标识信息，设计简单醒目，方便驾车者通过时快速地识别标识内容（图4-16）。

图4-16 某老旧小区停车设施标识改造前后对比图

来源：中建设计，2023

停车场标识应系统化设计，能够形成连贯性、系统性的停车场（库）标识系统，方便驾车者看到标识时快速做出反应。

（三）非机动车停车设施改造

1. 建设要求

建设非机动车停车棚、停放架等设施，非机动车停放点应小规模分散布置。具备条件的居住社区，建设电动自行车集中停放和充电场所。电动自行车集中停放及充电场所应加强消防安全管理。

2. 建设原则

遵循"以人为本"的便捷化原则，根据居民居住情况以就近原则规划，尽量让居民少绕路，避免居民将自行车停放于楼栋单元门口导致道路拥堵的情况；亦可结合楼栋周围绿化设施等综合利用空间设置，并与小区景观协调。

3. 设计要点

（1）非机动车停车场/棚的服务半径可按照50～100m考虑，步行时间以不超过2分钟为宜。停车场面积根据老旧小区面积设置，可按照 0.8~1.2m²/辆设置，停车方式可采用垂直式和斜列式，在场地充裕的情况下可设置连片区域。

（2）非机动车停车设施布局以地面方式为主，方便居民停放。小区已有地下（半地下）非机动车停车设施的，可结合住宅楼栋入口设置临时停放车位；若小区没有地下（半地下）非机动车停车设施的，则结合宅间路、宅旁空间施划非机动车停车位，辅以遮阳棚架。

（3）对于非机动车停车区域，可通过地面铺装、车位划线、固定装置及相关标识进行区分，注意与周边道路和建筑相协调且不得影响周边住宅通风采光。

（4）非机动车棚的棚顶宜采用轻型材质建造，可选用阳光板（图4-17）。注意色彩与周边环境搭配，并配置充电插座设施。

图 4-17 非机动车停车与充电设施
来源：中建设计，2023

（四）慢行系统改造

1. 建设要求

完整居住社区要建设连贯各类配套设施、公共活动空间与住宅的慢行系统，与城市慢行系统相衔接。社区居民步行10分钟可到达公交站点。

2. 建设原则

完整居住社区鼓励建设慢行友好的社区交通环境，建立便捷连通、舒适宜人的慢行网络，提升慢行交通的比例与品质，促进居民健康。一方面，加强社区内各项基本服务设施、公共活动空间的慢行联系；另一方面，要与城市慢行系统相衔接，方便居民通过慢行系统到达社区周边城市公共服务设施、公交站点、公园绿地和公共活动场地等。

有条件的社区，宜采用人车分流的交通组织模式，减少机动车与步行者、骑行者之间的干扰和冲突；结合慢行系统建设社区绿道，铺装选择坚实、牢固、防滑和透水的材料，沿线设置休憩座椅、垃圾箱、夜间照明等设施；社区入口、道路交叉口等重要节点处宜设置社区地图、导视牌、警示牌等标识，形成醒目、易辨识的社区导视系统（图4-18）。

3. 设计要点

1）规范要求

（1）人行出入口间距不宜超过200m；

（2）人行道路最小纵坡≥0.3%；最大纵坡：一般地区<8%，积雪或冰冻地区≤4%。

（3）在道路空间允许的情况下，优先保证必要的消防通道或车行宽度，人行道路宽度

(a) 慢行步道串联公共活动场地　　(b) 慢行步道旁设置休憩座椅

图 4-18　慢行步道系统
来源：住房和城乡建设部，2021

不宜小于 2.5m。为提高人行空间的安全性和美观性，车行道路与人行道路之间可以增设绿化隔离带或者设施带，绿化隔离带最小宽度不应小于 0.5m；可结合绿化隔离带放置设施，也可以单独设置设施带，设施带宽度可根据设施的尺寸进行确认，一般设置护栏设施所需净宽为 0.25～0.5m。

（4）在空间有限的情况下，人行道路的宽度一般应保证两人或者一个人和轮椅并行通过，距离大约需要 1.8m。

（5）为保障人行空间的安全及车行空间的顺畅，人行道路的地面高度一般比车行道路的地面高 150～200mm。

（6）考虑到人行道路的无障碍设施设计，对于此类人行道路，路口一般增设可供轮椅通过的缘石坡道，同时为老人、儿童以及携带行李者提供方便。

（7）坡面平整，坡道下口与车行道路顺接。坡道根据道路现状，可采用单面坡、扇形坡或三面坡。坡度≤8%，宽度≥1m。

（8）人行道路路面材料的选择应以保证路面平坦为原则，避免凹凸不平的铺装材料。建议选用规整且不带有突出障碍物的材质，同时还需要筛选其性能是否防滑。为保障居民日常出行，还需考虑人行路面的排水设计。

（9）人行地面铺装应对使用者具有指示性和引导性。可采用线性地面标识或导向式地面材料，对于出现高差变化或方向变化的位置采用点状地面标识。

2）改造要点

（1）梳理现状人行空间，对于不连续的部分增设人行步道。通过串联部分绿地的小园路，使小区内部的绿地及公共活动场地等连接起来，打造小区内部相对独立且连续的慢行系统（图 4-19，图 4-20），力求为居民提供安全而良好的慢行环境。

（2）通过设计富有变化的步行道，结合在道路节点处的绿化设计及增设的小品设施，增强居民漫步的体验感。可按居民需求提供不同时长和难度的线路选择。

（3）针对人车分离型道路，人行道路地面一般比车行道路地面高 150～200mm，在人行道路路口应设置可供轮椅通过的缘石坡道。

（4）针对人车融合型道路，应对人行道路区域进行铺装材料上的区分，增加车挡栏杆或增加绿化隔离带强化人行、车行空间的划分，强调人行道路的路权，使人行空间获得宜人舒适的尺度。

（5）人行道路的路面材料应保证路面平坦及防滑，避免凹凸不平的不规整铺装材料，不能有突出的障碍物。

（6）人行地面铺装可采用线性地面标识，采用导向式地面材料，指标沿线性方向活动；中止或变换方向的位置采用点状地面标识，提示高差或方向变化。

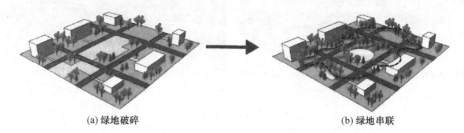

(a) 绿地破碎　　　　　　　　　　　　　(b) 绿地串联

图 4-19　连续的慢行系统示意图
来源：张佳丽，2021

图 4-20　某老旧小区独立且连续的慢行系统图
来源：中建设计，2023

（五）无障碍环境建设

无障碍设施是方便残障人士、老年人等行动不便或有视力障碍者使用的安全设施。加强无障碍环境建设，是保障弱势群体参与社会生活、共享经济发展成果的必要条件❶。

1. 建设要求

完整居住社区要加强无障碍环境建设，住宅和公共建筑出入口设置轮椅坡道和扶手，公共活动场地、道路等户外环境建设符合无障碍设计要求。具备条件的社区，实施加装电梯等适老化改造；对有条件的公共服务设施，设置低位服务柜台、信息屏幕显示系统、盲文或有声提示标识和无障碍厕所（厕位）。

2. 建设原则

无障碍环境建设应当与经济和社会发展水平相适应，遵循实用、易行、广泛受益的原则，为残疾人、老年人等社会成员参与社区生活提供便利（图 4-21）。

住宅、各类配套服务设施出入口有高差处应设置轮椅坡道及助力扶手，并采用防滑材

---

❶《无障碍环境建设条例》（国务院令第 622 号）

(a) 住宅单元出入口设置无障碍坡道　　(b) 公共活动场地设置无障碍坡道

图 4-21　无障碍设施

来源：住房和城乡建设部，2021

料。既有住宅应结合实际，实施加装电梯改造，电梯轿厢应满足一位乘轮椅者和一位陪护人员共同乘梯需要，有条件时宜采用可容纳担架的电梯。

运动场地、活动场地、儿童游戏、棋牌区、健身步道等公共活动场地应满足无障碍设计要求，实现全龄友好。

3. 设计要点

1）无障碍设施

(1) 缘石坡道的坡面应平整、防滑。

(2) 缘石坡道的坡口与车行道之间宜没有高差，当有高差时，高出车行道的地面不应大于 10mm。

(3) 可选用全宽式单面坡或三面坡式，全宽式单面坡缘石坡道的坡度不应大于 1∶20，宽度应与人行道宽度相同；三面坡式缘石坡道正面及侧面的坡度不应大于 1∶12，宽度不应小于 1.2m（图 4-22）。

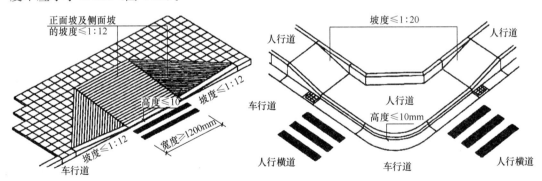

图 4-22　人行道无障碍坡度示意图

来源：住房和城乡建设部，2021

2）无障碍出入口

无障碍出入口包括：平坡出入口；同时设置台阶和轮椅坡道的出入口；同时设置台阶和升降平台的出入口（图 4-23）。

图4-23 某社区单元的无障碍出入口
来源：中建设计，2021

（1）出入口的地面应平整、防滑。

（2）室外地面滤水算子的孔洞宽度不应大于15mm。

（3）除平坡出入口外，在门完全开启的状态下，建筑物无障碍出入口的平台的净深度不应小于1.50m。

（4）建筑物无障碍出入口的门厅、过厅如设置两道门，门扇同时开启时两道门的间距不应小于1.50m。

（5）建筑物无障碍出入口的上方应设置雨棚。

（6）平坡出入口地面坡度不应大于1∶20，场地条件较好时，不宜大于1∶30。

（7）台阶踏步设计宽度应采用290～350mm，高度宜不大于150mm。踏步檐口避免突出，若难以避免，则进行圆角处理。

3）轮椅坡道

（1）宜设计成直线形、直角形或折返形。

（2）轮椅坡道的净宽度不应小于1.00m，保证一辆轮椅通行；无障碍出入口的轮椅坡道净宽度不应小于1.20m，保证一辆轮椅和一个人侧身通行。

（3）轮椅坡道的高度超过300mm且坡度大于1∶20时，应在两侧设置扶手，坡道与休息平台的扶手应保持连贯。

（4）坡面应平整、防滑、无反光。

（5）轮椅坡道的坡度可按其提升的最大高度来选用，当坡道所提升的高度小于300mm时，可以选择相对较陡的坡度，但不得小于1∶8；在有条件的情况下将坡道做到小于1∶12的坡度，通行将更加安全和舒适（图4-24）。坡度的宽度、坡度及坡面材质要求应符合国家标准《无障碍设计规范》（GB 50763—2012）以及《国家建筑标准设计图集：无障碍设计》（12J926）。

4）居住绿地

（1）居住绿地的主要出入口应设置为无障碍出入口；有3个以上出入口时，无障碍出入口不应少于2个。

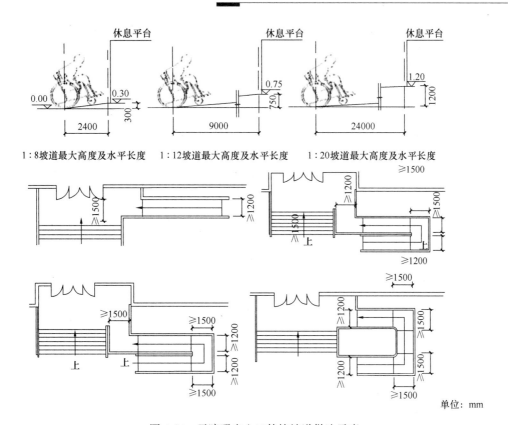

图 4-24　无障碍出入口轮椅坡道做法示意
来源：王凯，2022

（2）居住绿地内游步道应为无障碍通道，轮椅园路纵坡不应大于 4%，轮椅专用道纵坡不应大于 8%。

（3）居住绿地内的游步道及园林建筑小品等休憩设施不宜设置高于 450mm 的台明或台阶；必须设置时，应同时设置轮椅坡道并在休憩设施入口处设提示盲道。

（4）绿地及广场设置休息座椅时，应留有轮椅停留空间。

三、基本公共服务设施改造规划与设计

社区基本公共服务设施是保障居民获得基本公共服务权益的设施，主要包括社区综合服务站、幼儿园、托儿所、老年服务站和社区卫生服务站。

（一）社区综合服务站

社区综合服务站是为居民办理社区事务的基本公共服务设施，是居民日常交往、开展文化活动的重要场所，为社区提供居委会办公、物业管理、党群活动、居民议事交往、警务等公共事务，以及社区卫生、教育、文化娱乐、体育健身、老年人日间照料、残障人士康复等公共服务的综合功能。

社区综合服务站建设规模按社区常住人口数分为三类[1]。一类，社区常住人口数

---

[1] 《城市社区服务站建设标准》（建标 167-2014）

6000~9000人，其房屋建筑面积800~1000m²；二类，社区常住人口数3000~6000（不含）人，其房屋建筑面积600~800m²；三类，社区常住人口数3000以下（不含）人，其房屋建筑面积600m²。

1. 建设要求

完整居住社区要建设1个社区综合服务站，建筑面积800m²。社区综合服务站的用房一般由社区工作用房和居民活动用房组成。社区工作用房包括社区服务大厅、警务室、居委会办公室、党群活动中心等；居民活动用房包括阅览室、棋牌室、文体活动室等。在条件允许时，可与老年服务站、文化活动站、物业管理用房等其他服务设施统筹建设，提升社区空间的使用效率[5]（图4-25）。

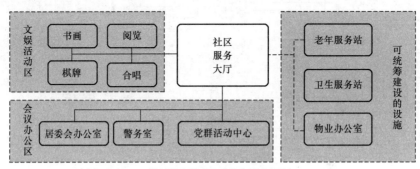

图4-25 社区综合服务站功能布局示意图
来源：王凯，2022

2. 建设原则

社区综合服务站的建设应规模适度、配置合理、功能多元、经济实用，具备组织开展社区居民自治、向社区居民提供基本公共服务的功能。

新建居住社区应当建设功能复合、服务高效的社区综合服务站，综合提供社区养老、卫生、助残、文化娱乐、物业管理等多元化服务。城市中心区内社区应当充分挖掘和利用存量资源，通过改造其他公共设施、综合配置等方式配建社区综合服务站，也可利用边角地配置社区移动图书馆等设施。

3. 选址要求

新建社区综合服务站的选址应满足以下要求：

（1）应选择市政设施条件较好、交通便利的地段。

（2）应选择位置适中、方便居民出入，便于服务辖区居民的地段。

（3）宜靠近广场、公园、绿地等公共活动空间。

此外，当城市社区综合服务站与其他建筑合建时，宜设置在建筑物低层部分，并有独立出入口。用地紧张的社区，可在同一辖区内，分开建设房屋建筑和场地，或设置可移动自助设施，提供智能、便捷的社区服务。

（二）幼儿园

幼儿园是面向3~6岁学龄前幼儿实施保育和教育的机构。

1. 建设要求

完整居住社区要建设1个幼儿园，为3~6岁幼儿提供普惠性学前教育服务。原则上不小于6班，建筑面积不小于2200m²，用地面积不小于3500m²，应当包含建筑空间和活动场地两个部分。建筑空间主要包含幼儿生活用房、服务管理用房、附属用房、交通空间；活动场地包括班级活动场地和共用活动场地❶（图4-26）。

幼儿生活用房应布置在当地最好朝向，冬至日底层满窗日照的有效时间不应小于3小时。活动室与寝室合并建设时，人均使用面积不小于3.5m²；分开设置时，活动室人均使用面积不小于2.4m²，寝室人均使用面积不小于2m²。

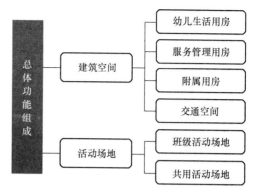

图 4-26　完整居住社区幼儿园总体功能组成
来源：王凯，2022

幼儿园每班应设专用活动场地，人均面积不应小于2m²，各班活动场地之间宜采取分隔措施；应设全园共用活动场地，人均面积不应小于2m²。

2. 建设原则

幼儿园建设应坚持以"幼儿为本"，符合幼儿身心发展规律。园区布局、房屋建筑和设施功能完善、配置合理，适合幼儿生活和开展游戏活动，绿色环保、经济实用。

新建、改建、扩建幼儿园应符合《幼儿园建设标准》（建标175-2016）、《托儿所、幼儿园建筑设计规范（2019年版）》（JGJ 39—2016）和国家相关抗震、消防标准的规定，合理布局，保障安全。

配套不全的居住社区要依据国家和地方配建标准通过补建、改建或就近新建、置换、购置等方式予以解决。

3. 选址布局

（1）城镇居住小区应按居住区规划设计配建幼儿园，满足就近入园、方便接送的要求。幼儿园布点应均匀，宜根据幼儿步行时间不宜过长的特点确定幼儿园服务半径，城镇幼儿园的服务半径宜为300~500m。

（2）应避免噪声、烟尘、异味的干扰和污水、废气、粉尘的污染；应避开地震危险地段、可能发生地质灾害地段、不安全地带；应与不利于幼儿身心健康的社会环境保持适宜的距离，并应远离物理、化学污染源。

（3）园区主出入口不应直接设在城市主干道或过境公路干道一侧，园门外应设置人流缓冲区和安全警示标志。园区周边应设围墙，主出入口应设大门和门卫收发室。机动车与供应区出入口宜合并独立设置。

（4）园门外侧应留有缓冲地带，并设置警示性标志。围墙应牢固、美观，不易攀爬，有利于幼儿园的安全管理。

（5）幼儿园不得建在高层建筑内。3班及以下规模的幼儿园可设在多层公共建筑内的一至三层，应有独立院落和出入口，室外游戏场地应有防护设施；3班以上规模的幼儿园不应设在多层公共建筑内。

---

❶ 《幼儿园建设标准》（建标175-2016）

（三）托儿所

托儿所是面向 0~3 岁婴幼儿实施保育为主、教养结合的照护场所。

1. 建设要求

完整居住社区要为 0~3 岁婴幼儿提供安全可靠的托育服务，建设 1 个托儿所，建筑面积不小于 200m²。一般包含建筑空间和室外活动场地两个部分。建筑空间包含乳儿班、托儿班等生活单元，以及服务管理用房、附属用房、交通空间。

托儿所室外活动场地人均面积不应小于 3m²。城市人口密集地区改、扩建的托儿所，设置室外活动场地确有困难时，室外活动场地人均面积不应小于 2m²。独立婴幼儿照护设施在总体设计、建筑布局等方面与幼儿园类似，但由于使用对象的特殊性，生活单元（乳儿班单元和托儿班单元）的设计存在不同（图 4-27）。

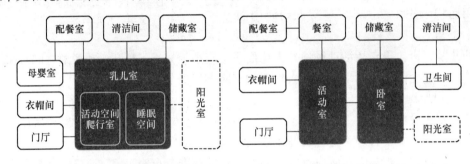

(a) 乳儿班单元功能布局示意图　　(b) 托儿班单元功能布局示意图

图 4-27　乳儿班、托儿班单元功能布局示意图

来源：王凯，2022

2. 建设原则

应以婴幼儿为中心，立足于婴幼儿的生理、心理需求及发展特点进行设计。符合《托儿所、幼儿园建筑设计规范（2019 年版）》（JGJ 39—2016）和国家相关抗震、消防标准的规定。

新建居住社区规划、建设与常住人口规模相适应的婴幼儿照护设施，并与住宅同步验收、同步交付使用；老城区和已建成居住社区无婴幼儿照护设施的，要限期通过购置、置换、租赁等方式建设。在加快推进居住社区设施改造过程中，通过做好公共活动区域的设施和部位改造，为照护创造安全、适宜的环境和条件。

3. 选址布局

托儿所的服务半径宜为 300~500m。选址要满足日照规定，不与人流密集、环境喧闹等不利于婴幼儿身心成长的建筑毗邻；同时应远离医院、垃圾及污染严重的交通主干道地区。当独立设置有困难时，可以结合社区综合服务站、社区卫生服务站、住宅楼、企事业单位办公楼等建筑联合设置[1]。

（四）老年服务站

老年服务站是为老年人、残疾人提供居家日间生活辅助照料、助餐、保健、文化娱乐等服务的场所。

---

[1] 《托儿所、幼儿园建筑设计规范（2019 年版）》（JGJ 39—2016）

1. 建设要求

完整居住社区要为老年人、残疾人提供居家日间生活辅助照料、助餐、保健、文化娱乐等服务，与社区综合服务站统筹建设1个老年服务站。具备条件的居住社区，可以建设1个建筑面积不小于 $350m^2$ 的老年人日间照料中心，为生活不能完全自理的老年人、残疾人提供膳食供应、保健康复、交通接送等日间服务。

社区老年人日间照料中心包括康复医疗、生活服务、娱乐活动、后勤服务及室外活动等功能。宜在建筑低层部分，相对独立，并有独立出入口，二层以上的应进行无障碍设计；应根据日托老年人的特点和各项设施的功能要求，进行合理布局，分区设置；有条件的养老设施宜安排充足的健身空间（图4-28）。

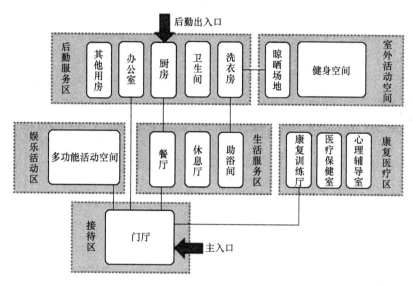

图4-28 社区老年人日间照料中心布局示意图
来源：王凯，2022

2. 建设原则

老年服务站的建设须遵循国家经济建设的方针政策，符合国家相关法律法规，综合考虑社会经济发展水平，因地制宜，满足老年人、残疾人在生活照料、保健康复、精神慰藉等方面的基本需求，规模适宜、功能完善、安全卫生、运行经济。

3. 选址布局

选址布局应满足以下条件❶：

（1）服务对象相对集中、交通便利，供电、给排水、通信等市政条件较好。
（2）邻近医疗机构等公共服务设施。
（3）环境安静、与高噪声、污染源的防护距离符合有关安全卫生规定。

（五）社区卫生服务站

城市基层医疗卫生服务机构分为两级，包括街道层面的社区卫生服务中心和社区层面的社区卫生服务站。社区卫生服务站是社区卫生服务中心功能向社区的延伸，承担社区基

---

❶ 《社区老年人日间照料中心建设标准》（建标143-2010）

本医疗和公共卫生服务职能。

1. 建设要求

完整居住社区应提供预防、医疗、康复、防疫等服务，建设1个社区卫生服务站，建筑面积不小于120m²。主要包括全科诊室、治疗室、处置室、观察室、预防保健室、健康信息管理室等用房。宜设置在社区内相对中心区域，相对独立的低层、多层建筑内，如设在公共建筑内，应为相对独立区域的首层，或带有首层的连续楼层，且不宜超过四层；层数为二层及以上宜进行无障碍设计（图4-29）。

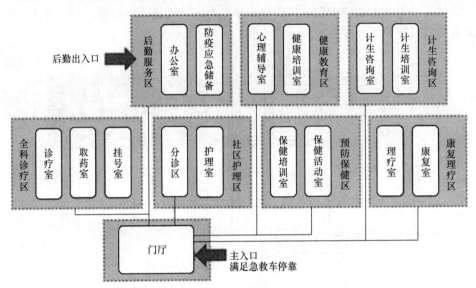

图4-29 社区卫生服务站布局示意图
来源：王凯，2022

2. 建设原则

遵守国家有关法律、法规和国家有关卫生工作的政策，应适应项目所在地区社会、经济发展状况，正确处理现状与发展的关系，做到规模适宜、功能适用、布局合理、流程科学、装备适度、安全卫生、运行经济、节能环保❶。

3. 选址布局❷

(1) 方便群众，交通便利。

(2) 具有较好的工程地质条件和水文地质条件。

(3) 周边有便利的水、电、市政道路等公用基础设施。

(4) 环境安静、远离污染源。

(5) 远离易燃、易爆物品的生产和贮存区，远离高压线路及其设施。

(6) 宜设置在居住区内相对中心区域，结合居住区公共服务设施设置。

---

❶ 《中共中央 国务院关于加强新时代老龄工作的意见》中指出："鼓励医疗卫生机构与养老机构开展协议合作，进一步整合优化基层医疗卫生和养老资源，提供医疗救治、康复护理、生活照料等服务"。有条件的社区，可将社区卫生服务站与老年服务站、老年人日间照料中心结合设置，探索医养结合建设模式。

❷ 《社区卫生服务中心站建设标准》（建标163-2013）

四、便民商业服务设施改造

(一) 综合超市和便利店

综合超市和便利店以经销食品和日常生活用品为主,是社区居民日常生活中使用频繁的便民商业服务设施。

1. 建设要求

完整居住社区要满足居民基本购物需求,建设 1 个综合超市,建筑面积不小于 300m²,提供蔬菜、水果、生鲜、日常生活用品等销售服务。老旧小区等受场地条件约束的居住社区,可建设 2~3 个 50~100m² 的便利店提供相应服务。

2. 建设原则

综合超市和便利店的设置应遵循方便使用、集中和分散兼顾的原则。综合超市面积较大,能提供较多种类商品,服务范围能覆盖较多人口,一般每个完整居住社区设置 1 处;便利店面积较小,主要提供基本日常生活用品,服务范围较小,一般每个完整居住社区可设置多处❶。

3. 选址布局

综合超市和便利店的设置应与城市建设及商业网点布局相协调,合理布局,因地制宜,与环境协调。以生活宜居为原则,选址与经营应便捷可达,且不干扰居民生活。

综合超市和便利店可利用沿街商业店铺进行配置,方便居民就近使用。综合超市附近应设置机动车和非机动车停车场(图 4-30)。

(a) 受场地条件约束的既有居住社区可设置便利店

(b) 综合超市提供蔬菜、水果、日常生活用品销售

图 4-30 综合超市和便利店的设置
来源:住房和城乡建设部,2021

(二) 邮件和快件寄递服务设施

随着电子商务和快递物流的迅猛发展,便捷、智能的邮件和快件寄递服务设施成为社区居民日常生活中必不可少的服务设施。常见的邮件和快件寄递服务设施包括智能信报箱、智能快递箱,可实现取件、送件的无人化便捷操作,需要人工服务的居民可前往邮政

---

❶ 2019 年 8 月,国务院办公厅印发《国务院办公厅关于加快发展流通促进商业消费的意见》(国办发〔2019〕42 号),提出"要加快连锁便利店发展,将智能化、品牌化连锁便利店纳入城市公共服务基础设施体系建设。"

快递末端综合服务站进行业务办理。

1. 建设要求

完整居住社区要建设多组智能信包箱、智能快递箱,提供邮件快件收寄、投递服务,格口数量为社区日均投递量的1~1.3倍。新建居住社区应建设使用面积不小于15m²的邮政快递末端综合服务站。城镇老旧小区等受场地条件约束的既有居住社区,应因地制宜建设邮政快递末端综合服务站。

2. 建设原则

快递接收点或快递自提柜等设施可配置在社区与外部城市道路连通处,或设置在社区出入口和公共空间处,方便快递配送和社区居民取件。条件具备的社区,宜配置"无接触式配送"接收设施,保障卫生安全(图4-31)。

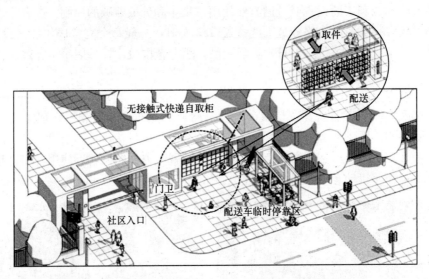

图4-31 无接触式快递接收点和快递自提柜示意图
来源:住房和城乡建设部,2021

新建居住社区应建设使用面积不小于15m²的邮政快递末端综合服务站,为居民提供便捷的寄递服务。邮政快递末端综合服务站宜设置在社区内交通便捷的地点,保证物流畅通❶。

(三)其他便民商业网点

除综合超市和便利店外,常见的便民商业网点还包括理发店、洗衣店、药店、维修店、家政服务网点、餐饮店等,为社区居民提供多元、便捷的商业服务。

1. 建设要求

完整居住社区要满足居民的日常生活需求,建设理发店、洗衣店、药店、维修店、家

---

❶ 《国务院办公厅关于推进电子商务与快递物流协同发展的意见》(国办发〔2018〕1号)指出:"鼓励将推广智能快件箱纳入便民服务、民生工程等项目,加快社区、高等院校、商务中心、地铁站周边等末端节点布局。支持传统信报箱改造,推动邮政普遍服务与快递服务一体化、智能化。鼓励快递末端集约化服务。鼓励快递企业开展投递服务合作,建设快递末端综合服务场所,开展联收联投。"

政服务网点、餐饮店等便民商业网点，提供多元、便捷的商业服务❶。

2. 建设原则

其他便民商业网店可与综合超市结合设置，形成一站式便民商业服务网点。城镇老旧小区可通过改造、购买、租赁等措施，增加商业服务设施，保障居民社区生活物资和日常服务的供应❷（图4-32）。

(a) 充分利用底商布置各类商业服务设施　　(b) 改造住宅首层增加商业服务设施

(c) 充分利用闲置用房补充便民商业服务设施

图4-32　便民商业服务设施的设置方式
来源：王凯，2022；中建设计，2023

五、市政配套设施改造

（一）水、电、路、气、热、信等设施

1. 建设要求

完整居住社区要建设供水、排水、供电、道路、供气（集中供热地区）、通信等设施，达到设施完好、运行安全、供给稳定等要求，实现光纤入户和多网融合，推进5G网络进社区，建设智能安防设施及系统。

---

❶《国务院关于加强和改进社区服务工作的意见》（国发〔2006〕14号）指出：支持社会各方面力量利用闲置设施、房屋等资源兴办购物、餐饮、就业、医疗、废旧物资回收等与居民生活密切相关的服务网点，并维护其合法权益。鼓励和支持各类组织、企业和个人开展社区服务业务。鼓励相关企业通过连锁经营提供购物、餐饮、家政服务、洗衣、维修、再生资源回收、中介等社区服务。

❷《国务院关于深化流通体制改革加快流通产业发展的意见》（国发〔2012〕39号）指出：完善社区商业网点配置，新建社区（含廉租房、公租房等保障性住房小区，棚户区改造和旧城改造安置住房小区）商业和综合服务设施面积占社区总建筑面积的比例不得低于10%。地方政府应出资购买一部分商业用房，用于支持社区菜店、农副产品平价商店、便利店、早餐店、家政服务点等居民生活必备的商业网点建设。

2. 建设原则

新建居住社区应综合规划建设市政基础设施；既有居住社区和城镇老旧小区重点提升改造和补齐设施短板，保障居住社区安全和正常运行；鼓励有条件的社区，建设达到节能减排、智慧运维等高品质的市政基础设施。见表4-12。

完整居住社区市政基础设施建设原则　　　　　　表4-12

设施类型	建设原则
供水	1. 供水设施完好，水压稳定，水质达标 2. 使用高效节水器具和设备 3. 有条件社区，配备高品质供水系统，实施智能供水检测和收费
排水	1. 实现市政排水与污水管网覆盖，生活污水规范接入市政管网，无雨污管网混接、错接问题 2. 排水设施完好，排水通畅，无易涝积水问题 3. 有条件社区，配备雨水渗透、收集和净化系统，达到海绵社区建设要求
供电	1. 供配电设施安全可靠，无漏电、超负荷运行等问题 2. 供电线路规整，无"蜘蛛网"现象 3. 有条件社区，实施电缆入地，建成智能用电小区
道路	1. 道路平整，无坑洼、破损等安全隐患 2. 通行顺畅，与城市路网联系便捷，满足消防车、急救车通达要求道路 3. 照明设施节能，满足夜间照明要求，有条件的社区配备智慧化节能控制系统
供气	1. 用气供应稳定，满足居民日常需要 2. 用气安全，配备泄漏报警系统，定期检修，无安全隐患 3. 有条件的社区，实现管道供气入户，配备智能化供气监控系统
供热	1. 供热设施完好，达到供暖区供热要求 2. 新建建筑符合保温要求，既有建筑实施保温改造 3. 有条件社区，供热管网实施地下敷设，供热效能较高，做到供热监管与温控调度
通信	1. 实现光纤入户和多网融合，移动通信网络覆盖社区 2. 通信线路规整，无"蜘蛛网"现象 3. 有条件社区，实施通信线路入地，物联网、AI技术进入社区，建成智慧社区

来源：王凯，2022

3. 供水设施的改造内容与设计要点

供水管网的改造目标为：进一步消除管网安全运行隐患，保障供水质量安全，促进管网经济、合理运行，有效控制和降低管网漏失。

1) 改造内容

(1) 给水管材、设备是否符合国家卫生标准和相关规范。

(2) 给水管道使用年限，是否存在管道及阀门锈蚀及跑、冒、滴、漏现象。

(3) 二次供水设施是否符合相关卫生和安全标准等。

2) 设计要点

(1) 管材与接口：DN100（含）以上新建给水管道用K9级球墨铸铁管，接口为T形胶圈接口，DN50（含）以下给水管道用薄壁不锈钢管，接口为卡压式连接。

(2) 支墩：DN100（含）以上三通、弯头、盖堵处需砌筑支墩。

(3) 井室砌筑：闸阀井、水表井按照图集《室外给水管道附属构筑物》（05S502）砌筑；消火栓安装按照图集《室外消火栓及消防水鹤安装》（13S201）选用。

(4) 管道水压试验：DN100（含）以上的试验压力为1MPa；DN50（含）以下的试验压力为0.6 MPa，停止注水稳压15分钟后，允许压力降不得超过0.03 MPa。

(5) 回填土要求：为保证回填土的质量及管道外壁与周围土壤的良好接触，回填土中不得采用房渣土、碎砖、粉砂、淤泥及石块等杂物。柔性管道沟槽回填土压实度符合现行国家标准《给水排水管道工程施工及验收规范》（GB 50268—2008）。

(6) 给水管道与污水管道交叉通过时需加套管，套管两端用防水材料封闭。

(7) 管道安装按相关规定粘贴管道标识带。

(8) 给水管线与其他管线间距：小区内管线间距参见现行国家标准《建筑给水排水设计标准》（GB 50015—2019）。

(9) 水表设置：老旧小区供水管网改造项目按照独立计量区（DMA）模式设置三级计量水表：①小区入口安装电子远传流量计；②楼门表（低压直供水）、泵房总表（二次供水）；③公建水表、居民分户水表。不同用水主体、不同用水性质单独装表计量，底商和平房单独装表计量，并保证各级水表计量范围准确。

(10) 水表选型：水表选型要求符合供水企业的相关规定；住宅项目小区进口选用电子远传流量计；楼门表、泵房总表等校核水表安装机械水表；口径大于75mm（含）的计费水表安装电子远传水表；口径小于75mm（不含）的计费水表安装机械水表（居民分户水表除外）；居民分户水表优先选用远传水表。

4. 排水设施的改造内容与设计要求

1) 改造内容

(1) 排水系统为雨污合流或雨污水管道，是否有错接、混接的情况（图4-33）。

(2) 雨污水管道、检查井、化粪池等排水设施是否年久失修，出现严重破损、沉降等情况。

(3) 雨水管道排水能力是否不足，导致雨天小区道路、场地严重积水。

(4) 建筑外立面雨落水管、空调凝结水管是否存在破损、锈蚀，管道支撑是否存在安全隐患，屋面雨水斗是否缺失或损坏等。

2) 设计要点

小区生活排水与雨水排水系统应采用分流制，并符合以下规定：

图4-33 污水管线施工做法
来源：中建设计，2023

(1) 接洗衣机排水的阳台排水管应接入小区生活排水管道，并应设置水封装置，屋面雨水排水应单独设置雨水立管排入小区雨水排水管道。

(2) 小区设有洗车设施时，应设置沉砂池处理洗车废水。

(3) 小区设有餐饮营业场所时，含油餐饮废水应设置隔油设施。

(4) 小区道路、场地的初期雨水径流引导至相邻的下凹绿地、雨水花园等生物滞留设施。

(5) 有条件的部位，屋面雨水落水管宜采用断接排水方式，利用生物滞留设施的蓄水和入渗功能，减少外排雨水径流量。

(6) 雨水入渗设施不得影响建筑物的基础和结构安全。

(7) 如小区同时纳入"污水零直排"改造、海绵化改造计划，应进行统筹协调、整体实施，并满足相应的改造目标。

5. 供电设施的改造内容与设计要求

1) 改造内容

(1) 小区用电容量确定。

(2) 变压器台数和容量的选择。

2) 设计要点

(1) 供配电系统升级改造：按现行行业标准《住宅建筑电气设计规范》（JGJ 242—2011）对每户进行用电核算，升级断路器及其配套电缆，以提高居民生活质量及减少安全隐患。

(2) 电力电缆敷设方式改造：老旧小区电力管网大多是架空敷设，为了实现小区整洁与安全，宜积极推动架空线路入地的敷设方案。

① 电力管线下地有困难的老旧小区，应规范户外缆线的架设，按照因地制宜、规范美观、安全有序的要求，本着强电、弱电分开架设的原则，采取套管、线槽、绑扎等方式，对老旧小区内的电力架空线路进行统一梳理。

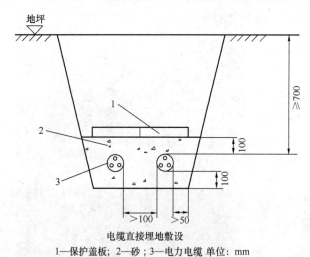

电缆直接埋地敷设
1—保护盖板；2—砂；3—电力电缆 单位：mm

图 4-34　电缆直接埋地敷设图
来源：中建设计，2023

② 电缆的路径选择应综合考虑安全运行、维护方便及节省投资等因素，并与其他地下管线统筹安排。

③ 电缆敷设方式应根据工程条件、环境特点和电缆类型、数量等因素，以及运行可靠、便于维护和技术经济合理的要求进行选择。沿同一路径敷设的室外电缆小于或等于 6 根且场地有条件时，可采用电缆直接埋地敷设；当同一路径的电缆根数大于 6 根但小于或等于 12 根时，可采用电缆排管＋室外电缆井的形式布线；当同一路径的电缆根数为 13~18 根时，宜采用电缆沟布线（图 4-34）。

6. 供气设施的改造内容与设计要求

1) 改造内容

(1) 排查原有管道，存在隐患的进行整改。

(2) 对已通管道燃气的楼栋，需调压箱、立管；因周边环境发生变化的，设置防车辆冲撞栏加以保护。

(3) 对于未通管道燃气的,根据现场实际条件,采用架设、埋地、套管等不同方式,做到管道燃气安全入户(图 4-35)。

图 4-35 燃气管道改造方式图
来源:中建设计,2023

2) 设计要点
(1) 燃气设施标志标识及管道颜色应符合当地燃气公司的相关要求。
(2) 改造后的埋地钢制管线应加装防腐蚀系统。
(3) 地下燃气管道埋设的最小覆土厚度(路面至管顶),应按设计文件要求执行,当设计文件无明确要求时,应符合设计规范的规定要求。
(4) 下燃气管线不得从建筑物和构筑物的下面穿越。室外埋地管线与建筑物、构筑物或相邻管道之间的水平和垂直净距,应符合设计文件要求。当设计文件无明确要求时,应符合设计规范的要求。如受地形限制,管道布置有困难而又无法解决时,在采取行之有效的保护措施后,可在规范规定的净距基础上适当放宽要求。
(5) 地下燃气管道不得在堆积易燃、易爆材料和具有腐蚀性液体的场所下面穿越,且不可与其他管道或电缆同沟敷设。
(6) 地下燃气管道不宜穿排水管沟、热力管沟等地下管沟;当必须穿过时,应将燃气管道敷设于套管内。
(7) 调压站应按规定设置避雷设施,且水电设施齐全,调压站站房和调压箱箱体距离周边建筑物净距应符合现行国家标准《城镇燃气设计规范(2020 版)》(GB 50028—2006)。

7. 供热设施的改造内容与设计要求
1) 改造内容
(1) 对建筑物的户内温度、室温的调控情况,不同室外温度时段锅炉房、热力站供回水温度及循环水量等供热质量进行评估,对存在隐患的进行整改。
(2) 对供热管网进行安全性评估,对存在隐患的进行整改。
2) 设计要点
(1) 供热计量:
热力站一侧应安装热计量装置;建筑热力入口处的楼栋热计量装置宜设置在建筑物地下室、楼梯间。当楼栋热计量装置必须设在室外检查室内时,新建或改造检查室应满足热计量装置的安装条件,其防水及排水设施应能满足计量仪表对使用环境的要求,计量表的积分仪宜安装在检查室外。
(2) 供热管网改造:

① 管网的布置宜利用原有供热管线路由。管网的路由发生变化时，其布置应符合以下要求：一是，主干线宜布置在热负荷集中区域；二是，应按减少管道阻力的原则布置管线及设置管路附件。

② 改造管网的敷设方式宜采用原敷设方式。当道路综合改造建有综合管廊时，改造管网应纳入管廊敷设。

③ 供热网宜按水力平衡计算结果进行改造，并应安装水力平衡装置。

④ 管沟及检查室应采取可靠的防水措施。

⑤ 改造管网的管道应根据使用年限、场所、设计温度和设计压力等条件选择符合国家标准的管材。

⑥ 市政供热网分段阀门设置应符合现行行业标准《城镇供热管网设计标准》CJJ/T 34—2022）的规定。

⑦ 既有管道固定支架的承载力不满足要求或锈蚀破坏严重的应进行改造。

⑧ 蒸汽管道和热水管道的支座应采取保温隔热措施。

⑨ 供热网的管道、管路附件均应保温，保温结构应具有防水性能。保温材料结构性能应符合现行行业标准《城镇供热管网设计标准》（CJJ/T 34—2022）的规定。

⑩ 供热网检查室的设置应符合现行行业标准《城镇供热管网设计标准》（CJJ/T 34—2022）的规定。

8. 通信设施的改造内容与设计要求

1）改造内容

(1) 通信架空线路敷设方式改造。

(2) 对新增的电信、移动、联通等通信线路实行统一设计和走管，通过分类捆扎、分类穿管、分层架设等方式实施整治。

2）设计要点

(1) 光纤到户：按国家标准《住宅区和住宅建筑内光纤到户通信设施工程设计规范》（GB 50846—2012）规定，实施光纤到户通信系统改造。推动"三网融合"，由大运营商共同在小区内合理位置设立大容量光缆交接箱，完成由 OLT 至小区的布线。

(2) 5G 通信基站：通信设施应保障信号覆盖质量，预留通信机房、电力设施、管井和天面空间等配套设施，以满足小区未来网络升级及 5G 设施建设需求。

(3) 各种弱电系统更新：有线电视系统、电话系统、信息网络系统等，根据不同小区需求逐一设计到位。每套住宅配置家居配线箱，确保电话、电视、信息网络等功能齐备。

（二）环境卫生设施

1. 建设要求

实行生活垃圾分类，新建居住社区宜建设 1 个用地面积不小于 120m² 的生活垃圾收集站和多处垃圾分类收集点。建设 1 个建筑面积不小于 30m² 的公共厕所，城镇老旧小区等受场地条件约束的既有居住社区，可以采用集成箱体式公共厕所。

2. 建设原则

垃圾分类收集点的布局应避开人流汇集区域，并配置分类投放的垃圾箱，设置相应的提示标识，说明分类投放要求和收集管理方法（图 4-36）；有条件的社区，可设置智能垃圾分类收集设施。生活垃圾收集站的服务半径不宜超过 70m，宜满足居民投放生活垃圾不

　　(a) 垃圾分类收集点应设置相应的提示标识　　(b) 无障碍公共厕所

图 4-36　环境卫生设施
来源：住房和城乡建设部，2021

穿越城市道路的要求❶。大于 5000 人的居住小区（或组团）及规模较大的商业综合体可单独设置收集站。

有条件的社区，应配置供老年人、残障人士使用的无障碍厕所（厕位）；条件有限的社区，可以采用集成箱体式公共厕所。

（三）照明设施

1. 建设要求

应结合社区车辆正常行驶、行人安全和公众夜间活动的需求，进行全覆盖的功能照明设施建设。重点设置在小区出入口、人车混行道路、活动场地等居民活动频繁的公共区域。

应结合业主居民意愿，在有条件的区域、人流集中的室外场地和绿地适当增加景观照明设施，以提升环境氛围。

2. 建设原则

经济适用、节约能源、保护环境、防止光污染。

3. 设计要点

1) 功能照明

(1) 老旧小区照明设施改造应符合现行国家标准《建筑照明设计标准》(GB 50034—2013)、《建筑电气照明装置施工与验收规范》(GB 50617—2010)、《绿色照明检测及评价标准》(GB/T 51268—2017) 和《城市道路照明设计标准》(CJJ 45—2015)、《城市夜景照明设计规范》(JGJ/T 163—2008) 的有关规定。根据道路路宽、路边停车、交通和人行密度等因素，确定各条道路的照明等级。区内机动车照明等级一般应为支路，路面平均照度维持值宜为 8lx。

(2) 路灯的布置主要以单侧布灯为主，根据道路的宽窄还可选择交错布灯与对称布灯方式。一般灯杆间距为 15~20m，灯杆高度为 4~6m。

(3) 灯杆造型应与周边建筑、景观风貌和谐，充分兼顾白天及夜间的视看效果。不能产生光污染，影响居民的日常休息和生活。

(4) 人行道照明灯具的安装高度不宜低于 3.5m，不应把裸灯设置在视平线上，应合

---

❶ 《城市环境卫生设施规划标准》(GB/T 50337—2018)

理选择灯杆位置、光源及照明方式，设置防止光污染和眩光措施。

（5）应采用节能灯具。新建、更换照明设施在满足照明指标要求的基础上，优先选用LED光源，光源色温以4000K左右为主。

（6）在能够满足太阳能板接收充分光照的区域可采用太阳能灯具，节省用电。

2）景观照明

（1）应根据功能、风格、周边环境和夜间使用情况，采用庭院灯、草坪灯、地埋灯等与场地相适应的照明方式，其功能照明与景观设施一体化设计，灯具选择与周围环境结合，形成整体效果（图4-37）。

图4-37　老旧社区道路路灯配光合理意向图
来源：张佳丽，2021

（2）老旧小区景观照明的光色宜以静态暖色光（2700～3000K为宜）为主，局部允许适度使用缓慢动态照明以活跃公共空间的夜景氛围，实现灯光效果的艺术化呈现。

六、公共活动空间改造

（一）公共活动场地与公共绿地

1. 建设要求

（1）公共活动场地。完整居住社区至少应有一片公共活动场地（含室外综合健身场地），用地面积不小于150m²，配置健身器材、健身步道、休息座椅等设施，以及沙坑等儿童娱乐设施。新建居住社区应建设1片不小于800m²的多功能运动场地，配置5人制足球、篮球、排球、乒乓球、门球等球类场地，在紧急情况下可转换为应急避难场所。既有居住社区要因地制宜地改造宅间绿地、空地等空间，增加公共活动场地，鼓励与周边小区共建共享活动场地（图4-38）。

(a) 社区多功能运动场地　　　　　　　　(b) 儿童娱乐设施

图4-38　公共活动场地
来源：住房和城乡建设部，2021

(2) 公共绿地。完整居住社区至少有 1 片开放的公共绿地。新建居住社区至少建设 1 个不小于 4000m² 的社区游园，设置 10%～15% 的体育活动场地。社区公共绿地应根据社区居民的年龄构成与人群诉求，因地制宜地配备休憩设施，景观环境优美，体现文化内涵，满足居民日常游憩、休闲健身等使用需求，在紧急情况下可转换为应急避难场所。

2. 建设原则

(1) 公共活动场地。应遵循安全、舒适、多样的原则。新建居住社区应营造良好公共空间环境，配置多样的运动场地，满足居民绿色健康生活需求；城镇老旧小区应充分利用街头巷尾、闲置地块等增加公共空间，鼓励与周边小区共建共享活动场地。符合《公共体育设施 室外健身设施应用场所安全要求》(GB/T 34284—2017)、《公共体育设施 室外健身设施的配置与管理》(GB/T 34290—2017)、《健身器材和健身场所安全标志和标签》(GB/T 34289—2017) 的相关规定。

(2) 公共绿地。应具有良好的空间环境品质，与城市风貌及周边环境相协调，彰显城市和社区的文化内涵。宜通过慢行系统，与城市综合公园、专类公园等绿地相衔接，形成连续的城市绿地系统。

公共绿地的设置应体现人性化的原则，根据社区居民的年龄构成与人群诉求，因地制宜地布置功能与设施，满足居民日常游憩、休闲健身等使用需求。鼓励在养老设施、社区卫生站周边布置以康体运动场地为主的小微绿地，在托幼设施附近布置以儿童游戏场地为主的社区游园。既有居住社区应结合边角地、废弃地、闲置地等改造建设"口袋公园""袖珍公园"等，可结合街道、公共建筑、名胜古迹、古树名木等分散布局，也可结合城市更新和街区改造，通过留白增绿、见缝插针、拆违复绿、拆墙透绿等方式，灵活利用各类城市零散用地进行建设（图 4-39）。

图 4-39 公共绿地
来源：住房和城乡建设部，2021

3. 设计要点

1) 场地改造

（1）强调以人为本，倾听百姓的声音和意愿，基于满足人民对美好生活的需求而进行场地功能和景观的"微改造"，需要契合居民的生活、易操作易实施，强调其实用性，以最大化满足居民需求为目标，让居民有实实在在的获得感。

（2）以不破坏原有城市风貌和肌理为更新前提，以存量提升为主，采取小规模、分步骤、多样化、创新性的微改造模式。

（3）从居民的生活本质和基本诉求出发，建设社区活动场地，促进居住区绿地的"转型"，实现小区域公共空间的价值提升，并唤醒社区交往的活力。

2) 功能复合

将居住区内现有的较为集中的公共空间充分利用起来，针对老人、儿童、上班族等活动需求定制特色空间，在有限的空间里进行多功能的复合，避免小区内场地功能单一化，营造线面结合的开放、半开放的多功能化交往场地，有效、多元化地解决不同使用者的需求。

3) 层次多样

在保证场地功能复合的前提下，应在公共空间中划分出不同活动功能的空间层次，根据不同的活动需求分为开放、半开放和半私密的空间层次。根据公共空间的面积大小、承载功能的多少将公共空间划分为不同的等级。

（1）中心活动空间。空间较大的集中性场地，公共性强，可承担功能类型较多，一般位于居住区相对中心的位置；布局上可划分儿童活动区域、休闲交流区域、健身区域等。除了日常活动，还需兼顾社区举办宣传、科普等集体性活动。

（2）次要活动空间。由建筑围合而成、可利用的边角绿地，面积较小，半公共区域；此类空间宜选择光线较充足且与居民楼有一定距离的空间场地，设置休憩、交流等偏安静的功能，不宜设置动态的活动功能。

（3）宅间空间。围绕住宅楼的公共活动空间，功能较为单一，对私密性要求较高。可对现状自发形成的场地及其功能进行改善和强化，进一步完善宅间空间的功能和设施，为周边居民提供服务。

4) 生境恢复

（1）腾退公共空间、闲置空间及消极空间，用于居民的日常活动，同时对公共空间里的私搭乱建、车辆非法停放和垃圾堆放进行清退。

（2）对空间进行合理利用，提升空间活力，提升场地的可行性，促进居民之间的交流互动。

（3）整合小区内原有碎片化的绿地或场地，通过加强线性公共空间营造，将上述各层次活动空间进行串联，提高可进入性绿地的占比，形成连续的绿色社区廊道，恢复老旧小区的绿色生境。

5) 设施增设

（1）基础休憩设施及休闲设施。场地内必须设置休憩座椅，完善场地的休憩功能。座椅宜沿场地周边的绿地边缘，或利用场地内的闲置空间设置，并有绿荫或构筑物的遮挡。座椅高度宜为 $0.4\sim0.45m$，宽度不小于 $0.4m$，凳面材料宜采用防腐木或塑木等舒适感较高的材料，宜考虑选用加设靠背的座椅样式。

考虑一些使用群体的休闲需求，除设置座椅满足交流功能外，可根据需要在场地内设置棋牌类桌椅、阅读廊架、手绘互动墙等，提高场地内的互动活力。棋牌类桌椅宜集中设置，并位于林下区域或构筑物内；考虑使用群体多为老年人，棋牌桌高度宜为0.7~0.76m，座椅高度宜为0.4~0.45m，考虑选用靠背和扶手的座椅样式。

（2）儿童活动设施。此类设施主要使用者为儿童，应首先从安全性出发，选用符合儿童活动特点的游乐设施，并有互动性和参与性的设施。设施一般有自然类游乐设施，如沙坑、木桩、小型绿植迷宫、秋千等；运动设施，如攀爬架、滑梯、乒乓球台、羽毛球场地等；科普类设施，如科普展示墙、艺术装置等；以及互动式设施。

（3）文化设施。挖掘老旧小区自身的文化背景和历史背景，将场地历史通过文化延续与文化创新，转化为特色要素融入社区氛围营造与社会交往场景塑造的设计手法中。在景墙、构筑物或部分区域的地面，利用传统材料或废旧材料再利用，全面展现居住区的特色文化符号或历史形象，唤醒场地记忆，提升居民的认同感，实现老旧小区更新与激活。

（4）标识设施。警示类标识提供安全提示、禁止进入提示等内容。安全提示类用于提示使用者注意安全和注意使用方式等，主要设置于活动设施、场地高差较大，存在风险的位置，此类标识要求内容及颜色醒目，按照相应规范进行设置。

解说类标识主要为场地内树木的科普或设施的科普等内容，一般悬挂于树干或安装于设施上。此类标识可设计活泼一些，起到趣味讲解的作用。

（二）社区出入口

1. 建设要求

社区出入口是社区与外界联系的第一道关口。对内要起到交通、通告、引导、展示以及可停留、休憩和服务等作用，对外要起到防卫守护作用。

2. 建设原则

交通安全性、智慧化、识别性、服务性原则。

3. 设计要点

（1）安全性。主入口需要做人车分流的处理，提高交通安全性。针对空间局促的小区出入口，总宽度在8m以内，建议改为单向车行入口，车行入口设置为4~6m，人行入口设置为2m；空间较为富裕的小区出入口，总宽度8m以上，设置单向或双向车行道，双向车行道宽度一般设置为8m，中间设置岗亭，车行道两侧再设置单侧或双侧人行入口，宽度为2m；如有富余空间可在车行和人行之间以2m绿地进行安全隔离，优化出入口的进出体验。

（2）智慧化。通过人行门和车辆管理道闸的增设，形成独立车行入口和独立人行入口。车行入口以车道闸及岗亭对进出车辆进行管理，人行入口安装智能识别系统，刷卡或刷脸进入。

（3）识别性。出入口是识别一个居住区的重要场所，出入口景观设计应通过分析周边街区特征、建筑风貌、性质及现状从而确定小区出入口的具体形式。形式要符合所在区域的特点，并与小区整体风格相符，具有独特性，易于识别。出入口的铺装地面或景观墙面应具有引导性，以组织车辆、行人有序进入（图4-40）。

（4）服务性。针对疫情时期的特殊需求，可释放一些门区前空间用于防疫、防控、集

图 4-40　某老旧小区改造后小区入口大门前后对比
来源：中建设计，2023

散居民等功能使用，形成可变换功能的空间，保障居民的人身安全并成为一个暂时的公共交往空间。在服务空间内增加生活服务设施，如增加无接触配送快递柜、快递点等，同时解决物流需求（图 4-41）。

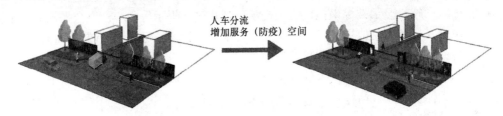

图 4-41　社区出入口增加服务空间示意图
来源：张佳丽，2021

（三）适老化环境

1. 建设要求

（1）解决场地中的安全隐患，满足老年人出行和活动的安全需求。

（2）提升绿地景观品质，提升老年人对社区的认同感和舒适度。

（3）增加各类适老化的设施和小品，提升老年人的社区生活品质。

2. 建设原则

（1）安全性原则。涉及社区物质环境提供的生理安全以及邻里关系和社区氛围提供的心理安全两个层面。

（2）舒适性原则。提供安全舒适、温馨和谐的社区环境。

（3）文化融合原则。突出地域文化特色，兼顾景观的功能性与文化艺术性。

3. 设计要点

1）绿地空间适老化改造

（1）复合利用空间。整合社区现状绿地资源，将闲置的硬质铺装场地改造为绿地，增加植被覆盖率。对分散的小面积绿地整合利用；居住区、组团内绿地根据活动需求，集约利用绿地空间，增设健身器材、晾衣架等（图 4-42）。

（2）丰富植被层次。植被类型应遵循复层种植原则，一方面，乔灌草搭配种植丰富植被层次；另一方面，增加植被种类，丰富老年人的视觉和情感体验。选择适生的本地乡土树种，常绿和落叶搭配，北方寒冷地区以常绿树种为骨干。

图 4-42　复合利用空间
来源：张佳丽，2021

（3）结合空间性质搭配种植。在私密性、活动相对静态的空间加强种植密度，多利用绿篱以围合或半围合形式进行空间分割，或采用分支点较低的乔木如松科、竹科植物进行遮挡；在开敞的公共空间选择分支点较高的、冠大荫浓的树种，保证视线开敞的同时满足遮阴效果。

（4）根据季节变化搭配种植。在老年人经常活动的场地，特别是户外座椅处，考虑种植乔木。树种的选择、种植的位置和方式等要根据夏季老年人户外活动具体时段的太阳高度角、方位角来确定；在老年人使用的户外场地的冬季主导风方向，以及由于建筑布局引起的局地气流方向，布置防护绿篱，阻挡冬季冷风侵袭。

（5）提供开放互动，鼓励参与设计。建立公众参与改造的机制，以划定责任、分区认领的形式让老年人将宅前绿地或公共开放的绿地空间进行种植改造和日常维护，让老年人在参与的过程中获得归属感（图 4-43）。

图 4-43　老年人参与设计
来源：张佳丽，2021

（6）结合康复功效进行景观设计。根据老年人的群体需求进行康复花园设计，在选种方面结合植物的药用价值以及植物的视觉、嗅觉和触觉进行配植。

2）活动场地适老化改造

（1）场地功能与老年人活动能力相匹配。按距离住宅由近及远布置适合老年人活动能力的空间。近宅活动范围圈中，偏向于静坐、闲谈等个体行为；组团活动范围圈中，偏向于闲谈、照看、棋牌等成组行为；社区活动圈范围中，偏向于体育活动、邻里交往、休闲娱乐等社交行为。

（2）结合气候特点场地布局。寒冷地区活动场地尽量布置在主导风向的上风向，南向住宅的楼前场地周边应注意采取挡风墙体或植物围合；热带地区活动场地东南侧开敞以引入夏季主导风，西北侧为种植区，种植乔木，阻挡冬季主导风，遮阴等静态休息区一般布置在东南侧，应位于住宅南向楼后。

（3）提升场地功能的复合性。丰富场地功能，满足多种活动需求。

（4）场地尺度的合理设置。老年人活动场地规模以 170~450m² 为宜，场地设计时注重老年人的人体工程学，做到场地尺度适宜；场地周边种植的灌木、绿篱高度一般控制在 50cm 以下，同时应保证老年人及时被看护人员观测，植物树冠不能遮挡视线，乔木分支点应为 2m 以上（图 4-44）。

图 4-44　活动场地植物高度与视线关系示意图
来源：张佳丽，2021

（5）铺装材料的合理选择。铺装应防滑，避免使用抛光石材、光滑水磨石、散置卵石等有安全隐患的材料。使用的铺装材料应为老年人营造安全舒适的户外活动空间，如彩色塑胶、彩色防滑路面、塑木等。宜采用透水彩色沥青、透水混凝土砖等生态环保的材料（图 4-45）。

图 4-45　塑胶健身场地、塑木场地
来源：张佳丽，2021

3）服务设施适老化改造

（1）座椅。小区慢行系统沿线和活动场地周边应布置座椅。户外座椅应充分考虑老年人使用要求，尽可能提供有靠背及扶手的座椅，高度一般 350~400mm，宜选用木质等导热性低的材料，尽量避免使用石材、金属等导热性高的材料。宜设置在高大乔木或遮阳廊架下，在满足安全舒适要求的前提下鼓励创意设计，结合花池、树木等要素，增加设计的创意性、文化性，吸引人群休憩交往。

（2）健身设施。布置在视线开阔、开敞性高的区域，可结合社区慢行系统沿线布置。从老年人实际需求出发，对常用设施、场地重点改造。

（3）景观小品。花坛等造型应避免出现锐角，采用倒圆角设计，在满足功能的前提下兼顾景观品质和艺术气息，为老年人营造温馨的人文环境；景墙、挡墙以及亭廊等构筑物的形式、色彩等应与场地记忆、社区文化、地域文化特色融合，着重了解社区老年群体的文化需求，展现老年群体共同的文化兴趣。开展关于老年人经历、文化背景的调查，结合景观小品进行展示，增强归属感与文化认同。

（四）儿童友好环境

1. 建设要求

（1）将儿童友好理念融入改造设计，尊重儿童权利，维护儿童利益，建设有利于儿童健康快乐成长的社区环境。

（2）以保障儿童游戏、休闲等活动的安全为前提，其场地布局、交通组织及各类设施设置均应达到国家相关安全标准。

（3）根据儿童各年龄的心理特征和生理特征，合理设置游乐场地和设施。

2. 建设原则

（1）安全性原则。解决场地和设施的安全隐患，确保儿童活动和出行安全顺畅。

（2）儿童友好原则。维护儿童的心理和生理健康，促进儿童健康快乐成长。

3. 设计要点

1）儿童游乐场地

（1）儿童游乐场地的选址应从安全性和卫生角度出发，选择阳光充足、空气清新畅通、绿化良好、适当遮阴，并有一定围合感的空间。其周边没有高空坠物、交通事故、噪声源、危险化学品或易燃、易爆品等危险源，并尽量远离小区内垃圾收集点和垃圾站。儿童游乐场地不得影响、占用消防车道及消防扑救场地。

（2）儿童游乐场地的规模根据小区儿童数量按 0.5～1m/人（儿童）计算。单个儿童游憩场地规模应根据儿童年龄特征进行分区设置，一般分为幼儿区（1～3岁）、学龄前区（3～6岁）、学龄区（6～12岁）。考虑到宅间公共绿地是儿童最方便到达的活动场地，应优先设置低龄儿童活动区；小区内公共绿地可设置学龄前区和学龄区儿童游憩场地，如用地有限，可以学龄前区为主设置混合儿童区。

（3）幼儿区游乐场地主要满足1～3岁儿童户外活动需要。此年龄段是儿童动作和感官快速发展的时期，可以进行爬行、走路、跳跃以及简单的游戏活动（图4-46），1～3岁儿童仍需要家长的陪同看护，因此游憩设施周边应留有家长陪同及辅助儿童活动的空间，且场地周边应设置休息区（图4-46）。

（4）学龄前儿童游乐区主要满足3～6岁儿童户外活动需要（图4-47）。此年龄段儿童活泼好动，体力增强，交往能力也增强，喜欢跟同龄小伙伴一同玩耍，儿童独立活动能力增强，但仍需家长陪同，游憩场地周边应设置休息区，有条件可设置符合儿童身高的座椅。休息区应保证视线通道无遮挡，便于家长看护儿童。游憩场地应有一定的围合，围护设施可采用绿化带、围栏、围墙等形式，主要作用是与道路隔离，提高场地安全性，避免

图 4-46　幼儿区儿童游乐场地
来源：张佳丽，2021

儿童走失。

(5) 学龄区儿童游乐场地主要满足 6~12 岁儿童户外活动需要，主要针对小学生，此年龄段儿童体力、智力进一步发展，能进行较长时间和较大强度的户外活动，运动技能、自控能力、交往能力和竞争意识都有所增强，喜欢集体活动、体育运动和智力活动，因此，需要设置更大规模活动空间。活动场地周边应设置休息座椅，便于彼此交流，也为家长提供休息设施。

(6) 不同年龄段儿童游乐场地可以相邻设置，也可分开设置。相邻设置可以采用铺装区分、绿化隔离、围栏隔离等措施。

2）儿童游乐设施

(1) 儿童游乐设施要保障儿童使用安全，设施结构强度、刚度及稳定性应满足正常使用下的各种功能要求，并应满足最不利情况下的安全要求。

(2) 儿童游乐设施应采用正规厂家并有使用合格证的产品，并应定期检查、维护，保障使用安全。

(3) 儿童游乐设施应造型活泼，色彩明快，类型选择应与场地分龄使用相符合。低龄儿童游乐场地可设置草坪、沙坑、摇马、滑梯、跷跷板等幼儿活动设施；学龄前儿童游乐场地可设置组合滑梯、秋千、攀爬网；学龄儿童游乐场地可设置攀爬架、乒乓球台、羽毛球场、篮球场、科普类设施等。由于小区内用地有限，游乐设施常采用组合形式，成品定制（图 4-47）。

(4) 儿童游乐设施周边及不同设施之间应预留游戏缓冲区，避免儿童奔跑发生碰撞。缓冲空间一般不小于 1.5m 宽。

(5) 有跌落风险的儿童游乐设施周边的铺装材料宜选用塑胶、沙地等软性材料，以有效降低运动的磕碰，保证儿童活动的安全。

3）儿童友好道路及铺装

(1) 通往儿童游乐场地的道路应满足无障碍通行要求，宽度不得小于 1.5m，转弯半径应便于儿童手推车通行，有高差时应设置坡道，坡度不应大于 1∶12。

(2) 儿童游乐场地的铺装材料和色彩应符合儿童审美与心理要求，不同年龄段场地铺装应加以区分。

图 4-47　学龄前儿童游乐区与场地铺装
来源：张佳丽，2021

（3）儿童游乐设施及其缓冲区域场地宜选用柔软、耐磨、防滑的地面材料或合成材料面层，其平均厚度不应小于 10mm。

（4）幼儿园及小学周边道路应满足家长接送孩子的需要，设置一定面积的家长等候区，并应满足人车分流要求，避免接送儿童高峰时段周边道路交通拥堵。

（5）有条件可设置儿童专用场地，与成人运动场地分开。儿童运动场地可采用非标准运动场地，如设置小型篮筐、足球门等体育设施，应按照儿童不同年龄段设计和布置，其尺寸符合相应年龄段的身高特点；铺装色彩可以丰富多样。

（五）海绵化改造

1. 建设要求

老旧小区海绵化改造是海绵城市建设的重要项目类型。它处于城市排水系统的源头减排单元，其目的是减小场地外排雨水总量和实现错峰排放，改善场地微气候，营造低碳宜居的室外环境。

2. 建设原则

（1）以小区积水、管道漏损等问题为导向，因地制宜地开展海绵化改造。有条件的项目应实现雨污分流改造。

（2）海绵化改造应充分提升用地复合功能。既满足海绵城市建设管控要求，又能落实小区的核心使用功能，如休闲、游憩、消防、停车等。

（3）海绵化改造应坚持绿色设施为主、灰色设施为辅的原则。在场地空间允许的情况下，宜结合景观水体建设开展雨水调蓄利用。

（4）低影响开发雨水系统设计须保证设计安全，包括不能降低小区雨水管闸的设计标准，新建雨水设施不影响其他建筑物或构筑物的结构安全。

（5）当场地规模较大时，应考虑多个比选方案，注重节能环保和经济效应，必要时采用模型模拟比较建设前后的水文情况。

3. 技术路线

海绵化改造采用源头减排、过程控制和系统治理的三段式理论。屋面、道路及铺装为主要产流面。屋面雨水应设法断接，先排入海绵设施后再溢流排放至雨水管道；小区行车道路可采用透水铺装，或采用平缘石或路缘石开口等方式将地表雨水径流引流到绿地内，并在绿地内设置海绵设施进行雨水滞蓄和净化。在有雨水回用利用需求的建筑与小区，可设置雨水储存设施收集雨水进行雨水回用，超过设计降雨量的雨水再排入小区内的雨水管道（图4-48）。

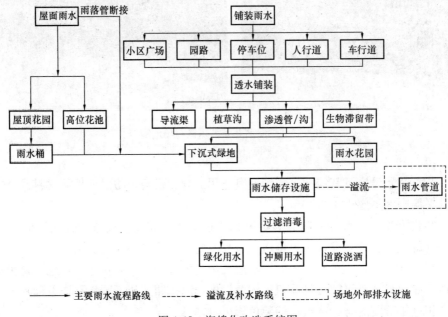

图4-48 海绵化改造系统图
来源：张佳丽，2021

4. 设计要点

（1）场地现状条件摸排

通过资料收集及现状调研摸排场地土壤、地质资料、地表竖向、管线综合情况、地上与地下建筑及植被保留区等情况，明确现状保留区和雨水设施可开挖区域的范围；明确消防通道及消防救援场地等限制开挖范围；明确小区内雨污水管道分流及混接情况，以及它们与市政雨污水管道的路由关系。

（2）建筑雨水管断接的处理方式

建筑屋面的雨水径流水质较好，在有雨水回用需求的建筑与小区，应优先考虑屋面雨水的收集回用。根据建筑屋面雨水排水方式确定雨水管道断接方式。高层建筑通常采用内排水方式且屋面雨水势能较大，若采用绿色设施则极容易造成水土及植物被严重冲刷，故通常采用雨水收集设施收集回用。当建筑雨水管布置在墙体外侧时，可设置消能池将雨水断接排入绿地。当建筑屋面满足承重荷载要求时，可布置绿色屋顶，也可采用雨水桶或高位花池等设施实现雨落管断接。若建筑周围无绿地时，可通过导流渠等转输设施将雨水转输到绿地，或在小区雨水管网末端设置调蓄池集中处理（图4-49）。

（3）铺装材料的选择

小区内通常采用透水铺装材料实现小雨不湿鞋的效果，增强小区低碳宜居性能。车行道可采用透水混凝土路面，停车位可采用植草砖，人行道及广场可采用透水砖或透水混凝

(a) 建筑雨落管与卵石沟结合　　　　(b) 建筑雨落管与高位花池结合

图 4-49　建筑雨落管断接示例图
来源：张佳丽，2021

土（图 4-50）。因小区绿地较分散，为连通绿地排水和保证铺装视觉完整性，可将铺装局部下凹设置成导流渠，导流渠的坡度及深度以不影响行人、轮椅及婴儿车正常通行为准。停车位铺设植草砖时，建议采用透水砖作为车位分割线，便于上下车行走。在不适宜土壤入渗或降雨较多的地区，地下建筑顶板以上开展海绵城市改造时，应在海绵设施底部增加防渗措施。

图 4-50　某小区透水混凝土铺装实景
来源：张佳丽，2021

（4）雨水径流的系统性组织

根据场地竖向条件、产汇流规律及雨水管网分区情况划分汇水分区。各汇水分区应为相对独立的单元，在汇水分区内根据汇流面积及下垫面情况计算目标调蓄容积，并据此确定海绵设施的设计规模。通常将下垫面划分成建筑屋面、道路、铺装、绿地、水系五类。当单个汇水分区不能解决自身雨水时，可排入周围汇水分区协助解决，同时承接其他汇水分区雨水的设施，其设计调蓄容积应加上这部分外来水量。当小区内绿地空间分布不均时，可通过导流渠、缝隙式排水沟、盖板沟等设施收集和转输雨水径流，再排入绿地滞蓄和净化（图 4-51）。在地势较低的雨水设施内设置溢流雨水口，使超过设计降雨量的雨水排入小区雨水管网。

图 4-51　常用雨水转输设施实景
来源：张佳丽，2021

（5）海绵设施平面布局及竖向设计

海绵设施的平面布局及竖向设计是相辅相成的过程。首先梳理场地与周边竖向的关系，明确市政道路雨水管道的管径及埋深，明确溢流排放路径；其次在每个汇水分区内依据场地竖向条件，在雨水汇流处确定海绵设施的平面位置及规模大小。设施类型依据用地条件、覆土深度、水质情况等因素确定。不同海绵设施之间通过地形竖向连接，当绿地被铺装隔断时，排水上下游海绵设施之间采用管道连接。遵循源头减量设施→转输设施→净化设施→调蓄设施的顺序，形成连续的地表排水系统。海绵设施的有效滞水深度一般控制在 200~300mm，通常设置 50~100mm 的超高。统计各汇水分区的设计调蓄容积，当不小于目标调蓄容积时说明设计合理。最后明确小区海绵设施溢流口与小区雨水管线系统的连接位置，并检验竖向高程是否满足要求。

海绵设施布局应避让消防车道和消防登高面、地下管线管位及其附属设施、文物及古树名木保护范围等，减少对现状环境的干扰。新增海绵设施应通过地形设计与现状地势相融合（图 4-52）。

图 4-52　雨水花园平面及竖向关系图
来源：张佳丽，2021

（6）雨污分流改造

雨水管渠系统是进行海绵城市改造的重要依托，设计时应与其他管线相互协调，便于雨水设施中进水管线的接入、溢流管线的接出。雨水管渠系统一般包括雨水收集管线、雨水溢流管线两种。雨水收集管线是指布置在低影响开发雨水设施的砾石层内的穿孔管，其作用为将土壤饱和水及时排走，防止滞水区产生黑臭水体及蚊蝇滋生，保护植物根系和建筑顶板排水安全。穿孔管管径通常为DN100～DN150。雨水溢流管线是为了防止超过海绵设施设计水位的雨水返溢到铺装或道路上而布置的。通常在汇水分区下游的海绵设施内布置溢流雨水口，就近排至小区雨水管线。

老旧小区海绵化改造的主要目的是控制水环境污染，因此对雨污合流小区应加强雨污水混接改造和雨污管道分流改造（图4-53）。针对用地空间允许的小区，宜新建污水管道，将原合流制管道用于雨水管道；空间不允许的项目，宜新建地表雨水排放系统，借助雨水沟、导流渠、植草沟、下沉式绿地、雨水花园等海绵设施，实现雨污分流。加强小区内雨污水混接排查和整改，尤其是加强阳台洗衣机废水、底商泔水排入污水管网整改，减少管理疏漏造成的污染问题。

图4-53　雨污分流改造实景
来源：张佳丽，2021

（7）雨水回用系统的设置

当小区有雨水回用需求时，可根据用水量需求确定雨水回用设施的规模。当小区内有景观水体设计要求时，景观水体宜建成集雨水调蓄、水体净化和生态景观为一体的多功能调蓄设施（图4-54）。景观水体的规模应通过全年水量平衡分析确定，并优先采用雨水作为补水水源；景观水体宜采用生态驳岸和非硬质池底，并设置必要的安全防护措施或警示标识，确保居民人身安全。雨水回用管道也应明确非饮用水源标识，防止误饮事件发生。

（8）绿化要求

海绵化改造应与场地景观设计同步开展。通过竖向设计调整场地微地形，使绿地既满足海绵功能又具有较好的景观效果。在道路及铺装雨水汇入绿地处，应布置初期雨水净化设施及防冲刷缓冲设施，防止径流雨水对绿地环境造成破坏。绿地内的海绵设施应布置溢流设施，渗透性欠佳或地下建筑顶板上的海绵设施还应布置渗排管，与小区雨水管渠系统衔接，保证绿地排水安全及维持植物长势。

图 4-54　多功能调蓄塘实景
来源：张佳丽，2021

海绵设施内的植物应根据水分条件、径流雨水水质等进行选择，宜选择耐盐、耐污等能力较强的乡土植物。植物种植应考虑冬季的景观差异，保证较好的全年景观视觉效果。海绵设施内的种植不能减少其雨水调蓄的容积，设施内、外种植应进行良好的衔接，做到自然过渡。

5. 设施选择

1）透水铺装

（1）承载透水铺装的主要材料为透水混凝土、透水砖、碎石、卵石、植草砖等。非承载透水铺装的主要材料除承载透水铺装材料外，还可选择嵌草石板、洗米石等园林常用透水铺装材料。

（2）地下建筑顶板上设置透水铺装时，顶板覆土厚度不应小于 0.6m，并应设置排水层；可能造成陡坡坍塌、滑坡灾害的区域，湿陷性黄土、膨胀土和高含盐土等特殊土壤地质区域，地表径流污染严重的区域应慎重选用透水铺装；寒冷地区采用透水铺装时，应考虑冬季防冻胀处理措施。

（3）透水铺装结构应符合现行行业标准《透水砖路面技术规程》（CJJ/T 188—2012）、《透水沥青路面技术规程》（CJJ/T 190—2012）和《透水水泥混凝土路面技术规程（2023年版）》（CJJ/T 135—2009）的规定，还应满足以下要求：

透水铺装对道路路基强度和稳定性的潜在风险较大时，可采用半透水铺装结构。对于透水混凝土和透水砖等下面有混凝土垫层的道路，混凝土应设置伸缩缝，每隔 10~15m 设一道伸缩缝，缝宽 40~60mm；道路横坡坡度为 1.0%，铺装场地最小排水坡度为 0.3%，最大排水坡度为 2%；透水铺装的结构做法应根据荷载计算确定（图 4-55）。

2）植草沟

（1）植草沟具有建设及维护费用低、易与景观结合的优点，适用于建筑与小区内道路及广场、停车场等不透水地面的周边，但不适用于坡度大于 3%、转输径流流量大且影响交通安全的区域。在场地竖向允许且不影响安全的情况下也可代替雨水管渠。

（2）植草沟的断面形式宜采用倒抛物线形（图 4-56）、三角形或梯形。边坡坡度（垂直：水平）不宜大于 1:3，纵坡不应大于 4%。当纵坡坡度较大时宜设置为阶梯形植草沟或在中途设置消能台坎。最大流速应小于 0.8m/s，曼宁系数宜为 0.2~0.3。

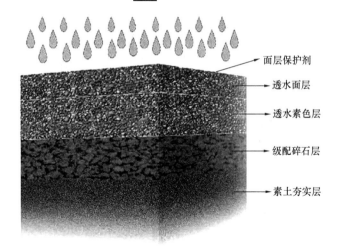

图 4-55 常见透水铺装做法
来源：中建设计，2021

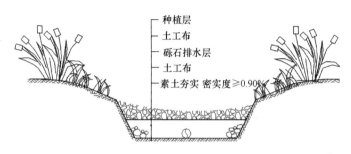

图 4-56 倒抛物线形植草沟断面图
来源：中建设计，2023

3）下沉式绿地

(1) 下沉式绿地可广泛应用于建筑与小区、道路、绿地和广场内，但对于径流污染严重、设施底部渗透面距离季节性最高地下水位或岩石层小于 1m，以及距离建筑物基础小于 3m（水平距离）的区域，应采取必要措施防止次生灾害发生。

(2) 下沉式绿地指低于周边铺砌地面或道路在 500mm 以内的绿地。其设计应满足以下要求：

下凹深度为 100～500mm，根据下凹深度和土壤渗透性选择适宜的耐淹性植物；种植土层可根据植物类型调整，一般宜换土 250mm；绿地内应设置溢流雨水口，溢流口顶部标高与设计标高齐平，低于铺装 50～100mm。地下建筑顶板之上的下沉式绿地应增加防渗措施（图 4-57）。

4）生物滞留设施

(1) 生物滞留设施按应用位置分为雨水花园、生物滞留带、高位花池、生态树池等。主要用于小区内的建筑、道路和停车场的周边绿地以及道路绿化带等城市绿地内。对于径流污染严重、地下水位较高（距渗透面小于 1m）及距建筑物基础近（小于 3m）的小面积区域，可采用底部防渗的生物滞留设施。

(2) 生物滞留设施形式多样，适用区域广，易与景观结合，径流控制效果好，建设费

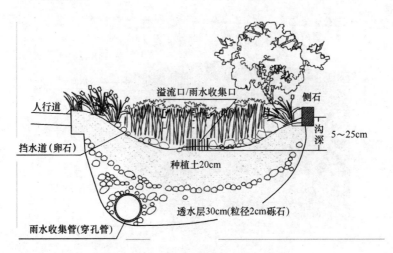

图 4-57 下沉式绿地典型构造示意图
来源：中建设计，2023

用可控且后期维护费用较低；但地下水位与岩石层较高、土壤渗透性能差、地形较陡的地区，应采取必要的换土、防渗、设置挡坎等措施避免次生灾害发生。

（3）生物滞留设施应满足以下要求（图 4-58）：

① 对于污染严重的汇水区，应采取弃流、排盐等措施防止有机污染物或融雪剂等高浓度污染物侵害植物。对于污染较轻的汇水区，应选用植草沟、植被缓冲带或沉淀池等对径流雨水进行预处理，去除大颗粒的污染物并减缓流速。

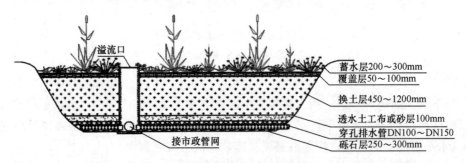

图 4-58 生物滞留设施典型结构示意图
来源：中建设计，2023

② 多层建筑采用建筑外排水系统的屋面径流可由雨落管接入高位花池，当现状位置不适于植物生长时，可由消能池替代。道路径流雨水可通过路缘石豁口进入生物滞留设施，路缘石豁口尺寸和数量应根据道路纵坡、设计降雨量等计算确定。

③ 道路绿化带可采用生物滞留带。当道路纵坡大于1%时，应设置挡水堰或台坎，以减缓流速从而增加雨水渗透量。在设施靠近路基部分处，应进行防渗处理，防止对道路路基稳定性造成影响。

④ 应设置溢流雨水口，溢流口顶部标高与设计标高齐平，低于铺装 50~100mm。

⑤ 宜分散布置且规模不宜过大，生物滞留设施面积与汇水面面积的比例关系一般为 5%~10%。

⑥ 设施外侧及底部应设置透水土工布,防止周围原土侵入。当位于地下建筑之上,或湿陷性黄土较重易造成坍塌,或拟将底部出水进行集蓄回用时,可在底部和周边设置防渗膜。

⑦ 当种植土的渗透系数小于 $1×10^{-6}$ m/s 时,应进行换土。换土厚度依据预种植的植物类型确定,当种植草本植物时为 250~300mm,种植灌木时为 300~600mm,种植乔木时为 600~1200mm。

5）雨水湿塘

（1）雨水湿塘是指以雨水为主要补水水源,具有雨水调蓄和净化功能的景观水体。适用于具有较大空间条件的小区,可有效削减较大区域的径流总量、径流污染和峰值流量,但对场地条件严格,建设和维护费用高。

（2）雨水湿塘可结合绿地、开放空间等场地条件设计为多功能调蓄水体,即平时发挥正常的景观及休闲、娱乐功能,暴雨时发挥调蓄功能,实现土地资源的多功能利用。雨水湿塘应满足以下要求（图4-59）：

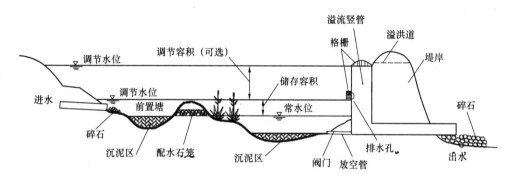

图 4-59　雨水湿塘/景观水体典型构造示意图
来源：张佳丽，2021

① 一般由进水口、前置塘、主塘、溢流出水口、护坡及驳岸、维护通道等组成。

② 进水口和溢流出水口应设置碎石、消能坎等消能设施,防止水流冲刷和侵蚀。

③ 前置塘为湿塘的预处理设施,起到沉淀径流中大颗粒污染物的作用。池底一般为混凝土或石块结构,以便清淤。前置塘应设置清淤通道及防护设施,驳岸形式宜为生态驳岸,边坡坡度一般为 1:2~1:8。前置塘沉泥区容积应根据清淤周围和所汇入径流雨水的 SS 沉淀物负荷确定。

④ 主塘一般包括常水位以下的永久容积和储存容积,永久容积水深一般为 0.8~2.5m;储存容积一般根据所在区域相关规划提出的年径流总量控制率确定;具有峰值流量削减功能的湿塘还包括调节容积,调节容积应在 24h~48h 内排空;主塘与前置塘间宜设置水生植物种植区,主塘驳岸宜为生态驳岸,边坡坡度不宜大于 1:6。

⑤ 溢流出水口包括溢流竖管和溢洪道,排水能力应根据下游雨水管渠或超标雨水径流排放系统的排水能力确定。

⑥ 距雨水湿塘边缘 2m 范围内,溢流水位至池底的水深不应超过 0.7m,并应设置护栏、警示牌等安全防护与警示措施。

6）雨水湿地

（1）雨水湿地分为雨水表流湿地和雨水潜流湿地。雨水湿地适用于有一定场地空间条件的建筑与小区，雨水湿地可有效削减污染物，具有一定的径流总量和峰值流量控制效果，但建设及维护费用较高。

（2）雨水湿地一般设计成防渗型，以便维持湿地植物所需要的水量。雨水湿地的构造一般由进水口、前置塘、沼泽区、出水池、溢流出水口、护坡及驳岸、维护通道等构成（图4-60）。

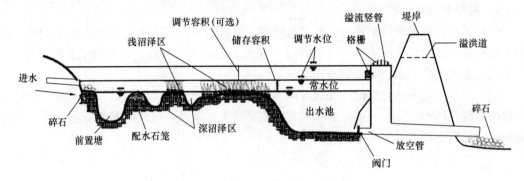

图4-60　雨水湿地典型构造示意图
来源：张佳丽，2021

（3）雨水湿地应满足以下要求：

① 进水口和溢流出水口设置碎石、消能坎等消能设施，防止水流冲刷和侵蚀。

② 雨水湿地应设置前置塘对径流雨水进行预处理。

③ 沼泽区包括浅沼泽区和深沼泽区，是雨水湿地主要的净化区，其中浅沼泽区水深范围一般为0～0.3m，深沼泽区水深范围一般为0.3～0.5m，根据水深不同种植不同类型的水生植物。

④ 雨水湿地的调节容积应在24h内排空。

⑤ 出水池主要起防止沉淀物的再悬浮和降低温度的作用，水深一般为0.8～1.2m，出水池容积约为总容积（不含调节容积）的10%。出水池生态驳岸边坡坡度不宜大于1:6。常水位附近区域的坡度要更小，具体设计时坡度的大小应由结构设计人员根据土质和护坡措施决定。

⑥ 湿地应设置护栏、警示牌等安全防护与警示措施。

⑦ 在水质污染较重的区域，也可设置人工湿地，分为表流湿地和潜流湿地，其中潜流湿地又分为水平潜流湿地和垂直潜流湿地，其设计原理与污水湿地相似，一般在进入人工湿地前建有雨水储存设施，严格控制进入人工雨水湿地的水量。

（六）景观小品

1. 围墙

围墙形式以简洁雅致为主，与小区风貌和周边环境相协调，注重经济、地方特色和亲切感。高度应体现宜人尺度，一般小区围墙高度宜为2.1～2.4m，最小高度不宜低于1.8m。增加细节设计，如入口处围墙结合小区LOGO、景观绿化等组合设计，提升精致感。

鼓励围墙复合功能利用，嵌入党建宣传、文化展示等功能，丰富围墙景观；结合绿化、照明、休闲座椅等景观元素整体设计，实现"一墙多用"（图4-61）。

图4-61　某老旧小区文化景墙改造前后对比图
来源：中建设计，2023

2. 休息座椅

小区人行道、散步道沿线应布置休息座椅，间距不宜大于100m。步道宽度大于1.5m时，休息设施可沿步道一侧布置；步道宽度小于1.5m时，休息设施应结合沿线空间呈凹入式设置，便于步道通行。

户外座椅应充分考虑老人使用要求，尽可能提供有靠背及扶手的座椅，座高一般350~400mm，宜选用木质或其他温暖的材料，尽量避免使用石材、金属等缺乏温度的材料。

休息座椅宜和高大乔木组合设置，或结合休息设施提供遮阳廊架。鼓励创意设计，结合花池、树木等要素，增加设计趣味性，吸引人群休憩交往（图4-62）。

图4-62　某老旧小区休息座椅改造前后对比图
来源：中建设计，2023

3. 标识标牌

对小区导览图、公告宣传栏、路标指示牌、楼栋标识牌等进行系列化设计，体现整体感和文化性，同时应与建筑、环境整体风格呼应。通过建筑、环境小品、标识系统等的整体重塑，强化小区整体风貌特色，并以此推动地区风貌环境的不断优化（图4-63）。

4. 运动设施

健身设施要结合小区场地功能和可达性进行选择和布局。在近宅活动场地设置基础、简单器械，如五位压腿器、健身柱、扭腰器、鞍马背部按摩器等满足老人的基本健身需求，步行距离以50~100m为宜；在宅前100~150m活动圈内，可结合场地集中布置青壮年人群健身活动设施或居民需求量较大的单类健身设施，如乒乓球台等；也可以按照带状

图 4-63　某老旧小区改造后的楼栋标识牌
来源：中建设计，2023

布局形成港湾式的健身小广场空间，并将其与步行道路系统串联起来（图 4-64）。

健身设施的布置应考虑老龄段人群的使用安全，宜选用柔软防滑的地面材料，应选择符合现行国家标准《室外健身器材的安全　通用要求》（GB 19272—2011）、《公共体育设施　室外健身设施维护管理规范》（T/CSSS 003—2023）要求的合格产品，并确保安装牢固。

图 4-64　某老旧小区安装健身设施图
来源：中建设计，2023

（七）安全防范系统改造

1. 建设要求

小区的安全技术防范功能要求包括：小区周界和公共区域的安全防范；住户的安全防范；小区人和车的出入管理；小区监控管理和事件报警（包括人员、通道、设备、周界等的异常报警）及处置。

（1）安全防范系统应符合社区智能化平台的系统架构，实现（或通过接入相关安防子系统实现）安全技术防范的系统要求，包括：住户的人证核验管理（含发卡及出入授权管理）；小区出入管理和监控，停车场出入监控；单元门出入管理和监控；通道、公共空间等的视频监控和管理；安全技术防范其他系统，如周界防范、巡更等。

（2）系统功能包括：安全技术防范范围的实时监控和事件报警；巡更及巡查，现场事件处置的实时录入和上传；现场、监控室、小区管理、社区、街道的多级联动；安全防范和事件报警的分析统计数据及图表展示。

（3）系统可配置多种操作显示终端，如监视大屏、操作座席、智能手机的App等；系统通过小区局域网实现安全防范各设备在小区内联网；采用无线数据通信技术和无线物联网技术作为小区局域网的补充联网手段；与小区安防相关的管理部门信息化系统对接，按照相应权限实现具体业务的展示和操作；通过专网上传公安等部门要求的安全防范相关实时数据、事件处置数据、统计数据。

2. 建设要点

1）住户的人证核验管理

（1）系统组成包括人证核验设备、发卡设备、授权及管理系统等设备。

（2）配置的人证核验设备实现身份证照的信息采集、现场人脸识别、人证核验等功能；人证核验设备与发卡和授权系统连接，实现小区出入的授权；接入小区出入管理系统和单元门禁，实现小区的出入管理；连接小区的租房管理系统，实现租客的入住认证和出入授权；连接智能锁管理系统，实现短租客的入住认证和出入授权；实现访客的授权和出入管理；采用电子通行证，实现访客预约、防疫信息填报、安全审批（存档）、凭证分发（生成二维码）、扫描出入。

2）出入管理

（1）小区及停车场：

① 系统包括人行或车行通行设备（如摆闸、速通门、电动门等）、出入授权识别（含二维码识别、自动测温等）系统、管理服务器、视频服务器、出入监测摄像机等设备。

② 接入配置及功能包括：与发卡、授权系统连接，实现小区出入的授权管理；与单元门禁系统连接，实现出入的联动管理；智能识别异常的出入人员和车辆，预警并上传相关数据；识别监控出入车辆的监测摄像机等设备宜独立设置；应具备弱光和强光环境下智能识别的功能要求；定时、限时、计次进行出入授权联动，完成小区管理人员、服务人员和短租客、访客的出入管理；实现小区住户远程访客授权；接入社区智能化平台，实现报警联动和事件处置。

（2）单元门禁：

① 系统包括可视对讲设备、监控摄像头、多元检测读头（含小区卡、二维码、身份证物理卡号、生物识别如人脸或非接触指纹等）、单元门锁、门内开门按钮、单元住户信息综合管理设备等，宜选用一体化门禁设备。

② 接入配置及功能包括：连接发卡、授权系统，实现单元门授权和出入管理；连接小区出入管理系统，实现小区出入和单元门出入联动；智能识别异常人员、预警并上传相关数据；具备弱光和强光环境下智能识别的功能要求；后视监控摄像头应能接入视频监控系统，辅助采集人员出入信息，监测、示警单元门未关、电动车出入等异常情况；接入社区智能化平台，实现报警联动和事件处置。

3）视频监控和管理

（1）系统包括监控摄像机、视频服务器、硬盘录像机等设备。在视频监控的范围内合理布防监测设备；系统应具备弱光和强光环境下智能识别的功能要求。

（2）接入系统及功能：合理配置硬盘录像机、视频服务器等设备；监控和事件报警

（预警）数据、图像、视频等接入社区智能化平台，实现监控和事件报警；连接周界防范系统等相关安防集成系统，实现联动事件报警（预警）功能。

（3）视频监控前端设备和系统的功能要求：周界监控摄像机应具有智能分析的越界报警功能；小区出入口摄像机应具有人脸识别功能；监控摄像机应具有联动功能，以配合系统识别、事件报警（预警）等功能的实施。

（4）配合监控座席，实现视频监控上墙、多路画面分割视频轮巡和云台控制功能；视频监控、事件报警（预警）及相应图片、视频在监控座席上自动弹现；应具有事件处置管理功能，包括工单管理、处置过程监管、处置结果管理等。

4）其他安防系统

（1）周界防范：

① 采用入侵检测技术、脉冲式电子围栏技术等的周界防范包括电子围栏控制器、多功能拉力杆、专用多股合金丝、专用高压绝缘线、万向底座及配套设施、声光报警灯等设备；系统接入及功能；每个防区至少配备1个摄像机；布防、监控和预警数据、图像、视频接入社区智能化平台，实现监控和联动预警（图4-65）。

固定枪机摄像机　　球形机摄像机　　紧急报警柱　　单元门禁

图4-65　社区安防系统

来源：中建设计，2023

② 防区设计：每个防区不大于70m，无盲区、死角，现场设置声光报警。

（2）巡更：

① 系统包括巡更系统和巡查钮、采集器等设备（采用智能手持终端等）。

② 系统接入配置：巡更人员按编制配置手持智能终端，实现现场状态采集和数据录入功能；接入社区智能化平台，实现巡更管理；宜采用机器人、无人机等先进技术辅助小区的巡更管理。

（3）紧急报警（求助）：

① 系统包括紧急报警柱（钮）、家庭用入侵探测和紧急求助（报警）装置、移动式求助（报警）装置等设备。

② 系统接入及功能：在公共区域合理配置紧急报警柱（钮），任一点至最近紧急报警柱（钮）不应超过100m；在家庭的门、窗等部位安装入侵探测；在室内设置紧急求助（报警）装置、移动式求助（报警）装置；接入社区智能化平台，实现求助、报警、事件处置管理；应能按要求上传相关数据。

（4）安防信息发布：

① 系统包括服务器和室外屏、室内屏、公共广播系统（多媒体播放器、电源时序器、

前置放大器、后级功放、草地喇叭等)等设备。

③ 系统接入及功能：按行业的要求配置公共广播系统；合理配置室外屏、室内屏；接入社区智能化平台，实现预警信息的发布；支持视频、音频、图片、语言、文本多种媒体，支持轮播、插播、弹屏等多种播放方式。

(八) 智能化改造

1. 建设要求

社区智能化改造应满足社区及住宅规范化运营和管理的要求。改造后的智能化系统能实现各类业务的接入、管理和运营，实现各类使用者及业务的应用和智慧型生态社区的良性发展。能连接街道及区、市的信息化平台，上传政府信息化及公安等行业信息化要求的相关信息。改造的内容包括但不限于以下四个方面：

(1) 数字基础设施改造：社区综合服务平台、网络通信设施、机房等设施。

(2) 社区单元智能化改造及安防系统网络化支撑：房屋与建筑、居住环境、道路与停车、市政建设、室内与家居等。

(3) 物业管理智能化改造：基础设施、物业化管理平台、一卡通、物业信息发布、公共设施监测、公共资产管理等。

(4) 社区治理智能化改造：基础设施、疫情防控及社区康助、特殊人群心理服务、智能消防、租客及访客管理、垃圾分类及处理等。

2. 建设要点

(1) 社区智能化平台是小区智能化改造的基础核心平台。与所辖小区平台组成社区局域网，接入硬件设备，涵盖社区的"社会治理、安全防范、物业管理、居民服务"四个方面，实现日常管理、智能监控及信息采集、事件处置、信息统计及数据上传等基本功能。社区智能化平台体系架构如图4-66所示。

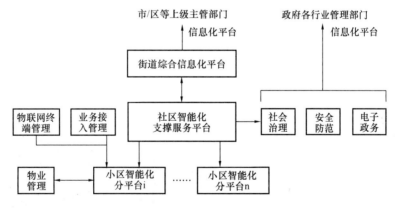

图4-66 社区智能化平台的体系架构
来源：张佳丽，2021

七、物业管理

(一) 物业服务

1. 建设要求

完整居住社区鼓励引入专业化物业服务，暂不具备条件的，可通过社区托管、社会组织代管或居民自管等方式，提高物业管理覆盖率。新建居住社区按照不低于物业总建筑面积2‰比例且不小于50m²配置物业管理用房，既有居住社区应因地制宜地配置物业管理用房，用于满足办公、设备存放等需求。

2. 建设原则

物业应从管理制度、秩序维护、环境卫生服务等方面规范相关管理服务内容，并向居民进行公示，接受业主监督。

（1）在管理制度方面，应建立住宅专项维修基金，其管理、使用、续筹符合有关规定；建立24小时值班制度，接受并及时处理业主对物业管理服务报修、求助、投诉等各类信息；建立并落实便民维修服务制度，制定合理的入户服务收费标准。

（2）在秩序维护方面，应有专业保安队伍，实行24小时值班及巡逻制度；配备必要的消防设备和设施，消防通道保持畅通，制定消防应急方案，定期组织消防演习；机动车及非机动车停车场车辆停放有序，无安全隐患。

（3）在环境卫生服务方面，清洁卫生应实行责任制，有专职的清洁人员和明确的责任范围；房屋公共部位保持清洁，无乱贴、乱画，无擅自占用和堆放杂物现象。

（二）物业管理服务平台

物业管理服务平台是推进智慧社区建设、提升物业管理智能化水平的载体。

1. 建设要求

完整居住社区要建立物业管理服务平台，推动物业服务企业发展线上线下社区服务业，实现数字化、智能化、精细化管理和服务。

2. 建设原则

推进智慧社区建设，鼓励运用互联网、大数据、人工智能等技术，建设物业管理服务平台，在公共服务、商业服务、设备管理、安防管理等方面为居民提供高效、便捷的服务内容。推动社区生活设施智能化改造，推进智能停车、智能安防。大力发展线上线下社区服务业，提供社区养老、托幼、助残、医疗、助餐、快递、家政等服务，满足居民多样化的生活服务需求。推进物业管理服务平台与城市政务服务一体化平台对接，促进"互联网＋政务服务"向居住社区延伸，打通服务群众的"最后一公里"（图4-67）。

(a) 社区政务服务一体机　　　　　　(b) 物业管理服务平台

图4-67　物业管理服务平台

来源：住房和城乡建设部，2021

3. 设计要点

主要可从设施设备管理、车辆管理和社区安全管理三个方面着手[1]：

（1）推动设施设备管理智能化。提高设施设备智能管理水平，实现智能化运行维护、安全管理和节能增效。通过基于位置的服务（LBS）、声源定位等技术，及时定位问题设备，实现智能派单，快速响应，提高维修管理效率。通过大数据智能分析，对消防、燃气、变压器、电梯、水泵、窨井盖等设施设备的设置合理报警阈值，动态监测预警情况，有效识别安全隐患，及时防范化解相关风险。监测分析设施设备运行高峰期和低谷期情况，科学合理制定设备运行时间表，加强节能、节水、节电控制，有效降低能耗。

（2）实现车辆管理智能化。加强车辆出入、通行、停放管理，增设无人值守设备，实现扫码缴费、无感支付，减少管理人员，降低运营成本，提高车辆通行效率。统筹车位资源，实现车位智能化管理，提高车位使用率。完善新能源车辆充电设施，方便绿色出行。实时监控车辆和道闸、充电桩等相关设施设备运行情况，保障车辆行驶和停放安全。

（3）促进社区安全管理智能化。推动智能安防系统建设，建立完善智慧安防小区，为居民营造安全的居住环境。完善出入口智能化设施设备，为居民通行提供安全、快捷服务。根据居民需要，为儿童、独居老人等特殊人群提供必要帮助。加强对高空抛物、私搭乱建、侵占绿地等危害公共环境和扰乱公共秩序的行为分析，及时报告有关部门，履行安防管理职责。

推动物业服务企业发展线上线下社区服务业的过程中，可重点围绕以下四个方面开展：

（1）拓宽物业服务领域。鼓励物业服务企业依托智慧物业管理服务平台，发挥熟悉居民、服务半径短、响应速度快等优势，在做好物业基础服务的同时，为家政服务、电子商务、居家养老、快递代收等生活服务提供便利。发挥物业服务企业连接居住社区内外的桥梁作用，精准掌握居民消费需求，对接各类供给端，通过集中采购等方式，为居民提供优质商品和服务。推动物业服务线上线下融合，促进物业服务企业由物的管理向居民服务转型升级。

（2）对接各类商业服务。构建线上线下生活服务圈，满足居民多样化生活服务需求。连接居住社区周边餐饮、购物、娱乐等商业网点，对接各类电子商务平台，为居民提供定制化产品和个性化服务，实现家政服务、维修保养、美容美发等生活服务一键预约、服务上门，丰富生活服务内容。通过在居住社区布设智能快递柜、快件箱、无人售卖机等终端，发展智能零售。

（3）提升公共服务效能。推进智慧物业管理服务平台与城市政务服务一体化平台对接，促进"互联网+政务服务"向居住社区延伸，打通服务群众的"最后一公里"。对接房屋网签备案、住房公积金、住房保障、城市管理、医保、行政审批、公安等政务服务平台，为政务服务下沉到居住社区提供支撑。对接供水、供电、供气、供暖、医疗、教育等公用事业服务平台，为居民提供生活缴费、在线预约等便民服务。鼓励物业服务企业线下"代跑腿""接力办"，助力实现公共服务线上"一屏办""指尖办"。

（4）发展居家养老服务。以智慧物业管理服务平台为支撑，大力发展居家养老服务。

---

[1] 《住房和城乡建设部等部门关于推动物业服务企业加快发展线上线下生活服务的意见》（建房〔2020〕99号）

通过线上预约,为老年人提供助餐、助浴、保洁、送药等生活服务。对接医疗医保服务平台,提供医疗资源查询、在线预约挂号、划价缴费、诊疗报告查询、医保信息查询、医疗费用报销等医疗医保服务。加强动态监测,为居家养老提供安全值守、定期寻访、疾病预防、精神慰藉等服务,降低老年人发生意外的风险。

八、管理机制

(一)综合管理服务

1. 建设要求

完整居住社区要依法依规查处私搭乱建等违法违规行为,组织引导居民参与社区环境整治、生活垃圾分类等活动。

2. 建设原则

以居住社区建设补短板行动为载体,大力开展美好环境与幸福生活共同缔造活动,搭建沟通议事平台,发动居民决策共谋、发展共建、建设共管、效果共评、成果共享,发挥居民主体作用。引导各类专业人员进社区,辅导居民参与居住社区的建设和管理。加强培训和宣传,发掘和培养一批懂建设、会管理的老模范、老党员、老干部等社区能人。建立激励机制,引导和鼓励居民通过捐资捐物、投工投劳等方式参与居住社区建设。

(1)决策共谋

开展多种形式的基层协商,充分发挥社区居民的主体作用,共同确定社区需要解决的突出问题,共同研究解决方案,激发社区居民参与人居环境建设和整治工作的热情,使社区居民从"要我干"转变为"我要干",使基层政府和相关部门从传统的决策者、包办者转变为引导者、辅导者和激励者。

(2)发展共建

充分激发社区居民的"主人翁"意识,发动社区居民积极投工投劳整治房前屋后的环境,主动参与老旧小区改造、生活垃圾分类及公共空间的建设和改造,主动配合配套基础设施和公共服务设施建设,珍惜用心用力共建的劳动成果,持续保持社区美好环境。

组织协调各方面力量共同参与人居环境建设和整治工作,推动规划师、建筑师、工程师进社区,组织在职党员开展共产党员社区奉献日、在职党员义务服务周等活动,共同为人居环境建设贡献力量。

(3)建设共管

鼓励社区居民针对社区环境卫生、公共空间管理、停车管理、生活垃圾分类等内容,通过社区居委会或居民自治组织,共同商议拟订居民公约并监督执行,通过多种方式激励社区居民、企业、社会组织积极参与人居环境的维护管理。

(4)效果共评

建立健全城乡人居环境建设和整治项目及"共同缔造"活动开展情况的评价标准和评价机制,组织社区居民对活动实效进行评价和反馈,持续改进各项工作。

(5)成果共享

建设"整洁、舒适、安全、美丽"的社区环境,形成和睦的邻里关系和融洽的社区氛围,让社区居民有更多的获得感、幸福感和安全感,实现政府治理和社会调节、居民自治的良性互动,打造共建共治共享的社会治理格局。

(二) 管理机制

1. 建设要求

完整居住社区要建立"党委领导、政府组织、业主参与、企业服务"的居住社区管理机制。推动城市管理进社区，将城市综合管理服务平台与智慧物业管理服务平台相衔接，提高城市管理覆盖面。

2. 建设原则

推进城市管理执法力量下沉，将城市管理、社会治理和公共服务事项纳入社区管理，打通服务联系群众、解决群众诉求的"最后一公里"。创新社区管理和服务模式，以智慧物业管理服务平台为支撑，促进公共事务和便民服务智能化，提升社区治理现代化水平，实现"运行更加安全、秩序更加良好、环境更加宜居、管理更加智慧"的目标。

(三) 社区文化

社区文化是指社区居民在特定区域内，长期实践过程中逐步形成和发展起来的有一定特点的价值观念、生活方式、行为模式和群体意识等文化现象。

1. 建设要求

完整居住社区要举办文化活动，制定发布社区居民公约，营造富有特色的社区文化。鼓励引导广大群众积极参与各项文化建设，加强邻里关系，提升基层治理水平。

2. 建设原则

以满足人民精神文化需求为出发点和落脚点，社区可与党建和群团组织协作，结合传统节日和现代文化，定期开展各类主题活动，如文化讲堂、书画交流、亲子互动、舞蹈合唱等，培育积极向上、多姿多彩的邻里文化，营造团结友爱、互帮互助的社区风尚，提升社区居民的认同感与归属感。

在充分征求广大居民意见的基础上，建立社区居民公约，引导居民养成文明礼貌的行为习惯，实现居民自我管理、自我教育、自我约束，维护社区的良好秩序，体现社区共治精神。通过景观墙、告示牌、海报等方式宣传和展示社区居民公约，通过耳濡目染的方式影响居民行为习惯，体现有特色的社区文化，营造良好的家园氛围。

【思考与练习题】

1. 简述城镇社区更新规划的整体框架。
2. 简述前期调研的目的与主要内容。
3. 简述内容识别与策略选择的主要内容。
4. 简述总体布局规划的主要内容。
5. 简述各类专项规划的主要内容。

【参考文献】

[1] 张佳丽. 城镇老旧小区改造实用指导手册[M]. 北京：中国建筑工业出版社，2021.
[2] 中国城市规划设计研究院城市更新研究所. 城镇老旧小区：改造实践与创新[M]. 北京：中国城市出版社，2022.
[3] 住房和城乡建设部. 完整居住社区建设指南[R]. 2021.
[4] 王凯，刘晓丽，陈振羽，等. 完整居住社区建设指南与实践[M]. 北京：中国建筑工业出版社，2022.

第五章 城镇社区治理体系构建要点

【本章导读】

城镇社区更新是城镇社区物质空间层面的社区改造、社会层面的社区治理和经济层面的社区融资三者共同作用的过程和结果。继第四章从物质空间层面讲述"城镇社区更新规划设计的主要内容和技术要点"之后,本章着重从社会层面讲述"城镇社区治理体系构建要点"。

本章共分为十个小节。

前四个小节主要阐释了我国城镇社区治理的发展历程与发展趋势(第一节)、我国城镇社区治理存在的问题(第二节)、我国城镇社区治理体系和模式创新的动因(第三节)和城镇社区治理体系构成(第四节)。

第五节至第十节是"第四节:城镇社区治理体系构成"的分述部分。主要从明晰治理主体职责(第五节)、扩展治理内容(第六节)、完善治理结构(第七节)、创新治理技术(第八节)、优化社区治理方法(第九节)和健全治理机制(第十节)六个部分进行阐释。

第五节"明晰治理主体职责"中,阐述了"基层政府、社区服务(工作)站、社区党组织、社区居委会、社区居民和业主、社区业主委员会、社区社会组织、社区社会工作者、社区物业服务企业"九个城镇社区治理相关的多元涉益主体。

第六节"扩展治理内容"中,阐述了"社区党建、社区服务、社区文化、社区教育、社区环境、社区养老与照护、社区冲突、社区治安、社区应急管理"九项新时期城镇社区应扩展的治理内容。

第七节"完善治理结构"中,在总体阐述"我国的典型社区治理模式"的基础上,分别对"行政主导型——自治主导型——行政自治协同型"三种社区治理模式与治理结构进行了剖析,最后对"三社联动"的社区治理创新模式进行了讲述。

第八节"创新治理技术"中,分别阐述了智慧社区的关键技术、总体架构与运营模式。

第九节"优化社区治理方法"中,主要阐述了社区协商和社区网格化管理两种方法。

第十节"健全治理机制"中,分别对"以人民为中心的价值判断机制、以党建为引领的整合机制、以协商为基础的沟通机制、以合作为纽带的协同机制、以质量为核心的评价机制、以科技为赋能的支撑机制、以人才为导向的培养机制"七个机制层面进行了要点阐述。

【教学目标】

(1)了解城镇社区治理的发展历程、趋势与动因;

(2)熟悉城镇治理存在的问题与治理体系的构成;

(3)掌握治理主体职责、治理内容、治理结构、治理技术、治理方法和治理机制。结合相关的链接案例学习,做到融会贯通。

第一节　我国城镇社区治理的发展历程与发展趋势

从中华人民共和国成立以来至今，城市（镇）社区治理的发展历程大致可以划分为：社区行政管理范式阶段（1949—1990年）、社区政社互动型治理范式阶段（1991—2011年）、社区多元治理范式（2012年至今）三个发展阶段，实现了从"单位制""街居制"向"社区制"，从集权到分权，从管制到服务的重大转变❶。特别是党的十八大以来，国家大力推动社会治理重心向基层下移，把更多资源、服务、管理下放到社区，推行精准化社区管理和精细化社区服务，社区治理改革取得了长足进展，成为推进国家治理体系与治理能力现代化的重要基础。当前社区治理发展呈现八大趋势（刘敏，2022）。

一、社区治理的基层化

（1）管理、服务与资源下沉，是社会治理重心向基层社区下移的主要表征。管理下移，是在纵向上厘清市、区、街道、社区不同层级之间的权责关系，并建立与之相配套的资源配置体系；在横向上界定不同部门与条块之间的权责关系，并建立与之相适应的社区治理综合考核与评价机制。

（2）服务下沉，是把政府基本公共服务体系下沉到社区，构建"一站式"办公和"一条龙"服务的社区综合服务阵地，为居民群众提供精准有效的服务。

（3）资源下放，是推进人、财、物等各种资源配置的下移，解决基层管理权、责、利不对等的痼疾，为社区治理提供坚强有力的资源保障。

二、社区治理的组织化

社区治理的组织化是指通过加强基层党建，整合基层行政和社会资源，促进跨组织、跨界别治理资源的有机衔接和相互渗透，增强社区治理的合力，解决社区治理存在的条块分割、资源分散、能力不强等问题。有两条主线：一是，探索基层党组织领导社区治理的有效方式，通过组织共建、资源共享、机制衔接、功能优化，从而把加强基层党的建设、巩固党的执政基础作为贯穿社会治理和基层建设的主线，建立与市场经济相适应的城市基层社会管理体制；二是，探索中国特色社区自治的有效方式，依法有序组织居民群众参与社区治理，把社区各方面的积极性和主动性调动起来，共同构建美好幸福家园和"社区生活共同体"。社区治理的组织化是国家政权建设与社区自治建设的双向建构，应该兼顾国家治理体系建构以及社会自治体系建构两个维度。

三、社区治理的精细化

社区治理的精细化是指社区治理越来越注重引入精细化的理念和方法，运用更专业的手段、更低廉的成本、更优质的服务来提升社区管理和服务的效果。其操作特征可概括为"精、准、细、严"，主要包括过程细节化、手段专业化、效果精益化、成本精算化等方面。精细化治理，就是要通过组织再造和流程优化，运用程序化、标准化和数据化的手

---

❶ 参见第一章第四节第二部分

段,推动治理各单位及其要素之间的精确、高效、协作运行,从而不断提升社区治理的效益及效果。2017年全国"两会"期间,习近平总书记强调:"城市管理应该像绣花一样精细。"要通过绣花般的细心、耐心、巧心提高精细化水平,绣出城市管理和服务的高品质。

四、社区治理的人本化

社区治理的人本化是指社区治理要坚持以人民为中心,更加强调以人为本、服务居民,从居民需求出发推进社区治理,多层次、全方位地满足社区居民不同的需求。《中共中央 国务院关于加强和完善城乡社区治理的意见》强调:"坚持以人民为中心的发展思想,把服务居民、造福居民作为城乡社区治理的出发点和落脚点"。社区治理人本化的关键是,以民生为导向,建立"发现—回应—满足"居民需求的长效化机制,更好地满足群众日益增长的对美好生活的需求。

五、社区治理的社会化

社区治理的社会化是指改变国家包办和过度行政化的管理方式,适当引入社会力量,推动党委、政府、企业、社会组织、社区和居民群众共同参与社区治理的过程,形成社区治理的合力,实现党领导下的政府治理和社会调节、居民自治的良性互动。党的十九大报告指出:"完善党委领导、政府负责、社会协同、公众参与、法治保障的社会治理体制,打造共建共治共享的社会治理格局"。社区治理的社会化途径有三个:一是,推动"政治行为社会化处理",即将公众和社会力量吸纳到国家治理决策结构;二是,推动"行政行为社会化合作",广泛引入项目制、公益创投制,鼓励社会组织承接政府购买公共服务;三是,推动"社会事务社会化自治",推进群众自我管理和社区自治。

六、社区治理的专业化

社区治理的专业化是指通过加强专业社会组织培育、专业人才队伍培养、专业工作方法推广,为社区居民提供专业的社区服务。社会组织依托其自身的专业技能、组织团队、参与式方法和创意参与社区治理,运用社会工作专业的理念、知识和技术方法,实现社区治理的目标。重要抓手是推进社区、社会组织、社会工作之间的"三社联动"。2017年,《中共中央 国务院关于加强和完善城乡社区治理的意见》指出:"推进社区、社会组织、社会工作'三社联动',完善社区组织发现居民需求、统筹设计服务项目、支持社会组织承接、引导专业社会工作团队参与的工作体系"。为社区治理的专业化发展指明了方向。

七、社区治理的智慧化

社区治理的智慧化是指通过智慧城市建设,充分运用大数据、云计算、人工智能等现代科技手段,实现各系统、各平台数据互联互通,打造高效便捷的智慧应用服务体系,为居民群众提供安全、高效、便捷的智能化服务。国家"十三五"规划提出实施国家大数据战略,将大数据视为政府解决公共治理问题、克服社会问题的有力措施。习近平总书记在2017年中共中央政治局第二次集体学习时指出:"要以推行电子政务、建设智慧城市等为抓手,充分利用大数据平台,加强政企合作、多方参与,形成社会治理强大合力"。关键是要推进管理和服务信息化,如整合社区居务、物业、医疗、服务、养老、便民服务等各种服务,打造一站式智慧生活服务平台;打造网上综合办事大厅,实现"前台受理、后台办理"的一站式服务。

八、社区治理的法治化

社区治理的法治化是指运用法治精神与法律制度来指导社区治理的理念、模式与方法,用法律和制度正确处理或者协调解决社区治理难题。《中共中央 国务院关于加强和完善城乡社区治理的意见》强调:"弘扬社会主义法治精神,坚持运用法治思维和法治方式推进改革,建立惩恶扬善长效机制,破解社区治理难题"。关键有三点:一是,政府依法行政,把法治行政落实到政府公共管理和服务的各个环节,政府带头有法必依、严格执法,将权力关进制度的笼子里;二是,社会普法守法,深入开展法治宣传教育和法律进社区活动,在社区形成自觉学法、知法、守法、用法的良好环境,引导居民自觉运用法律来解决问题;三是,促进法治、德治、自治有机融合,充分发挥自治章程、居民公约在社区治理中的积极作用。

第二节 我国城镇社区治理存在的问题

一、社区治理的参与主体权责未明确

目前社区治理主要还是以政府为主导、市民为主体的参与方式,政府具有较强的干涉作用。市民组织、非营利机构参与主体的权益和责任未能得到相关法律法规体系的确定与界定,对其参与社区治理造成诸多困难。同时,由于管理制度的限制,社会组织在省、市层面具有一定可操作性,在县、镇等层面由于成立门槛过高,社会团体的建立和规范存在客观障碍,因此,市民力量在社区发展过程中尚呈现不规范、规模小的缺陷。

二、社区管理及组织过度行政化

目前,我国的社区治理参与的组织和管理方式有较强的行政化特色。大多数社区治理以"两级政府、三级管理"为主要模式,采用的是自上而下的管理和组织方式,社区居委会和社区党委在动员居民参与治理过程中发挥了重要的作用。我国社区管理和组织较大程度依赖于政府的支持和推动,一方面,是由于我国社区管理工作是一项重要的落实基层群众路线的工作,需要反映政府和党政的诉求;另一方面,居民民主意识尚薄弱,对社区治理的参与积极性较弱,这样的组织管理方式给政府管理带来管理和财政负担,同时也弱化了社区自组织能力的培育。

三、相关法律法规及政策尚未健全

目前用于社区管理的法律法规主要是《城市街道办事处组织条例》和《城市居民委员会组织法》,其中对社区物业服务机构、社区志愿者团队和社区业务委员会等机构或团体等各个参与主体责权关系和治理内容的界定相对模糊,往往导致在社区治理过程中,各个机构容易产生分歧和摩擦,影响社区治理的进度和效率。此外,由于法律机制的缺位,本该是居民监督的社区治理,却产生了本末倒置的现象,大多数社区治理监督呈现自上而下

的特征,居民监督的情况较少。

四、资金运转及收益分配机制尚未完善

目前社区治理的财政支持主要来源于地方政府,使政府面对较大经济压力。资金筹集来源和渠道相对较窄,市民难以获得资金和社会资源,非政府和非营利组织亦存在较大的经费不足现象,再加上社区治理筹资、奖励、补贴和资助体系的不完善,使得社区治理难以应对资金的客观诉求。

第三节 我国城镇社区治理体系和模式创新的动因

我国的社区治理创新是在整个社会现代性变迁的背景下开展的,受政府对社区本质及"国家—社会"关系认知的变化、日渐强烈的参与愿望及信息技术的发展共同驱动,是外界刺激、内在驱动、技术支撑三者共同作用的结果(王轲,2019)。

一、外界刺激:社区赋权创造外部环境

民政部引入"社区"概念并提出"社区服务"的目的是推进城市社会福利改革。这项改革的一个重要内容是允许社会力量兴办社会福利事业。这实质上就是社区赋权,即政府将权力通过让权、授权、还权等方式向社区(包括社会组织)倾斜,逐步改变了"单位制"和"街居制"下社区的治理结构。表5-1是自1986年以来社区治理政策的演进过程,也是政府赋权于社区、还权于社区的过程。我国的社区建设和治理正是在这样的大背景下展开的。

社区治理政策的演进   表5-1

时间	政策内容
1986年	民政部首次引入"社区"概念,提出"社区服务"工作,并于1987年开始在全国推广
1989年	第七届全国人民代表大会常务委员会第十一次会议通过《中华人民共和国城市居民委员会组织法》,明确了社区居委会的各项职能
1991年	民政部提出开展"社区建设"工作,将社区服务范围扩大至所有市民
1993年	民政部、国家计委等十四部委联合下发《关于加快发展社区服务业的意见》,全面推动社区服务工作
1996年	时任总书记江泽民同志明确提出"大力加强社区建设"的要求
1998年	国务院明确赋予民政部"指导社区服务管理工作,推动社区建设"的职能
2000年	《中共中央办公厅、国务院办公厅关于转发〈民政部关于在全国推进城市社区建设的意见〉的通知》
2001年	民政部发布《全国城市社区建设示范活动指导纲要》,全面推进城市社区建设,"社区建设"列入国家"十五"计划发展纲要
2004年	中共中央办公厅发布《中共中央办公厅转发〈中共中央组织部关于进一步加强和改进街道社区党的建设工作的意见〉的通知》
2006年	社区信息化建设被列为重点工程项目

续表

时间	政策内容
2009 年	建设和谐社区纳入和谐社会建设体系中
2010 年	中共中央办公厅、国务院办公厅发布《关于加强和改进城市社区居民委员会建设工作的意见》，进一步健全城市基层管理和服务体制
2011 年	"十二五"规划明确健全基层治理及服务体系，提出社区自治目标
2013 年	提出大力建设志愿者队伍，促进了志愿者队伍、机制的成熟
2017 年	6月12日，《中共中央 国务院发布关于加强和完善城乡社区治理的意见》，这是第一次以中央的名义、顶层设计的高度对社区治理进行布局
2017 年	十九大报告提出"加强社区治理体系建设，推动社会治理重心向基层下移，发挥社会组织作用，实现政府治理和社会调节、居民自治良性互动"

来源：王轲，2019

二、内在驱动：社会主体参与愿望凸显

随着经济社会的发展，社区居民、社会组织、企业等主体的社区事务参与能力得到很大提升，并表现出强烈的参与愿望。社区治理参与主体多元化的条件已经具备。这进一步引发了社区治理创新的实践。

首先，居民需求和公共服务的提供主体呈多元化态势。居民在物质层面的公共服务需求和精神层面的公共文化生活需求不断增长和多元化，很多需求甚至已经超出了公共给予的范围，必须通过公益组织或个人购买商业服务的方式实现。在这一过程中，需求成为社区多元协作的导引。与此相适应，公共需求的资源供给主体、方式、途径等也逐渐复杂化，不仅有正式组织（政府），社会组织、市场组织等也都参与到公共服务的供给者队伍中。

其次，具有非政府性、非营利性特征的社会组织快速发展。自2013年3月《国务院机构改革和职能转变方案》中明确要求城乡社区服务类、公益慈善类、行业协会商会类、科技类等四类社会组织可以直接登记以来，社会组织增速更为迅猛；同时，没有登记、没有备案的"草根组织"数量也非常庞大；另外，越来越多的国外社会组织亦开始在我国参与社区服务。社会组织的大量出现，为开展社会治理创新提供了便利，同时也给规范和引导工作增加了负担。

最后，拥有资金、技术优势的企业也具有了参与社会治理的动机，期望在其中获得利益回报，这也进一步使社区治理的主体多元化。

三、技术支撑：信息技术成为有效工具

信息技术促进了社会的发展，也推进了社区治理创新的进展。信息技术对社区治理创新的推动作用体现在两个方面。

（1）信息技术为社区治理创新构建了坚实基础。可以将原本条块的信息充分共享，实现资源的有效整合，从而保证服务的有效性。智慧社区的出现完全得益于信息技术的广泛运用。

（2）信息技术拉近了社区居民间的距离，有助于重塑睦邻精神。QQ群、微信群等已成为社区居民常用的交流平台，信息工具让社区邻里间有了更多交流的机会，从陌生人变为熟人，增强了社区居民的归属感与认同感。随着信息技术与社区互动的加深，社区治理更多运用先进技术手段已成为重要的发展趋势。

第四节　城镇社区治理体系构成

城镇社区治理体系由五个方面组成：一是，丰富治理主体，扩展治理主体的内涵，以关注"所有人的利益"为原则，关注政府、居民和社会组织的发展诉求，尤其是弱势群体的利益诉求；二是，拓展治理内容，以"为所有人提供基本服务"为原则，关注社区空间的营造，满足社区不同群体的需求，同时关注社区场所精神的塑造，增强社区认同感，进而提升社区治理能力；三是，完善治理结构，通过建立有效的服务、参与和运行机制，充分利用多方主体的互补性优势，形成治理主体多元化、治理过程互动化、治理结构扁平化的"多元合一"治理模式；四是，创新治理技术，以现代数字技术为治理工具，充分动员社区力量，激发居民参与社区治理的积极性，推动智慧化治理；五是，健全治理机制，以建立安全、可持续的社区为目标，提高社区治理保障水平，提升社区治理韧性（李佳佳，2021）。

第五节　明晰治理主体职责

城市社区治理的主体是多元的，包括基层政府、街道、社区党组织、社区居委会、社区工作（服务）站、业主委员会、物业服务企业、社区社会组织、社区居民或业主、社区社会工作者、社区内的商户及开发商等。不同的主体在社区内发生的作用不同，交相辉映，相得益彰。随着新时期我国城市社区建设与治理的整体推进，其结构日益复杂、功能不断完善，迫切要求对社区治理主体重新审视，规范其在新时期的新定位、新角色、新功能（原珂，2020）。

一、基层政府

目前，我国以城镇街道办事处为代表的基层政府机构在社区治理过程中扮演相对重要的行政主体地位，是社区治理中权力的核心，是社区管理的主导者，社区治理和发展的主要推动者。制定社区治理发展规划、管理制度和建设资金，并且通过各部门协调的方式分配社会保障、社会福利和社会服务等。

为进一步规范和保障街道办事处明确职责、依法履职，以彻底解决多年来全国基层社会治理中广泛存在的"看得见的管不了"这一难题，2019年北京市按"社会治理重心下沉"的精神要求和北京特大城市街区关系的变化，于同年11月出台《北京市街道办事处条例》，于2020年1月1日起正式实施（原珂，2020）。

二、社区服务（工作）站

社区服务站，也称社区工作站。是政府在社区层面设立的公共服务平台，在街道办事处的领导和政府职能部门的业务指导下开展工作，同时接受社区党组织的领导和社区居委会的监督。从根本上说，社区服务站是一种非营利性的公共服务机构，在实践中坚持"依法、公开、高效、便民"的工作原则，为社区居民提供更为优质的服务（原珂，2020）。

> **专栏一：北京市朝阳区奥运村街道社区服务站工作职责**（详细内容扫码观看）
> 来源：原珂. 城市社区治理理论与实践[M]. 北京：中国建筑工业出版社，中国城市出版社，2020.

三、社区党组织

社区党组织是党在社区全部工作和战斗力的基础，是社区各类组织和各项工作的领导核心。其功能主要表现在政治整合、宣传教育、社会动员以及基层维稳等方面[1]。2019年5月，中共中央办公厅印发《关于加强和改进城市基层党的建设工作的意见》[2]指出："城市工作在党和国家工作全局中举足轻重，是各级党委工作的重要阵地。城市基层党组织是党在城市全部工作和战斗力的基础。加强和改进城市基层党建工作，把城市基层党组织建设成为宣传党的主张、贯彻党的决定、领导基层治理、团结动员群众、推动改革发展的坚强战斗堡垒"。社区党组织作为社区组织的体系核心，新时期的首要任务就是把加强基层党的建设、巩固党的执政基础作为贯穿社会治理和基层建设的主线，探索通过基层党的建设引领带动社区多元主体协同参与社区治理的新路径。

四、社区居委会

社区居委会是居民自我管理、自我教育、自我服务的基层群众性自治组织，是党和政府联系群众的桥梁和纽带，是城市基层社会管理与公共服务的最基本载体，是中国特色社会主义民主制度的重要表现形式之一。

2000年11月，《民政部关于在全国推进城市社区建设的意见》[3]中要求全国各地在原有城市居委会辖区基础上进行规模整合，合理划分社区，同时将原有城市居委会全部更名为"社区居民委员会"，自此社区居委会就成为一个社区的常设机构。一个社区原则上设置一个社区居委会，一般配置5至9人，建立人民调解、治安保卫、公共卫生、计划生育、群众文化等各类下属委员会，协助城市基层人民政府做好与居民利益有关的社会治安、社区矫正、公共卫生、计划生育、优抚救济、社区教育、劳动就业、社会保障、社会救助、住房保障、文化体育、消费维权以及老年人、残疾人、未成年人、流动人口权益保障等工作，推动政府社会管理和公共服务覆盖全社区。增强社区居委会组织居民开展自治

---

[1] 中共中央办公厅，国务院办公厅印发《关于加强和改进城市社区居民委员会建设工作的意见》[R].[2010-11-09]. http://www.gov.cn/jrzg/2010-11/09/content_1741643.htm.

[2] 中共中央办公厅.《关于加强和改进城市基层党的建设工作的意见》[R].[2019-5-8]. http://www.gov.cn/xinwen/2019-05/08/content_5389836.htm.

[3] 中共中央办公厅，国务院办公厅关于转发《民政部关于在全国推进城市社区建设的意见》的通知（中办发〔2000〕23号）[R].[2000-11-19]. https://www.nmg.gov.cn/zwgk/zfgb/2001n_5184/200101/200101/t20010101_267961.html.

活动和协助城市基层人民政府加强社会管理、提供公共服务的能力。

> 专栏二：北京市朝阳区奥运村街道社区居委会下属委员会及其工作职责
> （详细内容扫码观看）
> 来源：原珂. 城市社区治理理论与实践［M］. 北京：中国建筑工业出版社, 中国城市出版社, 2020.

五、社区居民和业主

社区居民，泛指各类城市社区生活中的所有民众。从根本上来说，社区居民作为社区的"主人翁"，既是社区治理的主体，又是社区治理的客体。实践中，应运用各种方法，充分动员全体社区居民通过一定的组织、一定的方式主动参与社区治理，实现自我管理、自我服务、自我教育、自我监督。

业主，是指房屋物业的产权所有人，拥有房屋的使用权以及所有权。业主可以是自然人、法人和其他组织，可以是本国公民或组织，也可以是外国公民或组织。房屋租赁人不是业主。

六、社区业主委员会

业主委员会，一般是指由物业管理区域内业主代表组成，代表业主的利益，向社会各方反映业主意愿和要求，并监督物业服务企业管理运营的一种社区性自治组织。本质上，社区业主委员会，作为一种社区自治组织，是社区广大业主利益的集中代表与体现。根据《物业管理条例》和《业主大会规程》的规定，业主委员会是物业管理区域内业主大会的执行机构。

> 专栏三：《民法典》物权篇中的业主权利规定（详细内容扫码观看）
> 来源：《民法典》

七、社区社会组织

社区社会组织，主要是指由社区居民、法人和其他组织自愿组成，并在社区范围内开展活动，满足社区居民多元化需求而成立的非营利性公益组织。它既有社会组织的特性，是由公众参与的非营利性组织；又具有社区的特性，是在一定地域居民生活共同体范围内建立和发挥作用的组织（原珂，2020）。社区社会组织的类型可以划分为以下三种：

（1）根据组织类型进行分类。可划分为社区社会团体、社区民办非企业单位和社区基金会三种类型。社区社会团体是社区社会组织的主体，由社区居民和企事业单位等自愿组成，是在社区范围内按照其章程开展活动的非营利性社会组织。社区民办非企业单位是指企业事业单位、社会团体和其他社会力量以及公民个人，利用非国有资产举办的、在社区范围内从事非营利性社会服务活动的社会组织，主要包括社区内的民办幼儿园、民办医院诊所、民办养老院以及慈善超市等。社区基金会是社区内居民利用社区内自然人、法人和其他组织捐赠的财产，根据法律规定依法登记成立，为解决社区问题、促进社区发展提供资金资助的公益性、慈善性法人。对社区公益事业的发展和社区社会组织的培育等有着独特的作用。

（2）根据组织形态进行分类。组织化程度较高的，纳入民政部门民间组织登记范围；

组织化程度较低的,则采取备案方式进行管理。目前按法人单位、民政局备案、街道备案、社区居委会备案、非正规组织五个层次进行分类管理。

(3)根据组织功能进行分类。通常包括社会事务类、慈善救助类、权益维护类、社会服务类、文化体育类。其中,社会事务类职能对应政府公共服务;慈善救助类属于社区公益服务;权益维护类主要是某类人群或围绕某项权益形成的组织,其目标在于权益保护和权益促进;社会服务类职能主要是围绕居民生活需要开展服务;文化体育类组织通常为居民间的兴趣爱好组织。

八、社区社会工作者

对于社区的社会工作而言,"社区工作者"和"社会工作者"是工作对象相近而工作职责有所差别的一组概念。"社区工作者"是指在社区党组织、社区居委会和社区服务站专职从事社区管理和服务,并与街道(乡镇)签订服务协议的工作人员;而"社会工作者"是指在社会福利、社会救助、社会慈善、劳动保障、残障康复、优抚安置、医疗卫生、青少年服务、司法矫正等社会服务机构中,从事专门性社会服务工作的专业技术人员,通常简称"社工"。二者间最显著区别在于:"社区工作者"是公共服务在基层的实施者,而"社会工作者"则是对各种社会问题进行专业化"诊疗"的实施者,所提供的个性化服务能够有效地弥补政府层面上公共服务的不足。两者的职责大不相同,但在实际工作中,部分社区工作人员有双重身份,他们既是专业社会工作者,又是社区工作者。

九、社区物业服务企业

社区物业服务企业,也称为社区物业管理企业或社区物业公司。是指依法设立、具有独立法人资格,从事物业管理服务活动的企业,遵循《物业管理条例》,依法提供社区物业服务。主要功能是开展社区物业管理与社会化、经营型和专业性的服务工作。社区物业管理中的"物业"主要是指居住物业。社区物业管理主要是指物业服务企业按照物业服务合同约定,对房屋及配套的设施设备和相关场地进行维修、养护、管理,维护物业管理区域内的环境卫生和相关秩序的活动。

当前我国物业服务企业可以由房地产开发商、中介公司来办,也可以由企事业单位、社会组织或团体、街道以及现有房管所改制而办,甚至在一些社区还可以由小区居民自办,即所谓的"自主物业"。

> **专栏四:天津市"3355"社区物业管理机制**(详细内容扫码观看)
> 来源:天津市人民政府办公厅转发市民政局.《关于进一步加强我市社区物业管理机制建设实施意见的通知》(津政办发〔2015〕27号)

第六节 扩展治理内容

一、社区党建

社区党建是以街道党工委为核心,以社区党支部为引领,以共同目标、共同需求和共同利益为纽带，以社区各类基层党组织和全体党员为主体共同参与的地域性党建工作（原珂，2020）。具有基础性、群众性、地域性和自治性等特点，新时期党建应把握三方面内涵：

（1）在工作对象上，社区党建的工作对象具有复杂异质性，涉及新党员、在职党员、流动党员、离退党员等，将其统一起来较为困难。

（2）在工作内容上，新时期社区党建具有"点多、线长、面广"的特点，是名副其实的"小政府、大保姆"。

（3）在工作范畴上，新时期社区党建具有"纵向到底、横向到边""纵向统筹、横向为主"的特点，涉及对社区社会组织党建工作、驻区单位党建工作等的统领及与其之间的共驻共建和整合资源等。

新时期社区党建工作与社区相结合应从如下几个方面入手（谭日辉，2018）：

1. 正确把握社区党组织与社区建设和社区公共服务的关系

（1）树立新理念。树立党管发展、党管服务和党管人才的理念。发挥好领导核心的作用，在社区的发展、服务和人才培养方面下功夫。同时，不断加强自身建设，提升党组织成员的整体素质和水平。社区党组织应完善机构设置，形成健全的工作网络。

（2）确立新目标。明确党在社区公共服务平台建设中的阶段性目标。把重点放在社区治理、社区服务中心开展工作，应根据党的组织改革和发展的实际需要，以社区为载体，以居民为主体，实事求是地确定社区党组织工作目标。

（3）发挥新功能。在社区公共平台中发挥党组织成员的协调功能。以党建协调会等组织形式、"党心连民心"等活动形式，整合"单位党员"资源，强化"社区党员"意识，以良好的党群关系带动社区管理的和谐运转。

（4）创立新模式。不断改进一切不适应社区公共服务要求的工作方法和活动方式，增强以创新的精神加强自身建设的理念。在领导方式上要从纵向的行政管理向协调、指导、服务的方式转变，以服务社区、服务群众为首要目标，寓管理于服务之中。在活动形式上，由过去的"以条为主"向"条块结合"的目标转变。

2. 明确工作定位，加强社区党建工作队伍建设

（1）坚持服务群众。着眼于解决当前群众最现实、最关心、最直接的问题，努力营造和谐、文明、安全的社区环境。充分发挥社区文化设施的作用，满足居民日益增长的精神文化需求。通过安全、文明社区建设，使居民能够安居乐业。

（2）理顺社区党组织、社区居委会和社区服务站等的职责和关系。明确社区党组织的领导核心地位和社区居委会、居民代表会议和工作委员会的主体地位。通过社区公共服务平台建设，构建社区治理格局。

（3）在组织形式上，社区建设整体协调工作应由社区党组织领导社区组织负责。通过党的组织体系，整合党组织社区成员的力量，组织开展社区居民、社区成员和其他社区成员参与社区建设，开展党员志愿者服务。这些社区自治组织包括社区居民委员会、业主委员会、议事协商委员会、红十字会等，通过此类组织直接与社区成员联络，是社区党组织重要的支持力量。

3. 发挥党员模范带头作用，充分激发社区党建活力

（1）调动社区党员在和谐社区建设中的积极性和主动性，体现党员的先锋模范作用，

为促进和谐社区与和谐社会建设作出新的贡献。社区党组织切实承担起教育、监督和管理社会上广大党员的责任，团结和积极带领社区广大群众干事创业，圆满完成各项工作任务。

（2）在党员教育管理中，要跟上时代步伐，不断采取新的方法，充分调动各方面党员发挥作用：一是，单位和社区组织建立"双重管理"，参与生活的双重组织；二是，建立退休党员管理机制，动员其组织融入社会，关心和帮助他们的思想、生活、政治，并充分发挥"余热"。

4. 建立和完善社区党组织的运行机制

统筹协调延伸纵向工作体系，将"一居一支部（总支、党委）"与"一居一服务站"的格局相对接，拓展横向工作联系，加强与社区服务性组织的横向联系，建立资源共享、优势互补、共驻共建的工作机制。

（1）完善社区党组织参与机制、协调机制。促进区、街道和社区各级党组织充分发挥作用，共同治理、协调共进。提高社区党组织的能力。

（2）提高在职党员参与社区党建活动的激励机制。通过社区在职党员登记站、联络站、信息组等机构的设立，建立起一套相对完整的联系工作制度机制和工作方式。建立相应的激励机制，组织动员党员和志愿者为社区服务。

（3）提高社区党组织的考核评价机制。落实社区内的驻区单位参与党组织的责任制，积极参与单位内党组织共建活动。建立社区党组织工作责任制，通过基层党组织的工作目标责任制这一载体，对社区党组织的目标内容进行评估。

（4）建立完善的监督机制，通过强化监督主体来保证社区党组织和社区建设与管理的健康运行。依靠广大党员进行自下而上、民主评议的方法，大力发展基层民主，切实搞好群众监督。建立社区监督员制度，搞好党内监督。

> **案例一：广西南宁——党建引领下的"老友议事会"机制与共同缔造**
> （详细内容扫码观看）
> 来源：韦戈，覃兰秋，覃傲霜. 广西南宁：从党建引领到共同缔造. 城乡建设，2022（8）：12-15.

二、社区服务

提供城乡社区服务体系，是指党委统一领导、政府依法履责、社会多方参与，以村（社区）为基本单元，以村（社区）居民、驻区单位为对象，以各类社区服务设施为依托，以满足村（社区）居民生活需求、提高生活品质为目标，以公共服务、便民利民服务、志愿服务为主要内容的服务网络和运行机制。"十四五"期间，城乡社区服务体系建设的主要目标是[1]："到2025年末，党建引领社区服务体系建设更加完善，服务主体和服务业态更加丰富，线上线下服务机制更加融合，精准化、精细化、智能化水平持续提升，社区吸纳就业能力不断增强，基本公共服务均等化水平明显提升，人民群众获得

---

[1] 国务院办公厅. 关于印发"十四五"城乡社区服务体系建设规划的通知(国办发〔2021〕56号)[EB/OL]. 2021-12-27. https://www.gov.cn/zhengce/content/2022-01/21/content_5669663.htm.

感、幸福感、安全感不断增强"。

北京市委社会工委市民政局2010年下发的《北京市社区基本公共服务指导目录（试行）》将社区服务分为10大类60项服务内容（表5-2）。北京市在"十三五"期间，已经"基本形成以区社区服务中心、街道（乡镇）市民活动中心（党群服务中心）、社区服务站为支撑，其他社区服务机构和设施为补充的城乡社区服务设施格局"。在《"十四五"城乡社区服务体系建设》中进一步提出了健全社区服务组织体系的架构方式和机构职能[1]："完善市—区—街道（乡镇）—社区（村）四级社区服务组织架构，形成全市上下贯通的社区服务组织体系。优化—区—街道（乡镇）三级社区服务组织机构职能，以街道（乡镇）市民活动中心（党群服务中心）为基本阵地，拓展优化社区服务站、小区服务点服务功能，推动市、区、街道（乡镇）、社区（村）、小区的社区服务职能上下对接、功能互补，覆盖广泛、方便可及。"到2025年底，要实现："党建引领、多元协同、适应时代要求、紧贴基层需求的社区服务格局基本形成，覆盖城乡的基本公共服务、便民利民服务、志愿服务有效衔接，社区服务基础设施为主体、为民便民服务设施为配套、服务网点为补充的城乡社区服务设施布局更加完善、功能更加优化，以社区工作者为骨干、社会工作者和其他社区专职人员为支撑、志愿者为补充的城乡社区服务人才队伍更加壮大，网络联通、数据共享、响应迅速的城乡社区服务智慧网络基本建成，城乡社区服务发展不平衡不充分问题得到有效缓解"的主要目标。

从北京的城乡社区服务体系中可以看出，社区服务站已经成为北京城乡社区服务设施格局中与社区紧密结合的重要组成部分，并将现有的社区工作站、社区居民事务办理站、社区事务代办站等社区事务办理服务机构，逐步整合过渡为统一的社区服务站。着力和逐步形成社区服务站负责事务性工作，居委会处理居民自治工作的"协作模式"关系。但是，目前社区服务站还存在与居委会角色职能不清，导致居委会行政性负担过重；专职工作人员和服务人员配备参差不齐；无独立办公场地；社工流失严重；缺乏长效志愿者机制等突出问题，导致社区服务站并未完全发挥出其承上启下的枢纽作用。

因此，未来的社区服务站建设应从如下几个方面入手：

（1）坚持多元参与、多维管理。有效整合社区内行政资源、社会资源和市场服务资源，通过购买社会组织服务、引导各类社会力量来解决群众之需，形成基本公共服务的整体合力；

（2）加强社区服务站信息化平台建设。保障社区"一窗式"的服务和街道"一站式"的服务大厅便民服务工作有效对接；

（3）建立健全的社区服务站运行机制。厘清与居委会之间的职责划分。社区服务站是政府在社区层面设立的公共服务平台，属于非营利性的公共服务机构。主要协助社区居委会办理本社区居民的公共事务和公益事业，定期向街道办事处、社区党组织汇报工作，接受社区居委会和居民群众的监督与评议[2]。

---

[1] 北京市人民政府办公厅. 北京市"十四五"城乡社区服务体系建设规划（京政办发〔2022〕25号）[EB/OL]. 2022-9-13. http://www.beijing.gov.cn/zhengce/zhengcefagui/202209/t20220921_2819861.html.

[2] 《中共北京市委办公厅 北京市人民政府办公厅关于印发〈北京市社区管理办法（试行）〉的通知》（京办发〔2008〕19号）[EB/OL]. 2011-4-6. http://mohrss.chinalawinfo.com/fulltext_form.aspx?Gid=174848888&Db=lar.

案例二：北京国安社区驿站（详细内容扫码观看）

来源：原珂. 城市社区治理理论与实践 [M]. 北京：中国建筑工业出版社，中国城市出版社，2020.

北京市社区基本公共服务分类体系　　　　　　　　表 5-2

序号	服务大类	服务内容
一	社区就业服务	共 5 项。社区劳动就业咨询服务；社区职业介绍服务；社区就业困难人员再就业服务；社区"零就业家庭"就业帮扶服务；社区自主创业就业服务
二	社区社会保障服务	共 11 项。社区老年人（残疾人）居家养老服务；社区老年人（残疾人）就餐送餐服务；社区老年人（残疾人）出行服务；社区老年人（残疾人）精神关怀服务；社区老年人（残疾人）电子辅助服务；社区老年人（残疾人）优待服务；社区残疾人温馨家园服务；社区残疾人无障碍环境建设服务；社区老年人信息档案服务；社区企业退休人员服务；社区托老（残）服务
三	社区社会救助服务	共 3 项。社区低保人员救助服务；社区特殊群体帮扶服务；社区临时救助服务
四	社区卫生和计划生育服务	共 6 项。社区公共卫生和基本医疗服务；社区居民健康档案服务；社区居民转诊服务；社区计划生育服务；社区独生子女家庭服务；社区急救保健服务
五	社区文化教育体育服务	共 11 项。社区群众文化服务；社区教育培训服务；社区早教服务；社区中小学生社会实践服务；社区科普服务；社区居民阅览服务；体育设施建设服务；社区群众性体育组织建设服务；社区群众体育健身服务；社区居民体质测试服务；社区健身宣传培训服务
六	社区流动人口和出租房屋服务	共 2 项。社区流动人口服务；社区出租房屋相关服务
七	社区安全服务	共 12 项。社区治安状况告知服务；社区治安服务；社区矫正服务；社区帮教安置服务；社区禁毒宣传服务；社区青少年自护和不良青少年帮教服务；社区法律服务；社区消防安全服务；社区安全稳定服务；社区应急服务；社区警务设施和警力配备服务；社区物技防设施建设服务
八	社区环境美化服务	共 5 项。社区环境综合治理服务；社区绿化美化服务；社区环境保护服务；社区节能服务；社区市政公共设施建设服务
九	社区便利服务	共 3 项。社区便民商业服务；社区家政服务；社区代收代缴服务
十	其他服务	共 2 项。社区心理咨询服务；社区网络信息服务

来源：北京市委社会工委市民政局，2010

三、社区文化

城市社区文化是指城市中聚居在一定地域范围内、具有成员归属感的人群，所组成的一个相对独立的社会生活共同体中的居民，在社会生活和社会活动中创造出来的物质文化和精神文化的总和。

社区文化建设的目标是：第一，加强社区文化设施建设，为发展社区文化提供物质基础和坚实保障；第二，开展多样化社区文化活动，满足社区居民的精神文化需求，提高社区的生活质量；第三，营造良好的文化氛围，培育社区公德，树立良好的社区风尚，增进社会和谐与稳定；第四，融洽人际关系，增强居民对社区的归属感、认同感以及社区的凝聚力；第五，高度重视文化人才队伍和群众文化社团组织等的培育。营建人文社区的举措主要有（陆军，2019）：

1. 制定社区行为规范，完善居民公约

社区行为规范是建立在社区居民的共同生活习惯、传统习俗和生活方式基础上，以居民共同价值观念和精神追求为前提的一种非正式、非强制的行为规范。这种行为规范以社区传统美德、风俗习惯等为基础，通常存在于居民的思想意识之中，强调特定的理念和追求，排斥不符合居民共识的思想和行为，最终潜移默化地影响和规范社区居民的行为模式。可作为法律手段的有益补充与调节。

例如，在上海市杨浦区，对于楼道堆物、垃圾分类、装修搭建、高楼抛物、宠物扰邻、小区环境、争抢车位等城市社区面临的普遍问题，社区使用非正式的"礼治公约"进行规范。

2. 建设和完善社区公共文化空间与设施

打造社区公共文化空间和居民社交场所，如社区广场、图书馆、活动室，宣传平台等，提升社区公共文化空间的品质和利用率，并对社区公共文化间进行专业维护和管理。利用高科技和信息化手段，如建立社区服务 APP 微信群、社区官方公众平台等，开发社区公共文化虚拟空间，实现文化空间的高效管理。

3. 保护与合理开发社区历史文化资源

（1）建立社区博物馆。梳理社区文化资源，对社区的历史脉络、物质与精神文化遗产、传统技艺、文化名人和历史事件等进行全面深入的挖掘与归纳。建立社区博物馆，保护和传承社区文化，增进居民的社区文化认同感与历史归属感。发挥教育功能，成为居民学习、休闲放松和培养情操的公共文化空间，以及儿童和青少年开展素质教育、艺术文化爱好者和研究者活动的重要场所。

（2）制定社区文化资源清单，涵盖社区的历史文化遗产、非物质文化资源、专业人才、空间场所与文化设施、文化组织等，并按照类型、规模、开发程度、开发可行性等指标进行分类和评估。例如，日本的"造町运动"，坚持"一村一品"的原则，挖掘每个社区的特色资源，奠定了独特的社区品牌基础。

4. 开展丰富的社区文化活动

社区文化活动不仅可以满足社区居民的精神文化需求、缓解居民的生活与工作压力，还有助于提高社区居民的文化素养，同时为社区居民之间开展交流和增进感情创造了机会。丰富社区文化活动的途径包括：

（1）丰富社区文化活动形式，赋予社区文化活动以地方和社区特色。利用社区特色和历史文化遗产，开展"传统工艺课堂""习俗文化节"等活动；根据历史典故排演话剧、拍摄微电影；举办社区"音乐节""亲子文化节"等。

（2）促进社区公共文化活动常态化。定期组织"社区文化节""最美家庭""最美邻居"等评奖、评比工作，定期举办社区"消夏晚会"、社区运动会，定期举办社区音乐会、艺术展、电影节等活动，营造社区日常生活的文化氛围。

（3）借助文化团体、工作室等专业力量，指导和支持社区文化活动。依托社区文化基础，开展具有特色的文化创意活动，结合居民的兴趣爱好与专长，推动有本社区特色和风格的文化创意活动。

5. 构建多样化的社区人文组织机构

社区人文组织机构分为管理组织和活动组织。管理组织是社区中专门负责统筹和落实人文建设工作的基层群众性自治组织，如社区文化工作站、社区文化工作管理小组、社区精神文明工作委员会等。活动组织是居民开展文化活动、社区社交和参与人文建设的组织团体，通常由居民根据兴趣爱好、自身需求、人际关系等自发形成，如社区兴趣小组、社区文化社团、社区互助团体、社区文艺工作者联盟、社区运动队和文艺队等。构建多样化的社区人文组织机构途径有：

（1）在社区设立人文建设管理组织，包括专职工作者和热心居民志愿者；

（2）要培养居民的参与意识和积极性，主动联络和聚集兴趣相同、需求相同的居民形成团体组织，或倡议形成志愿服务组织，同时建立支持和激励机制；

（3）让社区活动组织不单纯停留在文娱活动层面，还要发挥深层次作用，深入影响居民的思想意识、人际关系、行为模式，提升这些组织机构在凝聚居民共识、引导居民行为方面的作用。

6. 加强人文关怀、邻里互助与志愿服务

加强人文关怀最能彰显社区的人文精神，也是培育社区美德、培养社区意识、弘扬社区传统人文精神的重要途径。

（1）开展社区邻里互助与志愿服务，解决社区居民切实的生活需求，有助于形成良好的居民社交氛围，建立和谐的社区人际关系网络。例如，开展与弱势群体和困难居民的结对帮扶；从事教师职业的居民成为辅导儿童的志愿者，医生为邻居提供一些简单的疾病防治与身体保健咨询等。可先以单元、楼宇为单位展开，逐步扩展到整个小区、社区，促进居民之间形成互助友爱的社区人文风尚。

（2）在社区中加强对助人为乐、重义轻利、敬老爱幼等中华民族传统美德的宣传，传播亲和邻里关系、"家和万事兴""远亲不如近邻""与邻为善，以邻为伴，守望相助"等传统社区精神，培养社区意识，引导居民形成正确的社区价值观，推动形成社区邻里新风尚。

案例三：广东东莞南城街道白马社区的"白马故事馆"（详细内容扫码观看）
来源：蓝榕珍，叶锦南. 一个社区的文化传承之旅［J］. 中国社会工作，2023（27）：28-29.

四、社区教育

社区教育是在终身教育理论指导下，以社区为阵地，以教育为手段，旨在提高社区成员综合素质与生活质量的一种区域性、有组织的社会化教育活动（溥存富等，2018）。社区教育的意涵主要有三个维度：一是，为了社区的教育，以社区需求和终身学习为导向；二是，属于社区的教育，强调社区参与和公民精神提升；三是，通过社区的教育，重视社区教育资源的有效利用与整合开发，注重社区与教育的关联度以及社区教育的结构功能等（原珂，2020）。

1999年，国务院批转教育部《面向21世纪教育振兴行动计划》，拉开了我国开展社区教育实验工作的历程。自2001年11月教育部确定首批全国社区教育实验区以来，全国已分期分批地确定了近 300 个全国社区教育实验区和示范区。《国家中长期教育改革和发展规划纲要（2010—2020 年）》提出了"广泛开展城乡社区教育，加快各类学习型组织建设，基本形成全民学习、终身学习的学习型社会的要求，社区教育被赋予了在构建终身教育体系和建设学习型社会、提升市民综合素质工程和社区建设中处于重要的地位，大力推进社区教育是满足人民群众对美好生活需求、满足经济和社会发展需求的内在要求"。

2016 年 6 月，教育部等九部门颁布的《关于进一步推进社区教育发展的意见》中指出："社区教育是我国教育事业的重要组成部分，是社区建设的重要内容。要以促进全民终身学习、建设学习型社会为目标，以提高国民思想道德素质、科学文化素质、健康素质和职业技能为宗旨，以建立健全社区教育制度为着力点，统筹发展城乡社区教育，加强基础能力建设，整合各类教育资源，充分发挥社区教育在弘扬社会主义核心价值观、推动社会治理体系建设、传承中华优秀传统文化、形成科学文明生活消费方式、促进人的全面发展等方面的作用"。明确了我国开展社区教育的基本原则。

社区教育主要有五大功能（溥存富等，2018）：

（1）公民教育功能。涵盖科学、道德、法制、信仰以及与社会主流价值观相符的其他教育活动，有助于提高社区内居民的综合素养。

（2）社区凝聚功能。全体居民在共同学习、共同游戏的基础上接受教育，在形成社区居民积极的价值观、态度和道德品质方面能发挥出更大的凝聚功能。

（3）社区发展功能。提供尽可能优质的教育资源和多样化的教育机会，满足居民多样化的教育学习需求，形成全民学习，终身学习的学习型社区，从而发挥促进社区发展和居民生活质量提高的功能。

（4）文化建设功能。规范包括社会风气、民族传统、风俗习惯、社会思潮、艺术、科学以及宗教等在内的社区文化环境。

（5）资源整合功能。在家庭，学校和社会三者之间起到了中介作用，统筹三者的教育力量，使三者形成一体化合力的新教育格局。

社区教育的课程内容而言，社区教育一般有三种形态（溥存富等，2018）：

（1）文化课程。此类课程以学科或专业学习主题作为课程的主要结构，以课堂作为课程实施的主要场所，旨在提升社区居民的文化与科学素养，例如外语、计算机、时事、法律、金融、科普、写作等课程等。

（2）生活艺能课程。此类课程可以提高市民的各种生活技能，以提升居民的日常生活质量为主旨，以"做中学"作为课程实施策略，例如书法、绘画、插花、烹饪、医疗保健、投资理财、人际沟通心理辅导等课程可归于此类。

（3）社团活动课程更多的是以社团形式开展的，其目的就是通过各类社团提供的喜闻乐见的各种活动，使居民主参与并获得感受与体验，例如文娱活动、体育健身、环保、才艺演出等课程等。培养居民的主动意识与参与社区事务的能力，如社区议事、科普宣传等。

案例四：深圳盐田街道海桐社区"资产为本的社区教育促进学习型社区建设"
（详细内容扫码观看）

来源：吴亭洁. 资产为本的社区教育促进学习型社区建设 [J]. 中国社会工作，2022 (33)：16-17.

五、社区环境

社区环境主要指社区中带有公共属性的生态环境（王芳等，2018）。社区环境及其基础设施作为"介于公共产品与私人产品之间的一种特殊的社会公共产品"，在城市发展过程中，属于公共产品的社区环境不可避免将会面临"公共产品的困境"，即"人们主要将目光关注于自己的事务和自己的消费之上，而属于多数人的社区环境往往被大多数人忽略"。基于此，在社区环境治理过程中，建立正式且运转顺畅的环境治理机制，建立居民之间相互信任关系，并为之配套相应的社区环境治理硬件设施和资金十分必要。使得社区居民相信"自己的行为在保护社区环境，并且社区其他成员和自己一样都在为保护社区共同的环境而努力"是社区环境治理的关键问题。

社区环境治理是指以社区为基础，依托政府组织、民营组织、社会组织、居民自治组织以及个人等各种网络体系，应对涉及日常居民生活的环境问题，共同完成和实现诸如生活垃圾分类、环境综合治理、河道整治、绿化维护、绿色空间营造，以及能源节约和环境教育等在内的社区环境保护相关公共事务的服务和管理（王芳等，2018）。应形成具有多元治理主体，融合社区公共利益、私有利益等多方利益，以社区居民参与、社区社会组织提供公共环境产品服务为主的社区自治机制。环境各治理主体职能主要在于（谭日辉，2018）：

（1）政府作为社区环境治理的公共利益主体，通过制定环境治理政策、购买社区服务、推动社区各利益主体以协同方式参与社区环境治理。

（2）私营企业或合资企业作为私有利益相关者通过遵循环境污染排放标准，推动企业清洁生产以及提供低碳产品，为社区环境提供产品。

（3）社区社会组织作为社区利益相关者通过组织动员社区居民参与，承接政府公共服务，灵活满足社区成员对社区公共产品的多元化需求，从而为社区公共产品供给提供有效途径。

（4）社区居委会协同社区社会组织，调动社区居民积极参与社区环境治理。

（5）社区居民作为社区环境治理的主要利益相关者和主要参与者，通过社区社会组织动员，在社区精英感召下，为了共同的社区环境保护理想和目标自愿组织起来，为自己和公共利益服务。

社区环境治理机制构建要点在于（曹海林等，2022；杨君等，2022）：

1. 基于"共享感空间"的社区认同建构

对实体性空间进行改造是社区环境治理的首要目标。通过微空间生态改造和参与式规划，让居民从情感上和行动上被纳入治理主体的范围，达到空间共享的目的；通过物理空间中环境资源的共享和社会空间中社会关系网络的共享，居民在社区中衍生出利益共同体和情感共同体。在共同行动中，个体之间可以增强情感联结，重塑自我与社区的认同，激发居民更加自觉维护社区环境，实现居民从被动行动到主动参与的转变，提升社区凝聚力，居民共同维护、治理和享有。

2. 基于"互嵌式"的治理主体互动融合

（1）政府与社区互嵌。在政府与社区间建构良性互动关系。突破行政"控制与命令"的关系，政府不仅扮演制定和传递规章制度和政策的角色，更要根据社区的实际需要给予积极的服务和引导,对社区环境问题进行科学论证,鼓励社区发挥自组织的主体作用,破解政府单项驱动和主导社区治理方向的环境治理困境。

(2) 物业与社区互嵌。物业公司将市场经营理念嵌入社区内在价值之中,内化并认真践行社区共治理念,与社区建立良性的互动关系,将经营目标和社区利益达成一致实现社区治理共赢。嵌入途径包括倾听社会声音、动员社会力量、链接社会资源、运用社会计算和发展社会组织等。

(3) 社会组织与社区互嵌。社会组织和社区从单向输入转变为双向互动,社工机构运作理念逐渐嵌入到社区治理之中,与社区形成共治的社会治理关系。社会组织在开展专业活动时能够充分发挥行业自主性,为社区提供更多支持和服务。

3. 基于"组织赋权"的共同参与动力激发

社区环境善治以居民参与为前提,为促进居民参与的常态化、组织化,推动社区环境自治效果的最大化实现,政府向社会组织赋权显得既必要又重要。

(1) 组织建设。主要培育和发展社区自治组织,使其获得合法身法、场地和运转资金,实现社区环境治理的组织化可以解决居民参与的碎片化问题。

(2) 组织赋能。增强社会组织的能力,一是,培训组织人员;二是,资金扶持。政府通过购买社会组织服务的方式,对完成项目社会效果好、能够复制推广的社会组织采取奖励;三是,加强对社会组织的管理及监督,督促其自身规范化运行。

(3) 组织支撑。形成街道政府、社区"两委"、业主委员会、物业企业、社会组织等各方之间多向互动的组织支撑体系。彼此之间实现分工明确、权责清晰、相互协作的聚合反应。

4. 基于"合作协商"的共同参与长效机制

(1) 协商机制制度化。通过居民议事会、圆桌会议、智慧社区技术等协商方式为社区治理主体搭建开放的互动平台,使相关各方都能够适时地参与到社区环境治理事务讨论中来,从而保证所有主体都能影响社区的未来发展方向。

(2) 合作机制制度化。加强以合作为纽带的多主体协同机制建设。促进政府、社会与市场三种力量的深度合作和持续互动,形成多元共治、合理分工、优势互补的社区环境治理体系。

案例五:江苏苏州双塔街道大公园社区——"6+X"社区环境议事协商平台
(详细内容扫码观看)

来源:刘浩. 老旧小区环境治理的方法:以江苏省苏州市姑苏区双塔街道大公园社区为例 [J]. 中国社会工作, 2020 (13): 37.

六、社区养老与照护

社区养老是指以家庭为核心,以社区为依托,以老年人日间照料、生活护理、家政服务和精神慰藉为主要内容,以上门服务和社区日托为主要形式,并引入养老机构专业化服务方式的居家养老服务体系(谭日辉,2018)。

根据世界卫生组织的标准,一个国家或地区60岁以上人数占总人口的10%及以上,或65岁以上的人数占总人口的7%及以上,就说明这个国家或地区已经进入"老龄化"社会。2021年,第七次全国人口普查数据显示,我国60岁及以上人口为2.64亿人,占

18.70%（其中，65 岁以上人口为 1.9 亿人，占 13.50%），已经接近中度"老龄化"社会。在未来还将呈现老年人口增速加快的现象，峰值将接近 5 亿；人口老龄化程度深，将超过发达国家平均水平；高龄化特征愈发凸显，空巢、失能、患病人数持续增加；并且同时伴随子女少、老人多的家庭结构出现，一对夫妻要同时奉养 4 个老人并抚育 1~3 个孩子的现象逐渐将成为普遍。可见，社会养老服务的需求将愈发强烈，加强社会养老服务体系建设日显重要。

2013 年，《国务院关于加快发展养老服务业的若干意见》在"加强社区服务设施建设"中提出："各地在制定城市总体规划、控制性详细规划时，必须按照人均用地不少于 0.1 平方米的标准，分区分级规划设置养老服务设施；发挥社区公共服务设施的养老服务功能，加强社区养老服务设施与社区服务中心（服务站）及社区卫生、文化、体育等设施的功能衔接，提高使用率，发挥综合效益。要支持和引导各类社会主体参与社区综合服务设施建设、运营和管理，提供养老服务。"在"大力发展居家养老服务网络"中提出："地方政府要支持建立以企业和机构为主体、社区为纽带、满足老年人各种服务需求的居家养老服务网络。要通过制定扶持政策措施，积极培育居家养老服务企业和机构，上门为居家老年人提供助餐、助浴、助洁、助急、助医等定制服务；大力发展家政服务，为居家老年人提供规范化、个性化服务。要支持社区建立健全居家养老服务网点，引入社会组织和家政、物业等企业，兴办或运营老年供餐、社区日间照料、老年活动中心等形式多样的养老服务项目"。社区养老步入了提升质量、完善服务的阶段。

2019 年，《国务院办公厅关于推进养老服务发展的意见》指出："持续完善居家为基础、社区为依托、机构为补充、医养相结合的养老服务体系，建立健全高龄、失能老年人长期照护服务体系。"并明确提出了："提升医养结合服务能力，推动居家、社区和机构养老融合发展，实施'互联网＋养老'行动，完善老年人关爱服务体系。大力发展老年教育"等促进养老服务高质量发展的总体要求。

2005 年，上海率先提出了"9073"养老服务格局；2009 年，北京明确了"9064"的养老服务发展目标❶。形成了以居家为基础、社区为依托、机构为支撑的社会养老服务格局。2015 年，北京市通过的《北京市居家养老服务条例》，明确了"用餐服务、医疗卫生服务、家庭护理服务、紧急救援服务、日间照料服务、家政服务、精神慰藉服务、文化娱乐和体育活动"等八项居家养老服务内容。2016 年，《北京市老龄工作委员会关于印发北京市支持居家养老服务发展十条政策的通知》中制定了"建设社区养老服务驿站；健全基本养老服务制度；实施经济困难老年人家庭适老化改造；建立'幸福彩虹'配送服务网络；构建居家养老助餐服务体系；支持医疗卫生与养老服务融合发展；增强社区居家医药卫生服务能力；开展居家老年人紧急救援服务；拓展基层公办养老机构居家养老服务功能；实施'北京养老'品牌战略"十项支持居家养老服务发展的措施。逐步形成了以养老服务指导中心、养老照料中心和养老服务驿站为主体的"三边四级"养老服务体系。❷

---

❶ "9073"指将养老服务划分为家庭养老、社区养老和机构养老三种模式。在社会化协助下 90% 老年人在社区通过家庭养老，7% 的老年人在社区由政府购买社区照料服务养老，3% 的老年人通过养老服务机构养老。"9064"指在社会化协助下，90% 老年人在社区通过家庭养老，6% 的老年人在社区由政府购买社区照料服务养老，4% 的老年人通过养老服务机构养老。

❷ "三边"指老年人的周边、身边、床边；"四级"指市、区、街道乡镇及社区四个层面。

目前社区养老服务存在的问题主要有（谭日辉，2018）：

（1）社区养老服务驿站等社区养老机构的可持续性发展问题。目前大多投入较大而营利较低，收不抵支现象普遍，存在"外部供血"和"自身造血"能力不足的困境。

（2）服务内容少，服务设施不完善，服务行为和服务标准缺乏规范性，不能满足老年人个性化、多样化、精细化的养老服务需求。

（3）受专业型人才、场地因素等诸多要素制约。

（4）社区养老服务供需矛盾突出。需求方参与不充分，导致资源供给逐渐萎缩，无法形成规模效应；供给方缺乏发展动力。

（5）受益人群覆盖面较窄，对重残、失能和特困等需要长期照护服务的特殊老年人群覆盖度不足。

（6）政府主导的公益性事业和市场导向的营利性产业之间边界不清晰，对企业等市场主体的积极性和发展空间产生了挤出效应。

（7）所需的养老保险制度、养老服务制度、医疗保险制度、养老服务评估制度、市场监管制度和税收优惠政策等配套的支持政策仍不完善。

社区养老与照护服务能力提升要点在于（谭日辉，2018）：

（1）社区养老服务体系从"事业"导向转向"事业＋产业"导向，从而将养老服务产业的发展方式、营利途径等"市场性"要求与政府购买公共服务等"公共性"要求有机结合，更好地满足老年人多层次的养老服务需求。

（2）从普惠性支持转向重点人群支持。加强对重残、失能和特困等需要长期照护服务的特殊老年人群的覆盖度。

（3）建立和完善服务设施和平台。有效整合社区现有资源，建设养老服务设施、建立社区养老信息服务平台。

（4）充分发挥多元主体在社区养老服务中的作用，发挥社会组织力量引导志愿服务，通过"时间银行"等手段，整合社区志愿者队伍参与社区养老服务。推进社区养老服务人才的职业化和专业化培养，保障养老服务的专业化水平。

（5）加强对社区养老服务监管，提升服务质量。制定科学、合理、操作性强的行业标准规范各责任主体服务流程，确保社区养老服务的有效实施。

（6）给予相应的优惠政策、配套制度和措施支持。

案例六：北京丰台区右安门街道东庄社区——"敬老院 ＋ 社区养老驿站"资源整合的养老助餐模式（详细内容扫码观看）

来源：董晓惠. 敬老院+社区养老驿站：资源整合的养老助餐模式 [J]. 中国社会工作，2023 (34)：10-11.

七、社区冲突

城市社区冲突（Community Conflict），是指发生在城市社区这一特定地域内，以社区居民或其他社区主体因社区内的各种公共事务或问题而引发的对社区整体或局部造成一定影响作用的抵触、差异、对立、排斥等矛盾现象或激烈的、显性化的互动性对抗行为。有四种划分方法（原珂，2020）（表5-3）。

社区冲突的类型划分 表5-3

划分标准	冲突类型	举例
按冲突主体划分	个体间的冲突	邻里、租客与房东、业主与商户间的人际关系冲突
	个体与群体（组织）间的冲突	居委会、业主委员会、物业服务企业、
	群体（组织）间的冲突	社区社会组织、驻区单位等之间的冲突
按冲突烈度（规模）划分	低度冲突	邻里纠纷之类的人际冲突
	中度冲突	一般社区经济利益冲突
	高度冲突	社区群体性事件
按冲突发展程度划分	竞争	社区失业下岗人员之间的冲突
	斗争	物权冲突
	战争	社区不同民族、种族之间的冲突
按冲突性质（或引发原因）划分	社区利益冲突	业主与开发商之间的冲突
	社区权力冲突	业主委员会与物业服务企业之间的冲突
	社区权利冲突	社区选举权方面的冲突
	社区文化冲突	社区城乡二元文化、不同民族间的冲突
	社区结构冲突	社区自治与社区行政化间的冲突
	社区生态环境冲突	社区邻避冲突
按冲突属性划分	家庭纠纷	婚姻、继承、"三养"❶、住房问题纠纷等
	邻里纠纷	相邻权纠纷、共用部位纠纷、人身侵权纠纷等
	物业纠纷	停车纠纷、绿化纠纷、物业服务纠纷等
	其他纠纷	邻避设施纠纷、劳资纠纷、征地拆迁纠纷等

来源：原珂，2020；张晨，2021

社区纠纷调解是指对社区内公众之间、公众与法人或其他组织之间的有关民事权益纠纷，在平等自愿基础上，用说服、教育、疏导等方法，通过平等协商来解决双方或多方当事人的矛盾纠纷，维护社区秩序的活动。2014年，十八届四中全会《中共中央关于全面推进依法治国若干重大问题的决定》中指出："健全社会矛盾纠纷预防化解机制，完善调解、仲裁、行政裁决、行政复议、诉讼等有机衔接、相互协调的多元化纠纷解决机制。加强行业性、专业性人民调解组织建设，完善人民调解、行政调解、司法调解联动工作体系。完善仲裁制度，提高仲裁公信力。健全行政裁决制度，强化行政机关解决同行政管理活动密切相关的民事纠纷功能"。健全社区多元化纠纷调解机制要点在于（张晨，2021）：

1. 完善居民利益表达与补偿机制

（1）畅通居民利益表达渠道。社区可以通过入户走访、微信网格群、主动寻访和回访等方式收集社区民意。在实际运作中，可以借鉴"罗伯特议事规则"来搭建对话协商平台，给予利益相关方足够的机会和空间陈述自身的需求和立场，同时也能倾听对方的感受

---

❶ "三养"是《民法典》中规定的抚养、扶养、赡养三种义务关系的简称。抚养是指因婚姻家庭关系、非婚姻关系和拟制血亲家庭关系而产生的对未成年子女的养育、教育义务；扶养是指同辈之间有负担能力的一方对缺乏劳动能力又缺乏生活来源一方的帮助和援助。赡养是成年人对年老父母或祖父母、外祖父母应当承担的生活上的帮助和援助。

与困难，进而在一个折中点上达成共识，削减矛盾存量。

（2）完善利益补偿机制。为保护和均衡各方的利益，需要适当调节获利群体与利益受损群体之间的获利边界，达到均衡利益格局的目的。利益补偿分为物质补偿、权利补偿和精神补偿三类。

（3）正视和保护弱势群体的利益诉求。正确认识和调解社区中处于弱势地位的群体之间的矛盾，维护弱势群体的合法权益，畅通其利益表达渠道。建立相应的机制对弱势群体的利益进行保障，扩大救助的领域和范围。

2. 强化党组织引领下的多元主体协同共治

（1）强化社区党组织对矛盾纠纷化解的引领作用。建立矛盾纠纷的预防、排查和防控机制，并适时更新党建的内容及模式，增强社区党组织的组织力和吸引力，将社区矛盾纠纷的苗头扼杀在日常党建思想工作之中。

（2）增强社区自身的矛盾化解能力。不断优化矛盾纠纷的风险预警能力、沟通交流能力及网格治理能力，确保格子内一般性矛盾不出圈，并将矛盾化解成功率、矛盾调处质量、矛盾排查情况、上解类型与数量等指标纳入城市社区治理评价考核体系之中。重视对社区工作者公共服务动机的激发和培育，社区自身能力的增强可以在一定程度上提升化解个体高频类矛盾的成效。

（3）发挥社区精英的主心骨作用。发掘和培育社区精英，属地贤人、骨干党员（特别是退休党员）等"积极分子"，发挥其在矛盾化解中的主心骨作用。

（4）发挥社区社会组织的能动协同作用。引入社会组织参与社区矛盾纠纷化解，可以发挥其在邻里纠纷、弱势群体权益维护、群体信访等矛盾纠纷调解中的协同作用，有助于在政府和群众之间形成缓冲地带。社区社会组织协同作用的发挥是个体高频类矛盾和群体低频类矛盾有效化解的关键所在。

3. 重建均衡健康的社区权力秩序

（1）整合与平衡不同主体之间的权力差异。寻求多元权力体系的差异性均衡点，并在此均衡点上探求"合作互惠，多元共赢"的新型权力格局，才能最终实现社区各种权力的融合，使各主体各司其职、各负其责。

（2）优化社区权力的制度供给。政府应在社区治理实践中尽量让渡权力，积极发掘由社区自治组织和居民相结合的治理实践所产生的制度需求，自下而上地挖掘和创新形式多样且颇具地域特色的社区制度。

（3）提升社区居民自治的能力和意愿。一方面，丰富居民参与社区自治的渠道，鼓励社区居民建立民间组织，采用现代媒介手段如QQ、微信等增强参与社区自治的便利性；另一方面，重视对社区"中间居民"的识别、动员与培育，"中间居民"既能对普通居民起到组织动员作用，又能对少数精英予以监督。

4. 探索专业心理服务队伍进社区的新模式

大力培育和发展社区心理服务组织及社区心理服务志愿者工作队，新增心理咨询、心理疏导干预、心理救治救助等多层次的服务项目。不仅为基层矛盾纠纷化解提供了新的助力，还能在一定程度上弥补新时代基层矛盾纠纷化解中"精神文化需要"供给不足的困境。

> **案例七：浙江省海盐县司法局——"社工 + 调解"助力基层社会治理**
> （详细内容扫码观看）
> 来源：颜玉其，谢雪龙．"社工+调解"助力基层社会治理[J]．中国社会工作，2020(4)：32.

八、社区治安

社区治安指在一定地域范围内，社区治安管理主体依靠社区居民，协同公安、司法等机关，对涉及社区内的社会秩序和人民群众生命财产安全等社区安全问题，依法进行治理的管理活动的总称。社区治安管理是国家公安保卫职能在社区的延伸，具有区域性、多主体性、广泛性、长期性等特点。管理主体主要包括：政府相关职能部门（公安派出所、治安队、消防队、综合治理办、街道办等）、社区组织（社区居委会、社区内企事业单位保卫部门、物业管理公司等）及社区居民；主要手段包括社区治安宣传教育、治安预防、治安执行、社区矫正与帮教及违法犯罪活动的打击处理等。管理内容包括如下几个方面（表5-4）（陆军，2019）：

社区治安管理体系主要内容　　　表5-4

类型	内容
社区人口管理	户口与居民身份证；人口调查；常住人口管理；流动人口管理；特殊控制与重点人口管理等
社区纠纷和犯罪管理	邻里纠纷协调；婚姻家庭类纠纷化解；物业服务类纠纷处理；"套路贷"治理；"盗抢骗"治理等
危险物品管理	枪支弹药管理；管制刀具管理；民用爆炸物品管理；剧毒及放射性物品管理等
社区治安秩序管理	特种行业（旅馆业、刻字业、印刷业、旧货业等）治安管理；公共场所（街道、小区、广场、邻里中心、商场、饭店等）治安管理；社会丑恶现象（黄赌毒）查禁；社区治安案件发生频度；保安队伍对社区防范犯罪措施落实情况；居民对社区警务工作满意程度；治安宣传教育
社区交通安全管理	机动车辆管理；摩托车、自行车管理（停放、防盗等）；交通安全设施（小区人行道、车行道、停车场等）管理；交通事故处理
社区消防管理	消防规则、办法和技术规范（社区消防知识和操作手册等）；消防设备完备程度；消防安全宣传活动；消防队伍建设；火灾防范和扑救等

来源：陆军，2019

社区治安管理能力提升要点在于（陆军，2019）：

1. 加强流动人口管理和特殊重点人口帮教

（1）充分利用社区民警、流管办、居委会、物业公司等多方力量，对社区流动人口进行摸底调查，掌握流动人口的底数和基本情况。社区居委会可与物业管理公司签订流动人口管理目标责任书，在物业提供入住人口信息的基础上，定期与公安系统等部门人口数据进行比对，核准流动人口信息。此外，按照"谁出租，谁负责"的原则，依托房东摸清房屋出租底数，全面采集、录入出租房屋、出租人及租住人的信息，建立"房东首问责任"制度。

（2）加强流动人口协管队伍建设。建立以流动人口专职管理员、流动人口专职计生服务员、流动人口协管员三支队伍为主，楼道长、党员为辅的社区流动人口工作网络格局。

（3）组建帮教领导小组，做好重点人口帮教工作。针对刑满释放人员、戒毒人员、社区矫正人员等特殊人群管理难度大的问题，可成立帮教工作小组，对重点人员进行梳理分类，安排专人负责，及时了解被帮教人员的思想变化和生活状态等，并定期组织参与社区法律知识宣教、社会公益等活动。

2. 推进严打整治和矛盾纠纷调解排查工作

（1）构建"点、线、面"相结合的社区治安管理思路。针对社区治安特点，将所有社区划分为"点""线""面"三个不同的区位，以社区的治安亭为"点"，辖区的所有街路为"线"，辖区的单位为基本"面"。

一是，强化社区自治和治安联防，看住"要点"。建立健全小区业主自治委员会，组建"平安使者"队伍，动员社区居民在案件高发地点开展联户联防、看楼护院、邻里守望等系列活动；二是，实行动态巡逻，筑牢防"线"。抓好派出所民警、志愿者、小区守楼护院、治安保卫等巡逻队伍，以治安亭为中心，全天候负责辖区道路巡逻，严密防范路面、街面上的"盗抢骗"等案件的发生，最大限度地预防和减少违法犯罪；同时在居民小区、公共场所、集贸市场等地方设立治安联防办公室，小区内部白天由居委会和百户治保员负责巡逻，夜间由治安保卫部巡逻队员巡逻，做到小区治安24小时"在线"。三是，广泛开展平安社区创建活动，稳住基本"面"。广泛组织开展"零发案小区""控案先进小区""红旗门岗""十佳卫士""红旗巡逻队"等系列评选和创建活动，加大对重大节日不稳定因素、安全隐患排查和调处的工作力度。对近年来社区各类案件发生的时间、地点、作案手段及主要成因等进行综合分析，及时发现工作中存在的漏洞和主要问题，制定有较强针对性和操作性的"平安社区行动"实施方案。

（2）创新社区矛盾纠纷排查化解机制。坚持"调防结合、以防为主"的原则，落实好矛盾纠纷排查调处工作的领导责任制度，按照网格划片责任，并签订责任书。将矛盾纠纷排查工作与征地拆迁、重点项目建设等中心工作有机结合，重点排查当前社区可能引发各类群体性事件的矛盾纠纷以及群众普遍反映的"热点""难点""突发点""摩擦点"等问题，做到矛盾排查横向到边、纵向到底，紧密织牢治安防控网。做好社区纠纷发生次数和类型的记录、保存和归档工作，并针对性地总结不同纠纷矛盾类型的防范和解决方案，超前预防，及时控制。

（3）建立社区警务工作站，实施流动警务。充分发挥社区警务在社区治安管理中的作用，建立"社区警务工作站"，工作站领导可由社区片警和居委会主任（或物业公司经理）共同担任，并将门卫保安、治安联防队、社区治安巡逻队等划归"社区警务工作站"管理。增加社区警务人员的配置人数，改变传统的常态巡控模式，实行重点部位"守望式"、重要路段"巡线式"、派出所辖区"流动式"的巡控模式，并充分利用现代互联网工具，通过设立激励补偿机制整合社区志愿者服务队伍等资源力量，加入社区治安管理工作。加强社区民警绩效考核的针对性，实行社区居民评警制，每月组织群众对社区民警进行满意度打分，强化警民之间的联系和沟通。

> **案例八：广东广州中南街道海中社区——"五方共治"，共建社区安全生活港**
> （详细内容扫码观看）
> 来源：陆嘉欣，庄雨婷，等．"五方共治"，共建社区安全生活港［J］．中国社会工作，2021（10）：22-23．

九、社区应急管理

社区应急管理是区域应急体系中的重要组成部分，是指在社区范围内依托所采取的所有应急管理活动的总和。强调在基层政府的统一领导和指挥下，动员城市社区内的社会组织、市场主体及辖区内的居民等，对辖区内发生的各种突发事件等进行预防与准备、监测与预警、应急响应、处置与救援、事后恢复重建等系列活动的总称。社区通常是各类突发事件发生的第一现场，是各类灾害承受的主体，以及应对这些事件的前沿阵地，具有重要的应急职责和有效减轻灾害破坏性影响的功能。社区应急管理具有实务性强、处置灵活性大、先期处置等特点。在应急准备中更具有针对性和第一应急响应，能够掌握更加全面的救援信息，更为便捷地获取救援物资。在长期的社区应急管理的研究和实践中，国外提出了"安全社区""防灾社区""减灾社区""可持续发展社区"等诸多理念，愈加重视应急管理工作的重心下移，充分发挥社区应急管理的基石作用，并形成了良好的政社网络关系。因此，明晰社区在应急管理中的定位和优势，对于推进我国基层应急管理工作有着重大的战略性导向意义，进而更有针对性地提升我国社区的应急管理能力和应急水平，为建设平安社区提供坚实的安全保障。社区应急管理体系的主要内容在于（表5-5）（陆军，2019）：

社区应急管理体系主要内容 表5-5

类型	内容
预防和准备能力	社区防震减灾基础设施；生命线工程和系统；房屋建筑的抗震能力；社区应急管理机制建立；灾害风险认证与评估；是否建立避难收容场所；应急资源的提供与保障
监测和预警能力	应急监测和预警机构的建立；社区监测和预警制度的建立；社区综合监测和预警系统平台的建立；社区公共突发事件的监测和预警能力；地质灾害的监测和预警能力；社区公共危机事件的监测和预警能力
响应和处置能力	灾情收集与上报；应急预案；应急救援队伍建设；组织灾民疏散和医疗救护；维护社会稳定秩序；次生灾害处置；受灾群众的生活安置
恢复和重建能力	社区灾害的损失评估；恢复和重建计划方案；恢复和重建资金的筹备；社区公共基础设施的重建；受灾居民生活重建；应急预案的更新与维护

来源：陆军，2019

目前我国社区应急管理的现状与问题主要在于（陆军，2019）：

（1）社区应急管理行政化倾向突出。整体呈现"自上而下""行政命令式"特征，出现条块分割、多头领导、沟通不畅等弊端。

（2）社区应急预案和预警防范体系不完善。社区应急设备落后，风险管理制度化和规范化水平较低。基层风险防范操作指南和必要的制度规范缺失，应急管理成为自选动作，在实施过程中随意性较大。

(3) 社区应急响应队伍建设滞后。目前社区应急救援队伍主要由群众性自治组织构成，以社区应急志愿者队伍为代表，参与意识不强，参与程度低。

(4) 社区工作者和居民应急意识淡薄。自身缺乏应急意识、应急管理的理论知识和实际工作经验。社区也缺失对其系统性的指导和培训。

(5) 社区应急资源、经费等保障不力。社区应急管理经费尚未纳入财政统一的预算管理。应急基础设施和装备条件差，应急物资的生产、储备、调拨、紧急配送等体系不健全，物资保障能力不完善。

社区应急管理能力提升的要点主要在于（陆军，2019）：

1. 完善社区应急管理机制

(1) 明确社区应急职责。一方面，大力推进政府简政放权、放管结合，让政府从"划桨者"变为"引航者"，在应急管理工作中做到"补位不越位"；另一方面，注重提升社区的协调能力。成立社区应急委员会打造平台，吸收志愿者、非营利组织、企业等社会各界力量，积极参与承担宣传教育、组织活动、反馈信息、协助处置等应急任务分工，共同做好社区突发事件的应对和防范。

(2) 建立"自上而下"和"自下而上"双向协调的社区应急管理机制。一是，基于社区整体层面研究社区应急机制的具体操作流程和方法。首先，进行社区的脆弱性分析，确定所在社区中可能存在的突发事件、灾害等隐患，设计不同的事件或者灾害的"情景"，分析容易爆发应急事件的薄弱环节和潜在的受灾对象是哪些；其次，制定相应的社区应急预案，确定每个步骤的具体措施和目标、每个阶段的基本逻辑关系；待操作预案正式确定后，则需要完善应急措施所涉及的人员和组织结构，建立不同的应急小组。二是，根据操作预案中所涉及的具体措施、内容、标准等，结合目前既有的和存在空白点的社区应急机制予以完善，如吸引多方力量参与社区应急工作、加强人员管理、实现信息共享等。三是，将方案上报应急委员会并进行统一应急演练，再以制度化、规范化的形式将好的做法和经验固化，更新和完善社区应急体系。

2. 提高社区应急监测预警能力

一是，加大对社区风险公共危险源、安全隐患、不稳定因素等隐患的排查力度，建立社区隐患排查及治理档案，并对排查方案在社区宣传栏进行公告公示，联合相关职能部门、工作人员进行督办整治和整改，努力减少突发事件的发生概率和降低事件发生后的影响程度；二是，要充分整合公安天网、城市管理专业部门和小区物业管理监控的信息，建立一个综合性强、信息集成能力强的社区综合服务信息系统，并做好信息分析、研判和跟踪工作，运用应急广播、电视、报纸、短信、互联网、微信、微博、电子显示屏、宣传车、宣传单等方式，及时向社区居民和重要单位发布自然灾害和突发事件预警信息。

3. 组建精干高效的社区应急队伍

积极组建涉及社区综治队员、应急信息员、物业安保人员、志愿者队伍在内的社区应急综合救援队伍，并积极引导辖区内具有突发事件应对相关专长的人员积极参与其中。按照专业化和规范化的要求，基层政府可以在地震灾害、防汛抗旱、森林防火、重大动物疫情、水上搜救、公安反恐和心理援助等专业领域成立应急救援小组，鼓励社区内具有相关专业背景的人员加入其中，做精专业应急救援队伍。充分发挥地方共青团、红十字会、志愿者协会等组织的作用，以青年志愿者队伍和专业志愿者队伍为骨干，做大志愿者队伍，并认真做好志愿者队伍的培训工作，提升志愿者队伍的应急技术能力。

4. 塑造社区应急管理的文化氛围

（1）加强社区应急宣传教育。一是，创新社区应急教育的宣传方法，可引入政府购买服务的方式，充分利用社会组织、企业等社区外部主体的社会资源和平台优势开展活动；二是，评选社区应急模范典型人物，充分发挥其带动和榜样作用，唤醒群众应急意识；三是，借助电视、广播、报纸、手机、互联网平台等，多渠道开展社区知识科普和宣教，社区亦可定期要求专家开展应急知识讲座、研讨会等活动，并印制、发放应急宣传手册和应急救援包。

（2）培育自救互救的应急文化。一方面，政府可将危机教育、自救常识引入到教学课堂，并通过定期实地应急演练等形式，提高居民的危机意识和应急能力；另一方面，积极借助社区内企业、非营利组织等多元主体的力量，开展针对性和操作性强的应急文化教育活动，如开展"应急教育大讲堂""应急实操模拟比赛"等多种形式的社区活动，建设互助、互救、互信的社区大家庭。

5. 强化应急保障能力建设

（1）加大应急管理经费的投入力度。建立健全社区应急管理的经费保障机制，加大对应急管理工作的资金投入，尤其是保证防灾减灾基础设施的经费投入，落实好社区重点应急避难所建设的规划、建设和管理费用，建立应急厕所、应急供水供电、紧急避险指示标牌等，以便于突发事件、灾害等发生时社区群众的安全疏散。此外，还可以考虑建立应急科普宣教的专项基金，鼓励社会组织和企业、个人等通过捐赠的方式投入，参与应急宣传、培训、教育等工作，拓宽社区应急管理资金的筹措渠道。

（2）优化应急物资储备。社区可以结合自身应急能力情况，制订应急救援装备和物资储备的详细计划，储备必要的救援工具（如铁铲、救生绳、救生担架等）、通信设备、照明工具（如应急灯）、应急药品、基本生活用品（如水、食物）等应急物资。对于社区容易发生灾害和突发事件的地段，倡导社区家庭配备减灾器材和救生防护用品。同时，进一步探索和建立多元化的应急物资储备模式。建设应急物资储备管理信息系统，实现储备资源的信息开放和共享，逐步实现社区应急物资采购、储备、管理、保障过程的标准化、信息化、规范化。

> **案例九：四川都江堰——社区防灾减灾，共筑平安家园**（详细内容扫码观看）
> 来源：丁成贵，尹茂波，等. 社区防灾减灾，共筑平安家园：以社区为基础的防灾减灾社会工作服务项目[J]. 中国社会工作，2017（15）：43-44.

第七节 完善治理结构

一、我国的典型社区治理模式

经过多年发展，国内逐渐发展出3种典型的社区治理模式并形成了3种与之相对应的治理结构（表5-6）（边防等，2019）。

（1）行政型社区。行政型社区主要以政府为主要核心的管理方式，目前主要以市辖区人民政府下属的街道办事处为主要形式，政府对社区发展具有较强的意识控制。

（2）行政—自治互交型社区。采用"两级政府、三级管理"的管理体制，"两级政府"指的是市、区政府，"三级管理"指的是市、区、街道管理。政府权力下放，街道办事处对社区具有更高的管理和控制权力，"街道办事处"在"街道党委会"的领导下对社区进行管理。政企、政社、政事逐渐分开。

（3）自治型社区。自治型社区主要是以社区居民委员会为主要核心，其他社区主体如NPO、非政府组织（NGO）、企业和居民等一起参与社区事务管理和决策，实行民主自治管理的社区管理模式。

我国的社区治理模式与治理结构　　　　　　表5-6

	行政型社区	行政—自治互交型社区	自治型社区
形成背景	・市场经济水平不高 ・法治体系不健全 ・公民民主意识淡薄	・国外社区治理经验影响 ・市场化水平不断提高 ・民主化进程加快	・社会经济水平不断发展 ・法治体系不断健全 ・市民参与治理的热情高涨
政社关系	・政府和社区不分	・相互影响，部分分离	・完全分离
治理主体	・当地政府及社区管理机构	・社区和政府管理机构相对独立	・社区具有高度自治水平的机构
运行机制	・政府主导	・政府支持；社区组织 ・居民参与	・市场主导；中介参与；居民主动参与
治理效益	・政府对于社区具有很强控制力，有较为明显的行政权力特色	・逐渐开始具有社区内部自治和管理协调能力	・政府财政负担减轻，社区活力不断提升，社区具有高度的自治性
模式优点	・政府有较强控制力和约束力 ・社区发展更符合政府意识 ・社区资金相对稳定	・政、社部分分离，社区具有更多的自制力 ・社区服务体系更完善 ・市民更好地参与社区治理	・居民直接参与社区治理 ・社会组织开始具有合法性，发挥了更丰富和多元的社区服务 ・减轻政府财政负担
模式缺点	・居民意识较难表达 ・社区行政化过强	各部门合作不足，处理部分公共事务方面效率较低	・融资投资有不稳定性 ・公共资源难整合，交易成本增大
代表地区	上海模式	武汉模式	沈阳模式

来源：边防等，2019

二、行政主导型社区治理模式与治理结构

行政主导型是一种政府主导、居民参与、自上而下推行的社区治理模式。这种模式下的政府占据社区治理的中心地位，对社区治理的法律法规、政策组织规范体系提供计划及方案，并予以财政支持，而社区层面的组织及居民则按政府的计划与方案实施或参与活动。政府对社区的干预较为直接具体，使得政府行为与社区行为紧密结合，社区中设有各种形式的派出机构，更使社区治理呈现出浓厚的行政色彩（原珂，2020）。

行政主导型社区治理模式是以行政为主导的"两级政府、三级管理、四级网络""条块结合，以块为主"的城市社区管理模式。"两级政府"是指市政府和区政府，"三级管理"是指市政府、区政府和街道办事处对社区建设所实施的管理。政府实现了由注重微观、直接、行政手段、权力性管理，转变为宏观、间接、政策、引导性管理，强化街道办

事处的社区管理功能，理顺政府、社会和社区三者之间的关系，使其各享其权，各负其责。对加强城市现代化管理，提高居民生活质量，维护社会稳定等方面都起到了重要的作用。"四级网络"是指在全市各社区内推行网格化管理。政府在社区治理和建设中起主导作用，提供政策和财政的支持，同时社区管理的权力逐级下放，重心下移至街道层面，凸显街道在社区管理和公共服务中的整合调控作用。

在街道层面，形成"一个功能、三个中心"的格局和治理结构。一个功能是指社会综合管理功能；三个中心包括社区事务受理服务中心、社区医疗服务中心和社区文化中心。三个中心旨在为居民提供"进一扇门，办百家事"的一门式服务，有效整合社区各单位、各职能部门的资源。在社区居委会层面，实现"居站分设"的管理模式，成立社区工作站（或社区事务服务站、助政事务所等）等非营利性的公益性组织，通过政府购买服务，逐步承接从政府、自治组织中剥离出来的社会职能，承办社区的各类服务项目，满足社区成员的多层次需求。通过政府扶持，市场化的运作方式，逐渐引入社区工作站的竞争服务机制，逐步形成"一居一站、多居一站、一居多站"的全方位多层次社区管理模式。

> **专栏五：上海市卢湾区治理模式**（详细内容扫码观看）
> 来源：谭日辉. 北京社区治理机制研究［M］. 北京：中国社会科学出版社，2018.

三、自治主导型社区治理模式与治理结构

自治主导型社区治理模式，也可称之为社区自治模式。是指社区居民通过一定的组织形式，依法享有和实现自主管理社区事务的权利，通过民主选举、民主决策、民主管理、民主监督，创建社区体制、优化社区资源、完善社区功能，不断提高社区居民物质和精神生活质量的一种自下而上实施的社区治理模式（原珂，2020）。其核心是民主自治（包括人事自治、财产自治、财务自治、管理自治、教育自治、服务自治、协管自治等），本质是对本社区进行自我教育、自我管理、自我服务、自我约束的一种基层民主治理形式。

> **专栏六：辽宁沈阳模式**（详细内容扫码观看）
> 来源：谭日辉. 北京社区治理机制研究［M］. 北京：中国社会科学出版社，2018.

四、行政—自治协同型社区治理模式与治理结构

行政—自治协同型社区治理模式一种合作型的社区治理模式。指政府与社区均处于主导地位、政府推动与社区自治相结合、自上而下与自下而上两种方式并轨的社区治理模式。这种模式处于行政模式向自治模式的过渡阶段，其特点是政府对社区治理加以规划和指导，并予以资金支持，但政府对社区的干预相对宽松，社区工作和社区建设仍以自治为主。此模式下的政府角色介于自治型与行政型之间，起着指导和支持作用，指导是指对社区工作和建设的规划与指导，支持是经费上的支持。在我国近年来的特大城市社区治理中涌现出了武汉的"江汉模式"、深圳的"盐田模式""南山模式"等代表性模式。

专栏七：深圳"盐田模式"（详细内容扫码观看）
来源：刘敏. 社区治理模式创新：深圳经验 [M]. 北京：社会科学文献出版社, 2022.

专栏八：深圳"南山模式"（详细内容扫码观看）
来源：刘敏. 社区治理模式创新：深圳经验 [M]. 北京：社会科学文献出版社, 2022.

五、"三社联动"的社区治理创新模式

2013年，在民政部、财政部印发的《民政部 财政部关于加快推进社区社会工作服务的意见》中，明确提出"三社联动"的工作要求，即按照"政府扶持、社会承接、专业支撑、项目运作的思路，探索建立以社区为平台、以社会组织为载体、以社会工作专业人才为支撑的新型社区服务管理机制"。2017年6月，中共中央 国务院印发《中共中央 国务院关于加强和完善城乡社区治理的意见》中也明确了"推进社区、社会组织、社会工作'三社联动'，完善社区组织发现居民需求、统筹设计服务项目、支持社会组织承接、引导专业社会工作团队参与的工作体系"的总体要求❶。

"三社联动"旨在以政府转型、政社分开为基本前提，构建街道、社区、社会组织、共建单位、物业服务企业、社会工作者以及社区居民等"多中心"的治理秩序。在保持各主体地位的基础上相互嵌入（包括结构、功能等的嵌入），建立相互合作的规范与共识、交涉与协作机制，实现不同组织在功能上的互补、行动上的协调和资源上的整合，推进社区协同治理创新（原珂，2020）。

曹海军等（2018）指出：目前国内基本存在两种模式，即嵌入式"三社联动"模式和内生式"三社联动"模式。嵌入式"三社联动"模式是指政府向社会组织购买公共服务，引导社工机构嵌入社区，为居民提供专业化和多样化的服务；内生式"三社联动"是指政府通过公益创意能力训练、公益创投等方式，把服务居民与组织结合起来，激发社区活力，促进内生社区社团、内生社区社工。但实际上，嵌入性模式依旧是当前基层社区推进"三社联动"建设的主流模式，国家权力与市场力量仍然会渗透到基层社区的治理体系与治理结构中。因此，"三社联动"不仅仅是社区微观层面的问题，无论是基层民主协商制度的发展、社区社会组织的培育、专业社会人员的引进，还是社区平台的搭建与完善，在"强国家、弱社会"的格局下几乎是不可能完成的；国家权力向基层社区空间的渗透拥有无比强大的资源和体制优势，尽管简化政府职能，向基层赋权、赋能和赋制是地方行政体制改革的大势所趋，但国家权力的回收是有一个渐进交互的过程，权力的介入伴随着社会空间的成长才会逐渐退出。

---

❶ 目前理论界对"三社"的具体指代尚有争议。主要集中在三个方面：第一种观点将"三社"视为行动者主体，认为社区即社区居委会，社会组织是独立注册的服务机构，社会工作包括社工机构、社会工作者等；第二种观点认为"三社"是一个抽象概念，社区是由若干具体议题组成的实践场域，社会组织是具体服务的载体，社会工作指社会工作方法；第三种是对前述两者的整合，即社区居委会、社会组织、社会工作机构及社会工作者运用社会工作方法，基于平等原则进行伙伴式协作与互动，回应社区居民多样化需求，实现社区善治（原珂，2020）。本书中采用第三种观点。

因此，在深圳社区治理模式的基础上，提出了在"街道—社区"两个层面同时推进的"三社联动"主体架构与运行机制（图5-1）。需要"协调机制、协作机制和合作机制"三大运行机制共同发挥作用。

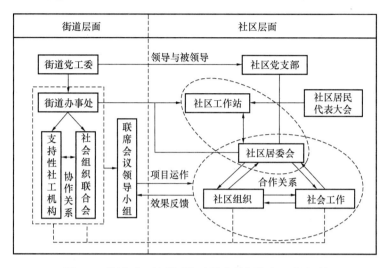

图5-1 推进"三社联动"建设主体框架与运行机制
来源：曹海军等，2018

1. 协调机制

街道和社区两个层面的协调机制，主要体现在街道党工委和社区党支部之间、街道办事处和社区工作站之间、街道办事处和社区居委会之间、街道办事处和社会组织联合会以及支持性社工机构之间。具体体现在如下几个方面：

（1）在街道—社区层面充分发挥街道党工委、社区党支部的领导核心作用，按照区域党建的格局全面领导居委会、社区组织和社工机构的党建和服务工作。

（2）在街道—社区层面充分发挥街道办事处对于社区居委会和社区工作站的协调机制。社区居委会和社区工作站都受到街道办事处的指导作用，为避免出现工作相互推诿的现象，街道要通过政策性的协调手段，建立明确的社会事务分类项目和严格的事务准入机制，理清社区各类主体的工作职责。

（3）在街道—社区层面充分发挥街道办事处对于社会组织联合会和支持性社工机构的协调机制。在宏观层面，构建区、街两级的社会组织孵化平台、社会工作人才培养平台，加大对街道社会团体和民办非企业社会组织在资金、场地等方面的支持力度，培育社会组织发展。在微观层面，成立街道层面的联席会议领导小组，以项目化的运作方式，推行政府向社会组织转移职能和购买服务，鼓励和引导社区社会组织有序参与社区服务。

2. 协作机制

街道和社区两个层面的协作机制，主要体现在社会组织联合会和枢纽型或支持性社工机构之间、社区居委会和社区工作站之间。

（1）街道层面，积极促进社会组织联合会和枢纽型或支持性社工机构的协作关系。整合各自长处，实现优势互补。一是，借助街道层面社会组织孵化平台，社会工作人才培养平台，建立彼此常态化的合作渠道；二是，通过街道办事处主导下的联席会议领导小组，定期展开工作讨论，及时反映社区"三社联动"过程中实施的效果以及存在的问题；三是，确立共享组织资源信息的平台，拓展双方社会关系网络，实现公益资源的最大化。

（2）社区层面，在"居站分离"的基础上厘清社区居委会和社区工作站的职责边界，明晰二者之间的友好协作关系。一方面，进行社区事务分类，明确区分社区行政事务、社区自治事务和专业性服务事务，梳理社区依法承担事项清单、依法协助事项清单、社区准入事项清单。为社区居委会减负松绑，强化社区自治功能，激发社区的内部活力；另一方面，完善社区民主协商制度，发挥社区居委会自治功能。由居委会组织牵头，对涉及社区重大的自治事务实施议事、决策、执行和监督，深入了解社区居民需求，切实解决关系社区居民实际利益的社区问题。同时将基层协商民主与"三社联动"中社会组织参与社区治理紧密结合在一起，激发社会组织、社区居民主动参与社区治理的热情。

3. 合作机制

"三社联动"的合作机制就是要激发社区（社区居委会）、社区社会组织和社会工作人员的功能和定位，在各方平等地位的基础上能够优势互补，促使三方形成服务合力，以多元的服务手法和参与形式满足社区居民多元化的需求。

（1）社区公共服务管理平台（社区服务中心）是提供社区养老服务、助残服务、妇女儿童及家庭服务、青少年服务、优抚对象服务、特定人群服务、流动人口服务、社会支持网络建设等社区服务项目的综合平台。一般在街道的支持下，由社区设立。在社区服务中心可引入多家专业社会组织以及社工机构，或者通过引进专业社会组织带动本土社区社会组织的成长，共同面向居民提供服务。

（2）社区服务项目对接平台是指建立承接政府购买社会组织和专业社工机构服务项目的承接平台，负责政府购买服务项目的整体统筹、组织协调、监督评估。保障政府购买社会公共服务项目能够依法进行，以项目化运作为纽带，推进"三社联动"发展。

（3）社区综合信息联通平台是在推进"三社联动"建设中，运用移动互联网、云计算、大数据等现代技术，推动建设社区治理与服务模式的创新。依托网络信息联通平台实现"三社"之间信息互联互通、数据资源开放共享。此外，及时开发面向社区居民的网络管理信息系统，做到服务项目网上申办，通过微信公众号、移动客户端等多种渠道实现和居民的互动互通。

（4）社区服务需求反馈平台是指在建立社区服务综合化的评价体系中，主动接受社区居民的信息反馈与意见想法，形成社区社会组织、社工、社区居委会、居民等多方反馈渠道，及时满足社区居民动态化的需求。

专栏九：深圳实现"三社联动"的社区治理模式（详细内容扫码观看）
来源：刘敏. 社区治理模式创新：深圳经验 [M]. 北京：社会科学文献出版社，2022.

案例十：成都武侯"项目式"三社联动模式（详细内容扫码观看）
来源：原珂. 城市社区治理理论与实践 [M]. 北京：中国建筑工业出版社，中国城市出版社，2020.

第八节 创新治理技术

智慧社区是指充分利用物联网、云计算、移动互联网等新一代信息技术的集成应用，为社区居民提供一个安全、舒适、便利的现代化、智慧化生活环境，从而形成基于信息化、智能化社会管理和服务的一种新的管理形态的社区（张晨，2021）。通过对各类与居民生活密切相关的信息的自动感知、及时传送、及时发布和信息资源的整合共享，实现对社区居民"吃、住、行、游、购、娱、健"生活七大要素的数字化、网络化、智能化、互动化和协同化，让居民生活更智慧、更幸福、更安全、更和谐、更文明（北京市社会建设工作办公室，北京市经济和信息化委员会，北京市民政局关于印发《北京市智慧社区建设指导标准》，2014）。

在国家层面，2014年，国家发展和改革委员会发布《关于加快实施信息惠民工程有关工作的通知》，把推进社区信息化建设、建设智慧家庭综合应用平台、丰富家庭信息服务列为重点任务；2014年5月，住房和城乡建设部发布《智慧社区建设指南（试行）》，明确了我国城市智慧社区建设的总体框架和评价指标体系；2016年11月，民政部等十余个部委联合印发《城乡社区服务体系建设规划（2016—2020年）》明确了"网络连通、应用融合、信息共享、响应迅速的城乡社区服务信息化发展格局基本形成的发展目标"；2017年，《中共中央 国务院关于加强和完善城乡社区治理的意见》中指出："加快互联网与社区治理和服务体系的深度融合，运用社区论坛、微博、微信、移动客户端等新媒体，引导社区居民密切日常交往、参与公共事务、开展协商活动、组织邻里互助，探索网络化社区治理和服务新模式"；2022年5月，民政部等9部委联合印发《关于深入推进智慧社区建设的意见》，提出了"到2025年，基本构建起网格化管理、精细化服务、信息化支撑、开放共享的智慧社区服务平台，初步打造成智慧共享、和睦共治的新型数字社区"的智慧社区建设总体要求。明确了"从集约建设智慧社区平台、拓展智慧社区治理场景、构筑社区数字生活新图景、推进大数据在社区应用、精简归并社区数据录入、加强智慧社区基础设施建设改造"6个重点任务。

在地方层面，2013年，上海出台《上海市智慧社区建设指南（试行）》，将信息化基础、设施网络化、居民生活便利化、社区管理与公共服务信息化、小区管理智能化、家居生活智能化作为重要建设内容。2013年，北京市在《智慧北京行动纲要》中提出："社区建设的目标就是在社区生活中实现政务高效、服务便捷、管理睿智、生活智能、环境宜居的新业态，实现5A模式'智慧社区、美丽家园、幸福生活'，使'任何人、在任何时候、任何地点、通过任何方式、得到任何服务'"。并在2014年颁布了《北京市智慧社区指导标准（试行）》。

由此，智慧社区逐步承载了社区发展与和谐稳定的基本功能，正式成为十九大以来政府解决人口、技术、治理、生态、安全、文化等城市突出问题的核心载体，成为政府建设智慧城市和推进我国城镇化、信息化建设的重要内容。

智慧社区建设的目标是，以系统性和战略性的定位，将社区内部所有的人、物、房、事、单位、楼宇等静态和动态信息全部汇入社区综合信息库，利用数据分析助力社区建设。智慧社区的服务系统主要包括社区基础信息管理系统、社区交流服务系统、社区电子商务系统、物流服务系统、社区物业及综合监管系统、社区电子管理信息政务系统、社区智慧家居系统、社区医疗卫生管理信息系统、社区家政服务系统、决策支持系统等（陆军，2019）。

一、智慧社区的关键技术

智慧社区建设通过物联化和互联化将人、物、网络互联互通，整合社区各类资源，形成现代化、网络化和信息化的全新社区形态。物联网和互联网的发展推动着人工智能、云计算和大数据的发展，成为智慧社区的发展基石（汪碧刚，2020）。

1. 第五代移动通信（5G）技术

第五代移动通信（5G）技术将是物联网发展所主要依赖的技术。从理论上讲，5G 的网速能达到 4G 的数十倍甚至上百倍。5G 的低功耗大连接场景主要面向智慧城市、环境监测、智能农业、森林防火等以传感和数据采集为目标的应用场景，具有小数据包、低功耗、海量连接等特点。5G 的低延时高可靠场景主要面向车联网、工业控制等垂直行业的特殊应用需求，可为用户提供毫秒级的端到端延时和接近 100% 的业务可靠性保证。随着 5G 技术到来，物联网技术将有大幅度提升。智慧社区借助 5G 的发展将实现社区内人、事、物更全面接入和互联，基于物联网低功耗大容量的应用成为可能。根据埃森哲发布的 5G 智慧城市报告指出，5G 技术将直接推动智慧社区建设，为智慧物业管理、智能家居、智慧医疗、智能建筑、智能公共治安、智能停车等提供更快的响应速度和工作效率。

2. 物联网技术（Internet of Things，IOT）

物联网主要指通过人工智能、自动化技术、网络技术和感知技术等技术手段实现的人与人、人与物和物与物之间的一种无线通信（黄剑，2019）。是在计算机互联网的基础上通过信息传感设备按约定的协议把任何物品与互联网连接起来进行信息交换和通信，以实现智能化识别、定位、跟踪、监控和管理的一种网络（樊雪梅等，2011）。

物联网技术是信息、通信、传感器、自动控制等多种技术的综合，是由感知层、网络层、应用层 3 个层面的关键技术形成的技术体系。物联网技术与智慧社区的结合主要面向三个平台（宫艳雪等，2014）：

（1）面向单独家庭的智慧家居管理平台：包括家居安防系统、家庭医生服务系统以及智能家电系统等。

（2）面向整个社区的社区物联网管理平台：包括一卡通系统、综合智能安防系统、社区医疗系统、环境监测与节能系统、综合物业管理系统等。

（3）支持社区互动的社区网络服务平台：为物业管理、社区商户、居民、政府机构等提供日常交流互动、安全管理及办公自动化等应用需求的信息化服务。

3. 人工智能（Artificial Intelligence，AI）

人工智能是研究、开发用于模拟、延伸和扩展人的智能的理论、方法、技术及应用系统的一门新的技术科学。涵盖机器学习、知识图谱、类脑智能计算、量子智能计算、模式识别等关键通用技术和自然语言处理、智能语音、计算机视觉、生物特征识别、AR/VR、人机交互等关键领域技术。涉及智能机器人、智能运载工具、智能终端、智能服务等产品与服务，广泛应用于智能制造、智能交通、智能物流、智能家居等行业（表 5-7）（魏成等，2022）。

随着信息技术的迅速发展，人工智能的目标从过去追求"用计算机模拟人的智能"转为"用机器、人、网络和物结合成混合、群体以及更复杂的智能系统"，目前包括大数据智能、互联网群体智能、跨媒体智能、人机混合增强智能、自主智能系统在内的新技术，未来将成为新一代人工智能的主要发展方向（屠李等，2019）。

新一代人工智能的发展方向　　　　　　　　　　　　　　　表 5-7

	现有基础	方向	未来发展方向及具体内容
大数据智能	知识表达技术和大数据驱动知识学习	从数据到知识、从知识到智能行为	建立连接多个领域的知识中心，支撑新技术和新业态的跨界融合与创新服务
跨媒体智能	视觉、听觉、文字等分类型数据处理技术	跨媒体感知、学习、推理和创造	建立多媒体感知分析和语义相通相容的理论和模型，建立和研制智能感知、跨媒体自主学习与推论的新理论、新方法、新软件、新硬件
人机混合增强智能	智能机器	人类智慧与机器智能系统的高水平协同融合	混合型增强智能的新计算形态，实现人机、脑机协同的情境理解、问题求解、调度与决策
互联网群体智能	网络智能	基于互联网组织群体智能的技术与平台	群体智能及其在互联网上的协同、秩序、安全、演化、学习与进化的机理及平台，以及相关产业业态
自主智能系统	机器人	自主智能系统的技术、架构、平台和设计标准	引领各种机械、装备和产品智能化，形成自主智能载运平台、自助生产加工系统和智能调度监控系统

来源：屠李等，2019

目前人工智能在社区的应用主要围绕"公共安全、公共管理、公共服务"三大场景，重点在态势监测、风险预测、辅助决策三个方向借力人工智能技术赋能，构建了智慧安防、智慧消防、智慧政务、智慧物业、智慧养老、智慧医疗、智慧家居、智慧教育、智慧商区等多个典型应用场景模块（杜坤杰等，2020）。

1. 场景一：AI 赋能公共安全

公共安全是人工智能技术在社区落地应用较广的领域，形成了智慧安防、智慧消防两个主要场景模块。智慧安防是在前期智慧公安等项目建设的基础上，融合了社区综治中心、网格中心、公安、城管、党建、民政等数据平台，通过设置视频监控、出入口控制、人员车辆卡口、信息卡口、移动巡防等神经元传感器，部署 Wi-Fi 探针、一键报警设备等数据采集报警前端，实现小区数据实时采集和即时预警，形成闭环处置模式，构建基层立体化治安防控体系。在智慧消防方面，社区加装烟感、温度、可燃气体探测等传感器，并通过物联网连接，实现火灾预警、全境监测、智能巡检等功能，推动社区消防向主动式管理演进。

2. 场景二：AI 赋能公共管理

人工智能技术在社区公共管理的应用主要在智慧政务、智慧物业方面。智慧政务整合了社区事务办理的多种信息，包括居住证、医疗保险、民政救助、廉租房租赁等，实现民政、社保、公安等多部门之间的业务协同，为居民提供便捷的业务办理和咨询服务，畅通政府与市民的交互渠道。人工智能在社区管理应用的另一个重要功能就是运用数据关联技术、智能信息处理技术等分析和梳理社区采集的海量数据，排查隐患。借助智慧平台通过人脸识别及通行异常、陌生人徘徊等基础关联数据的分析、挖掘，预测社区可能存在的群租、传销居住等内容；通过视频监控、图像识别技术对高空抛物、车身划痕、乱倒垃圾等现象取证，整治社区顽症；通过人脸大数据技术实现对社区影响稳定的重点特殊人群的精准管理。另外，还可提供小区水质、窨井、车辆等管理和服务，实现机动车和非机动车停车充电等有效管理，提升管理的精细化水平。

3. 场景三：AI 赋能公共服务

人工智能技术可大幅提升物业的服务质量。智慧物业高度集成了物业管理涉及的各个系统，通过社区智慧平台完成各物业系统间联动，实现社区事件的智能监控、智能响应、智能控制，应用在小区停车、报事报修、远程抄表、安防消防、小区环境监测等基础服务以及街区环卫、养老服务等方面，实现垃圾分类和满溢告警，居家老人远程监护，大气粉尘和噪声污染监测等，提升居民服务获得感。

4. 云计算

云计算是以互联网为中心，在网站上提供快速且安全的云计算服务与数据存储，让每一个使用互联网的人都可以使用网络上的庞大计算资源与数据中心的一种全新的网络应用服务。与传统的网络模式相比，具有突破时空界限、高运算力、按需部署、兼容性强、性价比高、扩展性好等特点（罗晓慧，2019）。

云计算技术架构体系是智慧社区管理系统得以运行的基础。目前已经出现了基于云计算的智慧社区综合管理系统，这些平台以云计算平台为枢纽，通过智慧社区综合服务平台将社区车闸门禁系统、智能家居服务系统、社区探针系统、社区安防监控系统、社区物业服务系统、大数据管理系统等社区子系统有机结合起来，形成覆盖社区全面的数据网络，分类挖掘客户需求和开发网络增值服务；并不断完善居民数据分析模型，有效获取和处理数据，从中提炼出有效价值信息。经提炼的数据信息不仅仅用于企业内部决策、精准营销、增值服务方面，还可对接政府监管安防系统，成为政府决策咨询智库，提升社区整体安全系数，同时跨界整合应用到 O2O 生活服务、电商、互联网金融、社区交友、旅游等物联网领域（汪碧刚等，2020）。

5. 大数据

大数据的发展是智慧城市和智慧社区的建设基石，体现其建设的衡量指标。与大数据相关的技术有 Hadoop 平台、ETL、数据可视化分析等（汪碧刚等，2020）。

（1）Hadoop 平台能够存储和分析智慧社区运营过程中的大量数据。可以实现对大量数据的访问、存储和处理，具有可靠性、高吞吐量、高容错性、高扩展性等特点。

（2）ETL 将数据从业务系统等数据源端抽取，之后进行清洗、交互转换，再加载到目的端，为下一步的数据分析打下基础。ETL 在数据处理中起着承前启后的作用，关系着数据的质量与数据分析的质量。

（3）数据可视化分析为数据提供进一步的增值服务，是一种"通过交互式可视化界面，来辅助用户对大规模复杂数据进行分析推理的科学与技术"。借助可视化分析，可以将数据以更加直观形象的图示（如条形图、饼图、直方图、折线图等）展现出来，有助于决策人员更方便地提取数据中的信息，进行统计分析。

二、智慧社区的总体架构

智慧社区的总体架构应侧重于三个方面（图 5-2）（陆军，2019）：

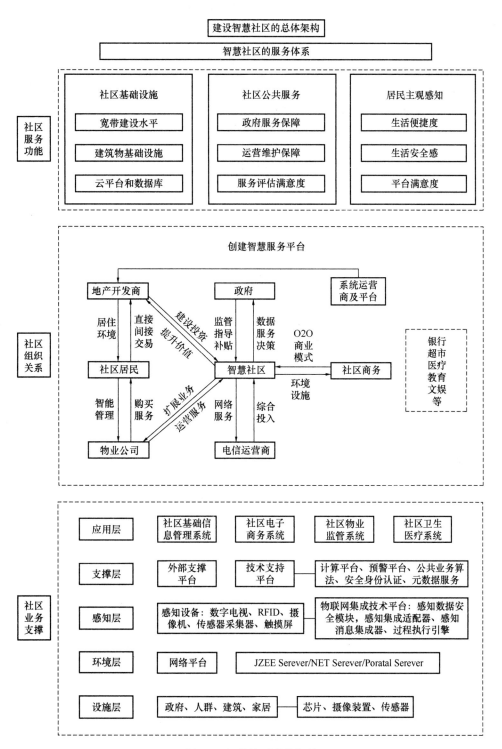

图 5-2 智慧社区总体架构
来源：陆军，2019

(1) 社区服务功能，对社区基础设施、社区公共服务和居民主题感知三个维度的内容进行整合。

(2) 社区组织关系，构建政府（多级）、电信运营商、物业公司、社区居民、地产开发商、社区商务与智慧社区之间的紧密联系。

(3) 社区业务精深，包括应用层、支撑层、感知层、环境层和设施层五个技术维度内容。

三、智慧社区的运营模式

智慧社区的建设与运营需要探索一种以政府为主导，以客户为中心，以需求为导向，整合资源、多方参与、合作共赢的项目建设和商业运营模式。有七种运营模式（表5-8）（陆军，2019）：

我国智慧社区的运营模式　　　　　　　　　　　　　　表 5-8

政府主导型运营	① 政府独立投资、政府建设和运营
	② 政府、运营商共同投资，由运营商建设和运营
	③ 政府独立投资、委托运营/第三方建设运营
	④ 政府牵头 BOT 模式
联合建设共同运营	⑤ 运营商/第三方独立投资，运营商/第三方建设运营
	⑥ 联合建设运营
	⑦ 联合物业公司运营。通常，公益型、涉密型的和政府类的项目需要政府主导投入

来源：陆军，2019

第九节　优化社区治理方法

一、社区协商

基层民主协商是社会主义民主协商的基础性环节，是重构国家与社会关系，实现"政府—市场—社会"关系良性化，推动国家治理体系和治理能力现代化的重要途径（张晨，2021）。

2015年2月，中共中央印发了《关于加强社会主义协商民主建设的意见》，明确了社会主义协商民主的本质属性和基本内涵，阐述了加强社会主义协商民主建设的重要意义、指导思想、基本原则和渠道程序。2015年7月，中共中央办公厅、国务院办公厅印发了《关于加强城乡社区协商的意见》，进一步对开展城乡社区协商工作提出了具体要求，并指出"社区是社会的基本单元，加强城乡社区协商，有利于解决群众的实际困难和问题，化解矛盾纠纷，维护社会和谐稳定；有利于在基层群众中宣传党和政府的方针政策，努力形成共识，汇聚力量，推动各项政策落实；有利于找到群众意愿和要求的最大公约数，促进基层民主健康发展"。2019年10月，中国共产党第十九届中央委员会第四次全体会议通过的《中共中央关于坚持和完善中国特色社会主义制度、推进国家治理体系和治理能力现代化若干重大问题的决定》更是将"民主协商"作为完善社会治理体系的重要一环，明确指出："坚持社会主义协商民主的独特优势，统筹推进政党协商、人大协商、政府协商、政协协商、人民团体协商、基层协商以及社会组织协商，构建程序合理、环节完整的丰富协商民主体系，完善协商于决策之前和决策实施之中的落实机制，丰富有事好商量、众人的事情由众人商量的制度化建设。"可以说，当前及今后相当长的一段时期，不断完善社会主义民主协商制度，积极推进社会主义民主协商制度的实践，已经成为我国在国家制度构建方面的重要维度。

1. 社区民主协商的形式与程序

2015年，中共中央《关于加强社会主义协商民主建设的意见》在"拓展协商形式"中指出："坚持村（居）民会议、村（居）民代表会议制度，规范议事规程。结合参与主体情况和具体协商事项，可以采取村（居）民议事会、村（居）民理事会、小区协商、业主协商、村（居）民决策听证、民主评议等形式，以民情恳谈日、社区（驻村）警务室开放日、村（居）民论坛、妇女之家等为平台，开展灵活多样的协商活动。推进城乡社区信息化建设，开辟社情民意网络征集渠道，为城乡居民搭建网络协商平台"。

协商的一般程序是："村（社区）党组织、村（居）民委员会在充分征求意见的基础上研究提出协商议题，确定参与协商的各类主体；通过多种方式，向参与协商的各类主体提前通报协商内容和相关信息；组织开展协商，确保各类主体充分发表意见建议，形成协商意见；组织实施协商成果，向协商主体、利益相关方和居民反馈落实情况等。对于涉及面广、关注度高的事项，要经过专题议事会、民主听证会等程序进行协商。通过协商无法解决或存在较大争议的问题或事项，应当提交村（居）民会议或村（居）民代表会议决定"。

2016年，《民政部关于深入推进城乡社区协商工作的通知》在"丰富拓展城乡社区协商形式"中指出："各地应普遍建立例会型、议事型、对话型等协商模式，进一步健全村（居）民会议、村（居）民代表会议制度。利用村（居）民论坛、电视微视听、民情大体验等平台，结合实际探索创新村落（院落）协商、民主恳谈、参与式预算、社区决策听证、民主评议等形式。充分利用互联网、移动互联网等技术，发挥QQ、微信、微博等现代媒体和网上平台的作用，推动城乡社区协商与信息化融合。"

1）居民代表会议制度

居民会议是居民发扬民主的组织制度和民主决策的组织形式，是实行自治的决策机构，真正的权力属于居民会议，社区居民代表会议制度为居民会议提供了相应的组织规范（张晨，2021）。《中华人民共和国城市居民委员会组织法》中第十条规定："居委会向居民会议负责并报告工作。居民会议由居委会召集和主持。涉及全体居民利益的重要问题，居委会必须提请居民会议讨论决定"。

2）社区民主议事会、小区协商、业主协商

社区民主议事会是社区的议事、协商和协调机制，是社区居委会扩大民主参与，及时了解和掌握居民的需求和呼声，共同商讨解决涉及社区居民利益的事项，实现社区民主管理的重要会议制度。

小区协商是在党的领导下，依法依规筹建业委会，通过调动小区内部多元力量，走"党建引领＋小区多元共治"的协商治理之路。

业主协商自治是一种全新的协商民主治理形式。由业委会或业主自治小组接管小区物业工作，由业委会及业主大会协商决定选聘相关保安和清洁人员，或采取服务外包方式，日常事务也由业主与业委会协商决定,大事则由业主大会协商决定(张晨,2021)。

3)民情恳谈会、事务协调会、工作听证会、成效评议会"四会"制度

社区民情恳谈会是指社区党组织和居委会就社区当前和今后的各项工作倾听和征求居民意见、建议,了解和掌握居民需求、呼声,宣传和解释党和政府的方针政策,是社区居民(成员)共谋社区发展的一种会议制度。

社区事务协调会是指社区党组织和居委会对社区成员之间的矛盾或利益冲突,采取协商、调解等办法进行协调处理的一种会议制度。

社区工作听证会是指政府有关部门或社区党组织和居委会在社区组织实施某项工作或活动前,由社区党组织和居委会组织相关社区成员就该项工作的可行性、必要性召开专门会议充分论证的会议制度。主要是听取居民对社区公益性事业、公共事务实施项目决策的意见,以确定科学合理的实施方案,实现民主决策。

社区成效评议会是指社区成员代表对社区居委会全面或某一单项工作、政府在社区的有关工作进行考核评议的一种会议制度。主要是听取社区居委会及政府有关部门的工作报告,接受居民对社区工作的审查,推进民主监督。

> **专栏十 "四会"制度的主体、内容和组织程序**
>
> 来源:中共杭州市委办公厅、杭州市人民政府办公厅印发《关于建立社区民情恳谈会等四个会议制度的意见(试行)》的通知(市委办发〔2005〕134号).[EB/OL]. 2005-12-21. https://www.hangzhou.gov.cn/art/2005/12/21/art_808819_2656.html.

4)网络协商平台

充分利用互联网、移动互联网等技术,发挥QQ、微信、微博等现代媒体和网上平台的作用,可以突破时空限制整合各协商议事主体,了解居民需求、协商社区事务、化解邻里矛盾,推动城乡社区协商与信息化融合。

2. 社区民主协商的方法

社区民主协商的方法主要有:开放空间技术、罗伯特议事规则、参与式预算、协商民意测验等(张晨,2021)。

1)开放空间技术

开放空间技术是一种创新的会议形式,由哈里森·欧文(Harrison Owen)在20世纪80年代中期提出。开放空间技术会议没有正式结构,缺少主旨发言人、组织展位和预先安排的日程。与会者坐在一个大圈子里,提出他们想发起的活动、讨论和研讨会。会议可以根据每个人的意见进行展开,根据议程持续一天或几天,并将2~5人的不同群体聚集在一起(图5-3)。

在"开放空间"过程中通过参与者的沟通、互动、合作、创新探索,发现应对挑战的策略。参与者可以创造并管理会议的日程,围绕着一个中心战略目标,所有的利益相关方都可以支持并参与其中。"开放空间"是一种可以激发各类群体、机构创新的方法,既可以提升会议组织者的领导力,也可以建立起一个有创造力、充满活力的组织,使得人们在工作中有非凡产出。这是一种新的尝试,可以把人们的工作积极性调动起来,在很多方面都与传统的会议大不一样。

2)罗伯特议事规则

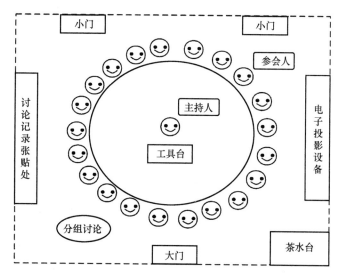

图 5-3 开放空间技术会议会场
来源:张晨,2021

亨利·罗伯特(Henry Robert)1876 年出版了《议事规则袖珍手册》(Pocket Manual of Rules of Order for Deliberative Assemblies),提出了"罗伯特议事规则",经不断修改完善至 2011 年已出版至第 11 版。该议事规则可以有效解决开会时议题杂乱、进程专横、论争粗鲁、决定草率、会议拖延、流于形式等问题。议事规则有如下十点要求:

(1) 在有不同意见时,多数方的意见成为集体意愿的表达。
(2) 必须同时兼顾少数方,包括个人权利,尤其要保护表达权和知情权。
(3) 主持人分配发言权,提请表决,维持规则和程序,但禁止主持人参与内容的讨论。
(4) 同时只能有一个议题。议题必须是明确的语言,不可以是模糊的想法。
(5) 必须在经过充分且自由的辩论和修改之后才可以表决。
(6) 辩论发言必须围绕当前议题,禁止跑题。
(7) 禁止人身攻击,禁止怀疑别人的动机。
(8) 每人每次发言的时间不能超过约定的长度。
(9) 每人对每个议题最多发言约定次数。
(10) 意见相反的两方应该轮流得到发言权。

采用"通用议事规则"运作和组织会议。具有如下特征(唐亚林等,2020):

(1) 它是一个由人组成的集体;它有权通过自由充分的讨论、以整个会议组织的名义、自主地决定一致的行动。
(2) 会议要在共同的场所进行,即所有人都拥有同样的条件和机会、实时地参与相互的口头交流。
(3) 会议集体的规模一般要在十个人以上,而且人数越多,越要求议事程序的正式严谨。
(4) 它的成员——指有权参与会议事务的人——在会议中可以自由表达自己的意愿。
(5) 在任何决定中,每个成员都拥有相同权重的表决权;如果其意见获得通过,那么该成员为此决定承担直接的个人责任。

（6）即使成员表达的意见与会议组织的决定不同，也并不意味着该成员希望退出会议组织，会议组织也无权以此为理由要求该成员退出。

（7）如果有成员缺席——无论是立法机构还是一般的组织，缺席都是很难避免的——出席的成员可以代表全体成员做决定，但必须满足会议组织指定的相关条件。

3) 参与式预算

参与式预算是指政府将涉及公众切身利益的公共项目建设资金，交给公众讨论，并由公众决定，使预算编制更加公开、民主、透明。这一举措提高了资金使用效率，避免了腐败，同时也唤醒了百姓的民主意识和参与意识，为民意的充分表达提供了平台。

从前的公共建设资金使用，都是政府依据年度计划进行安排的，直到工程施工百姓才知道具体的资金安排，这样一来很容易造成公共资金供给的内容和民众的实际需求之间产生出入，进而导致社会资源配置效率的低下；而在参与式预算下，公民可以借助各种论坛、会议等平台，与公共权威和政府建立良好的对话和信任关系，这种对话可以很好地促进参会各方，也可以说是各方利益代表者真实地表达自己的观点与偏好，同时能够借此尊重和理解他人的利益需求和意愿，在这一基础上促进后面政策制定的科学合理及政策落实的有效。另外，参与式预算在一定程度上也提高了公众民主参与的能力和积极性，在不断对话中，民众的民主意识以及表达意愿的能力进一步加强，而作为组织者的政府的协调和决策能力也随之提高，这是一个双赢的过程（张晨，2021）。

4) 协商民意测验

协商民意测验是一种基于信息对称和充分协商基础上的民意调查，协商民意测验始于对普通民意缺点的关注——应对公众理性缺失的动机和在很多公共问题的个案调查上建立伪态度或假观念。由于民主参与的主体体量庞大，参与的民众认为自己表达的意愿可有可无或是实际作用不大，又或者因为在征询民意时民主表达的随意性，缺乏必要的考证和依据，而使获取的民意信息实际上是失真的，很难为下一步的政策指导提供有效的参考。

针对这些问题，美国学者詹姆斯·费什金（James Fishkin）提出了协商民意调查方法。他认为：现代国家也可以用随机抽样的方式选取一部分公民作为一个国家或地区的缩影，让这些公民聚集在一起面对面讨论一些公共议题，这样可以提供给每个普通公民成为一个理想公民的机会，他们的声音不再是千万人中的微弱声音而是可以被听到的声音。从而求得在政治平等、资讯充分及公众能够审慎思考和相互辩难的理想状况下所呈现的民意。协商民意测验的基本假设是协商的过程可能会使人们的偏好发生转换。

因此，协商民意测验就是要确认经过协商之后参与讨论的个人对相关问题的态度或意见是否有所改变。为了使协商民意测验达到预期的效果，其具体运作有着严格的程序，要求严格按照挑选议题、组建委员会、选择参与者、第一次民意测验、研讨会议、第二次民意测验及差异分析这几步来实施。

3. 社区民主协商的运作流程

社区民主协商平台基本特征（张晨，2021）：①无动议，不开会，不规定具体例会时间与要求；②可能会多次与反复；③参与无差别；④公开和透明；⑤公共性。

社区民主协商一般流程：①协商议题——②通报内容——③开展协商——④实施方案——⑤反馈落实（图5-4）。

社区民主协商会议步骤：①提出动议——②进行附议——③主持人复述动议——④辩

论——⑤表达——⑥宣布表决结果——⑦决议签字。

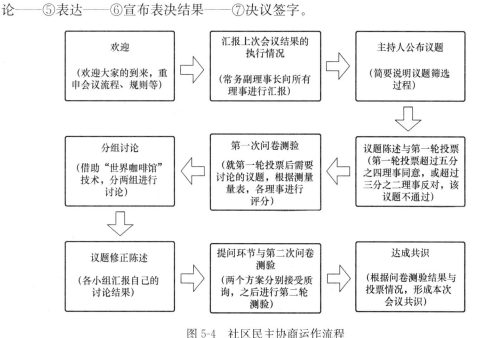

图 5-4 社区民主协商运作流程
来源：张晨，2020

案例十一：北京朝阳麦子店街道社区协商共治（详细内容扫码观看）

来源：原珂. 城市社区治理理论与实践[M]. 北京：中国建筑工业出版社，中国城市出版社，2020.

二、社区网格化管理

网格化管理是指在保持街道和社区原有的管理体制不变的基础上，根据"社区的管辖范围、人口数量及分布特征、居民生产生活习惯等"将社区划分为若干个网格单元，并为每个网格配备相应的网格管理员，将社区的"人、事、地、物、情、组织"等信息纳入社区信息化服务平台，以便迅速发现问题，有效解决问题，高效回应居民需求，维护社区乃至社会的稳定。网格化管理把问题感知的触角深入扩散到社会微观底层，能及时敏捷地发现基层社会异常，精准高效地挖掘居民的迫切需求，在"信息获取、矛盾化解、治安防控及便民服务"等方面发挥了积极有效的作用（王庆华等，2019）。

网格化管理的城市应用最早出现在 2004 年的北京市东城区"万米单元网格"管理中，在迎接奥运、解决城市管理问题中取得重要成功，从而推动了城市网格化管理模式在国内的持续发展，逐渐成为具有中国特色的基层管理方式（邵新哲等，2021）。2013 年，党的十八届三中全会通过的《中共中央关于全面深化改革若干重大问题的决定》在"创新社会治理体制"中提出："坚持源头治理，标本兼治、重在治本，以网格化管理、社会化服务为方向，健全基层综合服务管理平台，及时反映和协调人民群众各方面各层次利益诉求"。2021 年，《中共中央 国务院关于加强基层治理体系和治理能力现代化建设的意见》中明确了"健全常态化管理和应急管理动态衔接的基层治理机制，构建网格化管理、精细化服务、信息化支撑、开放共享的基层管理服务平台；党建引领基层治理机制全面完善，基层政权坚强有力，基层群众自治充满活力，基层公共服务精准高效，党的执政基础更加坚实，基层治理体系和治理能力现代化水平明显提高"的主要目标。

城市社区网格化管理的优势主要在于（甘露等，2018）：

（1）明确管辖范围，合理划分网格。合理划分网格是有效实施社区网格化管理的基础。城市社区应根据其所管辖区域的居民数量、分布特点及地理位置等实际情况，建立细化到街道层面的社区网格地图。在此基础上，部署专职人员对网格的整治状态进行登记排查，有问题及时上报，以此确定管理工作重点。

（2）信息服务平台持续完善。采取开通社区微信公众号、社区微博等网络互动平台、开发手机 APP 等方式，建立覆盖面广泛的多维度信息平台。同时，为网格化管理工作人员配备移动安保巡防网络终端设备，及时进行信息共享。这一举措便于社区有针对性地为居民提供服务，且规避了时间、地域等因素对管理的限制，使沟通反馈渠道更加畅通。

（3）部门间协作持续加强。网格化管理机制进一步整合横向职能部门，突破职能部门间的界限，有效疏通社区各个管理单位的对接渠道，实现信息互通，强化部门之间的联系，持续提升各职能部门之间的横向协作能力，大幅提升社会管理效率。此外，网格化管理体系有效减轻管理负担，其双轴化管理体制进一步明确了指挥管理与监督评价各参与主体的责任，各责任部门的工作职能也在此基础上得到合理划分，使各责任主体各司其职，有效提高工作效率。

社区网格化管理范式是"以信息化支撑网格化、以网格化追求精细化、以精细化实现人性化"的管理模式，追求"社会管理终端化、力量整合兼容化、诉求解决初始化、工作保障常态化"，实现社会管理服务的常态化、人性化和基层社区管理的以人为本，也是一种纵向到底、横向到边的"纵横交错"式的治理模式。实质是政府管理的下沉和基层群众自治的兴起，即由传统的、上下隔离的"板块式治理"向上下衔接的"网格化治理"模式转变（余华，2014）。

因此，新时期将"网格化＋智慧化"相结合的方法就成为社区管理制度模式创新和信息技术创新融合的重要方法。主要在于四个方面（天平社邻学院编，2019；余华，2014）：

（1）科学划分网格区域，推进社区社会管理精细化。科学划分网格区域是实行社区网格化管理的前提。网格化实际上是倡导一种精细化的管理理念，它将原来抽象的宏观社区具体为微观的网格，将管理责任由社区落实在更具操作性的网格上。网格区域、规模与数量的确定要坚持既尊重历史传统又着眼未来发展的原则，坚持既便于管理易操作又全面覆盖无盲区的原则，坚持管理对象属地化、整体性又充分考虑居民的实际居住情况的原则，划分网格。

（2）以网格为基础的综合数据管理与信息化平台建设。在进行网格划分后，进行网格管理数据普查，形成社区空间基础数据库台账。加强信息化平台建设，统一研发和运用手机 APP 等客户端，全面推进以网格为基础的社会服务管理信息数字化。为每名网格员配备一台手持终端，将公安、住建、民政等社会公共服务部门接入网格信息系统，构建统一权威、动态更新、联通共享、功能齐全的社会管理综合信息平台。网格员通过手机 APP 采集、上报、处理各类信息，记录工作情况，各级网格服务管理中心（站）及时将网格事项分流指派到相关职能部门办理、处置、考评。

(3) 多渠道建设网格管理员队伍。每个网格要明确网格管理员，做到定格、定人、定责，建立责任网格单元。网格管理员一般从社区工作者、镇乡（街道）联片干部、社区民警、村（居）民小组长、党团员、和谐促进员以及法治促进员、农村指导员、大学生村官、"两会代表"、政协委员、法律工作者等人员中择优选任。

(4) 全员落实网格管理员责任。确定网格管理员的职能与责任。网格管理员主要承担和协助共同做好网格内的社情收集传递、矛盾纠纷化解、安全隐患排查等社会管理服务工作，为所在网格提供日常式、订单式、多元化服务。根据网格管理内容，配齐、配强管理力量，将责任落实到网格中的每条街巷、每个区域，确保管理无缝隙，责任全覆盖。制定落实网格管理工作制度和责任制度，明确岗位职责，完善工作程序。

(5) 建立网格管理工作机制和问题处理机制。建立常态化的网格管理工作机制和及时发现并快速处置问题是实行网格化管理的两个核心环节。南京仙林街道建立了"日点评、周小结、月考核"及"督查、奖惩、问责"的"六位一体"网络化管理工作机制。构建了分别针对一般性问题、重难点问题和重大问题的通报、点评和处置机制，形成了一整套网格化管理常态化工作机制和问题处理制度体系。

> **案例十二：北京朝阳安慧里社区——社区党建引领下的"网格化管理、组团式服务"**（详细内容扫码观看）
> 来源：原珂. 城市社区治理理论与实践 [M]. 北京：中国建筑工业出版社，中国城市出版社，2020.

第十节 健全治理机制

一、以人民为中心的价值判断机制

在社区层面，如何满足社区居民对社区美好生活的需要是社区治理的核心问题。因此，坚持以人民为中心的发展思想，并以此作为城市社区公共服务供给创新的基本价值导向，核心在于以社区居民为主体、以满足居民需要为中心、以增强居民获得感和幸福感为归宿，建立以人民为中心的价值判断机制。

一是，要尊重居民主体地位，坚持以社区居民为中心的发展思想，把改善居民生活和增进居民福祉作为社区公共服务的出发点和落脚点，把社区居民作为城市社区公共服务创新的动力来源和行动归宿，鼓励和支持社区居民参与社区治理，改变将居民视为"共同执行者"而非"共同设计者"或"共同发起者"的做法。

二是，要满足居民发展需求，以关注和识别需求为起点、以回应和满足需求为终点，建立"需求表达—需求感知—需求整合—需求满足"的需求导向机制。具体方式在于（唐亚林等，2020）：

（1）需求表达：通过社区党委和居委会全面地宣传和动员社区居民参与，充分地表达自己的需求、意见和建议。

（2）需求感知：通过社区组织开展调查问卷或者是通过组建居民议事厅等有组织的方

式感知社区居民的意见和建议。

（3）需求整合：通过居民议事大会等方式，按照科学的程序和方法，针对各项议题在居民议事代表充分表达意见和需求的基础上，将分散化、差异化需求进行整合。

（4）需求满足：通过居民议事大会等方式引导居民议事代表其进行协商，从而达成共识。

二、以党建为引领的整合机制

构建党建引领下的城市基层治理体系，是创新城市社会治理、推进国家治理体系和治理能力现代化的重要基础。2017年，《中共中央 国务院关于加强和完善城乡社区治理的意见》中明确提出要"充分发挥基层党组织领导核心作用，深入拓展区域化党建"。基层党组织是促进政社互动和激发居民参与的重要纽带，核心是通过发挥整合作用链接不同行动主体和协调各方关系来加以实现（徐增阳，2019）。

（1）加强组织整合，以社区纵向和横向链条上的党组织为节点，通过构建上下联动、左右贯通的党的基层组织体系，在纵向上形成"市－区－街道－社区"党组织四级联动的体系，在横向上形成单位党建、行业党建、区域党建互联互通的格局，构筑行政主体、社会主体、市场主体多元行动网络。

（2）加强利益整合，基层党组织是社区不同主体互动的黏合剂和缓冲带，可以在社区矛盾化解和冲突调解方面发挥重要作用，弥合城市社区中不同组织之间的裂缝，促进各方利益的均衡分配，维持社区的稳定和秩序。

（3）加强需求整合，城市社区党委、居民党支部、楼院党小组等基层党组织，不仅为社区居民提供了需求表达的渠道，同时也显示了多元化需求整合的政治和组织优势。

（4）加强认同整合，通过发挥社区基层党组织的战斗堡垒和社区党员干部的先锋模范作用，提升社区居民对基层党组织和社区共同体的认同感。

三、以协商为基础的沟通机制

社区协商是基层群众自治的实践形式，也是提升社会治理水平的重要手段。新时代背景下，城市治理是政府与市场、社会等不同主体进行持续互动的过程，是城市基层政府及其派出机构、社区党组织、居委会、社会组织、企业、居民等众多主体共同参与城市社区治理过程。建立以协商为基础的沟通机制，是社区自治基础上实现信息共享的保障。应从社区和街道两个层面着手（徐增阳等，2019）：

（1）在社区层面，既要以居民自治为平台，支持和鼓励社区居民主动表达个人需求、开展协商对话，积极组织楼院协商、广场会谈等形式多样的活动，激发社区居民的参与热情；也要以居民议事协商机构为载体，广泛吸纳社区居民代表，就社区公共服务的需求表达、意愿整合、方案拟定和效果评价等问题充分沟通。

（2）在街道层面，既要加强社区与街道之间的沟通，也要加强街道与企业、社会组织等主体之间的沟通，协商确定社区治理事务中的权责关系。

四、以合作为纽带的协同机制

多元主体间的合作与协同，是城市社区治理发展的客观要求和重要趋势。要正确认识政府、企业、社会组织等不同主体在社区治理中的角色和职能,加强以合作为纽带的城市基层政府、企业、社区党组织、居委会、业委会、社会组织及社区居民多主体协同机制建设。促进政府、社会与市场三种力量的深度合作和持续互动,形成多元共治、合理分工、优势互补的社区治理体系(徐增阳等,2019)。

(1) 鼓励和支持社会组织通过特许经营、合同外包等方式,参与城市社区公共服务供给,让政府向社会组织购买公共服务成为政府承担公共服务的新模式。

(2) 推动市场主体参与城市社区公共服务供给,通过准市场或民营方式委托私人部门生产,提供社区居民所需的相关公共服务。

(3) 引导和支持社区居民以自助和互助相结合的方式,参与城市社区公共服务供给,积极培育以信任为主要内容的社区社会资本,建立以信任为基础的公共服务合作供给网络,促进社区居民的资源整合与服务协同。

五、以质量为核心的评价机制

公共服务绩效评价是检验公共服务供给水平和质量的重要手段,为城市居民提供优质公共服务是社区治理的核心任务,也是城市竞争力的显著标志。结合社区居民需求和服务绩效,对社区公共服务情况进行科学评价,是检验、改进和优化社区公共服务的重要保障。

(1) 将社区居民作为核心评价主体,要改变政府组织既作为"发包人"又作为"考核人"的传统做法,注重将社区居民引入社区服务评价过程之中,让社区居民成为社区服务供给质量的"裁判员"。

(2) 将服务效果作为关键评价要素。在当前城市社区公共服务供给评价中,通常重视对服务的内容构成、具体类型及参与人数等"量"的指标的考核,而对于服务的实际影响、现实效果等"质"的因素重视不足。

(3) 将过程评价作为重要评价环节,克服以往绩效评价重结果而轻过程的不足,有助于加强公共服务供给的过程监督,以确保社区公共服务的高质量供给。

(4) 健全和完善第三方评价体系,在城市社区公共服务供给评价中,引入多元化和独立性的第三方评估,保证评估的专业性、科学性和权威性(徐增阳等,2019)。

六、以科技为赋能的支撑机制

大数据时代的城市社区公共服务创新离不开现代科技的应用。利用互联网、大数据和人工智能等现代科技手段实现社区公共服务供给与居民需求的精准匹配是城市社区治理的时代要求。

(1) 加强城市社区信息化基础设施建设,完善城市社区信息服务站、信息服务自助终端等信息服务设施建设,推进信息管理平台建设,形成覆盖城市社区的物联网集成网络,进一步畅通公共服务供需交流渠道,推动服务数据互联共享,完善服务资源调配机制。

(2) 充分利用大数据技术,通过挖掘相关信息、细分民众需求、探测需求热点,提升公共服务的需求感知能力,准确定位民众的公共服务需求。分析和挖掘社会化媒体大数据,及时把握和回应社区热点问题,便捷高效地进行监管。

(3) 加快推进城市智慧社区建设,把互联网和社区服务深度结合起来,用优质服务提高居民对社区的满意度,提升社区居民的幸福指数。促进城市社区场域中不同平台和体系的有机连接,打造社区公共服务智慧化供给的整体网络,推进社区养老、教育、医疗等社区公共服务的智慧化供给(徐增阳等,2019)。

七、以人才为导向的培养机制

1. 加快推进社区工作者职业化进程

加快社区专职工作者队伍建设的意见和管理办法的出台,对社区专职工作者岗位职责、选聘等流程进行明确;加快社会工作者制度的实施,逐步在社会工作者职业序列里加入社区专职工作者,建立健全相关职业认证制度;加快社会工作者培养、使用、评价、激励等环节的制度建设与创新,提升社区服务企业从业人员队伍素质,进行从业资格认证。

2. 抓好社区志愿者队伍建设

具体包括:

(1) 加强志愿者行为规范体系建设。制定《××街道志愿者协会章程》《××街道志愿者协会管理制度》《××街道志愿者管理制度》《××街道志愿者协会工作人员职责》《××街道志愿者回馈激励制度》等,加强对志愿者组织及个人的招募、登记、培训、组织、奖励,建立健全社会志愿服务活动"奉献、积累、回报"机制,实现规范化管理和运行。

(2) 完善志愿者服务工作的组织体系。以志愿者注册工作为切入点,致力于以管理型人才为主的高能、高效、稳定的志愿者队伍;并继续深化志愿服务品牌项目,专项行动的带动,重点发展和推广更加实用,有利于志愿服务项目的发展。

(3) 建立志愿者服务站,为志愿者组织招募工作提供稳定的平台。对志愿者队伍的优化,拓宽服务渠道,积极创新工作机制,定期开展志愿者培训活动,建立志愿服务反馈机制,确保志愿者服务的长效性和针对性。同时对地区的服务需求也开展广泛调查,以便确定服务对象,更好地与志愿者服务站进行有效对接,确定服务项目,反馈服务情况。有效引导志愿者服务工作向常态化、专业化、规范化、品牌化方向发展。

(4) 完善社区居民志愿者招募、培训制度,完善街道社会动员体系,促进志愿服务的长远发展。设专人负责社区志愿者工作,明确工作目标及内容,并由社会组织进行专业培训,梳理、规范志愿者的招募、登记、组织、培训、活动、计时、管理等流程。整合志愿者管理系统,社区或志愿者团队通过志愿者管理系统录入志愿者基本情况及服务时间等信息。在服务与各类活动中将"居民"发展为"志愿者",组织志愿者构成"社区自组织",培育"社区带头人"(谭日辉,2018)。

【思考与练习题】

1. 简述我国城镇社区治理的发展历程与趋势。
2. 简述我国城镇社区治理中存在的问题。
3. 简述城镇社区治理的主体和内容。
4. 简述城镇社区治理的技术和方法。
5. 简述城镇社区治理的各类机制。
6. 结合本章节中的案例,自行查阅同类相关案例,总结其特征与模式。

【参考文献】

[1] 刘敏. 社区治理模式创新:深圳经验[M]. 北京:社会科学文献出版社,2022.

[2] 王轲.中国城市社区治理创新的特征、动因及趋势[J].城市问题,2019(3):67-76.

[3] 谭日辉.北京社区治理机制研究[M].北京:中国社会科学出版社,2018.

[4] 溥存富,李飞虎.社区教育概论[M].四川:西南交通大学出版社,2018.

[5] 王芳,邓玲.从自治到共治:城市社区环境治理的实践逻辑:基于上海M社区的实践经验分析[J].北京行政学院学报,2018(6):34-41.

[6] 曹海林,张艳.嵌入式治理:老旧小区环境治理的现实困境与路径探索[J].云南民族大学学报(哲学社会科学版),2022,39(4):92-100.

[7] 杨君,张煜,蒋佳妮.构建"共享感"空间:城市社区环境治理的理论基础与实现路径[J].中共福建省委党校(福建行政学院)学报,2022(4):134-142.

[8] 原珂.城市社区治理理论与实践[M].北京:中国建筑工业出版社,中国城市出版社,2020.

[9] 边防,吕斌.转型期中国城市多元参与式社区治理模式研究[J].城市规划,2019,43(11):81-89.

[10] 曹海军,薛喆."三社联动"机制下政府向社会力量购买服务的三个阶段分析[J].中国行政管理,2018(8):41-46.

[11] 张晨.城乡社区治理新论[M].苏州:苏州大学出版社,2021.

[12] 陆军.营建新型共同体:中国城市社区治理研究[M].北京:北京大学出版社,2019.

[13] 汪碧刚,于德湖.大数据与城市治理[M].北京:中国建筑工业出版社,中国城市出版社,2020.

[14] 黄剑.物联网关键技术与应用分析[J].智库时代,2019(4):209,211.

[15] 樊雪梅.物联网技术发展的研究与综述[J].计算机测量与控制,2011,19(5):1002-1004.

[16] 赵光辉,曲慧娟.NB-IoT技术在智慧社区中的应用[J].智能建筑与智慧城市,2022(6):162-165.

[17] 宫艳雪,武智霞,郑树泉,等.面向智慧社区的物联网架构研究[J].计算机工程与设计,2014,35(1):344-349.

[18] 魏成,陈赛男,沈静.人工智能驱动下的城市空间演变趋势与规划响应[J].城市发展研究,2022,29(7):47-54.

[19] 屠李,赵鹏军,张超荣,等.面向新一代人工智能的城市规划决策系统优化[J].城市发展研究,2019,26(1):54-59.

[20] 杜坤杰,刘华诊,邵知寅,等.人工智能技术在智慧社区建设中的应用研究[J].华东科技,2020(5):57-63.

[21] 罗晓慧.浅谈云计算的发展[J].电子世界,2019(8):104.

[22] 李文军.计算机云计算及其实现技术分析[J].军民两用技术与产品,2018(22):57-58.

[23] 唐亚林,钱坤,徐龙喜,等.社区治理的逻辑[M].上海:复旦大学出版社,2020.

[24] 王庆华,宋晓娟.共生型网络化治理:社区治理的新框架与推进策略[J].社会科学战线,2019(9):218-224.

[25] 邵新哲,计国君.城市网格化管理与智慧社区协同运作机制研究:以四川省S市社区网格化管理为例[J].软科学,2021,35(2):137-144.

[26] 余华.社区网格化管理范式的演进与创新略探[J].湘潭大学学报(哲学社会科学版),2014,38(2):79-82,150.

[27] 甘露,韩隽.城市社区为何热衷于网格化管理[J].人民论坛,2018(13):70-71.

[28] 徐增阳,张磊.公共服务精准化:城市社区治理机制创新[J].华中师范大学学报(人文社会科学版),2019,58(4):19-27.

第六章 城镇社区更新的项目运作模式

【本章导读】

城镇社区更新是城市社区物质空间层面的社区改造、社会层面的社区治理和经济层面的社区融资三者共同作用的过程和结果。继第四章从物质空间层面讲述"城镇社区更新规划设计的主要内容和技术要点"、第五章从社会层面讲述"城镇社区治理体系构建要点"之后，本章着重从经济层面讲述"城镇社区更新的项目运作模式"。

本章共分为三个小节。分别为"项目运作模式、资金性质分析、资金平衡方式"。

第一节是"项目运作模式"。主要从政府部门、城投公司、社会资本三个层面分别讲述实施主体职责、资金保障方式和项目实施模式。

第二节是"资金性质分析"。主要从政府投资、专项债券、政策性金融、居民合理出资、专营单位投入、城市更新基金六个层面阐释各项资金的相关政策、特点和典型案例等。

第三节是"资金平衡方式"。主要介绍了自平衡模式、大片区统筹模式、跨片区统筹模式、城市更新单元模式四种各地正在广泛应用的资金平衡方式。

【教学目标】

（1）了解不同实施主体面向城镇社区更新的项目运作模式和相关政策；
（2）熟悉不同层面资金投入城镇社区更新的相关政策和特点；
（3）掌握各地广泛应用的四种模式的资金平衡方式。

第一节 项目运作模式

新时期的城镇社区更新已经从过去政府包揽、工程主导的工作范式向市场化和可持续发展的新模式转变。紧扣城市社区更新项目如何形成稳定的现金流这个核心,需要党委、政府、国企、金融机构、专营单位、居民和社会资本等多个主体之间厘清权责、整合资源、理顺流程、紧密协同,形成符合实际、切实可行的项目运作模式与资金平衡机制,因地制宜地探索实现城镇社区更新的市场化、规模化、金融化可行路径(张佳丽,2022)。

一、明确实施主体职责

(一)政府部门作为实施主体

《国务院办公厅关于全面推进城镇老旧小区改造工作的指导意见》(国办发〔2020〕23号)明确指出:"建立统筹协调机制,各地要建立健全政府统筹、条块协作、各部门齐抓共管的专门工作机制,明确各有关部门、单位和街道(镇)、社区职责分工,制定工作规则、责任清单和议事规程,形成工作合力,共同破解难题,统筹推进城镇老旧小区改造工作"。老旧小区改造项目的基础类改造属于公益类民生项目。为确保项目效率和实施效果,各地纷纷通过建立由政府各部门组成的工作领导小组统筹协调,由各地住建局、住房保障局、房管局、城市更新局、街道等多部门实施主体协作的工作机制推进项目落地,通过委托代建的方式进行社区更新改造,这也是目前以财政资金作为主要投资来源的重要组织方式。

(二)城投公司作为实施主体

2018年,国家发展和改革委员会发布《关于实施2018年推进新型城镇化建设重点任务的通知》,为城投公司探索转型发展带来了新的发展机遇。文件指出:"要分类稳步推进地方融资平台市场化转型,剥离政府融资职能,支持转型中的城投公司及转型后的公益类国企依法合规承接政府项目"❶。社区更新的基础类主要属于公益性项目,城投公司以承接财政资金来完成基础类项目的改造,但提升类及完善类项目收益较为微薄,投资回收周期较长。城投公司发挥其在城镇建设经验和资源整合方面的优势,加快从开发商向运营商的职能转型,全面提升综合服务水平,成为实施主体承接社区更新。

(三)社会资本作为实施主体

国办发〔2020〕23号文指出:"通过政府采购、新增设施有偿使用、落实资产权益等方式,吸引各类专业机构等社会力量投资参与各类需改造设施的设计、改造、运营。支持规范各类企业以政府和社会资本合作模式参与改造。支持以'平台+创业单元'方式发展养老、托育、家政等社区服务新业态"❷。引入社会资本作为实施主体,是对当前普遍采用的政府投资和兜底模式的一种有益补充。一是,可以引入社会资本先进的社区治理能力

---

❶ 国家发展和改革委员会. 关于实施 2018 年推进新型城镇化建设重点任务的通知. (发改规划〔2018〕406 号)[EB/OL]. 2018-03-13. https://www.gov.cn/xinwen/2018/03/13/content_5273637.htm.

❷ 国务院办公厅. 国务院办公厅关于全面推进城镇老旧小区改造工作的指导意见(国办发〔2020〕23 号)[EB/OL]. 2020-07-20. https://www.gov.cn/zhengce/content/2020/07/20/content_5528320.htm.

和经验,将社区前期改造方案与后期运营方案有效衔接,保持整治效果的长期性和稳定性;二是,鼓励社会资本商业创新,因地制宜地对小区低效使用资源进行改造利用,丰富社区业态的同时提高公共服务的供给能力,实现社会资本创收,为长期可持续经营奠定坚实基础;三是,可以发挥社会资本灵活性,精准定位和满足多样化的居民需求。

二、资金保障方式

(一)以政府为实施主体的资金保障方式

1. 财政补助及各类专项资金

国办发〔2020〕23号文指出:"将城镇老旧小区改造纳入保障性安居工程,中央给予资金补助,按照'保基本'原则,重点支持基础类改造内容。中央财政资金重点支持改造2000年底前建成的老旧小区,可适当支持2000年后建成的老旧小区,但需要限定年限和比例。省级政府要相应做好资金支持。市县级政府对城镇老旧小区改造给予资金支持,可纳入国有住房出售收入存量资金使用范围;要统筹涉及住宅小区的各类资金用于城镇老旧小区改造,提高资金使用效率"。

根据公开资料整理(张佳丽,2021),2019年中央财政城镇保障性安居工程专项资金用于老旧小区改造资金共计297.9190亿元,其中东部地区应分配金额30.4351亿元,中部地区166.1641亿元,西部地区101.3198亿元,河南、湖南、江西、湖北、云南分配金额位于前列。2021年老旧小区改造的中央预算内资金共计300亿元,其中东部地区59.2269亿元,中部地区142.4082亿元,西部地区98.3649亿元,河南、四川、山东、陕西、湖北分配金额位于前列。

2. 专项债

国办发〔2020〕23号文明确:"要求全面推进城镇老旧小区改造工作,支持各地通过发行地方政府专项债券筹措改造资金"。2020年7月,财政部发布《关于加快地方政府专项债券发行使用有关工作的通知》(财预〔2020〕94号)❶,明确:"允许省级政府及时按程序调整用途,优先用于党中央、国务院明确的'两新一重'、城镇老旧小区改造、公共卫生设施建设等领域符合条件的重大项目"。自2020年4月财政部明确将城镇老旧小区改造纳入专项债券支持范围以来,全国密集发行城镇老旧小区改造相关专项债。据统计,2020年全年共计28个省、直辖市政府启动了城镇老旧小区改造专项债券发行工作,累计发行541.12亿元。

(二)以城投公司为实施主体的资金保障方式

老旧小区改造具有长期惠民型社会事业属性,项目利润率低、盈亏平衡周期长,亟须长周期低成本金融产品的支持。商业性金融由于其商业性特点,因此老旧小区改造的融资需求较难匹配合适的商业性金融产品。政策性金融机构是贯彻政府政策的一种工具,其目标是政策效益和社会效益,可以参与商业性金融机构不愿意参与的项目,并提供中长期的低息资金,解决老旧小区改造对资金的需求与难以匹配合适的金融产品的问题。

政策性金融机构对老旧小区改造项目进行资金投放后,也会带动更多商业性金融机构

---

❶ 财政部. 关于加快地方政府专项债券发行使用有关工作的通知(财预〔2020〕94号)[EB/OL]. 2020-07-27. https://www.gov.cn/zhengce/zhengceku/2020-07/29/content_5530987.htm?ivk_sa=1023197a.

关注城镇老旧小区，推动商业性金融机构推出适合城镇老旧小区改造项目的金融产品，进一步改善城镇老旧小区改造的资金需求问题。在住房和城乡建设部推动下，国家开发银行、中国建设银行已与全国5省9市签署战略合作协议，未来五年内将提供4360亿元贷款，重点支持市场力量参与的城镇老旧小区改造项目。

（三）以社会资本为实施主体的资金保障方式

推进老旧小区改造应充分发挥市场的作用，吸引社会资本参与到老旧小区改造中。但社会资本之所以缺乏动力，主要是因为与房地产项目相比老旧小区改造项目收益率低且资金回收期太长；还缺少相应的配套金融机制，特别是长期限融资工具。国办发〔2020〕23号文指出："应持续提升金融服务力度和质效。金融机构应加大产品和服务创新力度，在风险可控、商业可持续前提下，依法合规对实施城镇老旧小区改造的企业和项目提供信贷支持"。

三、项目实施模式

（一）以政府财政资金投资为主的实施模式

1."EPC"模式

政府通常会采取EPC模式，引入具备全过程工程管理咨询的社会资本方来承包项目。EPC：工程（Engineering）、采购（Procurement）、建设（Construction）是国际通用的工程总承包产业的总称，指社会资本方受业主委托，按照合同约定对工程建设项目的设计、采购、施工、试运行等实行全过程或若干阶段的承包。供应商在总价合同条件下，对其所承包工程的质量、安全、费用和进度进行负责，是我国目前推行总承包模式最主要的一种。

相较于传统承包模式，EPC模式在老旧小区改造中的运用具备以下优势：

（1）强调和充分发挥老旧小区整体功能及功能规划设计在整个工程建设过程中的主导作用。充分发挥基于前期小区现状摸底及居民意愿调查调研的设计在整个工程建设过程中的主导作用，有利于老旧小区工程中各项目建设整体方案的不断优化。

（2）避免设计、采购、施工以及老旧小区改造过程中涉及的建委、街道办事处、居委会、业委会、产权单位、物业服务等部门之间相互制约和相互脱节的矛盾，有利于设计、采购、施工各阶段工作的合理衔接，有效地实现建设项目的进度、成本和质量控制符合建设工程承包合同约定，确保获得较好的投资效益。

（3）建设工程质量责任主体明确，有利于追究工程质量责任和确定工程质量责任的承担人。

2."EPC+O"模式

EPCO是EPC和OM的集成，是把项目的工程（Engineering）—采购（Procurement）—建设（Construction）—运营（Operation）等阶段整合后由一个承包商负责实施的模式。其优势在于：

（1）运营导向下的全生命周期管理。通过将设计、施工和运营等环节的集成，可以解决设计和施工脱节、建设和运营脱节的问题，强化运营责任主体，使得承包商在设计和施工阶段就必须考虑运营策划问题，通过EPCO模式实现建设运营一体化、实现项目全生命周期的高效管理。

（2）提升政府项目投资效率。采用 EPCO 模式可实现投资和建设运营分离，项目资金筹措由政府通过专项债和市场化融资解决，建设运营由承包商和运营商负责实施，可以大幅度提高投资效率，促进设计、施工和运营各环节的有效衔接。

（3）在老旧小区外貌换新颜的基础上，进一步提升小区内部的日常运维及管理，持续提升小区居民的获得感、幸福感和安全感。

3. EPC＋ROT/BOT 特许经营模式

老旧小区和片区范围内的业态内容具备一定的经营性质，因此准公益性项目的合作模式一般采用 EPC＋ROT（设计采购施工总承包＋改建经营移交）或 EPC＋BOT（设计采购施工总承包＋建设经营移交，特许经营）的方式。特许经营是指政府采用竞争方式依法授权国内外的法人或者其他组织，通过协议明确权利义务和风险分担，约定其在一定期限和范围内投资建设运营基础设施和公用事业并获得收益，提供公共产品或者公共服务。

《基础设施和公用事业特许经营管理办法》（国家发展改革委等六部委令 2024 年第 17 号令）指出："基础设施和公用事业特许经营可以采取以下方式：①在一定期限内，政府授予特许经营者投资新建或改扩建、运营基础设施和公用事业，期限届满移交政府；②在一定期限内，政府授予特许经营者投资新建或改扩建、拥有并运营基础设施和公用事业，期限届满移交政府；③在一定期限内，政府将已经建成的基础设施和公用事业项目转让特许经营者运营，期限届满移交政府；④国家规定的其他方式"。

（二）以城投公司为主导的实施模式

1. 将老旧小区和商业项目搭配模式

该模式对整个老旧小区及周边进行统筹规划，通过联动改造，提升周边商业配套品质，将周边国有资产的低效空间改造为邻里中心，或将部分国有资产进行商业化改造，如改造为人才公寓、酒店公寓等方式，将有稳定现金流保障的商业项目与老旧小区进行打包，通过商业项目弥补老旧小区改造资金不足的问题。

例如：湖南省衡阳市 2020 年老旧小区改造项目的配套商业中约有 3 万平方米，项目通过配套商业 20 年出租收入，弥补了老旧小区改造的投入资金问题；塔城市 2020 年老旧小区改造项目在 7 个小区空地处建设邻里中心，打造多种服务功能于一体的现代化公共社区服务中心以及建设地下停车场，解决老旧小区内停车难的问题，并通过多种经营的收益反哺老旧小区改造。

2. "保留、改造、拆除"整合模式

为解决老旧小区改造资金问题，山东省按照不增加政府隐性债务、保持房地产市场平稳健康发展、培育形成相对稳定现金流、引入社会资本的原则，结合城镇低效用地再开发，在多元融资上下功夫，创新老旧小区及小区外相关区域"4＋N"改造方式和融资模式；提出了大片区统筹平衡、跨片区组合平衡、小区内自求平衡、政府引导的多元化投入改造模式（详见本章第三节），并鼓励各地结合实际进行探索。

（三）以社会资本为主导的实施模式

1. BOT/ROT 模式

特许经营是社会资本参与老旧小区改造的首要模式，目前以 BOT/ROT 模式在全国各地多个项目进行了多种尝试，形成了一套可复制可推广的经验。例如，

四川：积极推广政府和社会资本合作（PPP）模式，通过特许经营权、合理定价、财

政补贴等事先公开的收益约定规则，带动社会资本参与改造。

甘肃：推广特许经营、BOO（Building-Owning-Operation 建设—拥有—经营）等模式，享受市场准入、产业扶持等优惠政策。

河南、湖南、福建、重庆：鼓励电梯、快递、物流、商贸、停车设施、物业服务等企业进行投资，并通过获得特许经营、公共位置广告收益、便民服务等途径收回改造成本的方式参与老旧小区改造。

2. PPP 模式

PPP（Public-Private-Partnership）是政府和社会资本合作模式，指政府通过特许经营权、合理定价、财政补贴等事先公开的收益约定规则，引入社会资本参与城镇基础设施等公益性事业投资和运营，以利益共享和风险共担为特征，发挥双方优势，提高公共产品或服务的质量和供给效率。采用 PPP 模式进行老旧小区改造，将建设运营过程中的风险与社会资本共同承担。一方面，可以引入社会资本的先进管理经验，推动项目在施工、设施管理及运营过程等方面的革新，促使社会资本提高建设和运行有效衔接和责任，保证项目在技术和经济方面的可行性；另一方面，在引入社会资本后，可以平衡政府财政支出压力，缓解政府增量债务，有助于地方政府债务治理。

太原市结合了老旧小区既有居住建筑的节能改造，采用 PPP 模式，引入中国铁建等企业进行老旧小区的投资、融资、建设和运营等工作，改造内容主要为外墙保温、屋面保温、外窗更换、地下室顶板保温以及楼宇门更换等，改造建设面积约 1001 万 m^2，总投资约 23 亿元，双方合作期限为 3+15 年，通过 15 年的运营权，收回投资保障企业收益。

第二节 资金性质分析

一、政府投资

（一）中央财政城镇保障性安居工程专项资金

它是指中央财政安排用于支持符合条件的城镇居民保障其基本居住需求、改善其居住条件的共同财政事权转移支持资金，专项资金由财政部、住房城乡建设部按职责分工管理。2017 年，财政部、住房城乡建设部关于印发《中央财政城镇保障性安居工程专项资金管理办法》的通知（财综〔2017〕2 号）[1] 中指出："中央财政通过专项转移支付安排的资金，用于支持各地发放租赁补贴、城市棚户区改造及公共租赁住房建设"。2019 年，财政部和住房城乡建设部联合印发《中央财政城镇保障性安居工程专项资金管理办法》的通知（财综〔2019〕31 号）[2]，指出专项资金支持范围包括："公租房保障和城镇棚户区改造、老旧小区改造、住房租赁市场发展"三种类型；并于 2024 年 4 月针对补助资金进行了

---

[1] 财政部，住房城乡建设部. 关于印发《中央财政城镇保障性安居工程专项资金管理办法》的通知（财综〔2017〕2 号）[EB/OL]. 2022-02-07. https://www.mof.gov.cn/gkml/caizhengwengao/wg2022-wg202204/202206/t20220630-3823790.htm? eqi d=883a32710000265c400000002643c987b.

[2] 财政部，住房城乡建设部. 关于印发《中央财政城镇保障性安居工程专项资金管理办法》的通知（财综〔2019〕31 号）[EB/OL]. 2019-8-22. https://www.gov.cn/xinwen/2019-09/18/content_5430810.htm.

重新修订❶。明确了补助资金支持范围包括："住房保障❷、城中村改造、老旧小区改造、棚户区（城市危旧房）改造"四种类型。其中，城镇老旧小区改造专项资金和补助资金"主要用于小区水电路气等配套基础设施和公共服务基础设施建设改造，小区内房屋公共区域修缮、建筑节能改造，支持有条件的加装电梯等支出"。

老旧小区改造专项资金采取因素法，按照各地区年度老旧小区改造面积、改造户数、改造楼栋数、改造小区个数和绩效评价结果等因素以及相应权重，结合财政困难程度进行分配。2019年老旧小区改造面积、改造户数、改造楼栋数、改造小区个数等因素权重分别为40%、40%、10%、10%，以后年度老旧小区改造面积、改造户数、改造楼栋数、改造小区个数因素和绩效评价结果因素权重分别为40%、30%、10%、10%、10%。

（二）各地老旧小区改造财政支持政策

国办发〔2020〕23号文指出，老旧小区改造"省级人民政府要相应做好资金支持。市县人民政府对城镇老旧小区改造给予资金支持，可以纳入国有住房出售收入存量资金使用范围"。各地出台政策对"改造资金来源、改造资金用途、改造资金标准、改造参与方式"等进行了规定。

> **专栏一：各地典型老旧小区改造财政支持政策**（详细内容扫码观看）
> 来源：张佳丽. 城镇老旧小区改造实用指导手册［M］. 北京：中国建筑工业出版社，2021.

（三）各部委的老旧小区改造专项资金

国办发〔2020〕23号文提出："要统筹涉及住宅小区的各类资金用于城镇老旧小区改造，提高资金使用效率"。由于民政、文化、教育、医疗、卫生、体育、绿化等渠道涉及的老旧小区专项资金、项目资金种类繁多，且不同省市差别较大。分别对"社区建设、养老服务、护理服务、体育生活、供热供电、交通建设、社会公益、社会救助、生活服务"等专项资金进行了规定。

> **专栏二：北京市各部委老旧小区改造相关专项资金政策**（详细内容扫码观看）
> 来源：张佳丽. 城镇老旧小区改造实用指导手册［M］. 北京：中国建筑工业出版社，2021.

二、专项债券

国办发〔2020〕23号文指出："要求全面推进城镇老旧小区改造工作，支持各地通过发行地方政府专项债券筹措改造资金"。2020年7月，财政部发布《关于加快地方政府专项债券发行使用有关工作的通知》（财预〔2020〕94号）❸ 明确，"允许省级政府及时按程序调整用途，优先用于党中央、国务院明确的'两新一重'、

---

❶ 财政部，住房城乡建设部. 关于印发《中央财政城镇保障性安居工程补助资金管理办法》的通知（财综〔2022〕37号）［EB/OL］. 2024-4-15. http：//zhs.mof.gov.cn/zhengcefabu/202404/t20240419_3933138.htm.

❷ 主要用于支持配租型保障性住房（公共租赁住房、保障性租赁住房）筹集（新建、购买、改建、改造等），与配售型保障性住房直接相关但不摊入售价的配套基础设施建设，以及向符合条件的在市场租赁住房的城镇公租房保障对象发放租赁补贴等。不得用于教育、医疗卫生、商业、养老、幼托、文化体育等公共服务及经营性设施支出。

❸ 财政部. 关于加快地方政府专项债券发行使用有关工作的通知（财预〔2020〕94号）［EB/OL］. 2020-07-27. https：//www.gov.cn/zhengce/zhengceku/2020-07/29/content_5530987.htm.

城镇老旧小区改造、公共卫生设施建设等领域符合条件的重大项目"。

在国务院和财政部明确将城镇老旧小区改造纳入专项债券支持范围后，我国地方政府专项债券的债券类型新增加"城镇老旧小区改造专项债券"一项。狭义的城镇老旧小区改造专项债券仅包含以上单独勾选"城镇老旧小区改造专项债券"类型的地方政府专项债券；而广义的城镇老旧小区改造专项债券从改造内容上进行界定，还包含与城镇老旧小区改造内容相关的专项债券。这是因为从我国城镇老旧小区改造的内容看，会涉及水、电、气、热等基础设施改造、配套停车场的新建或改造、城镇污水垃圾处理、养老托幼设施的新建或改造等内容，这些类型项目虽可申报对应项目类型的地方政府专项债券，但由于项目实质建设内容针对城镇老旧小区，仍属于城镇老旧改造专项债券范围。

（一）城镇老旧小区改造专项债券发行要点

1. 专项债券配合其他资金筹措方式

在实际城镇老旧小区改造过程中一般会配合其他资金筹措方式，如采用财政资金＋专项债券，或财政资金＋专项债券＋金融机构融资等多种方式。在部分省、直辖市发布城镇老旧小区改造实施办法中甚至鼓励居民采取据实分摊、让渡公共收益、使用（补交）物业专项维修资金等方式自筹资金。

2. 发行年限普遍较长

城镇老旧小区改造专项债券发行年限为 5 年、7 年、10 年、15 年、20 年和 30 年，从统计来看各地发行 20 年、15 年和 10 年专项债券占绝大多数，三者合计占比 84.7%，另外 30 年年限专项债券占比 10.3%，而 5 年和 7 年的产品仅占比 5%。究其原因，城镇老旧小区改造项目自身收入相对薄弱，需要拉长期限以实现预期收益与融资平衡。

3. 专项债券发行期限配合长效运营

专项债券的发行期限原则上由各地综合考虑项目建设、运营、回收周期和债券市场状况等合理确定。老旧小区改造项目的建设施工期虽然较短，但一般情况下为达到较好改造效果需要长效运营。因此，发行期限主要考虑项目运营期的收益情况，在确保债券存续期间本息覆盖倍数达到 1.0 及以上的前提下，通过适当拉长发行期限的方式来实现项目收益与融资自求平衡。

4. 项目预期收益满足融资自求平衡

根据《财政部关于印发〈地方政府专项债务预算管理办法〉的通知》❶（财预〔2016〕155 号）规定，专项债务应当有偿还计划和稳定的偿还资金来源。专项债务本金通过对应的政府性基金收入、专项收入、发行专项债券等偿还；专项债务利息通过对应的政府性基金收入、专项收入偿还。专项债务收支按照对应的政府性基金收入、专项收入实现项目收支平衡。

从专项债券预算管理办法来看，财政老旧小区改造专项债券须满足项目预期收益与融资自求平衡。需要充分挖掘项目本身产生的收入，也可以寻找改造区域范围内其他政府收入以实现收益与融资自求平衡。老旧小区改造项目自身的收入主要来源于改造小区自身运营产生的收入，具体参见下文。

---

❶ 财政部. 财政部关于印发《地方政府专项债务预算管理办法》的通知［EB/OL］. 2016-11-09. https://www.gov.cn/xinwen/2016-12/02/content_5142007.htm? eqid=f5a2c34400156458000000006645efc2a#1.

城镇老旧小区改造的主要成本为经营成本及相关税费。其中经营成本主要包括燃料动力费、物业及配套设施的维护保养费用、职工工资及福利费和管理费用。相关税费为从营业收入中直接扣除的税金及附加，主要有增值税、城市维护建设税、教育附加税、地方教育费及附加、企业所得税等。

项目债券存续期净收益为项目可获得总收入减去总运营成本支出，该部分即为可用于融资平衡的资金总额。项目满足预期收益与融资自求平衡，是指存续期项目净收益应大于存续期内需支付的专项债券本息总额。

5. 本息总债务全覆盖

从本息覆盖倍数（项目净现金流对总债务本息的覆盖倍数）看，大多数项目围绕在1.1倍上下，其中分布在1~2之间的产品数量占比74.9%，与老旧小区改造项目收入微薄有关。

在现实操作中，部分城镇老旧小区改造项目专项债券可以分期发行，如"2020年湖南省老旧小区改造专项债券（三期）"中，项目总投资40570.16万元，发行政府专项债券资金20000.00万元（其余资金筹措为建设单位自筹资金和上级补助资金）。第一期发行15000.00万元，未来拟申请5000.00万元。在该项目第一期计算本息覆盖倍数时，债务融资本息金额为本金20000.00万元及其利息。另外，部分老旧小区改造项目除发行专项债券外还需要向金融机构进行贷款融资，专项债券存续期内贷款融资的本息也需要计算在总债务融资本息中。

（二）城镇老旧小区改造专项债券偿债资金来源

城镇老旧小区专项债券的偿债资金来源主要包括项目自身直接产生的收益、改造区域内水电暖气收益、区域内配套商业运营收入、区域内国有资产出租租金收入、政府专项补贴收入、改造区域内土地出让收入、打捆项目整体收入平衡等。

1. 老旧小区改造项目自身直接产生的收益

老旧小区改造项目直接产生的收益主要有小区物业服务费、小区现有闲置房屋改造后出租、新增便民服务出租、停车位服务、小区广告位、5G基站建设租金、充电桩服务、电梯安装补贴及居民自费等收入。

例如"内蒙古二连浩特市2020年老旧小区改造项目"运营收益来源除物业费和停车费外，改造小区的丰巢柜、直饮水机场地费、自动售货机场地费、垃圾分拣柜场地费等新增便民服务出租收入也是重要的偿债来源。

2. 改造区域内水电暖气收益

部分老旧小区改造项目涉及水电暖气等配套基础设施改造，则水电暖气等的收入将是专项债券的偿债资金来源之一。如2020年北京市政府专项债券（一期）用于北京市丰台区、东城区、西城区等7个行政区老旧小区内部供水管网改造工程，债券偿债资金主要来源于对应项目的售水收入。

部分老旧小区改造专项债券采用水电暖气收入分成方式。如"2020年广东省城镇老旧小区改造专项债券（一期）茂名永家高新区七迳镇老旧小区改造项目"中明确偿债来源包括水电暖气收入分成方式，居民水电、燃气、通信、排污费按200元/人/月，以上市政设施均需使用本项目新建设施，分成比例按收入的15%计算。

3. 区域内配套商业运营收入

在部分老旧小区改造区域内存在配套商业，商业运营的租金收入可作为城镇老旧小区改造专项债券偿债资金的重要来源之一。如"湖南省衡阳市 2020 年老旧小区改造项目"中配套商业约有 30000m^2，项目配套商业出租单价按均价 560 元/平方米/年、每五年上浮 10% 计算。运营期前 4 年的出租率按 60%、70%、80%、90% 逐年增长，考虑闲置率之后均按 95% 的出租率计算。15 年配套商业租金收入达 22816 万元，占据总偿债资金的 50% 以上。

4. 区域内国有资产产生的收益

在老旧小区改造区域内存在大量的国有资产，这部分国有资产收益也可以适当考虑纳入老旧小区改造专项债券的偿债资金来源。如"深圳市（福田区）老旧小区改造专项债券（一期）项目"主要建设内容为福田区城中村管道燃气及环境综合整治工程，城中村电力设施的综合整治，但在偿债资金安排上 100% 以项目改造范围内的深圳文化创意园出租收入作为债券还本付息的资金来源。该债券实施方案表示：通过对项目片区内电力设施、管道燃气系统及综合环境等进行全面整治改造，更新市政基础设施，大幅度改善福田区整体环境，提升福田区的招商引资和人才引进吸引力，给福田区整体投资项目带来较大积极影响。为此，专项债券存续期内，政府安排项目改造范围内的深圳文化创意园出租收入作为债券还本付息的资金来源。

5. 财政专项补贴收入

一些项目偿债收入来源除了项目自身直接产生的收益外，还可以有政府补贴。如"2020 年湖北省武汉市某区新冠肺炎疫后重建项目——老旧小区改造工程"中偿债资金专门安排财政专项补贴资金，从 2021 年开始，区财政每年从预算中安排 780 万元作为项目专项补贴资金。整个项目存续期 30 年专项补贴金额达 23400 万元，从偿债资金来源结构看，政府专项补贴收入占总偿债资金接近一半的比例。

6. 改造区域内土地出让收入

"2020 年深圳市（龙华区）城镇老旧小区改造专项债券（二期）项目"总投资 87 亿元，其中申请 10 年期专项债券 16.98 亿元，偿债资金 100% 来源于土地出让收入。该项目积极响应国家和深圳市建设宜居宜业的现代化、国际化创新型城市的号召，加快推进城中村综合整治项目建设，全面提升龙华区环境品质，提高居民生活质量，提升龙华区的招商引资和人才引进吸引力。按照政府的规划依据并结合项目定位，从项目改造后的环境效益及经济效益考虑，在项目存续期内，政府将安排龙华辖区内的国有土地使用权出让收入和城市更新用地出让收入作为本项目的还本付息来源。

7. 打捆项目整体收益平衡

部分地方政府发行的专项债券实质将不同项目类型进行打捆，不同类型项目收益不均衡但通过打捆处理后实现整体项目预期收益与融资自求平衡。如"汉口历史风貌区老旧小区改造及旅游功能提升项目"总投资 144 亿元，发行专项债券规模 100 亿元，首期 40 亿元，项目包含老旧小区改造、历史文化风貌街区整治与文物保护建筑修缮改造、市政基础设施建设等内容。对应项目收益分别为老旧社区收入、历史文化风貌街区收入、市政基础设施收入，项目经过打捆处理后实现了项目收益与融资的整体自求平衡，本息覆盖倍数为 1.29。

三、政策性金融

(一)城镇老旧小区改造政策性金融政策

国办发〔2020〕23号文中提出了政策性金融方面的要求,鼓励各地结合实际采取多种改造模式和融资模式,探索金融机构以可持续方式加大对老旧小区改造的金融支持。在信贷支持方面,鼓励国家开发银行等政策性金融机构在依法合规、风险可控的前提下,加大对老旧小区改造项目的金融服务力度,优化贷款流程和授信进度,提供信贷资金支持。支持商业银行、基金公司等金融机构创新金融产品,改善金融服务,为老旧小区改造项目及居民户内改造和消费提供融资支持。

> **专栏三:城镇老旧小区改造的典型政策性金融政策**(详细内容扫码观看)
> 来源:张佳丽. 城镇老旧小区改造实用指导手册[M]. 北京:中国建筑工业出版社,2021.

(二)城镇老旧小区改造政策性金融典型案例

> **案例一:河南省兰考县玉兰社区老旧小区改造项目**(详细内容扫码观看)
> 来源:张佳丽. 城镇老旧小区改造实用指导手册[M]. 北京:中国建筑工业出版社,2021.

> **案例二:西安市长安区老旧小区改造项目**(详细内容扫码观看)
> 来源:张佳丽. 城镇老旧小区改造实用指导手册[M]. 北京:中国建筑工业出版社,2021.

(三)政策性金融参与城镇老旧小区改造的发展方向

1. 持续提升金融服务力度和质效

支持城镇老旧小区改造规模化实施运营主体采取市场化方式,运用公司信用类债券、项目收益票据等进行债券融资,但不得承担政府融资职能,杜绝新增地方政府隐性债务。国家开发银行结合各自职能定位和业务范围,依法合规加大对城镇老旧小区改造的信贷支持力度。商业银行加大产品和服务创新力度,依法合规对实施城镇老旧小区改造的企业和项目提供信贷支持。

2. 量身制定融资方案

银行机构结合老旧小区改造模式特点,推进业务创新、流程创新,开发适宜的金融产品。调研项目建设规划、资产状况,科学评估未来经营收入等情况,会同小区改造融资主体研究制定融资方案,提高项目融资的可操作性。对融资规模较大的改造项目,可通过银行贷款等方式,集中金融资源给予融资支持。

3. 以共同立项支持大片区统筹项目融资

对于大片区统筹平衡模式或跨片区组合平衡模式生成的小区改造项目,将无法产生收入的老旧小区改造与具备充足现金流的棚户区、老厂区改造等项目统筹搭配、捆绑立项,实现项目资金平衡,银行机构通过整体授信方式提供融资支持。

4. 支持项目以未来现金流提供融资增信

对于小区内自求平衡模式的改造项目以及其他模式的改造项目,能够通过新建、改扩建用于公共服务的经营性设施,银行机构可以将相关设施未来产生的收益作为还款来源,为改造项目提供融资支持。

5. 积极承销和投资专项债券

省财政可调剂部分地方政府一般债券用于老旧小区改造,对符合条件的老旧小区改造可通过发行地方政府专项债券筹措改造资金,鼓励金融机构积极开展相关承销和投资业务,支持专项债券发行工作。

6. 优化消费金融服务

针对老旧小区改造带来的居民户内改造和装修消费、银发消费、幼儿消费、绿色发展、节能减排等新的消费领域,银行机构要契合场景金融,创新金融产品,提供个性化金融服务,满足多样化消费金融需求。

7. 探索发行REITS支持老旧小区改造

在社会公募融资等方面给予定点倾斜,探索老旧小区基础设施改造类REITS项目,有针对性地加大交易所和银行间市场的金融产品投放。

四、居民合理出资

国办发〔2020〕23号文指出:"要建立改造资金政府与居民、社会力量合理共担机制,合理落实居民出资责任。按照谁受益、谁出资原则,积极推动居民出资参与改造,可通过直接出资、使用(补建、续筹)住宅专项维修资金、让渡小区公共收益等方式落实。支持小区居民提取住房公积金,用于加装电梯等自住住房改造。鼓励居民通过捐资捐物、投工投劳等支持改造"。

> **专栏四:鼓励居民合理出资的相关政策**(详细内容扫码观看)
> 来源:张佳丽. 城镇老旧小区改造实用指导手册 [M]. 北京:中国建筑工业出版社,2021.

(一)影响居民出资的因素

1. 购房原因多元

在小区内购房原因可能是临时周转、就业上学等因素,更新带来的变化不是关注的重点,影响出资意愿。

2. 租户居住房主配合意愿低

一方面,房主已将房屋租给中介或租户,长期不在小区居住,参与社区事务意愿较低;另一方面,社区公共设施改造提升意味着租金可能上涨,因租户多数收入有限,房租上涨后容易造成租户搬迁、房屋空置。

3. 认为改造费用应当由政府承担

由于更新改造的老旧小区原居民收入水平普遍较低,更新行为基本无直接经济收益,居民对小区公共设施仍停留在应由政府负责处理的认知层面。另外,由于部分居民认为社区的破败是由政府的发展策略、管理方式等原因导致,应由政府负责治理,故而不愿出资。

4. 担心出资不能用到实处

部分居民认为资金管理不完全透明,担心资金流向所以不愿出资,需要属地政府提升自己的公信力,同时建立一套公正透明的监管和保障机制以实现对支付款的合理使用。

5. 考虑房屋存在拆迁的可能性

考虑到改造后是否会被拆迁而白费投入，同时也期待房屋拆迁来使自己利益最大化，此部分居民并不愿意对老旧小区更新进行投入。

（二）居民出资典型案例

案例三：关于加装电梯的居民出资（详细内容扫码观看）
来源：张佳丽. 城镇老旧小区改造实用指导手册 [M]. 北京：中国建筑工业出版社，2021.

案例四：关于居民通过捐资捐物、投工投劳参与改造（详细内容扫码观看）
来源：张佳丽. 城镇老旧小区改造实用指导手册 [M]. 北京：中国建筑工业出版社，2021.

（三）居民出资参与老旧小区改造的发展方向

1. 建立公开透明的资金监管制度

（1）关于物业维修基金的管理。物业维修基金是指专项用于小区物业共用部位、共用设施设备期满后大修、更新、改造的资金，是大修更新的储备基金。物业维修基金由全体业主缴纳，由经业主大会授权的业主委员会负责专项维修资金的日常管理。2008年施行的《住宅专项维修资金管理办法》规定，业主应当在办理房屋入住手续前将首期住宅专项维修资金存入住宅专项维修资金专户，并按照当地住宅建筑安装工程每平方米造价5%～8%的比例缴存住宅专项维修资金。要管好用好物业维修基金，首先是做到专款专用，严格将保修期内应当由建设单位或者施工单位承担的住宅共用部位、共用设施设备维修、更新和改造费用与应当由物业服务企业承担的住宅共用部位、共用设施设备的维修和养护费用区分开；其次是在使用维修资金过程中，要加强对业主大会、业主委员会和物业服务企业的指导和监督，引入第三方专业机构参与审价、监理、验收等使用管理工作，保证维修资金使用的公开透明，保障业主维修资金的知情权和监督权。

（2）关于业主自筹资金的管理。业主自筹资金是对老旧小区改造项目的重要补充，是业主以主人翁身份积极参与小区改造工作的体现，更是解决业主之间因利益划分不均所产生矛盾的有效手段。以老旧小区加装电梯为例，多地曾出现低楼层业主反对、阻挠加装电梯的事件。为解决这种矛盾，大多数地区采取首层不出资，二层以上业主按约定比例出资的方式筹集资金，收益与付出相对公平，本着"谁受益，谁出钱"的原则，业主更容易接受。

（3）建立协商机制。充分发挥属地管理的优势，由更新主管部门通过居委会协调业委会和物业服务企业，充分听取业主和居民的意愿。实施单位在编制和公示更新实施方案时，认真听取业主和居民意见，不断优化方案；更新实施中，应充分依靠业主和居民。区县有机更新主管部门应会同相关街镇、居委会、社区等细化工作措施，取得业主和居民的理解、支持和配合。

（4）完善监督管理。一是，建立完善市民监督员和社会监督机制；二是，充分的信息公开，依托相应的管理信息平台，向社会公布有机更新工程项目的各类信息；三是，充分发挥群众的参与机制，让群众特别是老旧小区的居民以及其他利益相关者参与到监督与管理的过程中。

2. 建立包含居民出资意愿的老旧小区综合评价体系

将居民出资作为老旧小区更新资金的有力补充，需要通过完善的措施对居民出资意愿进行评估，从而更好地发掘和利用居民出资意愿。在具体评估过程中可以运用意愿价值评估法对出资意愿进行量化评估，判断居民对于老旧小区更新的支付能力和不同改造实施方案的偏爱程度，进一步了解居民的真实诉求与意愿，合理确定实施方案的资金来源与构成。通过建立完善的包含居民出资意愿的指标体系，开展老旧小区全生命周期的持续评估，对老旧小区进行综合评价打分，将分值高的小区优先纳入更新计划，实现持续的动态更新机制。

五、专营单位投入

城镇老旧小区需要进行给排水、电力、通信、供气、供暖等市政基础设施改造，这部分是由专营单位为社区提供的服务。多数老旧小区改造项目因与专营单位的相关改造计划不匹配而导致实际工作中的协同和推进困难，因此，需提前与专营单位每年度和后续年度的改造计划协调一致，才能做好改造工作。

多数专营单位的改造项目资金来源于地方财政补贴，同时可加大奖补资金力度，将国家有关保障性住房基础设施配套资金、棚改补助资金、既有房屋的节能改造资金统筹，发挥资金的整体效益。另外，给排水、电力、通信、供气、供暖等城镇公用事业属于有一定收入来源的准经营性项目，项目的改造亦可采取特许经营模式、PPP模式或政府购买服务的方式筹集建设资金。

专栏五：关于专营单位参与老旧小区改造的政策（详细内容扫码观看）
来源：张佳丽. 城镇老旧小区改造实用指导手册[M]. 北京：中国建筑工业出版社，2021.

六、城市更新基金

城市更新基金是以城市更新为投资目标的私募基金。遵循《证券投资基金法》《私募投资基金监督管理暂行办法》《合伙企业法》《公司法》等相关法律法规，合法合规地开展城市更新基金的设立、备案、发行、募集、投资。

随着传统地产行业的热度降低以及城市更新的需求不断提升，老旧小区及城市更新的空间体量和投资机会将会迎来更多的资本涌入。伴随着地产金融的强监管，国家政策支持政府发行老旧小区的专项债券、申请专项资金落实权益资产、政策银行的贷款等。社会资本方参与城市更新项目的投资，城市更新基金会是社会资本方较好的投资形式之一，城市更新基金投资老旧小区改造项目为老旧小区注入资本活力，为项目前期的启动提供项目资金，且能够吸引更多的资本进入老旧小区改造项目，以小资本撬动大项目。城市更新基金投资城镇老旧小区改造项目是社会资本方参与城市更新项目并通过基金的形式持有资产权益进行长期投资的方向。

城市更新基金的投向包括但不限于老旧的基础设施、老旧工业厂房、老旧小区等城市有机更新项目。目前城市更新基金设立备案的包括深圳城市更新私募股权投资基金、力汇城市更新一期、二期私募股权投资基金、青白江交子城市更新股权投资基金等。此类基金的投资参与者包括地产开发公司、城市运营商、金融机构以及其他偏爱地产类投资者，通常涉及拆迁、重建、地产开发、并购等业务。以老旧小区改造为目标的城市更新基金不断地创新探索，建立以老旧小区改造为投资目标的城市更新基金，寻求老旧小区城市更新基金的投资参与者，包括但不限于长期稳定的金融机构、建设开发公司、城市运营服务商等，以老旧小区的运营收益实现基金的收益。

（一）城市更新基金的搭建

根据城市更新项目的特点进行基金的搭建，城市更新基金是由政府的引导基金和社会资本发起的投资基金。老旧小区改造具有项目前期居民协调事务琐碎，改造项目分区、收益资产体量较小等问题，是基金投资相对的难点。城市更新基金的搭建需从以下方面考虑：

（1）城市更新基金根据老旧小区改造的特点进行老旧小区改造项目资产资源收益的平衡，实现基金的投资收益。

（2）城市更新基金考虑资产后期收益的稳定性以及资本市场对收益资产的估值。

（3）由于项目具有周期长的特点，对城市更新基金投资者的投资期限需求较长。

城市更新基金通过设立省级或城市级城市更新引导基金，引入投资机构、产业投资人等多种资源，再分别设立老旧小区改造、美丽乡村、历史街区开发利用、城市有机更新等专项子基金，整合更为广泛的经营性资源，在弥补老旧小区改造资金缺口的同时，完成城市有机更新。城市更新引导基金将重点投向老旧小区改造、旧村镇、旧厂区、历史文化街区等方面，实现土地资源高效改造和集约利用。

城市更新引导基金将根据开发改造项目设立不同专项的子基金，以满足不同投资机构、产业投资人的投资偏好，从而充分发挥各方的投资能力，通过将"多种项目、多类项目"进行整体捆绑，实现基金获取合理的投资收益（图6-1）。

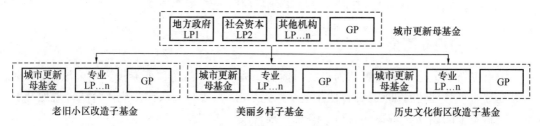

图6-1　城市更新引导基金投融资模式
来源：张佳丽，2021

（二）城市更新基金运作模式

1. 基金组织设立

城市更新基金绝大多数是私募股权基金以有限合伙的形式出资设立，有限合伙制私募股权投资基金的法律基础主要是《合伙企业法》《合伙企业法登记管理办法》《国务院关于个人独资企业和合伙企业征收所得税问题的通知》（国发〔2000〕16号）。按照有限合伙制私募股权投资基金企业设立有限合伙企业并进行备案，应严格按照《合伙企业法》审核合伙人资格、募集方式、出资方式和额度、各方的权利义务。

2. 基金投资初步审核

基金投资的初步审核包括以下步骤：项目来源——项目考察——项目初步判读——财务标准评估。项目的投资标准侧重于老旧小区改造后平衡资源的资产收益以及后期的稳定性，能在未来实现投资收益的回报。

3. 基金运营管理

城市更新基金的运营管理主要是对城市更新项目运营能力的体现，一般情况下基金的管理人和投资项目的运营团队是紧密合作伙伴，保证后期项目的运营收益，同时为基金的投资收益提供有力的管理支撑。其中运营团队和基金管理人有效地结合为投资人进行资金管理，对项目的运营具有实时的把控。城市更新基金的收益来源于后期的长期投资收益，故基金的运营管理实现收益在于项目的运营管理。基金的运营管理在于基金搭建时的结构以及合伙企业的内部治理结构、内部收益分配与激励机制、基金风控制度、项目投资评判标准等。

第三节 资金平衡方式

2019年，住房城乡建设部会同国家发展和改革委员会、财政部联合印发《关于做好2019年老旧小区改造工作的通知》，指出："老旧小区改造需推动地方创新改造方式和资金筹措机制等，按照'业主主体、社区主导、政府引领、各方支持'的方式统筹推进，采取'居民出一点、社会支持一点、财政补助一点'等多渠道筹集改造资金"。

因目前大多数老旧小区改造项目都是社区内建设项目，且多以公益和民生项目为主，无法形成良好的现金流和资金平衡机制，缺乏吸引社会资本和金融机构进入老旧小区改造的动力，因此社会资本目前较少。为鼓励和支持社会资本与金融机构有序进入，应对项目进行空间和资源的总体设计，在满足居民诉求的基础上，保障社会资本及金融机构投资的基本利润要求，通过空间上的社区自平衡、大片区统筹、跨片区统筹、城市更新单元等模式，解决项目投资周期长、回报率低的问题，提高社会资本的动力和积极性。

> **案例五：愿景集团参与劲松小区改造的资金平衡模式**（详细内容扫码观看）
> 来源：中国城市规划设计研究院城市更新研究所. 城镇老旧小区：改造实践与创新[M]. 北京：中国城市出版社，2022.

一、自平衡模式：社区内（或街道内）闲置/低效经营性资源

在无法改变房屋容积率的情况下，社区内的空间资源紧缺。一方面，政府应加大对老旧小区改造的财政补贴力度；另一方面，对社区内（或街道内）老旧小区改造时，要对区域内空间资源进行统筹规划，按照补短板、提功能的实际需求，优先配建养老和社区活动中心等便民设施，同时探索授权企业改造运营小区低效闲置空间、停车场、物业、广告等的投资回报方式，吸引社会资本参与改造。

二、大片区统筹模式：边角/低效土地再开发作为项目经营性资源

国办发〔2020〕23号文提出："建立存量资源整合利用机制。各地要合理拓展改造实施单元，推进相邻小区及周边地区联动改造，加强服务设施、公共空间共建共享。加强既有用地集约混合利用，在不违反规划且征得居民等同意的前提下，允许利用小区及周边存

量土地建设各类环境及配套设施和公共服务设施。其中,对利用小区内空地、荒地、绿地及拆除违法建设腾空土地等加装电梯和建设各类设施的,可不增收土地价款。通过统筹利用公有住房、社区居民委员会办公用房和社区综合服务设施、闲置锅炉房等存量房屋资源,增设各类服务设施。"

大片区统筹模式即跨出单个社区,在多个社区及社区周边进行社区居民配套服务,并通过服务收益弥补老旧小区改造支出,实现资金平衡。该模式对整个老旧小区及周边进行统筹规划,通过联动改造,提升周边商业配套品质,或将部分住宅进行商业化改造,如改造为商业或民宿。该模式的优势在于:一是,有利于社会资本通过捆绑开发,解决资金投入产出平衡问题,减轻政府老旧小区改造的财政资金压力;二是,有利于优化完善老旧小区周边的商业配套,通过社会资本引进合适的商业等服务业态,为居民提供更高品质的生活服务。

三、跨片区统筹模式:"跨区域/跨行政区划"作为项目经营性资源

2020 年 12 月,江苏省城镇老旧小区改造工作领导小组印发了《关于全面推进城镇老旧小区改造工作的实施意见》(苏旧改〔2020〕2 号)❶ 提出:"探索创新改造模式。各地要结合城市更新,探索把一个或多个老旧小区与相邻片区更新,以及棚户区、旧厂区、危旧房改造和既有建筑功能转换等项目捆绑统筹,生成老旧小区片区化改造项目,实现项目资金自我平衡。探索将拟改造的老旧小区与其不相邻的城市建设或改造项目进行组合,形成组合类项目,实现改造投入跨项目平衡。"

四、城市更新单元模式

城市更新单元最早来源于深圳市,是指一定区域面积内,进行地块的功能属性、权属边界、建筑情况、公共服务配套设施、市政工程与道路交通综合规划和城市更新活动。

南京市探索开展居住类地段城市更新,对地段进行精细化甄别,结合建筑质量、风貌和需求目标,区分需要保护保留、改造和拆除、适应性再利用、可以新建的部分,通过维修整治、改建加建、拆除重建等"留、改、拆"模式,达到地段的有机更新。实施主体在城市更新中承担文物、历史风貌区、历史建筑保护、修缮和活化利用,或者按规划配建城镇基础设施和公共服务设施、创新型产业用房、公共住房以及增加城镇公共空间等情形的,可以按规定给予容积率转移或者奖励。

【思考与练习题】

1. 简述我国城镇社区更新的项目实施主体。
2. 简述我国城镇社区更新的资金保障方式。
3. 简述我国城镇社区更新的项目实施模式。
4. 简述我国城镇社区更新各类资金的特点。
5. 简述我国城镇社区更新的资金平衡方式。

---

❶ 江苏省住房和城乡建设厅. 关于全面推进城镇老旧小区改造工作的实施意见(苏旧改〔2020〕2 号)[EB/OL]. 2020-12-30. https://jsszfhcxjst.jiangsu.gov.cn/art/2020/12/30/art_49384_9618786.html.

【参考文献】

[1] 张佳丽.城镇老旧小区改造实用指导手册[M].北京:中国建筑工业出版社,2021.

[2] 中国城市规划设计研究院城市更新研究所.城镇老旧小区:改造实践与创新[M].北京:中国城市出版社,2022.

第七章　城镇社区更新的实施保障机制

【本章导读】

　　建立健全组织实施机制是城镇社区更新能够落地实施和可持续运转的重要保障。继第四章从物质空间层面讲述"城市社区更新规划设计的主要内容和技术要点"、第五章从社会层面讲述"城市社区治理体系构建要点"、第六章从经济层面讲述"城市社区更新的项目运作模式"之后，本章着重从机制层面讲述"城镇社区更新的实施保障机制"。

　　本章共分为九个小节。分别从"工作组织、改造实施、社会参与、推进效率、存量利用、资金来源、金融支持、后期运维、有序推广"九个层面阐释各自的实施保障机制。

　　第一节是"工作组织：统筹协调机制"。主要介绍政府相关部门在工作组织中的责任分工和形成的统筹协调机制。

　　第二节是"改造实施：项目生成机制"。主要介绍如何做好摸底储备工作、明确改造对象范围、编制改造规划和年度计划、激励先进等改造实施的项目生成机制。

　　第三节是"社会参与：共同缔造机制"。主要介绍如何引入社会力量参与、动员群众共建共治、推动专业力量进社区等社会参与的共同缔造机制。

　　第四节是"推进效率：审批优化机制"。主要介绍如何开展联合审查改造方案、简化立项用地规划许可审批、精简工程建设许可和施工许可、实行联合竣工验收、优化审批服务、加强底线管控等促进推进效率的审批优化机制。

　　第五节是"存量利用：整合利用机制"。主要介绍如何进行存量资源联动协调、存量土地再利用、存量建筑再利用等针对存量资源的整合利用机制。

　　第六节是"资金来源：多元融资机制"。主要介绍资金分摊规则、居民出资责任规则、政府资金补助、引导管线专营企业出资参与改造、政府债券方式融资等落实资金来源的多元融资机制。

　　第七节是"金融支持：持续支持机制"。主要介绍明确项目实施运营主体和探索引入金融支持两个方面的内容。

　　第八节是"后期运维：长效管理机制"。主要介绍如何落实小区管理责任、建立多主体参与的小区管理、建立健全老旧小区房屋管理各项收费管理等后期运维过程中的长效管理机制。

　　第九节是"有序推广：宣传引导机制"。主要介绍如何成立专职专班、制定专项方案、抓好宣传培训、走好群众路线、用活社会力量、创新宣传方式等宣传推广过程中的引导机制。

【教学目标】

　　（1）了解建立健全组织实施机制对于城镇老旧社区更新的重要性；
　　（2）熟悉九个实施层面所对应的九项机制的基本内容；
　　（3）掌握九个实施层面所对应的九项机制的内容要点。

第一节 工作组织：统筹协调机制

一、建立工作领导小组，统筹协调

(一) 建立健全政府统筹、条块协作工作机制

成立以党政主官、主管领导为组长、副组长，以相关行政部门、市政公用公司、基层行政机构为成员的领导小组。其中成员单位可包括：市、县、区委秘书处、办公室、组织、宣传、政法、政研、信访、督查、发改、教育、经信、公安、民政、财政、自然资源与规划、住建、文体、卫健、应急、审计、国资、市场监管、城管、交通运输、消防、政务服务和大数据等行政管理机构以及各县区、园区及街道等基层政府。领导小组办公室可设立于住建部门。如图7-1所示。

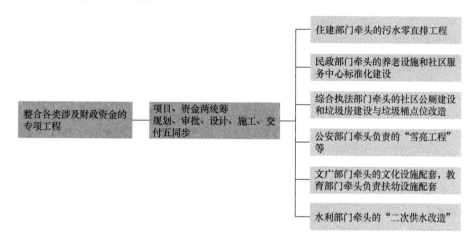

图7-1 宁波市城镇老旧小区改造项目统筹整合各专项工程
来源：中国城市规划设计研究院城市更新研究所，2022

(二) 建立部门间协同联动机制

建立改造牵头部门与专项工程牵头机构的部门协作机制，明确职责，形成合力；建立相关专项工程和项目管理系统平台，实现项目建设与资金运行的数据、信息互联互享；整合项目和资金，建立改造项目补助资金与专项工程资金的统筹管理制度，加强资金统筹使用、绩效管理和审计监督。

(三) 统筹相关部门政策及资源

结合改造完善社区综合服务站、卫生服务站、幼儿园、室外活动场地等设施，梳理相关部门政策以及项目、资金等资源与城镇老旧小区改造项目对接。

(四) 建立专营单位协同推进的工作机制

建立协调电力、通信、供水、排水、供气、供热等相关经营单位调整完善各自专项改造规划，协同推进城镇老旧小区改造的机制。积极与供水、供气、供电等专营单位对接，协调专营单位专项规划，与城镇老旧小区改造年度计划衔接。可出台关于城镇老旧小区管线整治改造工作的指导意见，明确各区、县要建立城镇老旧小区改造办公室、街道、专营

单位组成的管线改造协调机制，共同编制项目设计方案、实施管线改建工程、做好施工衔接，避免各自为政、反复开挖。

（五）编制改造规划和年度计划

兼顾区域，打包做大项目，在专项规划的基础上编制老旧小区片区的修建性详细规划与城市设计，有针对性地做好区域规划统筹，结合城市功能结构优化、人口疏解及互嵌式居住区建设等实施，将老旧小区改造同扩大老城区人居生活空间、营造宜居和谐生活环境、提高城市品位结合起来。

二、明确部门责任分工，建立评估和考核机制

（一）建立专项跨部门合作机制

科学划分有关部门单位职责，在此基础上建立改造牵头部门与专项工程牵头机构的部门协作机制，明确职责，形成合力。可将住建、教育、公安、民政、水利、文化、体育等部门牵头负责的雨污分流、海绵城市改造、污水零直排工程、加装电梯、垃圾分类、智慧安防、室外活动场地以及抚幼、文化、健身设施等专项建设项目与城镇老旧小区改造项目统筹，要求规划、审批、设计、施工、交付同步（表7-1）。

（二）建立与政府绩效挂钩的考核机制

对市、区、街道及有关部门职责进行科学划分，通过召开专题会议、定期通报、督导约谈、奖优罚劣等方式，加强激励约束，确保改造工作顺利推进。可将改造任务完成、工作推进、资金筹措、共同缔造、长效管理等方面情况作为考核内容，对区县及各部门进行目标责任考核，市级财政对考核排名靠前的区县（市）给予资金奖励；可建立工作通报制度，以工作进度、融资速度、推进力度等为重点，每月通报试点工作进展和改造情况。

相关部门主要职责分工参考　　表7-1

相关部门	主要职责分工
住建/人居部门	牵头推进全市城镇老旧小区改造，负责老旧小区改造工作的组织、指导、协调和考核工作
财政部门	负责老旧小区改造市级补助资金的预算、指导、监管等工作，负责统筹上级财政部门资金，依据计划和考评结果拨付资金
发改部门	负责指导各区县（市）发改部门做好权限内老旧小区改造项目审批工作，负责老旧小区改造配套中央预算内投资计划申报及转发下达工作
自然资源/规划部门	负责老旧小区改造规划设计的指导
住建部门	负责指导、督促老旧小区实施专业化的物业管理、海绵城市建设、给排水改造、加装电梯、停车设施建设等工作
交通运输部门	负责老旧小区周边公交线路的调整优化
城管部门	负责督促指导老旧小区违法建（构）筑物和违章广告的执法整治以及市政管网、市容秩序的改造与整治
工信部门	负责督促通信企业对所属管线进行清理、规范及公用移动通信基站建设管理
公安/消防部门	负责指导小区交通微循环改造、监控系统、消防设施建设
文体部门	负责指导老旧小区健身设施、体育休闲场地、文化设施的配建与完善，集中采购全民健身、文化活动器材

续表

相关部门	主要职责分工
供电公司	负责配合做好老旧小区电力管网改造、强电下地、小区路灯电源接入等工作
供水公司	负责配合做好老旧小区自来水管网改造和自来水入户改造，负责安装住户入户水表和接管运营改造后的供水设施
燃气公司	负责老旧小区天然气入户和管网改造
电信、移动、联通、有线电视运营商	负责光纤等信息通信基础设施、广电网线设施的建设与管理

来源：张佳丽，2021

第二节　改造实施：项目生成机制

城镇老旧小区改造作为一项具体的、全流程的项目，改造项目的生成是前期最重要的基础工作。改造项目的生成机制，要注意四个方面（中国城市规划设计研究院城市更新研究所，2022）。

一、做好摸底储备工作

摸清城镇老旧小区的数量、户数、楼栋数和建筑面积基本情况，按照最新的相关文件精神要求，对本地区城镇老旧小区进行重新摸底，并结合调查摸底情况，建立本地城镇老旧小区改造项目储备库。如宁波市按"开工一批、储备一批、谋划一批"的思路，建立了城镇老旧小区改造三年项目储备库。

二、明确改造对象范围

确定城镇老旧小区改造对象范围，很多省市明确重点改造2000年前、配套设施和公共服务设施欠账较多的房改房等非商品房小区；同时结合地方实际情况和群众意愿。如宁波、长沙两市将2000年以后建成、问题比较突出、群众改造意愿强烈的小区列入改造范围；合肥市允许将2000年以后建成的拆迁安置小区纳入改造范围；浙江省为推进"美丽城镇"建设，将范围扩大到建制镇。

三、编制改造规划和年度计划

编制城镇老旧小区改造规划和年度改造计划，区分轻重缓急，尊重群众意愿，切实评估、论证财政承受能力，有序组织实施。按照"既尽力而为，又量力而行"的原则，确定近期和中期改造任务。浙江省组织各市、县根据当地财政承受能力编制三年改造计划；上海市结合"十四五"规划编制，研究2021—2025年城镇老旧小区改造任务。

四、建立激励先进机制

建立激励先进机制，同等条件下优先对居民改造意愿强、参与积极性高的小区实施改造。如苏州市构建"居民申请、社区推荐、街道核准、县（市）区确定"的项目生成机制，综合小区老旧程度、配套设施建设情况、专家打分排序、居民意愿、出资比例等因素，确定年度计划（表 7-2）。

宁波市老旧小区项目生成机制评价表　　　　表 7-2

	一级权重		二级权重		分值
1	小区基本属性	30	周边位置	0.1	0~100
			产权权属	0.3	0~100
			建造年代	0.4	0~100
			小区配套	0.2	0~100
2	资金来源渠道	30	政府出资比重	0.2	0~100
			企业出资比重	0.3	0~100
			居民出资比重	0.3	0~100
			金融机构出资	0.2	0~100
3	居民改造意愿	30	居民改造意愿比例90%以上	0.4	0~100
			居民改造意愿比例70%以上	0.3	0~100
			居民改造意愿比例50%及以下	0.2	0~100
			愿意开展"一块"来改造	0.1	0~100
4	其他加分因素	10	存量房产	0.4	0~100
			存量土地	0.3	0~100
			党员比例	0.3	0~100

来源：中国城市规划设计研究院城市更新研究所，2022

第三节　社会参与：共同缔造机制

一、引入社会力量参与

（一）创新金融产品促进企业参与

专营企业负责其权属范围内的改造投资，由于集中改造量大、资金压力大，建议给予一定的金融支持。如通过国家开发银行等金融机构给予政策性低息贷款予以支持，以后续收费作为还款来源。支持商业银行、基金公司等金融机构创新金融产品，改善金融服务，依法合规为城镇老旧小区改造项目及居民户内改造和消费提供融资支持。如设立市级层面的老旧小区改造发展基金，用股权基金的方式，解决老旧小区改造的资金瓶颈问题，这种模式可以将政府资本与民间资本联动，以缓解地方政府债务压力。

（二）地方研究出台支撑政策

各地探索因地制宜出台政策，促进原产权单位对已移交地方的原职工住宅小区改造给予资金等支持；同时，鼓励其将小区内未利用的房屋、设施等转（赠）为街道、社区资产，改造后用于活动场所或引入公共服务。

（三）完善公积金用于老旧小区改造

研究完善提取公积金或出台提供公积金贷款用于个人权属范围内房屋装修的政策。明确支持小区居民提取住房公积金用于加装电梯等老旧小区提升类设施的改造，减轻居民出资部分筹资压力。除此之外,鼓励居民通过申请房屋专项维修资金、银行信贷、捐资捐物等方式筹集改造资金,如青岛市明确规定住房公积金可提取用于城镇老旧小区项目和既有住宅加装电梯项目。

(四) 提高社会资本参与建设运营

社会资本可以通过以下方式获取回报:第一,通过物业运营逐步回收成本(前三年政府提供补助);第二,参与停车、养老抚幼、加装电梯等可经营有收益的单个或多个公共服务设施项目建设;第三,将闲置用房改造为公共服务或商业经营场所,由社会资本运营来取得收益;第四,整体承担某个或某片既有城市住区综合改造任务,使得企业在老旧小区改造中的投入,可以在其他一些新建地区的开发中收回。

二、动员群众共建共治

(一) 基层党组织积极发挥引导作用

建立和完善党建引领城市基层治理机制,充分发挥社区党组织的领导作用,治理重心下移至基层党委,充分发挥基层党组织内聚作用。以基层党组织为核心,协调、引导、组织社区业主、物业公司、产权单位、居委会四方力量,引领的多重形式的基层协商,主动了解各方诉求,促进达成共识,建立有凝聚力的基层组织。充分发挥基层党组织外联作用,通过上级党组织协调各方力量,联络区域内其他机关、企事业单位党组织,引导机关、企事业单位积极配合社区治理工作。

(二) 搭建改造沟通议事平台

基层党组织和社区组织要起到领导组织作用,发动本社区的居民参与既有城市住区改造;还要起到协商作用,就本社区内关于既有城市住区改造的问题、诸如对改造方案不统一、拆除违章建筑等进行内部协商,以求达成统一意见。

(三) 成立相关社区组织

完善居民(代表)会议制度、公众议事制度,成立相关社区组织。在具体的操作形式上,可以举办社区居民议事会、小区理事会、小区协商、业主协商、居民决策听证、民主评议等线下形式;开展入户访谈与问卷调研,设立社区问题反馈箱等形式;并且通过在社区搭建议事场所,使其成为开放式的公众活动空间,活动中心还可以兼具其他休闲交流功能,提升社区发展活力。通过"互联网+共建共治"等线上手段,包括微博、微信、专业的网络沟通议事平台等信息化平台建设,开展小区党组织引领的多重形式的基层协商。

三、推动专业力量进社区

(一) 建立社区规划师制度

社区规划师作为多元的组织者、协调者、引导者,需要充分发挥链接政府、群众、社团等多元主体的作用。社区规划师可以是具有各种技巧与经验的专家、地区相关领导、大学相关专业院系师生,也可以是社会义工组织、企事业单位。社区规划师可以由城乡规划相关部门向全市规划师征集报名,报名的规划师可以自愿选择对口社区,由城乡相关部门、街道及规划师本人签订社区规划师聘书,确定聘任年限。

(二) 明确社区规划师主要的职责

社区规划师主要职责包含以下四点:一是,向居民及基层部门宣传规划知识;二是,通过公众参与的方式进行以公共利益为引导的规划与建设;三是,通过上下结合的沟通机制推动规划编制审批及建设管理程序的完善;四是,积极参加社区规划师培训课程、社区规划政策讨论及咨询会,积极向市一级规划协会反馈社区规划的经验与建议。

(三)建立社区改造工作坊

建立社区改造工作坊,共同推进老旧小区改造。社区工作坊的成员包括参与者、规划师与促成者。参与者包括社区居民代表、商家代表等;规划师可以包括各类专家学者及专业人士;促成者提供场地,协助规划师举行工作坊,发动群众参与。工作坊可以通过现场调研、咨询会、座谈会(圆桌形式、核心小组形式)、研讨会(与专家、政府)、方案设计交流会等多种形式,工作坊的成果应通俗易懂,适于公众阅读。

第四节 推进效率:审批优化机制

一、联合审查改造方案

老旧小区改造包含了小区公共服务设施、建筑房屋、小区道路及停车位、各类市政管线以及弱电管线、景观绿化、小品家具、环卫配套设施、消防等内容,涉及住建、发改、财政、自然资源和规划、城管、消防、管线专营单位以及街道社区,并且与居民生活息息相关。加强老旧小区改造方案审查效率至关重要。

(一)重视方案编制

推进城镇老旧小区改造应充分征求居民意见,加强规划引导,合理划分改造区域,优化资源配置,综合安排改造内容,因地制宜地编制改造项目实施方案。方案应包括改造内容、规划设计、投资概算、资金筹措方式、招标实施方案等内容,满足部门联合审查要求。增加公共建筑或设施的,应与小区业委会、居委会、产权单位等达成权属协议。改造方案应对接社区服务、养老、文化、教育、卫生、托育、体育、邮政快递、社会治安、新能源汽车充电等设施增设及水电气暖信等改造计划,同步实施。

(二)实行多方联合会审

县(市、区)政府确定牵头部门,组织住房城乡建设、发展改革、财政、自然资源和规划、人民防空、气象、行政审批服务、城市管理等部门联合审查改造方案,邀请水电气暖信等专营单位及社区居委会、业主代表参加。对项目可行性、市政设施和建筑效果、消防、建筑节能、日照间距、建筑间距、建筑密度、容积率等技术指标一次性提出审查意见。联合审查牵头部门根据经审查通过且公示无异议的改造方案,出具联合审查意见。审批部门根据审查通过的改造方案和联合审查意见,直接办理立项、用地、规划、施工许可等。利用公共空间新建、改扩建相关公用服务设施,须征求居民意见,依法依规办理相关手续❶。

---

❶ 浙江省住房和城乡建设厅 浙江省发展和改革委员会 浙江省自然资源厅关于优化城镇老旧小区改造项目审批的指导意见(浙建〔2020〕9号)[EB/OL]. 2020-07-30. https://www.zj.gov.cn/art/2020/7/30/art_1229278089_2120551.html.

二、简化立项用地规划许可审批

（一）简化立项过程

纳入城镇老旧小区改造年度计划的项目，可依据联合审查通过的改造方案，将原本分散的项目建议书、可行性研究报告、初步设计及概算合并为整体式的可行性研究报告（代初步设计）进行审批，可行性研究报告（代初步设计）应达到初步设计深度，可研批复中需分类明确基础类（主体改造修缮＋配套基础设施）、完善类、提升类投资规模和建设内容（需量化）。

（二）简化用地规划许可审批

不涉及土地权属变化的老旧小区改造项目，无需办理用地规划许可，可用已有用地手续等材料作为土地证明文件。对不涉及规划条件调整、重要街道两侧外立面改造的项目，无需办理建设用地规划许可证和建设工程规划许可证，由自然资源部门在会商意见中明确。

三、精简工程建设许可和施工许可

（一）施工图备案制

改造项目的施工图免予审查，设计单位将全部施工图上传至施工图联审系统，即可作为办理建筑工程施工许可证的依据。住建部门对施工图进行事后抽查，发现工程设计违反法律、法规、规章和工程建设强制性标准的，依法责令改正、作出行政处罚，处理结果向社会公开。

（二）免除建设工程规划许可

不增加建筑面积（含加装电梯、外墙增加保温层、楼顶平改坡等）、不改变既有建筑功能和结构的城镇老旧小区改造项目，无需办理建设工程规划许可证。

（三）简化施工许可

对不涉及权属登记、变更，无高空作业、重物吊装、基坑深挖等高风险施工，建筑面积在 300 平方米以内的新建项目可不办理施工许可证，简化施工许可要件。

（四）简化质检备案

在工程质量安全监督手续与施工许可合并办理的基础上，不再出具《工程质量监督登记证书》《建筑工程施工安全报监书》，加强电子证照应用，相关信息通过工程审批系统共享给住房城乡建设部门。

（五）专项审查要求

实施主体委托具有相应资质的设计单位，按照现行电梯标准和安全技术规范要求进行施工图设计，设计单位应当对加装电梯的建筑结构及消防设计安全负责。施工图设计文件须经认定的施工图审查机构审查合格。

（六）其他许可

加装电梯项目，电梯安装单位应按《中华人民共和国特种设备安全法》相关规定办理施工告知，申请电梯安装监督检验；老旧小区改造项目（含加装电梯工程）无需办理环境影响评价手续[1]。

四、实行联合竣工验收

由实施主体组织参建单位、相关部门、居民代表等开展联合竣工验收。无需办理建设工程规划许可证的改造项目，无需办理建设工程竣工规划核实。简化竣工验收备案材料，报建单位提交工程竣工验收报告、施工单位签署的工程质量保修书、联合验收意见即可办理竣工验收备案。消防验收备案文件通过系统共享；简化档案验收，城建档案管理机构可按照改造项目实际形成的文件归档。

> **案例一**：威海市老旧小区改造工作机制流程（详细内容扫码观看）
> 来源：中国城市规划设计研究院城市更新研究所. 城镇老旧小区：改造实践与创新[M]. 北京：中国城市出版社，2022.

五、优化审批服务

（一）优化招标投标服务

实施主体承诺在投标截止日前提供项目审批文件后，允许以项目赋码提前进入勘察、设计招标程序；实施主体承诺在投标截止日前提供初步设计或概算批复文件并承担初步设计或概算批复改变责任后，允许提前进入监理、施工招标程序。属于政府采购范畴的，按照政府采购相关规定执行。

（二）推行网上审批

在城市工程审批系统中设置"老旧小区改造项目"审批模块，明确网上办理流程，实行"一网通办"。

（三）设立审批绿色通道

将老旧小区改造项目审批纳入工程建设项目综合服务窗口，实行"一窗受理"。

（四）实行按阶段并联审批

按照"一张表单"要求制定并公布立项用地规划许可、工程许可、竣工验收三个并联审批阶段的申请表和服务指南。

（五）试点开展"清单制＋告知承诺制"

公布改造项目审批服务事项清单，扩大告知承诺制覆盖范围，制定并公布具体要求和承诺书格式文本。实施主体按照要求作出书面承诺，审批部门直接作出审批决定。

六、加强底线管控

（一）加强文物保护、历史文化底线管控

涉及文物保护单位、不可移动文物、历史文化街区、历史建筑的改造项目，应当严格按照文物管理、历史文化名城名镇名村保护的相关法律法规和保护规划要求实施审批

---

[1] 湖南省工程建设项目审批制度改革工作领导小组办公室 关于印发《湖南省城镇老旧小区改造建设项目》（不涉及用地审批等）审批工作指南（试行）的通知（湘工改办〔2020〕13号）[EB/OL]. 2020-12-03. https://zjt.hunan.gov.cn/zjt/xxgk/xinxigongkaimulu/tzgg/tzgg2csjs/202012/t20201203_13974696.html.

管理。

（二）加强消防、结构等涉及安全内容的底线管控

改造项目涉及消防、结构、抗震等安全内容的，应严格执行有关标准，依法办理相关手续。建设单位在组织竣工验收时，按照要求组织各方主体开展竣工验收消防查验，查验合格后方可编制工程竣工验收报告。考虑老旧小区建设年代久远的特殊性，对确实无法满足现有标准的，经组织专家论证通过，可以在不低于改造项目竣工验收合格时有关标准的前提下进行建设。

第五节 存量利用：整合利用机制

一、存量资源整合利用联动协调

（一）协调社区管理，促进空间整合

针对部分由企事业和行政单位独立成院建设、开发面积和公共空间小、建筑密度高的居住社区，可以拆除隔离组合成较大规模的小区，将各类公共空间分类融合，形成规模更大、更便于利用的场地。

（二）整治违法违规利用，挖潜存量空间

针对建筑密度较小或者户外空间相对充足，但场地现状不佳的居住小区，可以通过空间整治的方式加以改造。清理被私人或机构占用的公共空间，还地于民；整修铺装、绿化等场地，完善照明、卫生、体育设施等。

二、存量土地再利用机制

（一）明晰存量土地再利用流程

各地因地制宜按照调查、规划、（收储）、再开发（建设）的流程推进老旧小区改造。调查社区发展背景、建筑物情况、人口组成结构、产权情况、基础设施情况等，评估各种可能的发展模式，为存量土地再利用规划提供依据；在调查评估的基础上结合改造需求编制存量土地再利用规划并纳入法定规划，报所在市县人民政府批准后实施；依法定规划对存量土地收储出让或推进建设。

（二）建立适应存量利用项目审批制度

针对存量土地的实际情况制定相应政策，为存量土地再利用提供依据。结合工程建设项目审批制度改革，建立城镇老旧小区改造项目审批绿色通道，简化立项、财政评审、招标、消防、人防、施工等审批及竣工验收手续。

（三）创新存量土地再利用的特色机制

针对存量土地再利用过程中的重点难点创新或完善推进机制，如供地监管机制、投入合作机制、权益分配机制、权益人协商机制等。

（四）分类明确存量利用奖励机制

再利用的存量土地应优先安排一定比例用地，用于基础设施、市政设施、公益事业等公共设施建设。经营性地产开发项目可配建保障性住房或公益设施，建成后移交政府统筹安排。对参与改造开发，履行公共义务的，给予适当政策奖励。

（五）利用存量土地实施社区补短板

临时利用存量储备土地用于老旧小区补短板，在项目开发建设前将储备土地或连同地上建（构）筑物，通过出租等方式临时利用。储备土地的临时利用应重点用于公益性临时利用，如停车场、绿化场地、文体设施、老幼服务设施等。

> **案例二：苏州老旧小区内部和外部存量整合实施路径**（详细内容扫码观看）
> 来源：中国城市规划设计研究院城市更新研究所. 城镇老旧小区：改造实践与创新［M］. 北京：中国城市出版社，2022.

三、存量建筑再利用机制

（一）整合存量信息，提高转化效率

利用大数据平台整合存量建筑信息，提高存量建筑改价转化效率。充分运用大数据，建立租赁住房跨地区、多部门的统一管理平台，不断提高政府监管与服务的效率与能力。各城市可构建住房信息化管理平台，整合既有租赁房源信息与城市现状空置及低效利用建筑信息，分别建立面向政府、企业、租户三方的服务平台。基于平台对接存量资源，增强租赁企业与原物业产权所有者的高效对接，降低企业拿房成本，提高改建效率。

（二）建立快速审批通道

建立存量建筑改造再利用项目的快速审批通道，明晰审批流程和责任分工。针对本地存量用房明确适用范围及实施主体，确定常规性及特殊性项目的工作协调机制。各地应根据有关法律法规和政策规定出台改建租赁住房的具体实施流程。

（三）因地制宜探索改建创新机制

探索在原用地出让条件下可适当允许提高改建项目的建筑面积。改建项目按照实际使用用途进行审批，同时允许在原有用地出让容积率、建筑高度等的限制内，适当增加必要的配套用房（设备用房等）建筑面积。

（四）减免改造、营运等环节税费

综合考虑存量建筑改造利用的目的，制定针对建筑改造再利用过程中的税收优惠政策。例如，对在改建装修期间发生的其他相关税，如装修改造的增值税、物业管理的增值税等进行适当减免。

（五）减免或返还存量房源的税收

针对原建筑出租给老旧小区服务用房的，考虑按照4%的房产税执行，减少税收。制定个人所得税返还机制，对于私人存量建筑交给改建经营机构进行改造出租的，可在运营期间返还个人房产所得税，提升个人改造再利用的积极性。

> **案例三：山东省放宽建筑密度、容积率等技术指标要求**（详细内容扫码观看）
> 来源：中国城市规划设计研究院城市更新研究所. 城镇老旧小区：改造实践与创新［M］. 北京：中国城市出版社，2022.

第六节 资金来源：多元融资机制

在政府保障民生基础之上，建立改造资金政府与居民合理共担的机制。

一、完善资金分摊规则

结合不同改造内容明确出资机制。结合拟改造项目的具体特点和改造内容，合理确定改造资金共担机制，通过居民合理出资、政府给予支持、管线单位和原产权单位积极支持，实现多渠道筹措改造资金。原则上，基础类改造内容，即满足居民安全需要和基本生活需求的改造项目，政府应重点予以支持；完善类改造内容，即满足居民改善型生活需求和生活便利性需要的改造项目，政府适当给予支持；提升类改造内容，即丰富社会服务供给的改造项目，以市场化运作为主，政府重点在资源统筹使用等方面给予政策支持。如合肥市明确，基础类改造内容主要由政府出资，改造标准为每平方米住宅建筑面积不高于300元；对完善类改造内容，根据权属、功能以及与居民的紧密程度，确定居民出资比例，政府予以适当奖补；提升类改造内容以市场化运作为主，政府给予政策支持。

二、落实居民出资责任规则

建立居民对不同改造内容、按不同比例承担出资责任的规则；探索动员、引导居民按规定出资参与改造的有效工作方法；明确居民出资参与改造可通过直接出资、使用住宅专项维修资金、个人提取公积金、捐资捐物、投工投劳等多种方式。如青岛市明确规定，住房公积金可以提取用于城镇老旧小区改造项目和既有住宅加装电梯项目；合肥市明确，居民承担水电气等入户改造费用，提升类改造项目每户按10元平方米出资，允许居民通过使用或补交住宅专项维修资金、提取公积金等方式筹集改造资金；福州、长沙两市明确，居民合理让渡小区内闲置土地，公共用房等共有资源一定年限的使用权，由企业运营融资的，可视为居民出资。

三、政府给予资金补助支持城镇老旧小区改造

一是，多渠道安排财政奖补资金。通过财政资金安排、土地出让收入等多渠道安排财政奖补资金。二是，实现财政性资金统筹使用。统筹中央补助资金、地方各渠道财政性资金及有关部门的专项资金用于老旧小区改造，提高资金使用效率。如山东省级财政补助8亿元，浙江省级财政补助2亿元，用于全省年度改造项目；青岛市财政拿出1.37亿元补助2020年全市改造项目，其中2000万元奖励试点。

四、引导管线专营企业出资参与改造

政府通过明确相关设施设备产权关系、给予以奖代补政策等，支持管线单位或国有专营企业对供水、供电、供暖、供气、通信等专业经营设施设备改造提升。如合肥、宜昌两市明确表示，公共管网设施改造费用由相关专营单位承担，政府给予适当补助；宁波市要求，相关专营单位与小区居民协商确定专营设施权属后，承担改造出资和后续维护管理责任；青岛市阿里山路小区试点项目，改造供电、供暖设施共投资378万元，其中电力、供

暖企业出资 127 万元，占比 33.6%。

五、探索以政府债券方式融资

一是，探索通过调整、优化地方政府一般债券支出结构，调剂部分资金用于城镇老旧小区改造；二是，探索通过发行地方政府专项债券筹措改造资金，合理编制预期收益与融资平衡方案，因地制宜拓展偿债资金来源，鼓励国有企业等原产权单位结合"三供一业"改革，捐资、捐物共同参与原职工住宅小区的改造工作。

例如，关于地方政府一般债券，上海、合肥、宜昌三市明确，在已下达无指定用途的一般债券限额内，优化调整支出结构，调剂部分资金用于老旧小区改造，重点支持老旧小区存量大、财政较薄弱的城区。关于地方政府专项债券，两省八市严格按照地方政府专项债券发行要求，结合项目实际挖掘预期收益，测算偿债来源，论证财政承受能力。还款来源主要为新增商业、养老、助餐、托幼、停车等经营性服务设施所产生的运营收益。

第七节　金融支持：持续支持机制

一、明确项目实施运营主体

积极培育城镇老旧小区改造规模化实施运营主体，为金融机制提供明晰的支持对象。试点省市在工作中选择现有企业或设立新企业，作为城镇老旧小区改造统一运营主体。如长沙市组建城市更新投资建设运营有限公司，以市场化方式参与改造项目的建设和运营；上海、宜昌等地分别将各区房管集团和区城市发展集团作为改造项目实施运营主体。

二、探索引入金融支持

与政策性银行、商业银行对接，探索金融机构以可持续方式加大对老旧小区改造进行金融支持的路径和方案。如苏州与国家开发银行、中国建设银行合作，对老旧小区改造中增设服务并以后续运营收益作为还款来源项目予以信贷支持。

> **案例四：舟山城镇老旧小区改造与工商行合作的试点探索**（详细内容扫码观看）
> 来源：中国城市规划设计研究院城市更新研究所. 城镇老旧小区：改造实践与创新 [M]. 北京：中国城市出版社，2022.

第八节　后期运维：长效管理机制

一、落实小区管理责任对应

（一）梳理小区产权、物权、管理权，责任落实到位

界定老旧小区内专有部分及共有部分的产权归属问题，分清在改造实施过程中各方责任与义务，进而减少改造过程中，由于权属规则不清问题导致的利益冲突，提高改造进程和效率。呼吁国家层面出台关于老旧小区改造的专门法律法规，完善相关权属责任主体权

利义务、清晰资金筹措渠道来源等，减少政策多头适用或互相制约的情形，促进老旧小区改造的整体推进。

1. 进一步将老旧小区产权明确化

由房管局牵头，居委会协助彻底摸清老旧小区产权结构，将老旧小区产权明确化，消除有问题找不到责任主体的混乱现象。

2. 建立基于产权的业主或准业主组织

小区业主应按照合法程序建立业主委员会，努力提升业主委员会工作的专业化、规范化，加强业主自治意识以及业主之间的沟通，不断完善小区内部业主自治机制，逐步引导业主走上自主自治的道路。对于产权改革之后仍然混杂的老旧小区，建议构建适应产权混杂的老旧小区的准业主组织，即成立小区管理委员会作为老旧小区的物业管理主体。小区管理委员会应该从小区全体业主和居民中选举产生，参选范围要覆盖原产权单位、房改房购买人、回迁房所有人以及公房承租人等权利主体。

3. 坚持全体产权人付费的筹资原则

居民小区内的市政设施设备和管线等具有规模效应和专业性，应该由专业经营单位承担并且向政府申请专项补贴。除了管线设施之外的小区的共用产权和服务的生产维护费用严格按照"谁受益，谁付费"的原则进行分担。小区产权属产权单位的，产权单位负责老旧小区的更新改造以及日常的维修管理，住宅产权及公共设施已经移交给小区业主的，业主不能再享受单位提供的一切福利，按照要求缴纳相关治理费用；产权单位已经破产的，其名下的公共物业治理费用由政府和业主共同承担，政府补贴一部分，业主自筹一部分。

4. 根据不同权属的住户需要选择物业服务产品和形式

物业服务的生产提供形式多种多样，根据产权所有人在物业服务中的参与程度可以分为三种：一是，业主或使用人自行提供服务；二是，将所需服务的内容分别委托专业服务单位提供服务；三是，将服务整体外包，聘请专业物业公司提供物业服务。具体的物业服务生产形式，也可以根据小区居民的成本和对服务的偏好，在上述三种之间进行任何的优化组合；但无论采用哪一种物业服务的生产形式，关键要基于产权人的治理组织的选择做出抉择。

5. 优化产权管理模式

鼓励原产权单位对已移交地方的原职工住宅小区改造给予资金等支持，推动公房产权单位出资参与老旧小区改造。引导专业经营单位履行社会责任，出资参与小区改造中相关管线设施设备的改造提升，改造后专营设施设备的产权可依照法定程序移交给专业经营单位，由其负责后续维护管理。通过政府采购、新增设施有偿使用、落实资产权益等方式，吸引各类专业机构等社会力量投资参与各类需改造设施的设计、改造、运营。支持规范各类企业以政府和社会资本合作模式参与改造；支持以"平台＋创业单元"方式发展养老、托育、家政等社区服务新业态。对于拆除重建的旧改小区，可参考广东省"三旧"改造模式，社会资本方通过传统的土地一级或二级开发等方式参与旧改。

6. 社区居民积极参与

社区居民的参与是提高社区治理效能的动力源泉。促进老旧小区社区居民积极参与社区公共事务管理，小区内部的资源和力量才能够得到有效整合，同时增强社区居民对社区的归属感和认同感。

(二) 推动"三供一业"改革,加强市场化运营

"三供一业"是指企业的供水、供电、供热和物业管理。"三供一业"分离移交是指国企将家属区水、电、暖和物业管理职能从国企剥离,转由社会专业单位实施管理的一项政策性和专业性较强、涉及面广、操作异常复杂的管理工作。

1. 按照"三供一业"政策规定,坚持先移交后改造

按照《关于国有企业职工家属区"三供一业"分离移交工作的指导意见》(国办发〔2016〕45号)❶ 文件要求,坚持"属地管理、企业自愿、整体移交、有序接收、分批实施、部门联动、体制优化、平稳过渡"的原则,坚持"先完成移交,再维修改造",提高服务质量和运营效率。同时,有利于国有企业减轻负担,有利于整合资源改造提升基础设施,有利于居民提早介入,积极参与改造和改造后的管理,调动居民参与的积极性和主动性,进一步改善职工居住环境。

2. 强化物业管理、提高居民生活幸福感

各街道办事处设立改造及物业管理机构,加强社区工作力量,推进小区改造管理与基层党组织建设、小区管理与社区管理、自治与共治相结合,引导改造小区引入物业服务管理或建立自治管理,健全小区管理制度。创新居民自治管理模式,引导居民合理选择自治管理或物业管理,不断巩固改造成果,推进小区后续管理专业化、常态化。改造小区成立党支部或党小组,组建业主委员会或居民自治小组,培育小区自治管理力量,建立完善居民公约,保障居民自治有序开展。

3. 推动市场化运营管理

采取政府采购、新增设施有偿使用、落实资产权益等方式,吸引专业机构、社会资本参与养老、抚幼、助餐、家政、保洁、购物、文体等服务设施的改造建设和运营。引导国有企业、民营企业、房地产开发企业投资实施老旧小区公共服务设施改造和物业管理。

对建设停车库(场)、充电桩和加装电梯等改造项目,充分运用市场化方式吸引社会力量参与,按照"改造+政策扶持+运营服务"一体化的市场运作模式推进老旧小区改造。在土地、规划、不动产登记等方面制定支持市场化、可持续推进老旧小区改造的政策。全面落实对老旧小区改造配套设施的建设、买卖、经营等环节税收优惠政策,优先安排老旧小区腾空土地建设公共设施,简化老旧小区改造过程中涉及的土地、规划、不动产等方面的审批流程。

二、建立多主体参与的小区管理机制

在老旧小区改造中,同步建立小区党组织领导、居委会、业主委员会、物业管理公司等多主体参与的小区管理联席会议机制,协商确定小区管理模式、管理规约及居民议事规则,共同维护老旧小区改造成果。

(一) 建立健全物业管理机制

1. 创建和优化物业管理模式

(1)择优选择物业企业。与街道办事处或居委会签订《物业管理合作协议书》。

---

❶ 国务院国资委,财政部. 关于国有企业职工家属区"三供一业"分离移交工作的指导意见的通知[EB/OL]. 2016-06-11. https://www.gov.cn/gongbao/content/2016/content_5088767.htm.

(2) 注重物业管理。通过招标投标或其他业主认可的方式选聘物业服务企业。

(3) 提升物业管理水平。实现老旧小区物业服务全覆盖，引进专业的物业管理公司，从设备的日常维护、绿化的日常养护、小区的安全保障、居民的便民需求、小区的停车管理等方面进行专业化管理。

(4) 建立日常物业管理长效机制，严格执行物业管理制度，完善物业服务标准规范，明确服务最低要求。鼓励品牌物业服务企业管理小区，实现同步改造提升、同步服务提升；鼓励小区居民积极参与小区管理各项事务，依法维护自身合法权益。调动专业物业服务机构的力量，推行合适的物业管理模式。

2. 完善社区治理体系

建立党委领导、政府组织、业主参与、企业服务的居住社区治理机制，改革物业管理制度，将物业管理纳入社区治理体系，提高物业管理覆盖率。推动城市管理进社区，打通服务群众的"最后一公里"；开展美好环境与幸福生活共同缔造活动，发挥居民群众主体作用，共建共享美好家园。

3. 物业成本管理

通过税收优惠、政策补贴、招标投标倾斜等措施降低管理成本，通过专业化物业管理，加强老旧小区改造后期的长效管理，巩固改造的成果。

4. 引入"小区管家"

通过引入"小区管家"，统筹服务资源，统一服务标准，提高小区的管理水平和服务质量，妥善解决小区普遍存在的资源分散、设施老化、服务滞后等管理问题。引导居民协商确定管理规约，共同维护改造成果。

（二）注重党建引领

1. 创建党建引领，多主体共同管理模式

(1) 党建引领的模式创新。在符合条件的业委会中组建党支部，成立党的工作小组，力争已成立的业委会党组织组建实现全覆盖。

(2) 坚持党建引领，凝聚参与活力。发动小区党员，紧紧围绕改造内容、改造资金、改造过程、后期维护等重大议题开展协商，激发居民群众的参与活力。

(3) 加强社区党建工作，提高基层治理水平。社区党组织、居委会组织业主委员会等基层组织，征求居民意愿，确定改造项目、内容及改造完成后的物业管理模式，实行"一小区一策"。

2. 党建贯穿老旧小区改造全过程

建立以社区党组织为核心，居委会、业委会、物业公司和社会组织为成员的"五方融合"机制，把党建贯穿老旧小区改造全过程，建立党建支部，加强党的组织建设，发挥党组织的引领作用，确保机制有效运行。引导党员以身作则，带动一批有一定社会影响、邻里关系和谐、热心公益的居民，全面助推改造工作，形成全社会共同支持、积极参与、密切配合的工作氛围和环境。

（三）确立小区管理规约及居民议事规则

议事规则是业主大会开展各项活动的基本准则和依据，是小区的"宪法"。居民委员会、业主委员会、物业服务企业等组织应在改造过程中引导居民协商确定改造后小区的管理模式、管理规约及议事规则，共同维护改造成果。

1. 确定小区管理规约

引导居民协商确定管理规约,共同维护改造成果。"如何管"由居民定,以民主的形式确定自治小区的议事规则、规章制度、管理规约。包括公共部位的管理服务,停车位收费,绿化设施的维护以及流动人员的登记等。建立详细的规章制度并做出公示,力求让每位小区居民自觉遵守,以小区事务的共商共治形成小区管理共识,推动美丽社区建设。

2. 搭建沟通议事平台

搭建沟通议事平台,改造前问需于民,改造中问计于民,改造后问效于民。

(1) 建立线上、线下议事平台。通过线上线下互动,利用线上、线下议事平台开展入户调查、座谈商讨、问卷调查等民主协商工作,充分征询改造区域居民群众意见,广泛统一思想,凝聚共识,增强居民的自觉性和主动性。

(2) 建立沟通议事机制。建立每日沟通议事机制为施工推进以及居民沟通提供便捷及时的渠道,及时得到反馈结果,提高沟通效率。

3. 多方联动,问题有效流转

通过凝聚物业、业委会、辖区单位、社会组织及其他企事业单位力量,扩大社区治理"朋友圈"。建设"七个一"体系(即一个健全领导机制、一个联动管理机制、一个规范的小区业主自管会、一个多样化组织覆盖体系、一个多方协作议事机制、一个多元化小区服务模式、一个工作保障体系),建立"周巡查、月分析、年处置"三环联动机制,提供"八保"服务(即保宣传、保清洁、保绿化、保安全、保和谐、保秩序、保维修、保活动)。深化以社区民情恳谈会、社区事务协调会、社区工作听证会和社区成效评议会等"四会"为重点的协商共治机制,实现小区治理难题流得动、转得起、办得好。

(四) 多部门联动管理

加强部门协同,理清职责边界,梳理执法监管依据,明确监管主体,建立执法清单,形成联动协作、合力推进小区执法新格局。

1. "多方参与"机制

建立区、街镇、居民区三级综合管理联席会议制度,联席会议成员包含涉及住宅小区综合治理的行政职能部门和水、电、气等专业服务单位。区级联席会议负责研究制定相关配套政策,协调解决重大问题;街镇联席会议协调处理物业管理综合事务和纠纷,指导监督业主大会、业委会的组建和日常运作等;居民区联席会议协调处理小区物业管理的具体事务和矛盾,加强对业主大会、业委会日常工作的指导监督,推动业主自治管理健康发展。

推进小区综合治理信息平台建设,借助"互联网+"等信息化手段,搭建共建共治共享的党建引领住宅小区的管理模式。实现跨部门、跨行业综合执法,合力解决社区治理难点问题。

2. 业主委员会和其他部门联动管理

引导居民成立业主委员会,实现业主自治管理,建立业主"民主协商、利益平衡"议事机制,大力推进人民调解工作,实现居民自我管理、自我服务,保障物业管理活动顺利进行。

3. 党群联合管理模式

挑选综合素质高、热衷社会公益且在群众中有一定威信的党员骨干组成小区管理团队核心，成立小区巡逻队、水电维修队、绿化修剪队、管道疏通队等红色服务小分队。精准定位居民的物业管理服务需求，推出卫生保洁、园林绿化养护、车辆管理、公共部位设施设备维护、敬老助老志愿服务等方面的服务项目，为小区居民提供人性化物业服务，有效解决老旧小区托管难题，建立长效管理机制。

以网格精细化管理工作为基础，以小区网格为单位，发挥党员小组长、楼栋长力量，开展"党员分片包户，精准入户走访"活动；成立以业主党员为主体的志愿者队伍，充当老旧小区改造的政策宣讲员、民情观察员、施工环境维护员、施工现场监督员，最大限度赢得群众认同，推动小区改造。

4. 街道办事处（乡镇人民政府）和其他部门联动管理

建立"街道＋社区＋小区"三级党组织联动机制，践行"支部引领、党员担当、发动群众、小区自治"的治理思路，构建共建、共管、共享、共治的长效机制。优化街道、社区党组织领导下的社区居委会、业委会和物业企业三方联动服务体系，强化街道、社区、业委会、物业企业等各方主体责任，建立后续长效维护及日常改造工作机制，巩固综合改造提升成果。

5. 社区联动其他部门管理

（1）定期由属地社区召开民主议事会议。召集业委会、物业公司了解小区管理动态，根据问题导向分析根源，经社区联动街道职能部门有力指导和解决相关问题矛盾。街道、社区两级均成立治理中心，加强老旧小区物业管理工作。

（2）采用社区统筹管理模式。通过居委会、物业、小区业委会三方协同治理机制，由区、街道、社区三级"三方办"实体化运作。强化街道、社区、业委会、物业企业等各方主体责任，建立后续长效维护及日常改造工作机制。

（五）智慧化管理

1. 加快物业智慧信息系统覆盖老旧小区

打造智慧物业平台，构建数字化物业管理体系，实现服务覆盖老旧小区，推动物业服务企业对接各类商业服务，构建线上线下生活服务圈。

2. 智慧化信息系统平台综合运用

建立"人、车、物、事"的信息资源库及立体动态的关系数据库，为社区的管理和服务提供信息化支撑，并进一步实现公共服务平台的联动。

三、建立健全老旧小区房屋管理各项收费管理机制

（一）建立健全老旧小区房屋专项维修资金有关机制

建立健全老旧小区房屋专项维修资金归集、使用、续筹机制，促进改造后的小区实现自我管养。

1. 拓宽专项资金筹措渠道

（1）补建。探索物业专项维修资金补建机制，对部分房改房维修资金不足或未建立物业专项维修资金的老旧小区，可采取一次性建立、分年度建立、帮扶建立等方式，鼓励居民通过据实分摊归集物业专项维修资金，或利用物业共用部位、共用设施设备进行经营的所得收益，经业主大会通过后用于补充专项维修资金。

（2）续筹。有条件的市、县可推行专项维修资金"即交即用即补"机制；在老旧小区

改造中，对涉及业主承担部分费用可以纳入维修资金使用范围。逐步扩大老旧小区专项维修资金交缴覆盖面，为改造后实施的长效管理提供资金保障。

2. 提升专项维修资金使用效率

优化维修资金使用流程，简化申请材料，缩短审核时限，及时拨付资金。建立紧急维修事项清单，除消防、电梯等重大安全事项以外，对于外立面脱落，屋面、外墙渗漏，排水、排污设施堵塞、破损，围墙、道路坍塌等危及公共安全或严重影响业主正常居住使用等紧急情形时，业主委员会可直接申请使用维修资金。

（二）加强小区物业费和经营性收益管理

确保社会公共停车位、小区便民服务设施等公共利益不减，所得收益用于反哺老旧小区物业运营。业主应按照物业服务合同的约定或老旧小区规定标准按时足额缴纳物业服务费。老旧小区改造可以拓展停车位、经营用房、广告点位等出租收入渠道，所得收益用于补充物业服务费或弥补维修资金不足。

（三）整合使用老旧小区公共管理经费

整合公共管理经费使用，将原由街道承担的绿化、保洁、公共设施维护等工作，打包交由物业服务企业提供服务，改善综合管理水平。健全政府安排保障性住房和老旧小区物业服务补助资金的机制，对物业企业给予财政资金补助支持。

第九节 有序推广：宣传引导机制

一、成立专职专班

老旧小区改造工作涉及面广，居民协调工作繁重且复杂，各方改造需求统筹协调难度大。为保障老旧小区改造工作高效、顺利开展，各级政府务必高度重视宣传工作，最好成立专职专班，将宣传工作贯穿整个改造过程中。

二、制定专项方案

制定老旧小区改造宣传专项方案，就宣传活动主题、内容、活动形式进行统筹谋划，并明确责任分工，制定实施计划。做好宣传的素材工作，把改造主要政策、进展情况、创新做法、典型经验及工作成效等基础素材及时整理归纳，在地方主要媒体上健全完善老旧小区改造专栏，及时报道老旧小区改造动态。

三、抓好宣传培训

（一）政策文件的宣传及培训

国家以及省市出台老旧小区相关政策文件后，应快速组织召开专题政策培训会，并对照地方实际情况，围绕基层在理解执行政策、操作层面遇到的共性问题和突出问题，进行集中解读和答疑。

（二）改造案例的宣传与培训

相关部门需要积极推广已改造成功的小区典型案例，加强对优秀项目的宣传力度，更好地发挥典型示范带动效应，促进老旧小区改造快速、协调、健康发展。

四、走好群众路线

一是，积极宣传动员，获取群众支持。可以采用发放《致广大业主的一封信》、悬挂横幅标语、召开居民说事等方式，广泛宣传老旧小区改造的重要意义及紧迫性，积极争取群众支持配合。二是，以居民为主体，构建同心共建格局。纳入改造的项目必须符合两个"2/3原则"，即居民改造同意率达2/3，对改造方案的认可率达2/3，真正做到"改不改"由居民说了算。从"完善功能、优化环境、提升服务、打造文化、强化管理"等方面列出改造清单，视居民意愿量身定制。

> **案例五：安徽省黄山市老旧小区改造宣传案例**（详细内容扫码观看）
> 来源：张佳丽，城镇老旧小区改造实用指导手册[M]．北京：中国建筑工业出版社，2021．

五、用活社会力量

广泛调动专业机构、社会力量参与改造工作，营造社会广泛支持、群众积极参与的良好氛围。如南京市启动"社区设计师"制度，推动高校教授、设计院专家、艺术家走进社区，为老旧小区改造出谋划策，让"老、破、小"变身"网红"打卡地；南京姚坊门宜居示范街区建设，采用街道座谈、社区议事会、规划进校园、暑期工作营等方式，让全社会都更加关注老旧小区改造。推进志愿者队伍建设，吸纳改造小区居民、周边企事业单位自发加入老旧小区改造宣传活动。

六、创新宣传方式

（一）宣传理念创新

一是，构建适应大众需求的宣传话语体系，抓住基层和群众的"兴奋点"。注重宣传思想工作语言的亲和力、对话的平等性、受众的接受能力，及时捕捉新时代形成的生动鲜活、极具价值内涵的话语方式，丰富和发展宣传思想工作的话语体系。二是，充分发挥基层百姓宣讲员的作用，积极开展群众喜闻乐见的"草根"式理论宣讲，善于观察不同群体对象的话语方式及其产生的背后因素，善于学习和使用他们的语言与之交流交心，在分享和体验中实现思想引导。

（二）宣传形式创新

积极借助网络力量探索宣传新渠道，不断丰富宣传形式，提升主题宣传实效。一方面，运用常规新媒体平台"微信""微博"广泛发布老旧小区改造等相关消息，转发重大新闻，获取民众意见，为公众提供易懂、高质、准确、快捷的信息；另一方面，主动借助新媒体传播优势，在直播领域积极探索，选取老旧小区改造适合的内容进行直播，挖掘改造过程中的典型人物、故事，策划群众喜闻乐见的选题，邀请社区群众参与采访直播互动，讲述老旧小区改造"老百姓自己的故事"。运用"理论宣讲＋图片""理论宣讲＋故事""理论宣讲＋文艺"等形式，使老旧小区改造通俗化、生动化、生活化，让宣讲过程更加轻松，提高老旧小区改造宣讲工作的传播性、便捷性、实效性。

【思考与练习题】

1. 简述我国城镇社区更新的实施保障机制。
2. 论述各类实施保障机制对城镇社区更新的作用。

【参考文献】

[1] 张佳丽. 城镇老旧小区改造实用指导手册[M]. 北京：中国建筑工业出版社，2021.
[2] 中国城市规划设计研究院城市更新研究所. 城镇老旧小区：改造实践与创新[M]. 北京：中国城市出版社，2022.